D0079401

JAPAN
and Its World

The 1975 Brown & Haley Lectures are the twenty-second of a series that has been given annually at the University of Puget Sound, Tacoma, Washington, by a scholar distinguished for work in the Social Studies or Humanities. The purpose of these lectures is to present original analyses of some intellectual problems confronting the present age.

JAPAN

and Its World

━━━━━━━━━━━━━━━━

Two Centuries
of Change

━━━━━━━━━━━━━━━━

Marius B. Jansen

Princeton University Press

Publication of this book has been aided by the Whitney Darrow
Publication Reserve Fund of Princeton University Press

This book has been composed in V-I-P Electra

Clothbound editions of Princeton University Press books
are printed on acid-free paper, and binding materials are
chosen for strength and durability

Printed in the United States of America by
Princeton University Press, Princeton, New Jersey

for Fred and Dottie Haley

FOREWORD

Often during the twenty-five years since the establishment of the Brown & Haley lectures, I had felt that the time would come when the lectureship committee would wish to have the lectures delivered by my friend Marius Jansen.

But Marius was also a close friend of the late Professor Lyle S. (Stan) Shelmidine, history professor at the University of Puget Sound, who, with my father and me, was instrumental in setting up the lectureship and was its committee chairman until his death in 1966.

It is with especial pride therefore that I see these lectures appear in their usual slim volume, and should like to add that they embody perfectly the initial criteria which we set up when the lectureship was first established: (1) that the lectures be done "by an outstanding scholar in the field of the social studies or humanities"; (2) that the lectures "relate . . . in a palpable manner to urgent problems confronting society today"; and, since publication was to be a part of the plan, (3) that they contain new, unpublished material and therefore add usefully to the sum of knowledge.

June 10, 1976

Fred T. Haley, President
Brown & Haley

CONTENTS

LIST OF ILLUSTRATIONS

JAPAN

and Its World

INTRODUCTION

The United States Bicentennial provided an inviting occasion to look back over the changes that have taken place in Japan during those centuries. Two hundred years ago Japan was a small, underdeveloped country, largely secluded from the outside world. A hundred years later, however, it had resolved to restructure its institutions on Western lines, and sent a good part of its governing elite on an extensive tour of the Western world to observe the sources of wealth and strength in other countries. For the Philadelphia Centennial Exposition of 1876 Japan sent an impressive exhibit surpassed by few in size and by none in interest as notice of the nation's intent to modernize and internationalize. The exhibit was of such quality that one writer confessed: "We have been accustomed to regard that country as uncivilized, or half-civilized at the best, but we found here abundant evidences that it outshines the most cultivated nations of Europe in arts which are their pride and glory, and which are regarded as among the proudest tokens of their high civilization."* Today, three decades after its crushing defeat in World War II Japan is one of the great powers in the world, and one of the small number of industrialized democracies.

* Quoted by Neil Harris, in "All the World a Melting Pot? Japan at American Fairs, 1876-1904," in Akira Iriye, ed. *Mutual Images: Essays in American-Japanese Relations* (Cambridge: Harvard University Press, 1975), p. 30.

It is little wonder that Japanese perceptions of the outside world have shifted sharply throughout these two centuries. The pages which follow focus on those perceptions. Japan's emergence from isolation to international importance was an event of central importance to world history and especially to the history of the United States. In the twentieth century the transition was blurred by misunderstanding and error on both sides and punctuated by violence. The United States, no less than Japan, was emerging into international importance during the same period, and its perceptions of international society underwent changes scarcely less dramatic than those of Japan.

No part of those perceptions shifted more erratically than American views of Japan. On the shelves of our libraries, books whose titles promise a friendly, beguiling, and exotic Japan rub shoulders with others that warn against an aggressive, angry, and suspicious rival. Since the war the danger of military attack has faded from this focus, only to reappear at times as warning of a hard-working, humorless, and desperately skillful economic competitor. The prognosticators have shifted slowly from emphasis upon a Japan destined for poverty without its mainland and colonial holdings, to a Japan that was after all going to survive through hard work and modest living, to a Japan that was surely going to take over the world through its burgeoning economic growth. Postwar titles mix optimism and even dismay about the new superpower with metaphors like blossoms to indicate its fragility. It is not to be wondered at that the Japanese themselves exhibit mercurial shifts from euphoria to depression.

The intellectual and psychological aspects of the Japanese world view have deeper historical roots than the speculations of journalists and pundits, however; and it is these aspects of Japanese history that have dominated much of my work for many years. They seem to me increasingly central to an understanding of modern Japan and of modern East Asia. Until recently the Japanese have seen their world as a hierarchy, and their tendency to rank the countries in it in order of esteem and importance undoubtedly owed much to the structure of their own society and experience. I have tried in these lectures to examine changes in that ranking through the careers and views of some particularly interesting figures. The flood of recent publications and commentary makes it particularly inviting to focus the discussion in this way. It is nevertheless a field in which our study of Japan is still at a very early stage, and it is my hope that these discussions will indicate to others some of the rewards and possibilities of this kind of inquiry.

The lectures stand as they were given, although some facts, statistics, and titles have been added to make allowance for recent developments and publication.

Citations, with one or two exceptions, have been placed in the Bibliographical Note.

Princeton, 1979   *M.B.J.*

I

Challenges to the Confucian Order in the 1770's

Anyone who titles a set of lectures "Japan's Bicentennial" has to begin by explaining what it is that he proposes to commemorate. Our own Bicentennial at the moment needs no defense, for the importance of 1776 is clear. A few years ago the Japanese were busy with a Centennial of their own, but in the Meiji Restoration of 1868 they too had a clearly distinguishable event. I have nothing so sharply etched for the 1770's in Japan. What I do have to discuss is the beginnings of decisive change in the way the Japanese perceived their world. Changes of this sort are not usually associated with a single great event. They are rather the fruit of a series of events in thought and in publication that prepare the way for the political events to come.

I have rather good company in claiming great importance for the 1770's. Some years ago Donald Keene wrote of men in this period that "one has entered a new age, that of modern Japan. One finds . . .

a new spirit, restless, curious, and receptive." And, more recently, the Tokyo University historian Haga Tōru* has written that "in the mid 1770's the Japanese experienced changes in consciousness, in their way of thinking and in perception, to an altogether profound degree." The products of this included publication of a work on electricity, and another expressing pointed preference for Western approaches to physics over the explanations in traditional Chinese learning. But the shift is probably most appropriately symbolized by the celebrated decision of the doctor Sugita Gempaku to be present at the dissection of an executed criminal in 1771. "Old Mother Green Tea," the subject of the inquiry, proved through the arrangement of her viscera that a Dutch book on anatomy that Sugita had acquired was correct and that textbooks of Chinese medicine were wrong. It was not true, as some had explained, that Westerners and Orientals were constructed differently. Or, as had also been suggested, that rigor mortis resulted in a rearrangement of the body's parts. Sugita and his companion resolved, as they walked home, to translate the work; "and we made a vow," he wrote later, "to seek facts through experiment." In 1774 they published the volume in question, thereby beginning an age of translation of Western books into Japanese. The very next year Sugita, in a dialogue he entitled "Words of a Crazy Doctor," cheerfully took on the whole Chinese cultural tradition.

This event was of profound significance for Japan's

* Japanese names are given in the Japanese order, with surname first.

world view. The steps in question served as symbols, but also as agents, for the demolition of a traditional view of the outside world.

In order to show why this was so, and what it was that changed, it is necessary to begin with some comments on that traditional view, and particularly with consideration of the ties that had for so long bound Japan to China.

1. *The Chinese Colossus*

It is a truism to observe that Japan was in the Chinese cultural orbit. China was the source for Japan's writing system, its cultural values in literature, philosophy, and thought, and its institutional examples in government and law. Chinese civilization flowed into a less developed and less coherent Japan to affect the formulation of its culture at a very early point. China was also the channel for the religious values and sectarian developments of Buddhism. The origin was Indian, but the expression and organization were Chinese. The Japanese debt to the Chinese cultural order was thus very great, and perhaps unique. It is true that many scholars, among them E. O. Reischauer, would hold that Japan's debt to its neighbors is not really greater than that of other countries. Every country borrows, he has argued, and we do wrong to isolate and emphasize the Japanese case. It is also true that recent advances in our understanding of prehistoric Japan help to put this borrowing in better perspective. There was more to prehistoric Japan than we thought; the land bridge to the mainland in prehistoric times permitted far more movement than can be documented. Japan was a participant in, and not merely a recipient of, early civilization. Carbon dating has moved back the borders of early civilization in the Japanese islands to give Japan the world's oldest pottery culture, for instance, with a continuous development from remote antiquity. In historic times, Chinese influence was never so great that it ruled out Japanese selectivity and modification in the cultural and institutional borrowing that took place. The most basic social and cultural values remained distinct.

Despite all this, I think the Japan-China relationship was clearly unique in its intimacy and longevity. It was so for a number of reasons, some of which apply to Japan, and more to China. I would give six elements that combined to make it so.

The first was the insularity and isolation of Japan. Japan was farther from its sources of outside influence, and more remote, than was true of any other major country. The Tsushima straits are sometimes compared to those of Dover, but to compare them is to emphasize the contrast. Ocean winds and currents, geography and distance, all worked together to leave Japan isolated unless there was sustained purpose in making the contact. I do not think anyone has ever swum to Korea. In the sixteenth century the Portuguese came to Japan by accident, blown off course. Japan's insularity made its people more conscious of the China tie, and more aware of the import. *Karamono*, things from China, were distinct and easily labelled; so, by extension, was *karagokoro*, the

"Chinese spirit" that the eighteenth-century scholar Motoori deplored. So too with medicine, painting, poetry, and prose; *kanpō, kanga, kanshi, kanbun*, and many other things that could be set off from the native as "Chinese."

In the second place, China was the only external influence into modern times. Korea was there, of course, and served as channel for a great deal, but almost always as vessel for Chinese contents. The awareness of India came with Buddhism, but India was out of reach until modern times and Buddhism came in Chinese translation. The options were limited, in other words; in early times it was China or nothing. Japan was on the periphery of one cultural sphere, and there was nothing on the other side.

Third was the enduring nature of the Chinese model. Unlike Palestine, Greece, and Rome, which influenced modern Europe, China continued present and powerful. For Japan, it served as a classical antiquity, a Renaissance Italy, and an eighteenth-century France all in one. It was a single cultural colossus, one that endured. England might lay claim to the greatness of Rome, and Russia to the heritage of the Byzantium that had fallen, but the living China always had prior claim to the heritage of the Chinese past.

Fourth, China provided a very special sort of model; it made no particular effort to sell itself, for it had no need to do so. Since China was so non-assertive, it may have been easier for the Japanese to be selective in their borrowing. But whatever effort was made had to come from Japan. And, since the path was long, often dangerous, and always expensive, the effort required organization and determination. The single attempt at invasion from China in the thirteenth century was not Chinese, but Mongol. In Mongol times, Buddhist abbots travelled to Japan to bring the teachings of Zen, and, in early Manchu years, a number of Confucian scholars made their way to Japan. But these visits were the products of desperately unsettled times, for Mongol and Manchu rule were aberrations in the Chinese pattern. The more usual Chinese attitude, from the founding emperor of the Ming to Chinese leaders of more recent times, has been to mix complaints about Japanese actions with indifference to Japanese culture.

Fifth, the contact was episodic. It was prompted by Japanese leadership only during periods of need, and the lull that followed invariably saw a surge of strongly Japanese cultural development. Several centuries of intensive effort from the seventh to the ninth were followed by a slow-down; mercantile and temple contacts in medieval times broke off again in the fourteenth century; official missions in the fifteenth and sixteenth centuries came to an end with the Manchu victory of 1644, and small-scale merchant contact was all that remained from then to modern times. Thus, occasional and intensive import resonated with a resurgence of the native cultural tradition to define a "Japan" as well as a "China." It is fitting that the first document written in borrowed Chinese characters was the Japanese mythology, with its statements of imperial divinity, and that one of the first compounds formed with Chinese readings was *Shintō*. Thus

China helped to define Japan. Gradually, however, isolation also made possible adaptation and assimilation, until "Japanese spirit"—*wakon*—could include much that was Chinese, so that modern Shintō carried a debt to Lao Tzu and to Taoism.

Sixth and last, the Chinese definitions of Chineseness in cultural rather than in geographical or racial terms—the universality of China's cultural values—made it possible for Japanese intellectuals to realize an unusually full membership in the Chinese cultural order. One is struck by the degree to which readers of popular novels in even twentieth-century Japan have been expected to recognize a wealth of allusions to Chinese poetry, history, and prose. Even without a common language, the Japanese and Chinese have been able to communicate by writing, jotting down characters and passing them back and forth. This exchange is weakening now, but as recently as 1972 Prime Minister Tanaka mustered up the courage to present Mao Tse-tung with a poem, allegedly his own, and found himself rewarded with a gift volume of the poems of Ch'u Yüan.

All this adds up to a very special relationship indeed, and some disclaimers that have to be added make that relationship even more distinctive by indicating the ambivalence with which the Japanese have usually regarded China. Japan was in the Chinese cultural orbit, but Japanese preferences in religion, verse, and art retained indigenous alternatives to the Chinese imports. In governmental and institutional patterns the Chinese models were soon modified beyond recognition.

Japan was never in the Chinese political orbit. Japanese leaders were never willing to accept the satellite status that China expected of its near neighbors. Official correspondence between the two countries began in the seventh century with Japanese messages so jaunty in tone that the Sui court of China took them to indicate inadequate cultural preparation. (That, incidentally, was also true of the first American message to the Ch'ing emperor twelve centuries later; it was couched in language that had been perfected for communications with Indian chiefs.) The literature about Japanese emissaries to the Chinese court is replete with celebrated instances of their courage (augmented by occasional recourse to magic) in overcoming supercilious Chinese under unpleasant and occasionally hazardous conditions. The T'ang Dynasty poet Po Chü-i was enormously popular in Japan. He long provided a model for Japanese poets who wrote in Chinese, and yet even he serves to illustrate the ambivalence of cultural attraction and the defensiveness which Japanese felt for China. A fifteenth-century Nō play named for him has as plot his appearance in Japan as symbol of an attempted conquest of Japanese civilization. Instead of meeting a docile race of imitators, however, he encounters an old fisherman who assures him that, unlike the case in China, where poetry is the plaything of the elite, in Japan poetry is a universal form of expression. Then, in a concluding dance, the fisherman, now revealed as Sumiyoshi, the god of (Japanese) poetry, produces by the action of his sleeves a breeze sufficient to drive the visitor's ship back to China.

The religious role of the Japanese emperor, who had special ties to the Shintō shrines and deities, probably operated to guarantee that Japan would never submit to the subservience required for ritual investment of the sort that China expected of its tributary states. Except for a brief aberration on the part of fifteenth-century shoguns, Japanese leaders never addressed the court of China in the way that it considered proper. Instead, when the sixteenth-century conqueror Hideyoshi reunited Japan, the proof of legitimacy he pursued—vainly—for himself was through conquest on the continent. Only in this way, perhaps, could he have established his independence from subordination to his own ruler without engendering a new dependency on the Ming emperor. Hideyoshi's plans and conquests were thwarted by the intervention of Ming armies on behalf of China's Korean tributary, however, and his own governance collapsed soon afterward.

2. *China in Tokugawa Thought*

All this is quite familiar. But my theme takes us to the 1770's, and this requires some comment on the seventeenth- and eighteenth-century setting within which the changes we shall consider took place.

In Japan the Tokugawa rulers came to power in 1600 and subdued their last major opponents in 1615. Unlike Hideyoshi, who pursued legitimacy through continental conquests, they concluded that their rule could best be safeguarded through a policy of seclusion—or, as a colleague of mine has phrased it, they chose voluntary solitary confinement for their country.

Tokugawa concerns were with stability and security. The century and more of feudal strife out of which the leaders had fashioned their victory had shown the possibilities for anarchy in unrestricted access to foreign goods and weapons. The spread of Japanese traders and settlers, some of them refugees from Japan's wars, throughout Southeast Asia offered the possibility of trade and perhaps even settlement there, but it also presented problems of control and of enrichment for possible rivals of the shogunate. Hideyoshi's Korean experience had demonstrated the practical difficulties involved in efforts at internationalism on Japanese terms. Internationalism remained possible on Chinese terms, but, although this was considered in the early years of Tokugawa rule, shogunal advisors seem to have concluded that there was no way of reconciling those terms with Japanese sovereignty and shogunal legitimacy. Minimizing trade, and controlling what remained, seemed the wiser course.

In the 1630's it became possible to assert the legitimacy of Tokugawa rule by closing the country to international trade. The ability of Catholic missionaries, who had first come a century before, to find converts among the feudality had shown the possibilities for subversion from abroad. The guns imported and then produced within Japan had speeded unification, but once the country was at peace they could only harm that peace and threaten the status and superiority symbolized by the swords of the samurai class. In 1637 a rebellion in southern Japan assumed Christian aspects. Feudal lords were summoned to put it down, and thereafter the proscription of Christianity could be ordered in every part of the country. Implementation of those orders provided the shogunate with an unparalleled device for interference in the affairs of each region of Japan.

Meanwhile the shogun renounced foreign interests in the Seclusion Edicts. "No Japanese ship," an edict warned, "may leave for foreign countries. No Japanese may go abroad secretly. If anybody tries to do this, he will be killed. . . . Any Japanese now living abroad who tries to return to Japan will be put to death. . . ." Vigorous persecution stamped out Japanese Christianity or drove it underground. Until the 1870's, notices in every village forbad the "religion of Jesus." Informers were rewarded, and compulsory registration with Buddhist temples provided a positive control for the negative bans on Christians.

The decision to forego international contacts was made easier by mighty events taking place in China, where the Manchus completed their conquest of the country in 1644. This inaugurated a period of great political strength. Chinese borders were expanded to the west and north as Manchu imperialism established the contours of modern China's sovereignty in regions never before under close Chinese rule. Within those borders dissidence was effectively suppressed. Along the Chinese coast, trade and regional autonomy seemed as threatening to Peking as did private trade to the shoguns across the water. It required half a century for the Manchus to control the southern coast, and Taiwan was captured only in 1683. Until that point, the coast was closed and even, for a time, evacuated. Japanese pirates and traders had been in frequent contact with the China coast for over two centuries before this time, and Chinese traders had been everywhere, but Tokugawa and Manchu power now broke that pattern. The shogunate saw the Manchu rise as a threat to East Asian stability. Not able to affect it, it chose to turn its back on the problem. The Manchu rulers did the same about Japan, and only a few Chinese traders from South China managed to maintain a small trade with Japan thereafter. They were housed and watched at Nagasaki, which also received a few Ming refugees.

By the eighteenth century, Japanese images of China and of the larger world were thus more complex than they had ever been before. Chinese books served as the medium for most classical learning, but China itself was under unfriendly and in fact "barbarian" rule. Chinese books were imported with Chinese goods by the traders who came to Nagasaki, including some concerned with science, but the books had to be cleared for infection by Christianity because they reflected the presence in China of Western missionaries who translated and taught Western science there until the eighteenth century. At Nagasaki the Protestant Dutch were permitted to trade after the Catholic Portuguese were banished, but they too were kept at arm's length lest they corrupt those near them. Both toward China and toward the West, in other words, emotions were more extreme and ambivalence more marked than ever before. This is an area still poorly studied, and it is one as difficult as it is fascinating for the historian.

Nevertheless, the harsh measures taken by the Tokugawa rulers succeeded in their object. Japan experienced over two centuries of peace and security. Those centuries of order encouraged the development of outlooks and of institutions that transformed the quarrelsome samurai of 1600 into a more responsible and more civilian-style bureaucracy, one that administered what became a permanent military government. The arts of peace and education flourished, and popular literacy and culture showed the permeation throughout Japanese society of values and learning that had previously been restricted to a small fraction of the elite.

One of the remarkable aspects of the Tokugawa years is that the Chinese literary heritage became more important than it had ever been. As a result, it was possible and in fact necessary for the Japanese to distinguish between "China" and Chinese culture. "China" as a country had fallen under Manchu rule, as centuries earlier it had fallen to the Mongols. This time, however, the awareness of that fact was far greater because changes within Japanese society had broadened the horizons of consciousness. Chinese books and Chinese refugees preserved the memory of the Manchu conquest long after censorship had dulled it within China itself.

On the other hand, Chinese civilization was never held in higher regard. The spread of education revived and deepened Japanese appreciation of the Confucian teachings. They became the main fare in schools for the elite, both those established by feudal authorities and the many private academies that flourished in the cities. In art the Kanō school peopled its landscapes with Chinese travellers and sages. An important group of amateur artists known as "the literati" styled themselves after the scholar-artists of late Ming times. There was an outpouring of poetry written in Chinese. And there was a tendency toward China worship. Many Confucian scholars wrote elegies in what they hoped was good Chinese, to express their distress at being restricted to the outer border of the Chinese culture zone. Ogyū Sorai, one of the most formidable of their number, at one point styled himself an "eastern barbarian living in Japan." Arai Hakuseki, a leading scholar-statesman of the early eighteenth century, balanced a jealous concern for the supremacy of his shogun with a personal eagerness for Chinese recognition and approval. He wanted the shogun to assume the title "King of Japan" in correspondence with Korea, and he instituted pseudo-archaic ceremonies to establish greater antiquity for his country, but he also did his best to get Ryūkyūan ambassadors to solicit an introductory note from a highly placed scholar in Peking for a volume of his Chinese poetry.

This was not the only position possible for the Confucianists. Some adopted the Chinese manner without its content, by claiming for Japan the benefits of "Central Country" and classifying China itself as border "barbarian." All who thought about it had to make some distinction between the Chinese ideal and Chinese history. The ideal was unquestioned and stood for civilization itself. China's history, however, was seriously flawed. Ogyū Sorai could espouse the classical tradition of the sages, even worshipfully so, while rejecting more recent trends of Confucian thought in China. He and his disciples observed that, while China had begun with feudalism and moved on to central imperial administration, Japan had gone in the reverse direction, from the classical regimes of the imperial past to the feudal divisions of their own day. Each, one could conclude, had its own validity. Arai Hakuseki did not hesitate to acknowledge Chinese literary tutelage, but he had no doubt about the political respect due Japan and its rulers. And Yamazaki Ansai, when asked by his students what their duty would be if Japan were threatened by an army captained by Confucius, told them to do as Confucius would have done, and resist.

The stream of Confucian learning was broad and it could accommodate many emphases. Toward the last, the shogunate did its best to limit varieties of interpretation and to encourage a single orthodoxy, but it lacked the setting of examination system and of imperial ideological primacy that made this feasible in China. Instead, shogun and feudal lords had recourse to the advice of scholars, who varied in their prescriptions for good government between the advocacy of fixed norms of behavior and allowance for an intuitive and inner morality. Each could be grounded in Chinese text and example, although the former was more congenial to bureaucratic hierarchy in Japan as it was in China. But, while Confucian learning was broad, and represented agreement on moral categories more than on details of dogma, those who carried that learning were not. The particularities of Japanese feudal hierarchy and a fastidious attention to status distinctions operated to favor punctilio in definition as they did in deportment, and often helped to produce a rigidity in belief as in action that helps to account for the relief with which later reformers sprang to attack the official learning as barren and "Chinese."

The ambivalence between cultural admiration— and even, at times, self-abasement—and political distance and even hostility that characterized Tokugawa attitudes toward China was not by any means new, for it had been shown by Japanese leaders and thinkers in earlier eras. What was probably new in the eighteenth century, however, was that this consciousness permeated down to popular culture as well, and that it proved an attractive theme there. Since at the popular level the cultural appreciation was more shallow and the cultural debt less conscious, a jaunty self-confidence seemed to predominate. Chikamatsu's famous drama *The Battles of Coxinga*, first performed in 1715 and a smash hit thereafter, celebrated the mighty deeds of a hero, offspring of a Chinese father and of a Japanese mother, who flourished on Taiwan between the fall of the Ming and the secure establishment of Manchu rule. Donald Keene's splendid translation provides evidence on a number of points. The playgoer's horizons were expected, despite the restrictions of the seclusion system, to extend well beyond Japan's borders. Coxinga's Japanese wife reproaches him that they had promised to go together, "not merely to China or Korea, but to India or to the ends of the clouds." The Japanese military tradition is praised. In launching the expedition against the Manchus, the narrator invokes the fourth-century Empress Jingū and her invasion of Korea. It is particularly interesting to find the Manchus denounced as despicable barbarians. The loyal Ming general contrasts a virtuous Ming with the barbarian Tartars. "This land which has given birth to the sages will soon fall under the yoke of Mongolia, and we shall become their slaves, differing from animals only in that we do not wag tails or have bodies covered with fur." His warning becomes fact: "The entire country . . . has been enslaved by the Tartar barbarians."

For this situation there is no solution but old-fashioned Japanese courage, and Coxinga's Japanese ancestry is exactly what is needed. He makes it clear that he, like his audience, is tired of being told he is from a small and insignificant land. "Vile creatures!" he shouts. "You who despise the Japanese for coming from a small country—have you learned now the meaning of Japanese prowess, before which even tigers tremble?" His secret weapon turns out to be his Japanese sword, whose "blade is imbued with the strength of the Japanese gods." It is so powerful, in fact, that Coxinga decides it would be unfair "to face a tiger with my sword." Still, something special is needed, and in the end a sacred charm from the Great Shrine at Ise exerts mysterious power to make the Chinese tiger droop its tail, hang its ears, and draw in its legs timidly. The narrator intones, "How awe-inspiring is the majestic power of the goddess Amaterasu!" Thus primitive small-nation chauvinism saves the day. In the climactic final battles at Nanking there is little doubt that the hero's victory is due "to the divine, the martial, and the saintly virtues of the emperor of Great Japan, a land endowed with perpetual blessings."*

It would be foolish to read too much into this extravaganza of stage entertainment, but the repetition in plebian form of so many of the themes that delighted the medieval aristocrats who studied scroll painting depicting the exploits of Ambassador Kibi no Mabiki in T'ang China cannot be entirely without its psychological significance. Clearly the Manchu conquest of China served to complicate Japanese attitudes further. Seventeeth-century writers had warned of a possible return of the Mongol danger, and as late as 1786 Hayashi Shihei tried to stir those fears, now dormant, by raising the suggestion that the Manchus, now that they had solved China's border problems by their conquests, might launch an invasion of Japan.

3. *The Rejection of "China"*

Until the eighteenth century the only serious alternative to Confucian philosophy was Buddhist. Since both of these schools had come by way of China, the primacy of Chinese learning had not been challenged by that contention. But by the late eighteenth century there were also Japanese thinkers prepared to reject the entire Chinese model, Confucian

---

* Donald Keene, tr., *The Battles of Coxinga* (London: Taylor's Foreign Press, 1951), also reprinted in *Major Plays of Chikamatsu* (New York: Columbia University Press, 1961).

as well as Buddhist. The most forthright of them were connected with the National Studies, or *kokugaku*, movement.

The eighteenth century witnessed tremendous development of literary and philosophical scholarship in Japan. Confucianists turned to the principal texts of their tradition with new rigor and determination in efforts to free those teachings from the accretions of subsequent interpretation. Specialists in Japanese poetry meanwhile developed their own enthusiasm for textual research. In the study of Japanese poetry they were dealing with the very center of Japanese aesthetics and values, and as they investigated the classics of Japanese antiquity they struggled to define what it was that lay at the center of the Japanese national character. In part this represented for them a psychological counter against the dominance of Confucianism and the influence of what seemed to them the formal, rule-centered scholarship of heavy-handed pedants. Like their counterparts and contemporaries, the German romantics, they looked for the free spirit of a native tradition, one that was in danger of being smothered under the borrowed standards and rigidity of foreign classicism.

The Japanese spirit, the national scholars proclaimed, was pure, natural, and unbounded, and the norms of Confucian morality were antithetical to it. Emotion was pure and honest, and to curb it through rules or to sublimate it through religion was dishonest. Such foreign deception and falsehood, Motoori wrote, were contrary to human nature. A proper awareness of the pathos of things was most clearly present in Japan's

tradition of emotive poetry. Thus their path led back
to the classics of the Japanese literary tradition and to
values that could be discerned at the dawn of Japanese
history before imports from China obscured their pur-
ity. The ancient cult of Shintō was emphasized once
again, with it the shrines at Ise, and with them the
imperial cult, whose patron deity the Sun Goddess
served as reminder of the superiority of Japanese spirit
and polity over all possible competitors. In literary and
philosophical writing the *kokugakusha* occasionally
sounded Taoist, for that tradition had always contained the Chinese antithesis to Confucian order and
decorum. In philological scholarship scholars could
intersect with the textual rigor of learned Confucians
like Ogyū Sorai. But when they spoke of values of native deities and of national spirit they were the first
ideologues of Japanism.

What matters in this context is that the national
scholars, and especially Motoori, legitimized a rejection of China and Confucianism through their affirmation of Japan. In 1771, the same year that Sugita
witnessed the dissection of the criminal in Edo,
Motoori wrote *Naobi no mitama*, in which he pro-
ceeded to demolish and dismiss much of the Chinese
tradition. He argued that the Chinese sages were nothing more than a construct of Confucian scholars
designed to confuse and to impress others; they represented an effort to universalize the writings and teaching of China as though they were true at all times in
all places. Nothing could be further from the truth.
China was a country of disorder and violence, and the
sages were simply the most successful practitioners of a

special brand of deceit. The Chinese spirit, the *karagokoro*, was one of disputation and violence, and scarcely one of wisdom and of virtue.

Therefore it was ridiculous to have Japanese scholars take all this so seriously. A few years later, in *Tamakatsuma*, Motoori lampooned his country's Sinophiles.

> "If you ask a Confucian scholar about Japan he is not ashamed to say 'I do not know.' But if you ask him about China he would be quite ashamed to admit he did not know. This is probably because they try to make everything look Chinese, including themselves, and treat Japan like a foreign country. . . . This is one thing when talking to Japanese, but imagine telling a Chinese 'I know a lot about your country, but I don't know anything about Japan.' The Chinese would laugh, clap his hands and say, 'How can a Confucianist who doesn't know his own country expect to understand things about another country?' "

Motoori did go on to say, condescendingly, that if one had time, after studying his own Japanese tradition, it was permissible, and even desirable, to read Chinese books. How else could anyone come to realize the futility and error of the Chinese way? But one should know one's own country first.

Motoori was a formidable polemicist as well as a great scholar. In his polemics he distorted the Chinese tradition until it became a caricature of the Confucian persuasion. For the most part his target was the Japanese Confucian pedant. There were many of them, and their willingness to put China first in all matters infuriated the national scholars. To some degree also, as Professor Harootunian has argued, the national scholars used "China" more as metaphor for a set of normative values than as country, and they were really talking about ideas rather than about their source. Nevertheless it is significant that they chose their metaphor in this manner, and also that the Confucian scholars gave battle once they were aroused to the danger. The issues raised in this manner soon produced a vigorous literary polemic. It would be interesting to follow this further, as that struggle played its part in the politicization of Shintō and in the emergence of imperial loyalism. It will suffice instead to remind ourselves that the Chinese primacy was at all times forced to coexist with a lively Japanese awareness of self, and that after the late eighteenth century it lost ground rapidly. By the time of Sugita, to whom we turn next, some were prepared to contest the whole of the Chinese tradition.

4. *The Emergence of the Western Model*

The national scholars rejected the Chinese tradition of Confucian formalism, but they had little to substitute for it except an unstructured naturalism and an intuitive appreciation. Nor was their emphasis on national uniqueness and essence likely to stir them to seek other and more useful models. But by the time Motoori was writing his major works, an alternate approach to wisdom was far advanced. This was the study of the West, carried out with great difficulty with books brought by Dutch traders to Nagasaki.

It would take too long to detail this development adequately. Its main lines have been described in a number of places, and yet most of these sources only begin to suggest the richness of interest that the story has. It is surely one of the most extraordinary chapters in cultural intercourse in world history. Despite all the restrictions on movement, on enterprise, and on imports, one finds small groups of Japanese scholars working in relative and mutual isolation. In the eighteenth century they were divided into two main groups. One was the guild of interpreters at Nagasaki who serviced the official trade with the Dutch East India Company. Some twenty families held hereditary rights to the privileges involved and maintained their guild by coopting able candidates, often through adoption. There was also a much smaller group of doctors, attached to feudal lords, in residence at Edo, modern Tokyo. At the capital, Dutch learning first began to draw official interest when Arai Hakuseki interrogated an Italian Jesuit, Sidotti, who had entered the country illegally in 1709. In the 1720's, the shogun Yoshimune authorized several retainers to begin the study of Dutch for improvement of the calendar, and simultaneously relaxed the censorship of Chinese books dealing with Western learning. A half century later— in 1770—one doctor-scholar, Maeno Ryōtaku, was allowed to go "abroad" to Nagasaki to study directly with the interpreters.

The interpreters had the best opportunity to learn Dutch, but their time was also dominated by re-

1. Travellers at Hakone check station on the Tōkaidō, after Hokusai.

quirements of official duty. And even they had no language tools or dictionaries; a laborious translation of a dictionary was completed only in 1796. Later versions of the same work, finished in 1833, were not permitted to be published until 1855, after the coming of Perry.

The two groups of scholars knew about each other, and they had occasional opportunity to meet when senior Nagasaki interpreters accompanied the Dutch chief merchant on his official visit to the capital. This visit took place a total of 116 times during the two and one half centuries of Tokugawa rule; annually after

1633, biennially after 1764, and every four years after 1790 until 1850, the last trip. The round trip from Nagasaki to Edo, carried out with all the decorum of a feudal lord's procession, usually took about 90 days; in 1787 it took 142 days. The Dutch factor, accompanied by a doctor and perhaps a secretary and his fifty or more Japanese escorts, would be lodged in the Nagasaki Inn near Nihonbashi in Edo. Here four rooms on the second floor were reserved for him; the interpreters who had accompanied him were housed on the same floor.

Edo doctors were permitted to call at the inn, usually several in a group, to pose questions to the travellers. It was an imperfect form of communication, as Ōtsuki Gentaku observed in 1794 when he noted that, unable to get the floor with a question, he would have to save it four years for the next opportunity. Some of the visitors were always eager to learn about Japan from their hosts. Kaempfer, Thunberg, and Siebold—not one of them a Dutch national—provided the West with its best accounts of Japan, and Thunberg (in 1775) and later Siebold (in the 1820's) attracted enough students to suggest the nucleus of a future scientific community.

Forms of internal communication within Japan were not always much better. Shizuki Tadao, a Nagasaki interpreter, wrote this same Ōtsuki jubilantly that a servant of his had fortunately just been conscripted as coolie for a local daimyo who was about to leave for Edo. Shizuki was seizing the chance to write Ōtsuki. "Could you send me any book you have there that describes stimulating and interesting theories of

physics and astronomy, whether in Chinese or a
Western language? I would particularly like to see a
mathematical book on logarithms you said you were
writing. I myself have a book that discusses the princi-
ple of motion in the heavens and on the earth, the rea-
son of the rapid or slow motion, and the retrograde
and stationary principles. It is called *Wetten der mid-
delpuntzoekende kragten*. I have translated it."

The age of translation of which this provides evidence had in fact begun earlier, and its first real
monument came as a result of the historic dissection
in Edo with which I opened this lecture. The ob-
servers were two doctors, both students of Dutch,
Sugita Gempaku and Maeno Ryōtaku, the man who
had been permitted a stay of several months at
Nagasaki in 1770. The account of that occasion is
available from Sugita's memoirs:

". . . The corpse of the criminal was that of an
old woman of about fifty years, nicknamed Aocha
Baba, born in Kyoto. It was an old butcher who
made the dissection. We had been promised an *eta*
named Toramatsu, known for his skill in dissection,
but because he was sick his grandfather came instead. He was ninety years old, but healthy, and he
told us that he had been doing this since his youth.
According to him up until this time people had left
it up to him, and he had just shown them where the
lungs, kidneys, and other organs were. They would
pretend that they had studied the internal structure
of the body directly. But the parts naturally weren't
labelled, and they had to be satisfied with the way
he pointed them out. He knew where everything

was, but he had not learned their proper names.
. . . Some of them turned out to be arteries, veins,
and suprarenal bodies according to our anatomical
tables. . . . We found that the structure of the lungs
and liver and the position and shape of the stomach
were quite different from what had been believed
according to old Chinese theory. . . .

"On our way home we talked with excitement
about the experiment. Since we had served our
masters as doctors, we were quite ashamed of our
ignorance of the true morphology of the human
body, which was fundamental to the medical art. In
justification of our membership in the medical profession, we made a vow to seek facts through experiment. . . . Then I suggested that we decipher the
Tafel Anatomia without the aid of interpreters in
Nagasaki, and translate it into Japanese. The next
day we met at Ryōtaku's home and began the conquest of *Tafel Anatomia.* . . .

"We translated by conjecture, word by word, and
gradually these increased in number. . . . When we
met difficult words, we thought we would get them
someday, so we marked them with a cross in a circle. How often we had to do that! Gradually we got
so we could decipher ten lines or more a day. . . .
After two or three years of hard study everything became clear to us; the joy of it was as the chewing of
sweet sugar cane."

Almost spontaneously, Sugita wrote, "a new term
rangaku (Dutch studies) arose in our society and it has
spread and become popular all over Japan."

Thus began the age of translation. By the time of

his memoirs, written in 1815 when he was in his eighties, Sugita observed that "Today so-called *rangaku* is very widespread. Some people study it earnestly, and the uneducated talk about it thoughtlessly and with exaggeration. When I think back, it is almost fifty years since some of us old men set out to foster this learning." It is different from Chinese studies, he reflects; that study had the full backing of a court that sent ambassadors to China. Why then did Dutch studies become so important? Toward the end Sugita returns to the same problem. "I never imagined that Dutch studies would become so important or make such progress. I think Chinese studies made only slow progress; but Dutch studies were more lucid and made rapid progress because they were written in plain and direct language." And still, he admits, the training in Chinese studies probably "developed our mind beforehand" also.

As one reads Sugita—his memoirs, his diary, and his dialogues—it is clear that, as Keene says of Honda, one is entering a new era. The dominance of China is at an end. Chinese wisdom is occasionally wrong, as in the morphology of the body; or impractical, and it is usually associated with conservatism and obscurantism. In a dialogue of 1775 Sugita has an interlocutor protest,

"Look here: Korea and Ryūkyū are not China, but they received the teachings of the same sages. This medical learning you are teaching, though, comes from countries on the northwest frontier of the world 9000 *ri* from China. Their language is differ-

2. Doctor Sugita Gempaku (1733-1817), pioneer student
of Western learning.

ent from China's and they don't know anything about the sages. They are the most distant of even all the barbarian countries; what possible good can their learning do us?"

In answer Sugita says it is all very well for the Chinese to profess scorn for barbarians, but look who is ruling them now! But in any case people are alike the world around, and China itself is only one small country in the Eastern Seas. True medical knowledge has to be based upon more universal grounds than upon the wisdom of a few. Furthermore, on examination it turns out that the sages' books about anatomy are not correct. On that evidence, it is far from correct to assume that one can despise the Dutch or their learning.

What did Sugita learn from his translation work? Professor Haga suggests five important lessons. The Chinese are wrong. One cannot receive traditional learning blindly or on faith, however authoritative it seems. Medicine has to be based on the facts of the body and on biology. In this regard all men are equal. And, since they are, the physician must learn to treat them all alike. None of this was directly political, yet in the long run it all had political significance. Dutch scholars could predict that government policies to maintain Japan's isolation from the Western world were doomed to failure in the face of superior Western knowledge and technology. In addition, Sugita's philosophical or social conclusions about equality—conclusions he held in common with several other leading scholars of *rangaku*—were in direct conflict with official Tokugawa policy. Sugita noted in his diary instances of striking injustice and brutality in the treatment of suspected sectarians, and in his medical practice he acted on the conclusions that he had worked out about equal worth. The consequences of this for politics were shown a little more than two decades after Sugita's death in 1817, when political conservatives were able to secure official prosecution of a group of Dutch scholars as potential subversives.

These remarks lead us well beyond Sugita, for they go straight to the mighty changes that transformed Japan after the coming of Perry. It took that long, to be sure, yet even before Sugita's death important coverage of Western technology and science was available in Japanese; by the opening decades of the nineteenth century, enquiring Japanese were coming to grips with the ideas of Galileo and of Isaac Newton. The shogunate itself began to collect Dutch books in the 1790's, and in 1811 a translation bureau was set up within the Bureau of Astronomy. Private schools patronized by eager young students like Fukuzawa Yukichi began to appear in the great cities of the country, and many of the major feudal domains did what they could to gain the advantages and to promote the study of the new learning.

The translation movement that Sugita and his friends inaugurated, and the education and experimentation to which it led, were both symbol and agent of the demolition of a world outlook that was already in process of change. It produced and fostered attitudes of mind that make the final period of Tokugawa Japan one of endless interest and vitality. The

Dutch scholars took the first steps toward the formation of what later became an open scientific community.

One must not claim too much. Concrete results of the new learning were limited and much of it was inundated under the full flood of Western science that entered the country openly, much of it in English, after the ports were opened. Confucian values and literacy in Chinese remained the bedrock of education. Yet when, in the 1850's, the Tokugawa government, having been forced to open its ports to foreign ships, prepared for the future, it brought together a group of Dutch scholars from all parts of the country to staff its new institute of barbarian learning, a center that, by several permutations, stands as the ancestor of Tokyo University. Clearly the movement that Sugita heralded was a vital development in Japanese intellectual history.

At the end of his life Sugita could look back on a career rich in rewards and in achievement. Private practice and official recognition had given him an income comparable to that of an upper samurai. He delighted in his grandchildren, his students, and his success. He ended his memoirs with a metaphor that sounded better in his day than it does in ours. "One drop of oil," he wrote, "cast into a wide pond will spread out to cover the entire surface. It was just like that; in the beginning there were only three of us—Maeno, Nakagawa, and myself—who came together to make plans for our studies. Now, when close to fifty years have elapsed, those studies have reached every corner of the country, and each year new translations seem to be brought out." "This," he goes on, "is a case of one dog barking at something, only to be echoed by ten thousand dogs barking at nothing." And finally, "What particularly delights me is the idea that, when once the way of Dutch studies is opened wide, doctors a hundred or even a thousand years from now will be able to master real medicine and use it to save people's lives. When I think of the public benefits this will bring, I cannot help dancing and springing for joy."

II

━━━━━━━━━━━━━━━━━━━━━━━

Wisdom
Sought Throughout the
World

━━━━━━━━━━━━━━━━━━━━━━━

Sugita Gempaku had an optimistic view of his
world and society in his last years, but the half century
that followed his death in 1817 was full of alarm and
frustration for his successors. The alarm was the product of their increasing awareness of the approach of
the West and of their country's unpreparedness to deal
with that approach. The frustration was the product of
their government's efforts to contain the knowledge
and discussion of that approach and the danger it contained within authorized channels. The Tokugawa
authorities tried to extend central control at the ex-
pense of their vassals, and they tried to control private
inquiry and discussion. They were no more successful
in these attempts than they were in efforts to deal with
economic distress and with the popular unrest that resulted.

The result was to politicize a generation. Each of
the intellectual traditions of eighteenth-century Japan
made its contribution to the volatile politics of the

1850's and 1860's: Confucianism through its emphasis on duty and loyalty, national learning with its veneration of emperor and sacred country, and Dutch studies with their documentation of the national danger. Fifteen years after the coming of Perry, the shogun had laid down his office and a new leadership had issued a five-point pledge of reform in the name of a boy emperor.

The title for this discussion of the 1870's is drawn from the famous Five Article pledge which the young emperor issued in April 1868. The evil customs of the past would be ended, he said, and "Knowledge shall be sought throughout the world in order to strengthen the foundations of imperial rule." The symbol of that search is a great government learning mission that was sent around the world in 1871-1873, one whose report was completed in 1875 by Kume Kunitake. For Kume, as for Sugita Gempaku, we also have memoirs recorded in old age when he was ninety, memoirs that were published in two volumes in 1934.

Kume Kunitake was born in 1839, and he died in 1931. Those dates span the period from the Opium War in China to the Manchurian Incident, and they may be taken to symbolize a shift in the image held of China, from cultural ideal to military prize. For Japan those same dates bridge a period in which the Tokugawa structure gave way under domestic discontent and foreign threat, to be rebuilt on Western lines to preserve national independence and to secure international equality. At the time of Kume's death, Japan was asserting hegemony in East Asia in a futile effort to contain change at home and to control it on the continent. For Kume himself these years began with education in traditional Confucianism and continued with firsthand experience of the West: they also brought personal experience of the incompatibility of scientific rationality with aspects of Japan's new imperial ideology.

1. *The Late Tokugawa Years*

The two decades between the coming of Perry and the Iwakura mission were full of political fireworks, and, in the excitement of the extremism generated by the foreign pressure, it is easy to lose sight of deeper currents. In writing about the career of Sakamoto Ryōma I did my share in focusing attention on the political events of that period. In longer perspective, however, there were other and deeper currents as the Japanese changed their views of the world. It may be that the principal contribution of the political violence was to bring increasing numbers of Japanese to focus their attention on the problem of how their society should be restructured.

The news of the Opium War did its part to discredit the idea of Chinese superiority. Its revelation of Chinese military weakness struck particularly at Japanese conservatives, to whom the Chinese example was most important. We have much evidence of their discomfiture and distress. Chinese publications that discussed the problem found quick response and a wide audience in Japan, where every educated person could read them. Indeed, one of the remarkable things about the period is that writers like Wei Yüan may have had more impact on their Japanese readers than on their Chinese. (The same may have been the case in earlier years with Chinese-language discussions of Western science produced by the Jesuit mission.) Dutch reports from Nagasaki reinforced what was in the Chinese accounts, and the word of China's defeat soon produced a sense of impending crisis in Japan. It is true that, a few centuries earlier, educated Japanese had also been aware of the Manchu victory over the Ming, but the Opium War was different; the new threat was non-traditional: it came by sea, it could be expected to continue on to Japan, and there were many more educated Japanese to be concerned than there had ever been before.

The sudden relevance of study of the West served to spur interest in it. It will be remembered that its legitimization within the national tradition had already begun. A half century earlier Hirata Atsutane had anticipated a new eclecticism. Chinese learning, he wrote in 1811, was only one of a half dozen or more categories. The most important of these for him was, of course, Japanese Shintō. Chinese learning was another; Buddhist learning was broader than Chinese, and Dutch learning more useful. But Japanese learning embraced all of these traditions. "Japanese," he concluded, "should study all the different kinds of learning," for, properly understood, all were Japanese.

The arrival of Perry was followed by steps to institutionalize Western learning, which now became a path to official employment and a direct concern of government. The Institute for the Study of Barbarian

Books, soon renamed the Institute for Western Books and then the Institute for Development (*Kaiseijo*), illustrated the way in which the shogunate and its major vassals set to work to utilize the knowledge of the West. The Tokugawa institute became a national effort, and it hired men from all parts of the country. Elsewhere leading barons also competed for the services of outstanding "barbarian experts." On every hand there was a sudden intensification in the subsidization of Western studies.

The new diplomatic relations and problems next produced a need for foreign travel. Beginning with the first embassy to the United States in 1860 to ratify the Harris Commercial Treaty, the 1860's saw a quickening pace in the frequency, size, and seriousness of missions to the Western world. The accounts of the Japanese travellers give a fascinating perspective on their growing sophistication.

The original embassy to Washington included a total of seventy-seven men. Walt Whitman saluted their New York appearance in *A Broadway Pageant*, and the vice ambassador, Muragaki, Awaji no kami, recorded his impressions in his diary, *Kōkai Nikki*. The vice ambassador's notations show that he is still a simple tourist. There is no real effort to see much of economic or technological importance, and his contacts are largely limited to the official round of state entertainments. He shows a faint distaste for bizarre features of American society like the presence of women at state occasions. A visit to the Senate produces astonishment at the proceedings of the Congress. "One of the members was on his feet," he notes,

3. Ambassadors who led the first mission to the United States in 1860.
Vice Ambassador Muragaki on left.

"haranguing at the top of his voice, and gesticulating wildly like a madman. When he sat down, his example was followed by another, and yet another. Upon our inquiring what it was all about, we were informed that all the affairs of State were thus publicly discussed by the members, and that the Vice-President made his decision, after he heard the opinion of every member." A trip to the Smithsonian brings horror at the sight of mummies shown alongside birds and animals. "These foreigners," the ambassador notes, "are not nicknamed barbarians for nothing." Most intriguing of all, perhaps, is a very superficial but revealing comment made when the ship stopped in Angola on the way home: the natives have some resemblance to Buddhist images, and "we come to discover that the natives of India and Africa both belong to one and the same tribe, of whom that Buddha must have been a chieftain." How absurd, the diarist goes on, that the Japanese have for so long worshipped such primitive people. The new structure of relative national prestige is not yet built, but the old hierarchy of respect is clearly in process of dissolution.

Two years later another embassy left Japan for a much more ambitious tour. Its purpose was to seek delay in the opening of additional treaty ports in Japan, and in this it failed. But in the secondary purpose of educating its members about the West it was successful. Its members included thirty-eight men ranging from seventeen (the youngest interpreter) to fifty-six in age, and among them were several scholars who had taken part in the earlier mission. Fukuzawa Yukichi, Mitsukuri Shūhei, and Fukuchi Genichirō,

"Dutch scholars" and Western experts, were publicists of great importance for the enlightenment movement of the future. The embassy members worked much harder than the earlier group, and they saw much more. Their detailed reports on individual countries were augmented by individual accounts compiled by some members on their return. Of these Fukuzawa's famous *Seiyō jijō* (Conditions in the West), which sold hundreds of thousands of copies, played a major role in educating Japanese in the years that lay ahead. To one anti-foreign zealot, for instance, Fukuzawa's account of the American revolution served as encouraging evidence that Japan's problems were not unique, and that modern organization and participation could provide a solution. As Nakaoka Shintarō put it, "The oppression of the English king became more heavy every day, and the American people suffered. At that point, a man named Washington complained of the people's hardships. . . . He closed the country and drove out the barbarians. . . . The thirteen colonies gained their independence and then became a strong country. . . ."

In the reports compiled by the travellers in 1862, the ambivalences of Western society receive mention for the first time. The state of the industrial city with its urban poor emerges, and the gradations of national power and influence begin to come into focus. France is beautiful, especially the new Paris of Napolean III; but England, for all its dirt and noise, has more power. Paris may be a Kyoto, but London is the Edo (modern Tokyo); "When it comes to trains, telegraphs, hospitals, schools, armories and industries,

England must have twenty times what France does."
A reflective poem compares this to a Mongolia grown
more powerful than the cultured Central Kingdom.

The members of this and the next few missions returned to a Japan that was still not sure of the path it
should follow in its reconstruction. Often they were
not welcome at home, and occasionally their lives
were in danger. For the most part the top men disappeared into obscurity. But the lower-ranking men, the
interpreters and the experts, became leaders in the enlightenment movement of the 1870's. Mission followed mission, and a sixth was abroad at the time of
the shogun's fall in 1867. By then a number of feudal
lords had smuggled students overseas to study. The
Tokugawa government itself had commissioned returned students to draw up a kind of constitution for
the last shogun at the time of his resignation.

All this activity was fully as important as the political fireworks of those same years. It also helped to
create a favorable view of Japan in foreign countries.
The Chinese statesman Li Hung-chang, for instance,
wrote to propose for his own country forthright measures of change like those he thought he saw in Japan,
and Japanese travellers reported with satisfaction that
Japan was considered more progressive than China.

The travel of the 1860's had a number of important
results. One was a growing concern with Japan as a
country. In the new international world there could
be only limited tolerance for the divisions of the late
feudal Japan. One finds no Tokugawa consciousness
in these diaries and writings; it is Japan that counts and
the country's future is at stake. "In olden days," the

vice-ambassador's account of 1860 begins, "envoys were sent to China, but that is only a neighboring country. . . . I realized that failure in accomplishing this unprecedented task . . . would constitute an irreparable disgrace to our country." His first poem expresses the hope that

"From now on, the bright moonlight of our country
Will be admired by the peoples of the strange lands."

After the reception by President Buchanan, he proudly calls upon the barbarians to turn their faces upward to contemplate "This glory of our Eastern Empire of Japan." Walt Whitman, of course, got it a little differently:

"Superb-faced Manhattan
Comrade Americans!—to us, then at last, the Orient comes."

Equally certain was the rapid move down in the hierarchy of prestige for China. This was in part the product of a knowledge of China's repute abroad, and it was speeded by Japanese visits to the treaty-port fringe of China. What they saw in Shanghai convinced the travellers that no comparable loss of sovereignty could be allowed to take place in Japan.

There was also a growing sophistication about the West. It was less an undifferentiated mass, and gradually becoming an area that permitted and in fact required selection. But it was not yet structured; that would require more travel, more observation, and more experience. This came with the early Meiji missions.

2. *Travellers of the 1870's*

The setting within which the learning missions of the 1870's took place was made radically different by the pledge of 1868 to seek learning throughout the world. It should, however, be remembered that the 1868 pledge was for long-range purposes, and that it was meant to reassure the treaty powers and the Japanese elite. Japanese commoners received rather different advice from the local sign boards from which they got their instructions. These were redone to accommodate traditional outlooks to the new circumstances of the times. They contained cryptic reminders of Confucian morality, forbad rebellion and desertion, maintained the proscription of Christianity, and ruled out attacks on foreigners. Here there was less renunciation of the evil customs of the past.

As knowledge of the West increased with direct contact, it became possible to rank Western countries and institutions for the purpose of emulation. A hierarchy of prestige was probable because of the structured society of late Tokugawa feudalism, and the Japanese tendency to make such judgments was strengthened by the teaching about stages of progress and development that were found in Western books.

The most influential transmitter of this Western teaching of progress was Fukuzawa Yukichi, who was now a veteran of three trips to the Western world. The booklets of his famous *Gakumon no susume* (The Encouragement of Learning), written between 1872 and 1880, may have reached sales of close to a million copies, and could therefore have been read by a very high percentage of adult Japanese who were literate. Fukuzawa was both prolific and popular, so much so that for a time all books about the West were called "Fukuzawa books" (*Fukuzawabon*). *Gakumon no susume*, which helped to confirm his fame, was a call to initiative and effort. Its famous opening sentence, "Heaven does not create one man above or below another man," constituted a ringing endorsement of the Meiji government's moves to abolish class distinctions, phrased in terms of the eighteenth-century thought Fukuzawa had already transmitted through his translation of the Declaration of Independence in his earlier *Seiyō jijō*. The 1872 Fukuzawa quickly went on to recognize substantial differences between individuals, though he credited these to effort and diligence. It was so also with countries. "There are strong and wealthy nations which are called mature civilizations," Fukuzawa said, and "there are also poor and weak nations which are primitive or underdeveloped. In general, the nations of Europe and America illustrate the first category, those of Asia and Africa the second." A few years later, in a history of civilization, Fukuzawa presented a scheme of three stages of development: countries were savage (*yaban*), semideveloped (*hankai*, which included China and Japan), and civilized (*bunmei*). The last-named had curiosity and science in addition to culture and literature. It was clear to Fukuzawa's readers how Japan could climb that final step.

The Iwakura mission of 1871-1873 provided government leaders with a twenty-one-month world tour during which they had the opportunity to see for themselves. This was no ordinary junket. Prince Iwakura Tomomi, who headed the group as Ambassador Plenipotentiary, was the most prestigious member of the new government. Vice ambassadors included the powerful Ōkubo Toshimichi and Kido Takayoshi, leaders of the coalition that had brought down the Tokugawa government, as well as Itō Hirobumi, who was to be a principal architect of the modern state structure. It is little wonder that some doubted the wisdom of sending such central figures off for so long, or that the ambassadors took the precaution of having their colleagues pledge not to institute major changes without discussion during their absence. As each government department attached members to extend its coverage, the mission grew until the total number of secretaries, commissioners, and officers neared fifty. But even this party was only the core for a larger group. Recent feudal lords of Chōshū, Saga, Fukuoka, and Kanazawa came, each accompanied by retainers, as did court nobles Madenokōji and Shimizudani. The Hokkaido Colonization Office added representatives. Five young women were included as pioneers in Western education for females, and several dozen additional students were attached for placing in Western schools. Thus the total group that set out numbered around one hundred. In a farewell ceremony the mission was charged by the emperor to visit the countries with which Japan had now resumed contact and to observe and report on aspects of their institutions. The still

4. Iwakura Tomomi (1825-1883),
court noble and leader of the
early Meiji government,
at the time he led mission
to the United States and Europe,
1871-1873.

5. Ōkubo Toshimichi (1830-1878),
principal Satsuma samurai in
the early Meiji government,
at the time of
the Iwakura mission.

unfinished Yokohama Railway station was used for the sendoff, and a Meiji artist in the Western style did his best to capture the color and ceremonial of the departure from the pier.

Of the principal members only Itō had been abroad before. At lower levels several anti-foreign types were included quite deliberately, in the hope of educating them. This was only partly successful; one, Murata Shimpachi, stayed on an additional year in France for military education and returned just in time to take command under Saigō in the Satsuma Rebellion, while another, Yasuba Yasukazu, had such a terrible time with Arabic numerals, confusing even the floors, to say nothing of hotel room numbers, that he finally persuaded the chief ambassador to relent and let him go home. Foreign travel did not work with everyone.

In the vast majority of cases, however, travel produced a convergence of views in favor of steady but moderate reform. Radicals found themselves sobered by realization of the distance between Japan and the Western world, and conservatives realized that opposition to change was hopeless. These conclusions tallied with the advice of foreign advisers whom the Japanese respected. The English minister, Harry Parkes, warned of precipitous measures; the German doctor Erwin Baelz kept reminding his hosts how far they had to go; and General Grant, who visited Japan on his world tour, warned that liberties once given could never again be retracted. A few years later Herbert Spencer, when sounded out on the wisdom of intermarriage, returned a considered opinion, based on his knowledge of cattle breeding, against mixing different strains. "My advice," he wrote in 1892, "is strongly conservative in all directions, and I end by saying as I began—keep other races at arm's length as much as possible."

The official record of the Iwakura mission was provided by Kume Kunitake, a Confucian scholar-samurai from Saga. From his official five-volume account and from the reminiscences that he dictated at the age of ninety it is possible to piece together some very clear-headed impressions.

In common with most of his generation, Kume restructured his hierarchy of countries, and the West came out on top. Its countries and peoples seemed less sluggish and passive than those of the East, and their attainments were higher. The criteria for this judgment, as Marlene Mayo points out, were in good part materialistic. The goods produced by a society were a good index of its state of civilization. There was also the criterion of distribution; one might establish a correlation between the people's share of the overall wealth and the state of civilization. Furthermore, countries could also be rated by the way their institutions mobilized the energies of their people.

The embassy's stay of two hundred and five days in the United States provided its first, and in fact its longest, period of observation of the non-Japanese world. The American visit was long partly because of the distances to be covered and especially because of a delay caused by the return of two vice ambassadors to Japan to secure more explicit credentials for diplomatic negotiations—credentials of which no real use was made, since negotiation took second place to ob-

6. Departure of Iwakura mission from Yokohama in 1871.
Iwakura (in court robes), Ōkubo and Kido, on the fantail of
the launch taking them to their ship.

servation. But the long stay in the United States also seemed appropriate because of the importance that the American example posed for early Meiji Japan.

Kume's account makes much of the happy combination of natural resources and human will that built the United States. The latter he credited to initiative and independence, the character of a society assembled from people from all parts of Europe. The United States, he wrote, was in fact the development ground for the independent-minded of Europe. Its people had voluntarily and wisely abandoned the diffuse political units of their earlier statehood and had entered into a centralized state, in good measure because of the need to act effectively in foreign affairs. As with the newer unity of Germany, the American commitment to a central government provided a commonality which underlay the obvious differences of these two modernizing states, and provided clear lessons for a Japan that was in process of abandoning its own feudal divisions.

America's experience was also testimony to the strength of associative, republican institutions, and its people were remarkable for their strong faith and high vitality. Yet the ambassadors never forgot the importance of building for themselves, and they were determined to distinguish the core of a modernized polity from the form in which it might be contained. The American electoral system raised doubts for them about the ability of people to choose, and of leaders to advocate, the wise above the merely popular and cheap. In the final analysis it was the combination of will, resources, and productivity that commended the

United States to Iwakura and his party. These same considerations made America a magnet for Japanese students in the early Meiji decades.

Great Britain stood to offer even more examples in its combination of size, age, and productivity, and to it the embassy devoted one hundred and twenty-two days, and Kume 443 of his pages, as compared with 397 for the United States. Germany and France each received half this space of exposition, and Russia, for all its size, one quarter. Indeed, in civilization Russia seemed at the lowest level among Western countries. Its goods were crude, its trade and industry were dominated by foreigners, its wealth was monopolized by an autocratic government and aristocracy, and its peasants lived lives of shocking poverty. Civilization seemed almost to decline as one moved east in Europe.

Kume and his associates did their best to look beneath the surface of the countries they visited and they concerned themselves with deeper currents. It seemed to them that the underlying difference between the East and West was the restless, Faustian spirit of Western peoples and their intensely competitive attitude about material things. Their nature was to desire intensely, while the East Asians were less insistent. "In Europe they say 'justice' and 'society' are the essence of government," Kume wrote, "but our Eastern notions are ultimately derived from virtue and morality, while theirs are based on the need to protect property." In a sense this distinction stemmed from the Western conviction of human nature as evil, with the consequent need to regulate competition, and from the Eastern conviction of human nature as fundamentally good.

Whatever the roots of these differences, however, it was clear that international society, now dominated by the West, was something of a jungle in which "countries are friendly in the sun but hostile in the shade." It is true that this thought had occurred to some of the ambassadors a good deal earlier. Kido had written in 1868 that "the law of nations is merely a tool for the conquest of the weak," and a year later Iwakura wrote his colleagues that "in the final analysis these countries are our enemies. Every foreign country tries to become another country's superior." Similarly, Fukuzawa Yukichi would write in 1878 that "a handful of Treaties of Friendship are not worth a basket of ammunition." Clearly, Japan had to adjust to this and build up its strength.

Yet the ambassadors returned with the conclusion that the immediate danger to Japan's independence was less pressing than some had thought. Russia, for instance, was much too backward and too absorbed in internal problems to be a threat. Rather than prepare for an early conflict, Japan should set its house in order and work its way up in the international hierarchy of respect and prestige. The "West" to which it must conform was now more clearly differentiated, and in its variety there was choice for a modernizing Japan. In terms of current history, the recent unifications of Germany and Italy seemed to offer analogous examples, and in fact German and Austrian precedents were soon to be the objects of close study. But the adoption of particular institutions was by no means immediate or automatic, and as the embassy divided into teams for detailed investigation of education, government, and economic development each group found items of particular interest in different countries.

One thing that struck the travellers in each of the developed countries they visited was the respect and importance that was attached to its past. The progress of the present was rooted deep in the historical experience of Western people; indeed, Kume wrote, "its origin lies in the spirit of love for tradition." The public museums of the West had no parallel in the East, and they were instruments for the enlightenment of the popular mind. "By progress we do not mean tossing out the old and striving for the new," Professor Mayo quotes Kume; "a country develops by the accumulation of customs; it polishes the beauty of the past."

Another was the realization of changes that would have to be made in Japan. Japan would have to end its ban on Christianity, for this drew reproachful comments wherever the travellers went. The Japanese developed respect for the civic virtues of Christianity, at least as they saw it in the United States and in Protestant Europe. Although Kume expressed astonishment at the acceptance of supernaturalism in Biblical Christianity, he was impressed by the role, if not by the content, of that faith in American life. The formal deference to Christian teachings, the presence of a house of worship in every hamlet, church attendance on Sunday, and general knowledge of the Bible, all seemed to him in decided contrast to the fact that Confucianism and Buddhism were spent forces in East Asia. On the other hand, as the mission moved on into Catholic and Orthodox countries, the travellers were astonished by the power and wealth of institutionalized Christianity. The state church of Russia in particular dismayed Kume. Professor Mayo quotes his contrast between Japan's Buddhist temples and the cathedrals of Europe: "The Honganji is to the great temples of Europe as a thatched hut to a mansion. I was astonished at the extent to which Western religions squander the people's wealth in churches." And as for Russia, "The more backward a country, the more powerful is the influence of religious superstition and the more likely the people are to worship idols and animals." Further, he decided that while the upper classes everywhere made a show of honoring religion, in actuality they used it to strengthen obedience to authority. It is clear that the mission's conclusion that restrictions on Christianity would have to go did not result from a weakening of Confucian rationalism. Christianity puzzled and impressed most of the travellers. Sasaki Takuyuki thought it clear that social customs could not be reformed without adherence to religion, but Kido Takayoshi wondered why it was that Europeans and Americans were so enthusiastic about religion.

Another conviction gained was that something would have to be done about representative institutions in Japan to build a better consensus for government actions. Such institutions seemed closely correlated with the state of advancement in European countries. Kido's statement about this problem on his return is a famous one. He argued from the experience of Poland that lack of popular participation could be fatal to national independence. Japan was not yet ready for parliamentary government, but it should consider the emperor's Charter Oath of 1868 as the foundation of a future constitution. The interesting thing about this is that it was the trip that had made Kido fully aware of this role for the Charter Oath, even though he had participated in its formulation himself. Kume relates that during a lull in Washington he set to work translating the American Constitution (with great problems for terms like *habeas corpus*, justice, and the like). Kido looked in on him often, and as the work progressed their talk included speculation about the future. One day Kume observed that political changes of the order that Japan was experiencing ought to be formalized in a state charter, especially in view of the emperor's solemn pledge. Kido picked up his ears; "What did the emperor pledge?" "The five article Charter Oath," Kume replied. Kido clapped his hands: "Of course! That was in there! Have you got a copy here?" The next day Kido appeared again. "Last night I read that Charter Oath very carefully, time after time," he said; "it really is a superb document. We can never allow that spirit to change. I will certainly support it for the rest of my life." Foreign travel thus gave new significance to earlier phrases and helped to guide future decisions.

While first-rank leaders returned to their Tokyo responsibilities, younger colleagues could be spared for longer periods of study in the West. Future prime ministers like General Katsura and Prince Saionji,

7. Kido Takayoshi, principal Chōsnū
leader in the early Meiji government,
at the time of the Iwakura mission.

both of whom moved to the front in the early years of
the twentieth century, experienced long periods of
seasoning in Europe in the 1870's. They were only the
most eminent of a small army of Japanese students
who went overseas to study in the years after the Meiji
Restoration. Between 1868 and 1902 11,248 passports
were issued for study overseas, a figure that indicates
the first great student migration of modern times. (The
second would be that of Chinese students to Japan in
the first decades of the twentieth century.) The United

States led in attracting over half of these students for reasons of proximity, cost, and challenge. The encouragement and support of American missionaries and teachers undoubtedly contributed to this total also. But within a decade after the return of the Iwakura mission the same government figures reveal that virtually all officially sponsored students were being sent to Germany, in accordance with decisions taken about the appropriateness of Central European models in science, government, law, and military organization. Although the students coming to America remained more numerous, they tended also to play more modest roles in their society upon their return to Japan. The Iwakura mission of 1871 had among its responsibilities an investigation of the way Japanese students abroad were preparing themselves for future service. For a brief moment the Education Ministry was spending as much as 21 percent of its budget on study abroad. More prudent planners soon cut this sharply. Schools within Japan were strengthened with generous use of well-paid foreign teachers, and by the 1890's those teachers had for the most part been replaced by their students. By then the Japanese educational structure was in place, and official support of study abroad changed from a crash program to train individuals in areas of knowledge in which Japan was lacking to a more general willingness to enable mature scholars to reinforce the solid foundation of Western knowledge they had acquired in Japanese institutions. By that time the members of the Iwakura mission were recognized for the work they had done. We can cite Tsuda Umeko, one of the girl students of 1871 who had returned to found Japan's first women's college, and Itō Hirobumi, designer of the Meiji Constitution, diplomat, prime minister, and chief minister of his emperor, and showered with honors as various as the highest titles in the Japanese peerage, Knight of the Bath from the England which he had first visited secretly in 1863, and an honorary doctorate from Yale.

The reverse side of the travellers' new appreciation of the West was the confirmation of their gloomy conclusions about the East. Alexandria, Suez, Hong Kong, Canton, and Shanghai were minor stops on the way home, and occasioned only superficial reflections on the unfortunate state of affairs in societies that seemed unjust, slothful, and corrupt. In *Gakumon no susume* Fukuzawa had already castigated the Chinese for their stubborn indifference to other countries. Kume's chronicle, too, showed little sense of kinship with other Asians. In the port cities he visited, he contrasted the orderly foreign sectors with the impoverished native areas, and he was particularly scornful of the prevalence of opium in China. The respect that Japanese literati had long held for Chinese civilization and elegance did not survive these first-hand impressions. Among ordinary Japanese it may have lingered longer, but there is no doubt that the personal experiences and impressions of thousands of Japanese conscripts who served in the armies in the wars against China and Russia served to diffuse and fix an image of condescension and even contempt for the sectors of the continent their presence had helped to blight.

One can probably anticipate these twentieth-century emotions in the clear progression from Kume's unfavorable impressions of the 1870's to Fukuzawa's famous warning ten years later that Japan should "part with Asia." "Although China and Korea are our neighbors," he wrote in 1885, "this fact should make no difference in our relations with them. We should deal with them as Westerners do. If we keep bad company, we cannot avoid a bad name. In my heart I favor breaking off with the bad company of East Asia." Thus the hierarchy of prestige had been decisively restructured. About the same time, Itō Hirobumi expressed similar embarrassment when the terminology for the new nobility was worked out in 1884. "I am distressed that it seems unavoidable to use the Chinese system," he wrote a subordinate; "if you have any other ideas, let me have them."

To sum up: The ambassadors and their contemporaries developed a highly differentiated view of the West. They avoided slavish submission to any single country, and they saw and recorded the shortcomings of each. As a whole, the West moved far ahead of the traditional models of East Asia. But the ultimate criterion for selection and emulation was the presumed benefit for the Meiji state. In their nationalism the Iwakura ambassadors and their contemporaries were guided by the wording of the Charter Oath, which specified that knowledge was to be sought throughout the world, "so as to strengthen the foundations of Imperial Rule."

A historian has to guard against letting his enthusiasm for his subject distort its importance. The Iwakura mission was the symbol, and not the source, of many movements of the times. During its absence the caretaker government in Tokyo moved forward vigorously on a number of reforms. The student tide to the West, and especially to America and to England, began earlier and continued after the mission. Perhaps the mission's most direct contribution was the new awareness it gave its members of the need for caution in foreign affairs. And even this would have counted for little if the ambassadors had not found their government jobs waiting for them in Tokyo despite their long absence. In some ways, this may be the most remarkable thing of all about the embassy. In how many developing countries of our own day would the top leadership risk absence from the scene of power for a period of more than a year and a half? This tells volumes about the confidence of the Japanese in the underlying stability and solidity of their society, and in their ability to set and enforce the pace of institutional change.

3. *The New Japanism*

After the return of the Iwakura mission to Japan, the wisdom that had been collected began to be put to work. The ambassadors' conclusions about the strength of the West were translated into a decision against military adventures in Korea, and this brought on a split in the leadership—partly between those who had been abroad and those who had not—and that split in turn was followed by samurai revolts. Advocates of immediate constitutional government, most of whom had also not been abroad, provided a radical opposition to gradualism, and that complicated the orderly process toward reform from above preferred by the government leaders. The government usually had its own way, but its efforts to secure the foreign approval that was essential for revision of the unequal treaties that had been forced upon Japan led it to sponsor forms of Westernization that provided targets for its domestic critics. For some of these it seemed that the careful selectivity advocated by the Iwakura report was being abandoned.

The Europeanization movement of the 1880's represented the high-water mark of admiration for the institutions and manners of the West. Japanese students went abroad in large numbers, and in their diaries and reminiscences one senses the insecurity and awkwardness of their realization of Japan's low standing in the international hierarchy of advanced countries. Often the Japanese diplomats and long-term residents they encountered abroad helped to shock them into this awareness. Mori Ōgai's *German Diary* opens with a revealing comment made by Minister Aoki Shūzō when the young student paid a courtesy call on him. "What are you studying?" "Hygiene." "You won't find much use for it when you go home. People who still have thongs for clogs between their toes have no use for hygiene." Foreign Minister Inoue Kaoru put it baldly in 1887: "Let us change our empire into a European-style empire. Let us change our people into a European-style people. Let us create a new European-style empire on the Eastern sea." Mutsu Munemitsu, returning from Europe in 1886, said it would be necessary to change everything, from intan-

絵はがき売り

8. Late Meiji mix of Japanese and Western clothing.
Buyers inspecting picture postcards.

gibles like education and morals to the concrete things
of everyday life such as clothing, food, and houses.
These confessions of cultural inferiority went well beyond those of the ambassadors in the 1870's, and they
soon produced counter-currents of reaffirmation of
Japanese cultural identity.

The new Japanism freed itself from the Chinese
image, but it also appropriated a good deal of it
quietly. Its official formulation came with the Imperial Rescript on Education of 1890, a statement that is
reminiscent to some degree of the Sacred Edicts of
the K'ang-hsi and Yung-cheng emperors of Ch'ing

China. This powerful document, which was designed to serve as the center of morality and focus of ritual in the public schools, held up the Confucian virtues of loyalty and filiality as "the glory of the fundamental character of our Empire" and "the source of our education." Traditional virtues were linked to "public good" and "common interests," and reinforced each other to "guard and maintain the prosperity of our Imperial Throne." These principles, the edict pointed out correctly, were in no wise new, but "indeed the teaching bequeathed by our Imperial ancestors." Thus the search for wisdom had in good measure come full circle.

The intellectual formulations of the new Japanism were worked out by a group of journalist-philosophers. Geographical and aesthetic interpretations of Japanese values were combined in a Hegelian view of history by a brilliant young ghost writer and disciple of Miyake Setsurei who went on to become Japan's leading Sinologist. Naitō Konan drew on all the traditions of which we have made mention—Chinese philology, Japanese loyalism, and Western science—to argue that civilizations move from starting points to new centers. Just as that of the Near East had reached its apogee in Western Europe, that of East Asia had originated in China to come to bloom in neighboring Japan. Europe, however, was already in decline, and Europeans were becoming aware of the hollowness of their materialism. This situation contained an unusual opportunity for Japan. "Japan's mission is not to introduce Western civilization to China, nor to preserve the Chinese curios and sell them to the West.

Japan's mission is to promote Japanese culture with the taste unique to Japan and to brighten the universe. Since Japan is located in the East and since China is the largest neighbor in the East, Japan must begin its task in China." In these sentences of Naitō's, sentences which date from the 1890's, we have the germ of an altogether new sense of world view and mission for Japan.

But what of Kume, the chronicler of the Iwakura mission? He lived a very long time, as the memoirs he dictated at ninety suggest, but his career pattern was full of irony that illustrated the switches that took place. After his return in 1873 he devoted several years to the five-volume account of the Iwakura embassy which he finally published in 1878. The Emperor expressed his favor by granting Kume 500 yen, a sum he wisely invested in Tokyo real estate. His work was immediately praised as the best travel account of its day. It was much more, of course; its sharply focused appraisals of Western countries and phenomena mirrored the impressions of his generation. In 1878 Kume joined the Bureau of Historical Compilation, and in 1888 he occupied a chair of Japanese history at the Imperial University in Tokyo. Now his Confucian rationalism and Western iconoclasm led him to take a scholarly and critical position on the authenticity of early Japanese texts. In 1891 he published a cool appraisal of Shintō as a dated ritual. With this he soon found himself in trouble with the new Japanism. The chronicler of the 1870's became one of the first victims of the new orthodoxy of the 1890's, and he was forced into early retirement from the state university.

Thereafter Kume taught at Waseda University and continued to write accounts of early Japanese history. But he repented of his earlier radicalism.

In the first lecture I was able to end with Sugita Gempaku's astonishment at the changes that his life had brought. It seemed to him that the ripple he had started with his translation of a medical work had grown into a formidable tide. In 1930 Kume was also sure that his life had witnessed great changes; indeed, he thought them unprecedented in world history. "My life has been lived in the most interesting period of history since the beginning of time," he said, "and I was lucky enough to be able to see it from the finest seat." His specific comments on contemporary world history are also of considerable interest: "When we went abroad in 1872," he said, "European civilization was at its zenith and there was nothing to match the self image of the English. But in our lifetime, in a little more than fifty or sixty years, we have seen the English begin to decline." The roots of that decline, Kume felt, were in Western materialism. He hoped for better things for his Japan, and he could imagine no more fortunate time to be alive than the life span he had known. "My first thirty years," he reminisced, "were decades that witnessed the dissolution of feudal institutions that had been transmitted from antiquity; horizons were limited to small localities, which seemed a veritable universe. My second thirty years saw Japan become united and join the ranks of the great powers, and in my last thirty years I have seen Japan work as one of those powers to maintain the peace of the world." He died, as I said, in 1931.

9. Kume Kunitake (1839-1931), chronicler of the Iwakura mission, in his last years.

III

━━━━━━━━━━━━━━━━━━━━

Japan's Search for Role
in the
Twentieth Century

━━━━━━━━━━━━━━━━━━━━

At the end of his life Kume expressed himself in optimistic terms about Japan's role in maintaining world peace, but within months of his death in 1931 the Japanese seizure of Manchuria had opened an era of violence that lasted until the surrender in 1945. His expectations of continued progress proved as mistaken as those of Sugita Gempaku; self-doubt, social unrest, and perceptions of international danger combined to politicize a generation of activists and to plunge the country into war. The changes that followed Kume's death were even more cataclysmic than those he had experienced during his eventful life.

By the twentieth century the synthesis of the Meiji era that had been symbolized by the close cohesion of the small leadership group had given way to a setting in which professional bureaucrats and special-interest groups dominated what seemed, on the surface, an orderly progress toward more liberal outlooks and institutions. Nevertheless the underlying emphasis was more often on conservation than on innovation. Government ministries and policies had shown their fear of social change and of possible radicalism as early as the years after the Russo-Japanese War. In the decade after World War I, as socialism and communism came closer, and as the economy plunged into depression after the boom years of the war, the government responded by attempts to define orthodoxy and to police thought.

In this process the imperial institution, which had been an agent of modernization and national unity in a Japan that was emerging from feudal divisions, became a bulwark against further change, a symbol of conformity, and the definition of nationality and orthodoxy. It was supported by a generation that had been indoctrinated in its majesty throughout its formative years. The sovereign stood aloof and distant, less personal and more sacrosanct than the Meiji Emperor, who had rallied his countrymen through exhortation and by inspection tours to every corner of the land. To be sure, the imperial institution could be used in many ways, for it was an essential part of every argument. Yoshino Sakuzō, the leading theorist of parliamentary government, capped his argument by asserting the identity of popular and imperial will. The fascist radical Kita Ikki posed the need for a "people's emperor" who, stripped of the wealth with which the government had tried to tie him to the plutocracy, would be supported by a parliament of patriots. Military radicals proposed a "Shōwa" imperial restoration that would complete the work of Meiji by throwing off the Western and capitalist trappings of the modern state. But the ruling conservatives had the best claim on the institution's sanctions and support, and successfully resisted limitation or extension of its intervention in the political process.

Yoshino's idealistic vision of parliamentary progress often seemed to be contradicted by the realities of special-interest politics. Kita Ikki's writings were laundered by scandalized censors, but they circulated in handwritten copies within the military establishment. The military, as part of the larger society, naturally drew upon its fissures to warn of social unrest and external dangers. Among young hotheads internal dangers resonated with the perception of external opportunities to radicalize and to politicize. As a result, young officers, laying claim to the legacy of young samurai who brought about the Meiji Restoration, became the locomotive force of political instability. Their more conservative superiors profited from this instability to strengthen their own position and ended by gaining direction of Japan's policies.

Throughout all this, Japanese society and Japanese perceptions of the outside world grew steadily more complex. In the previous discussions it was possible, although not always wise, to speak of the experience of a generation. But that sort of generalization is much more difficult for twentieth-century Japan. Divisions between interest groups within Japanese society deepened; even within generalized groupings like business and the armed services, particular interests and foci of competition could produce radically different views of the policies that should be followed. In the Meiji period questions of priority had by no means been lacking, but the diversity of Japanese perceptions of the outside world had to some degree been kept manageable by the evident structure within that world. With the collapse of that structure in the flames of World War I, however, the way was opened for varying perceptions, and Japan's new stature made those perceptions much more important than they had ever been before.

Two developments were of particular importance. One was the interplay of Japanese and Chinese nationalism in the years after World War I, a process that had destructive effects for political stability on both sides of the China Sea. The other was the rise of totalitarian governments in Europe, a development that led segments of the Japanese elite to revise their hierarchy of international prestige and power. In the 1920's Japan gave up its long-standing association with Great Britain to enter the Washington Conference system of pacts, and in the 1930's it gradually abandoned those to enter an alliance with Germany and Italy. Like its new allies, Japan went to war to gain regional hegemony. Instead it experienced defeat and reconstruction.

These political and diplomatic shifts were accompanied by important and as yet inadequately studied changes in perceptions of what individual and national priorities in cultural values should be. In one sense these were a maturation of doubts that Sugita Gempaku had encountered when he first opposed Western practicality and accuracy to Chinese learning. Japanese nativist thought had then posited a purified national essence which justified the turn from

China to the West in defense of the heart of the national tradition. Kume's generation, after experiencing the full flood of Western influence, had witnessed the construction of an official ideology centered around a Confucian-Japanese amalgam of normative values that was supposed to shield Japanese civilization from the destructive aspects of imported materialism and individualism. In the twentieth century all this resulted in a profound ambivalence that was rooted in contradictory attempts to assert the superiority of the indigenous, to strengthen the tradition through the imports, and ultimately to defeat imperialism through imperialism. Many intellectuals and academicians, when confronted with the distasteful alternatives of resisting or reinforcing the sacred myths of nationality, took refuge instead in a privatized, non-political world of specialization. For others, World War II seemed to offer a resolution to paradoxes that had long troubled them, but they only deepened their quandary by a wistful slogan, calling on their countrymen to "overcome modernity," by which they meant non-Japanese materialism. They were overcome by that modernity instead, but the echoes of their assertions remain to complicate the cacophony of Japan's industrial civilization in the 1970's.

It would require many times the space available to do justice to these themes. I shall content myself with examining some aspects of the interwar and war years to see what light they shed on the world view of Japan in our own day. Let me begin with some observations on the interwar period.

1. *Between the Wars*

The principal divisions that developed in the first third of the twentieth century were those between the Meiji generation and those who criticized their perception of the world as out of date. The Meiji men had seen their country come to greatness under the shadow of the British fleet, and they had little doubt that Japan's future could best be guaranteed by keeping as its first priority the friendship of the major maritime powers. One of the most cogent statements of this view can be found in the memoirs of the late Prime Minister Yoshida, a crusty Anglophile who saw it his mission to restore Japan's close working arrangements with England and America in the years after World War II. As he saw it, Japan had prospered as long as it kept those priorities clear, and it met disaster when it did not. But even he granted that there had been problems about maintaining this course after the Meiji period ended in1912. One was that some Japanese felt that the Anglo-Japanese alliance limited their options in terms of new opportunities presented by the collapse of Imperial China. More generally, the end of empire in Turkey, Russia, and Germany in World War I made it difficult to speak of following policies predicated upon those empires. How could one be faithful to the status quo when the status quo had disappeared?

Another problem was the development of what Professor Iriye has called the competing expansionism of the United States. The growing distrust between the United States and Japan, particularly after the

Twenty-One Demands of 1915, made the English nervous about their ties with Japan, and how could Japan have confidence in an alliance with a reluctant partner? At Washington in 1922 and particularly at London in 1930 there seemed to be clear evidence of an Anglo-American lineup against Japan. For many Japanese it seemed that race and culture were the ultimate determinants; the arguments about racial equality at Versailles, and the American immigration legislation of 1924, showed what Japan was up against. Even the Meiji leaders had become increasingly alarmed about racial policies in the early years of the twentieth century. During the Russo-Japanese War Japan had gone to great lengths to avoid any appearance of taking on an Asian role, and earlier efforts to avoid the stigma of the word "Asia" (as with Fukuzawa's famous essay) had shown the same concern. But if such efforts failed, and if the promises of Western cooperation were to be subject to other priorities that Japan could not affect, then a strong Japan might well reconsider its stance and strike out for regional dominance.

This, at any rate, was the view of important sectors of the army. There were moves in this direction as early as World War I, when some of the Meiji army men thought seriously about stronger ties with Germany, a rejection of the English alliance, and a stronger presence on the Asian continent. The experience of World War I, which the Japanese watched from a safe distance, also convinced many army planners that in the new round of international competition Japan would face new requirements; victory would go to those who were prepared with integrated and planned economies. If the resources of the world were to be dominated by Western imperialists, who would deny them to Japan, then Japan should prepare to take things into its own hands. This view was worked out in detail by General Ishiwara Kanji, a brilliant but erratic student of war who developed a theory of world conflict for his lectures at the War College in Tokyo. Ishiwara predicted that technological progress would bring a struggle for regional dominance and ultimately for world leadership. The utilization of technology would require central state planning on an even larger scale than that begun in wartime Germany. In the final stages, air power, symbolized by planes able to circle the globe without refueling, would bring victory and world unification. The final struggle would be between the United States, the leader of Western civilization, and Japan, the leader of Asia. In preparation for this Japan would have to develop state management of industry, a military dictatorship, and a mass party. It should begin by consolidating its control of the natural and human resources of northeast Asia. Step one would be the seizure of Manchuria, followed by the incorporation of north China and eastern Siberia; then could follow the construction of the industrial empire necessary for the final showdown with the United States.

In 1931 Ishiwara, then Staff Officer of the Kwantung Army, was able to implement the first step of his theory by helping to stage the Manchurian Incident. But thereafter everything went badly for him. He did not approve of the clumsy arrangements of the new puppet state, and felt that psychological and political opportunities were wasted by Japan's disregard of Chinese nationalism. In 1937 Ishiwara, now in a high post in the General Staff, did his best to prevent the China incident from expanding into war because he was convinced that Japan's planning and consolidation were at too primitive a stage to risk larger hostilities. Thereafter he fell out with General Tōjō Hideki, denounced him in some startling acts of insubordination, and ended in early retirement. This premature exit from leadership positions probably spared Ishiwara trial as a major war criminal. After the war he experimented with a rural commune movement that would, he hoped, point to a future "Asian" role for a Japan that could still be remade in its own image rather than in those of Harry Truman or Joseph Stalin. To the last he was a spokesman for a distinctive identity for Japan.

Of course there were many degrees between Yoshida's Anglophile position and Ishiwara's exuberant apocalyptic stance, but their ideas provided the poles of the argument. Opinion within the military establishment itself was deeply divided on issues of priorities and possibilities. Factionalism rooted in personal and regional antagonisms was inevitable in armed services that had not known the challenge of performance against an enemy since the Meiji wars, and it was worsened by generational cleavages. Radicalism had at one extreme groups of young officers with an almost nihilistic contempt for the establishment they served, convinced that their fervor, and the commitment of action in violence that would hasten basic changes within the Japanese polity, were all that counted. Smaller groups of higher ranking officers admired that intensity, moderated its extremes, and also counted on it to further their own cause at headquarters. Innovative reformers disparaged all such heroics and emphasized the importance of modernizing the military establishment in equipment and organization. To the radicals such modernization seemed a reliance on materialistic means and a spiritual surrender to the Western world. Their priorities were for struggle against all materialism, especially that of the resurgent Soviet Union, and for that struggle they advocated the spirit of the "Imperial Army," or *Kōgun*. Thus the military was torn by dissension and insubordination rooted in fanaticism. The ability of the high command, at the emperor's insistence, to crush a revolt in Tokyo in 1936, together with the capability Soviet forces showed to curb Japanese adventurism at the Manchurian-Siberian borders in 1938 and 1939, combined to prevent this turbulent maelstrom from disintegrating in a shower of fiery fragments.

The events of the 1930's brought a mix of terror and repression at home, aggression abroad, rising criticism from overseas, and a tendency to close ranks in the face of that repression and criticism. There was an often paranoid reaction to resistance and resentment in China, genuine fear of communist advances on the mainland, and a corrosive decline of confidence in the possibilities of international cooperation under the pressures of depression and of economic nationalism.

It would be a formidable assignment to try to

schematize Japan's world view in those years. The noisy affirmation of Japanese superiority was difficult to refute in public, and this helped to muffle many doubts. Undoubtedly political moderates and most of the business establishment continued to keep their eyes on the Anglo-American side, with its international prestige and trade balances. Yet even the most committed of them were seriously handicapped by the evidence of anti-Japanese feeling and policy. Nitobe Inazō, an American-educated scientist, educator, and Quaker who had devoted most of his career to being a "bridge across the Pacific" by educating Americans about Japan and Japanese about the United States, had been so outraged by the immigration act of 1924, with its exclusion of Japanese, that he vowed not to visit the United States again until its repeal, but as tempers shortened in 1931 he broke his pledge for a final trip to reassure Americans about his country's basic political health. His own health failed first, and he died before completing his mission. This desperate and futile measure somehow symbolized failures of communication within Japanese society and between Japan and the outside world, for few Japanese, whatever their views of army intransigence, doubted their country's special place and rights in Manchuria, or saw much difference between that and the United States' assumption of a special role in Latin America.

There were also advocates of planning who saw in the fascist states of Europe the evidence of a new and possibly decisive trend in international affairs. Europe's leaders, they pointed out, and especially the Germans, whose state structure and philosophy had provided such important models for the Meiji establishment, had found it necessary to reject the individualism and materialism of democratic institutions. Japan too should reform its state structure, for capitalism and representative institutions had worked poorly and had heightened divisions within society. Japan had at hand a family system bolstered by laws which granted family heads authority over their family members. These microcosmic pyramids should reach up to the national hierarchy headed by the divine emperor-father. The result would be a purified structure free of self-assertion and self-will and perfectly united in national service and devotion. The emphases on race and state that came from distant Europe thus served to encourage assertions of priority for the superior Japanese polity of "family state." The weakness and divisions of the West's democratic states, and the dissatisfactions of their colonies in Asia, held both lessons and opportunities for Japan. Intellectuals struggled to find significance for Japan's mission as a struggle by Asia against imperialism, and ideologists and critics cautiously greeted the new turn of direction as a struggle to "overcome modernity."

Thus for many reasons the consensus on a hierarchy of nations that Japan had worked out in the Meiji years disintegrated, and with it Japan's internal stability. The world looked very different to army and to navy leaders, to businessmen, and to other groups. No part of it looked more different than China, which was struggling toward a new national military leadership headed by Chiang Kai-shek. Japanese comment about modern China tended to overlook its problems and achievements and to concentrate on its weakness and shortcomings. "Asian leadership" meant Japanese leadership, for little was to be expected from its larger neighbor. Chinese disorder also contained dangers of communist infection. It was in fact the extension of Kuomintang rule to Manchuria that helped to provide the spark for the Manchurian Incident. In the Meiji period a young Japan had had its doubts about an old China, but in the years between the wars a young China—young in terms of political leadership and political ideas—alarmed an older Japan.

As he looked back on this scene shortly before his death, Mr. Yoshida contrasted the turbulence of his day with the relative unanimity of the Meiji Period, when there had been substantial agreement on the structure of international society and the requirements for Japanese affiliation. "What strikes me about those [Meiji] events," he wrote, "is the unanimity with which the Japanese Government and people generally acted in those days, in contrast to the dissensions concerning the attitude to be taken towards Great Britain and the United States which were at a later date to mar our politics and policies." Of course Yoshida went on to extend the contrast to the 1950's, when he took the lead in forming the alliance with the United States. As he put it, "The Anglo-Japanese alliance was welcomed by Government and people alike and no one viewed that document as meaning that Japan was truckling to British imperialism or in any danger of becoming a glorified British colony." In 1960, when those words were written, Yoshida's countrymen were deeply divided on the wisdom of the tie with America, but the events of the 1970's have, I think, served to vindicate the old man's judgment of his country's ability to combine independence with alliance.

2. *The War Decisions*

From what has been said, it will be understood that the decisions that sent the modern Japanese state careening to war, defeat, and destruction resulted less from a fundamental restructuring of the international hierarchy than from the failure to work out a new ladder of prestige satisfactorily. Contradictions and confusion led to a series of decisions based more on tactics than on strategy. Despite all the rhetoric of decisiveness, a study of the minutes of the conferences that produced the decisions for war shows chiefly short-range planning and wishful thinking about what would follow the initial victories. China would surely compromise once more, or else surrender after its government was crushed by a massive blow. The United States could surely be held at bay until the construction of defense lines so strong that the Pacific would be left to Japan, since America's priorities must lie in the West. In Europe the imminence of German victory seemed to put urgency behind a Japanese effort lest the opportunity for gain in Southeast Asia should be lost forever. The Russians might provide their good offices at the last, as the United States had given its help in 1905.

This whole process still lacks an adequate account, but what we have leaves little doubt of the hesitation, the uncertainty, and sometimes the irresponsibility that pervaded the meetings of the decision-makers. They were cheered by the reminders that things had always worked out for the best in previous crises of the modern Japanese state. Each decision they made seemed provisional to them, but it led to a second, and then a third, until the final and total commitment seemed inescapable.

The failures began with China, and it can be maintained that they derived from the inability to work out a coherent world view that had provision for modern Chinese nationalism. Instead, the expressions of that nationalism were all too quickly seen as perversely anti-Japanese. Japanese of many persuasions had come to accept the necessity for a special position on the Chinese mainland. How else could Japan be a great power, with access to the sort of resources the other powers controlled? Complementary vibrations of Chinese and Japanese nationalisms gradually resulted in irreversible oscillations as the two came into head-on collision despite the presence on both sides of those who tried to prevent this from taking place. I have been freshly convinced of this as I read the memoirs of the head of the Shanghai branch of the Japanese news agency. Matsumoto Shigeharu, whom many of us know today as the Chairman of the International House of Japan in Tokyo, describes a series of desperate efforts to get Japanese and Chinese officials to talk to each other. They were efforts in which he and others played honorable roles, but they were doomed to result in nothing more lasting than Japan's relations with the short-lived shadow government of

Wang Ching-wei in Nanking. Far from destroying Chiang Kai-shek, Japan made a national hero of him by its policies, only to cripple his government in the long and bitter conflict that began in 1937.

The China failure led to Japan's clash with the United States, for American efforts to force restraint upon Japan instead drove the Japanese to attack. The stakes and the uncertainties of the gamble pervade the accounts of the councils that made the decision for war. The effort that was being made might not work, but the opportunity to try it would not come a second time, and the alternative was permanent second-class status among the nations. As Admiral Nagano put it, "The government has decided that if there is no war, the fate of the nation is sealed. Even if there is war, the country may be ruined. Nevertheless, a nation that does not fight in this plight has lost its spirit and is already doomed." The "plight" of which he spoke was in part a dwindling supply of oil that could only be replenished by seizure of more while Japan could still fuel its forces. The admiral's words are certainly not those of someone confident in his picture of a new world order. Instead, as he phrased it, the costs of inaction were higher than those of action. It is incidentally ironic to note that the stockpile that then seemed adequate for the initial military phases of the effort would last Japan only a few days at present levels of peacetime use.

But there was something more that pervaded the councils of those days and helped to impel the spokesmen to desperate deeds. In the flood of writing about world affairs of those days, and these, in Japan one finds increasing mention of *jisei*, the mood of the times, or *taisei*, the prevailing current. Increasingly it is suggested that with the exception of the handful of zealots who set out to do something about it, Japanese leaders are usually like the subjects of Japanese novels, people who respond to a flow of events which is basically beyond their control. The times determine what is possible; the wise accept this and do not try to set them right. There is an eloquent statement of this view from Prince Saionji, the last of the Meiji senior statesmen, at the time of the Manchurian Incident:

> "The government is just being dragged along by the army, and the situation is indeed distressing, but there is no use in saying, 'How terrible!' or 'Whatever shall I do!' This is probably one phenomenon of a transitional period. If one could only feel that this was indeed the time to put forth one's maximum effort one might even find it an interesting period. But for a statesman to say all the time 'This is a crisis!' or 'I'm at my wit's end!' shows that he does not really understand things. . . ."

It seems to me that this goes beyond an injunction to remain calm. It involves an acceptance of the tide of affairs and serves as a reminder that there are some things one cannot do anything about.

Some Japanese writers suggest that one should relate the psychology of this to the way Japanese speakers use the verb *naru*, to come about, in preference to *tsukuru* or *suru*, to make or to do. The result, they point out, is that things seem to take shape without reference to actors who make them so. One Japanese scholar uses the example of his university faculty in Tokyo. If its minutes are phrased with active verbs, he writes, they are indignantly rejected; they should not read *kō shimashita* (we did thus and so), but they ought to seem to drift, as in *kō narimashita* (things came about in this manner). And while the process of decision-making may be obscure, the conclusion is rather irrevocable; since no one did it, it can hardly be undone.

These flurries with sociolinguistics are lots of fun, but they are also full of pitfalls for the unwary. Most universities' faculty minutes are full of passive verbs, including my own. Modern Japanese history has enough examples of intense and impulsive reaction, even overreaction, to events to make one cautious. But there is something here nonetheless that helps to illumine the strangely passive air that seems to pervade the meetings of decision-makers in 1941. The majority accepted the *jisei* as something given, and the few who sensed disaster tried to modify that *jisei*, or at least their colleagues' perceptions of it, rather than to struggle against their proposed response.

3. *The Japanese Recovery*

The Japanese surrender of 1945 introduced a radically different *jisei* or *taisei*. With Japan at first prostrate and then only gradually able to direct its own affairs, it did not require conscious decision or foresight to accept the fact of American domination of Japanese affairs. Many dates might be suggested for formal and actual return of sovereignty; 1952, with the Treaty of Peace; 1954-1955, when the economy for the first time exceeded prewar performance; 1958, when the First Defense Plan was worked out by Japanese planners; the economic growth of the 1960's, or even 1972, when Prime Minister Satō hailed the reversion of Okinawa as the end of the postwar era. Yet it would be wrong to see all of this period as one of Japanese drift and acceptance of the inevitable, for there is no doubt that Mr. Yoshida and his associates were convinced that their country should seek to associate itself with the trading countries of the West. Japan's leaders clearly made conscious decisions about minimal defense forces and reliance upon an American alliance, and they worked skillfully to sidetrack the urging of John Foster Dulles and others who belatedly thought Japan should do more and rearm more rapidly. The steps of their decisions are often hard to document, and they are in fact becoming apparent only now, as government documents for that period are declassified. Indeed, some of the flurry of surprise that was evoked by the award of the Nobel Prize for Peace to Mr. Satō in 1974 suggests that it may be almost as difficult to assign individual responsibility for Japan's cautious course since the war as it was for the Tokyo Tribunal to assign individual blame for Japanese aggression a quarter century earlier.

Nevertheless it was clearly a changed *jisei* that helped to channel the Japanese response. In a postwar world dominated by two superpowers, Japan was fortunate to be occupied by one and not by both. The victory of communism in China and the political posture of India made it natural that Japan, with all its latent industrial capacity, should become steadily more important to the United States. Strategically also, Japan was essential to the United Nations effort in Korea, and it remained essential to the American security stance in Asia. In turn Japan helped to stabilize the Western Pacific by its own stability and growth and emerged as a real partner in what began as a very unequal alliance, one dominated by the American partner.

The dimensions of American assistance to Japan went far beyond the highly visible forms of aid and protection. Japanese purchases of American technology helped to fuel the fires of the new industrial revolution that brought Japan its startling economic growth. The free trade era and the inexpensive raw materials of the 1950's and 1960's rendered obsolete the arguments for autarchy and empire that had carried such weight in the 1930's, and the collapse of western empires in Asia brought Japan ready access to resources in Southeast Asia that had been the immediate objects of the Pacific War. A Japan starved for consumer goods developed a vast domestic market that put an end to prewar theories of Japanese dependence upon exports to balance the impoverishment of its own population. American sponsorship of Japanese membership in international organizations helped to ease Japanese access to foreign markets. Meanwhile Japan's trading relationship with the United States mushroomed into a $30 billion two-way trade, the largest exchange in history between overseas countries. Even if contiguous states are included, Japanese-American trade was exceeded only by American trade with Canada. Japan became and remains America's largest market for agricultural products in a trade that takes almost one-fifth of the United States' total agricultural export. Today there is more acreage in the United States producing food products for Japan than there is in Japan itself. In addition to agricultural goods, Japan is a major market for manufactured goods and industrial raw materials. As Frank Gibney recently put it, Japan's is the other big consumer economy in the world after our own. Largely in consequence of this, United States trade with Asian countries exceeded that with Europe for the first time in 1977.

In the other direction came the growing tide of Japanese manufactures to the United States, a flow that grew steadily in quality and quantity. Although other markets also opened to Japan and although the proportion of Japanese manufactures absorbed by American purchases diminished over time, the enormous importance of the American market remains obvious.

Throughout this period, the decision by the United States that the defense of Japan was vital to the interest of the United States made impressive savings possible for Japan. These began with American insistence on Article 9 in the postwar Japanese constitution. While the exact authorship and final responsibility for the idealistic renunciation of war as an instrument of policy remain somewhat obscurely divided between General MacArthur and Prime Minister Shidehara, there is no doubt today that MacArthur favored that disarmament strongly, that he refused to moderate his

stand even after his government wanted him to do so
in 1948, and that he agreed fully with Prime Minister
Yoshida in resisting efforts to get Japan to speed the
pace of its rearmament after the outbreak of the Korean War. There is also no doubt, however, that Article 9 reflected the overwhelming sentiments of the
Japanese people at the time it was adopted, and that
that support, loudly articulated from many quarters,
made it impossible for the conservative leaders to
change it by the time they thought about doing so in
the 1950's.

The *jisei*, in other words, did indeed change power-
fully and decisively, but the Japanese response was
also skillful, purposeful, and eminently rational. Japanese leaders resisted rapid rearmament on American
terms lest it lock them into American strategy and
alienate their Asian neighbors. By the time they could
contemplate moves more nearly under their own direction and more in line with the dignity and power
they felt their national power required, shrinking electoral margins made such plans more difficult.

The *jisei* within Japan was changing rapidly as well,
and set new boundaries for what was possible and
wise. The new education and freedom were producing
a society with a far less pronounced sense of hierarchy.
If there was less hierarchy at home, there was also less
point in attempting to rank other countries within an
orderly rank of eminence. By the 1970's the outside
world was treating Japan with more respect and even
admiration than ever before, and reminders of inferiority and second-class membership in the world
order were few. Japan's society was as well run, or bet-

ter, its life as good or better, and its goods as good or better than those of any other country. Indeed, a recent author suggests, Japan may be "Number One," with lessons for America.

One result was a consciousness of modernity that transcended politics. As the age groups that had experienced the worst hardships of war, destruction, and reconstruction began to have younger contemporaries join them, the notes of deprivation and weakness that characterized commentary in the 1950's began to change. In time these changes affected the political discourse of even those who had hoped to ride that poverty and despair to power. In the summer of 1974 I heard an election speech by the communist leader Nozaka Sanzō. He assured his audience that although conservatives talked as though Japanese communists would carry out repressive policies of the sort that Russia and China had experienced, the Japanese Communist Party had no such intent. There was no need for repression. Russia and China had been underdeveloped and backward countries, and their governments had had to take strong measures. But Japan was modernized, and its society had passed the point where coercion was necessary. What was needed was social legislation. And with that Nozaka went on to discuss day care centers, inflation, and protection of the environment.

The new Japan also became more internationally experienced than before. Japan remains parochial and insular in important respects, and the unique quality of Japanese culture combines with the limiting nature of the Japanese language to enfold the Japanese in a consciousness of social nationality that may have no parallel elsewhere. Nevertheless it operates within a context of greater awareness of the outside world than ever existed before. The war years saw millions of Japanese go overseas, while Occupation duty and the Korean war brought millions of foreigners, most of them Americans, to Japan. Much more important, I suspect, was the large-scale movement of young Japanese overseas as students. Fulbright, private programs, and enterprises sent thousands of students and employees out of the country in a tide that continues today. And then, in the 1960's, Japanese started to travel abroad. In 1969 the Japanese who went abroad for the first time exceeded the number of foreigners who came to Japan. That year 710,000 Japanese went abroad. In 1974 the number rose to 2,340,000; in 1977 it was 3,151,431. The vast majority are young men and women in their twenties and thirties. Even if a good number of these travellers move in the insulation of a peer-group tour, the cumulative impact of their experience has to be significant. In prewar years there were significant groups of Japanese immigrants abroad, but very few individual expatriates. Today, for the first time in history, there are also large numbers of Japanese living alone abroad; they are painting in Paris, playing in all major orchestras, and teaching Japanese in places that never expected to have to meet a demand for such language instruction. Even Japanese radicalism has gone international. It no longer restricts itself to attacks on Japanese businessmen and politicians, but makes a cause as distant as Palestinian nationalism its own.

10. Changes in Japanese commerce: Deshima, the Nagasaki trading station or the Netherlands East India Company, in 1804.

11. Hommoku wharf of the Nissan Motor Company, 1978.

4. *Toward Definition of a Role*

Throughout the decades of recovery and reconstruction, leadership in Japan lay with a generation that received its lower education in the Meiji era, and the adult population had been tempered by the frustrations and hardships of the 1930's and 1940's. The Japanese were deeply divided politically between conservative and socialist camps whose spokesmen held radically differing views on world problems, and both sets of views were rooted in attitudes and convictions formed in earlier days. Gradually a new and middle consensus began to form. By the mid 1970's over one-half of the Japanese population had been born after the war, with only slight and diminishing personal experience of the hardships to which it led, and none at all of the disastrous adventurism that brought it about. The extremes of generational experience are nowhere more pronounced than in Japan, and they too affect the restless search for meaning that pervades much contemporary commentary.

In the early 1970's Japan's steady progress toward economic growth, economic affluence, and the international exposure of the 1960's met rude shocks which produced an outburst of speculation within Japan on the possibilities for Japan and the Japanese in the modern world. A flood of introspective writing focusing on what was unique and important about Japan—called *Nihonron*—began to pour off the presses. In contrast to the Japanism of the late nineteenth century, which tended to be assertive and attempted to be definitive, this literature is questioning and speculative, but it represents some of the same psychological needs and drives.

The crises that broke into the orderly world of the 1960's do not require detailed description. The "Nixon shocks" found the United States expressing impatience with Japan's reluctance to heed American warnings, by the application of shock treatment on issues of currency revaluation, textile quotas, and import levies. The sudden American turn toward normalization of relations with mainland China caught the Japanese off guard and seemed to imply inconstancy on the part of Japan's major ally; lack of American consultation seemed to imply distrust of Japan and possible reversal of America's entire security stance. Since this coincided in time with the United States failure in Southeast Asia and suggested a larger disengagement, there were those who ruminated on Great Britain's dwindling enthusiasm for the Anglo-Japanese alliance a half century earlier.

On top of this, the oil crisis of 1973 brought home the vulnerability of all the industrialized states, and, most particularly, of Japan. Japan became acutely aware of the fact that it lacked not only oil but all other natural resources, and even food. A brief and unwise American ban on soy beans, in which Japan was 92 percent dependent upon American sources, underscored the specific as well as general malaise.

In addition, the oil shock came at a time when the theretofore unquestioned consensus on growth had been weakened by popular awareness of the costs of crash programs of industrial expansion in terms of environmental degradation. On every hand the evidence of damage to the environment and the sudden growth of voluntary citizens' associations to protest new factories, new roads, new airports, new rail lines, and new power plants reflected the change in outlook. Japan's GNP in 1977 was third in the world, one-third that of the United States and only slightly below that of the U.S.S.R., slightly more than those of France and England combined, and over eight times that of all of Southeast Asia. In per capita terms Japan stood about tenth, if the oil-producing countries are passed over and Benelux and Scandinavia are treated as units. But if national product is measured on an area basis, Japan's GNP is five times as intensive as that of the United States. If the unit of measurement is changed to arable land, Japan's is twelve times that of the United States. There has been more crowding, more pollution, and more monoxide than any other population has had to experience. What made it possible to endure was the extraordinary integration, discipline, and dignity that characterizes Japanese society. But some sort of limit was being reached. Popular resistance to the development of much needed alternative sources of energy through nuclear power plants revealed additional sources of psychological repugnance. Growth alone was no longer unquestioned as a goal.

As the price of oil spiraled upwards, Japan's economy was plunged into the world recession that all the industrial countries experienced, but its response was made more sluggish because of the government's reluctance to bring on a new inflation at a time when levels were already high. Since domestic inventories were also high, and since patterns of permanent employment and underfinanced industries made it difficult to cut production drastically, Japanese goods flowed abroad in constantly greater amounts. Washington allowed the yen to appreciate against the dollar, in the expectation that more expensive imports would become less competitive, but this proved a very slow process. Instead, the dollar imbalance continued to grow because the imports were also more expensive, while Japan's dollar accumulations made its raw material import costs less onerous. Within five puzzling years the fragility that had seemed to characterize the Japanese economy in American eyes had given way to record trade surpluses. Japanese exports throughout the 1970's grew at astounding rates, one-quarter of them coming to the United States, while the American share of imports to Japan declined from 30 percent (in 1970) to 18 percent (in 1977). American criticism focused on Japan's contribution to the American trade deficit and on its failure to contribute to efforts to maintain the health of the system of free trade, while the Japanese countered with comments on America's inability to moderate its own need for imported energy. The specific trade differences were papered over in a series of agreements that eased the sense of crisis, most recently in 1979, but they remained unsolved. As the Japanese economy grew and as the Japanese-American relationship became more complex, they seemed to increase in scale. A decade ago the issues were over textiles; then steel, and, soon, perhaps, computers. Japan was no longer a follower. The islands that were targets for Boeing aircraft and Kaiser ships now fabricate parts for Boeing and negotiate for purchase of Kaiser steel plants.

One could easily spend a great deal of time on each of the factors I have raised, for they are extremely complex and important. I suggest them chiefly to make the point that the world *jisei* to which Japan responds has been in such rapid and drastic change that it is dangerous to try to make predictions. It is instructive to check back through recent decades to see how often even well-informed commentary on Japan has had to shift to accommodate itself to changes no one had foreseen. One found in successive decades judgments that Japan's economic predicament was virtually incapable of solution; that (by the 1950's) things looked better, but still gloomy; in the 1960's futurologists suddenly hailed the future as Japan's and saw its patterns as providing meaning for the rest of us. The oil crisis brought a sudden round of farewells to economic growth and greatness for Japan, and today, a mere half decade later, Japanese ships loaded with the product of well-paid, hard-working Japanese crowd the world's ports more than ever before. Through all of this the Japanese have responded practically, unemotionally, and quietly to opportunity as they saw it, avoiding fanfare and the limelight and protesting that their options are really very limited.

We should not overlook the logic of what they say. In the new *jisei* Japan's place in the international order does indeed make it peculiarly dependent on the rest of the world. Its dependence upon imports finds Japan the world's largest importer in commodity after commodity, with the exception of oil, where America leads. Japan's oil imports make up over 80 percent of its energy needs; it also imports 60 percent of the coal it uses. Imported oil is the basis for almost everything Japan produces and not, as in the United States, preponderately used for domestic consumption. In 1972 Japan's oil consumption was 10 percent of the world total, or 300 million kiloliters. Until the oil crises there was talk of having this consumption triple every five or six years, and some prophets predicted a line of super-tankers spaced a few nautical miles apart all the way from the Persian Gulf to Tokyo Bay. Small wonder that the Arab-Israeli war of 1973 and the oil shock that followed produced such a sharp sense of crisis.

If one adds to this the requirements of international markets for Japanese goods, it is no surprise that Japan is more internationally oriented than ever before, that more Japanese go and are abroad than ever before, and that ideas of regional self-sufficiency or mastery are few in Japan today. They made some sense in the 1930's; much of Asia was dominated by colonial powers, economic nationalism made it difficult to increase markets abroad, and the supply of raw materials required was still sufficiently finite to encourage planners like General Ishiwara to think they could do something about it. In today's *jisei* a policy of regional autarchy makes no sense at all.

The world order has changed just as much, and the final contours of that change are not in sight. The era of national empires gave way to the dominance of the super-powers, and that to the more nearly multipolar world in which we live. Now even super-powers find themselves with sharply limited alternatives, and the producer powers, symbolized by OPEC, have discovered that they too have leverage. The powerful need the weak.

Perhaps most important of all, there are no longer model states for Japan. The United States no doubt still tops the list in importance and visibility for Japan, but the limitations of its power and wisdom have been shown by a range of ills from Viet Nam and Watergate to the more recent recession. Europe remains a focus of travel and culture for Japan, but hardly the object of institutional borrowing that it once was.

The changes in Japanese perceptions of China are perhaps the most interesting of all. To some degree, as I have suggested, the Japanese in earlier years defined themselves in terms of China; first negatively, in terms of a cultural ideal, and then more positively, in terms of Japan's modernization. For some years after World War II, Mao's China became once again a focus of admiration, this time for the Japanese Left. Familiarity with the new China gradually convinced increasing numbers of Japanese of the great and growing cultural and institutional gulf between them and their continental neighbor, and the irrationality of the disastrous Cultural Revolution disillusioned all but the most devoted China watchers. Nevertheless, Japanese of many persuasions felt themselves shackled by American policies with respect to Taiwan and Peking, and feared isolation from their powerful neighbor. China policy, related as it was to the American Security Treaty, was long among the most divisive issues in Japanese domestic politics.

The Nixon-Kissinger turn to Peking buried the old China policy without fanfare. Prime Minister Tanaka rushed to Peking in his turn, and went farther than Mr. Nixon by reversing Japan's relations between Taiwan and Peking at one stroke. For all the Japanese resentment of the lack of consultation in the American turn to China, I think it is probably true that the Japanese government was the most immediate beneficiary of the American moves. China suddenly ceased to be a divisive issue in Japanese politics. Similarly, in 1978 Mr. Brzezinski's trip to Peking to continue American discussions toward normalization with the People's Republic was followed by a visit by Japan's Foreign Minister to work out details of the Treaty of Amity between Japan and China that was signed in 1978. With that the last remnants of the hostility of the 1930's were laid to rest. That same year a long-term trade agreement provided the prospect of extensive imports of Chinese coal and oil in exchange for Japanese manufactures. There has been an extensive flow of Japanese travellers and businessmen to the People's Republic, and Japan ranks first among China's trading partners. Few expect the Chinese trade to eclipse Japan's commerce with the industrialized countries. On the other hand, the economic and political importance of the China ties will make the Japanese very cautious about increasing their commitments to the Soviet Union, especially so long as the Russians remain inflexible on the issue of the northern islands that they seized from the Japanese in the closing days of World War II. The combination of fear and dislike that has characterized the Japanese responses to Russia throughout the last century shows little sign of changing.

Equally interesting and difficult is the effort to predict Japan's attitudes toward Southeast and South Asia. Here the task is one of telescoping into a few years lessons about sensitivity to local pride that have required many years to be learned in other countries. Prime Minister Tanaka's reception in Southeast Asia in 1974 was indicative of some of the dimensions of the problem; he received complaints about Japanese arrogance, favoritism, selfishness, and separatism. But on another level the response of the Japanese media to Tanaka's reception was very interesting indeed. With scarcely a word of self-defense, they used the occasion for self-denunciation, self-reflection, and vows to do better. The slow, but real, development of cultural diplomacy, educational assistance, and development assistance promises more forward steps. Prime Minister Fukuda's stance at the Manila meeting of Southeast Asian states in 1977 showed the beginnings of a new and more responsible stance in that area.

One might conclude by asking what parameters to Japanese decision possibilities will be set by the international environment of the immediate future. What are the considerations that any government concerned with the livelihood and well-being of 116 million Japanese must take into account?

Surely the first of these remains the importance of Japan's relationship with the United States. It is a relationship whose economic importance I have already mentioned. The two countries basically share the same interest in a large and expanding world trade providing consumer goods for free economies. A relationship so large and many-sided produces unparalleled provision for friction as well as for cooperation, and the cultural and linguistic gaps that separate the two countries will continue to bedevil efforts to work out solutions to the problems that arise. Within Japan, however, social change is operating to reduce the drag of institutions like an antiquated distribution system and an outdated electoral system that combine to set up roadblocks against efforts to increase Japanese imports, although in the meanwhile specific centers of unemployment and distress in the United States can resonate with lingering resentment of the success of Japanese goods. Yet in the long run consumer interests in both urban markets will operate to lessen some of these frictions, though others will arise. In the meantime it is the heavy responsibility of political leaders and popular media to keep those frictions in the perspective of the larger and more astounding success that Japanese-American relations have become.

In security terms, again, the Japanese and American interest is identical. Japan's long fear that the American tie might separate it from the colossus on the mainland has been vitiated by Peking's shift to see that tie as a welcome restraint on the Soviet Union, and as a result the contentious wrangles of Japanese politics have been replaced by a gradual consensus on the values of both American bases and Japanese defense forces. As a result the long-standing decline in election majorities for the governing Liberal-Democratic Party has less significance for Japanese foreign and security policies than once seemed probable, since the conservatives are not likely to have difficulty finding enough like-minded opponents to work out a coalition government if they should find it necessary to do so.

There are other and important aspects of the Japanese-American relationship that will not fade. Japan's representative government and larger institutional patterns that were created in the course of the postwar reforms created important areas of shared experience, and periodic suggestions by commentators of imminent change for that pattern have gradually declined as the durability of and popular support for those institutions have become accepted facts of political life in Japan.

In view of growing sensitivity and national self-consciousness on the part of Japan's new generations, however, a degree of disengagement from the U.S. tie is probably a condition for its retention. The United States has done its share toward making this easy through the Nixon shocks, the soy-bean issue, and an occasional scolding tone in trade negotiations, while the Japanese government and media do their share by stubborn resistance to American calls for Japanese moderation in exports and for acceleration of imports. Japan's relations with the Peoples' Republic of China provide new and inportant opportunities for maneuverability and autonomy, and its dominant position in the economies of others of its neighbors adds to this. Most recently, the changing nature of the international oil market begins to make an independent stance on energy possible. None of this provides a viable alternative to the close relationship with the

United States, with its dimensions of security, commerce, and institutional structure, but taken together these new relationships remove the feelings of isolation and followership that provided such rich soil for self-doubt and frustration in Japanese commentary throughout the 1950's and 1960's.

Thus it seems to me that the options for genuine innovation and realignment for Japan are very limited. For two decades now, writers have been telling us that an era was about to come to an end in Japan. The Occupation would end; reconstruction would be accomplished; a reaction against American leadership would set in; nationalist sentiment would flower once again; conservative dominance would end. Implicit in much of this was the assumption that the existing order of forces and priorities was somehow transitional and unnatural, and that sweeping changes were in the offing. Unstated also was an assumption that Japan's restless thrust for eminence and recognition in the last century would require more in the way of status and prominence than had so far been achieved. Japanese nationalism was about to reassert itself.

There are items that can be used to substantiate this. There is much more satisfaction with Japan's new importance than there was. Some nationalistic legislators give occasional indication that a generation less chastened by war and defeat is tired of the caution shown by its elders. The way the Japanese press responds to occasional issues of national prestige can, to some degree, suggest the past. American bases and nuclear carriers continue to be fair game. There are calls for building an armaments industry to lessen reliance on others; a prolonged economic turndown could strengthen arguments for exporting arms. Even China, long so vehement against Japanese rearmament, could urge that rearmament as preferable to continued Japanese reliance upon America. Renewed violence on the Korean peninsula and the emergence of anything resembling a threat to Japan there could produce genuine alarm and perhaps destabilize Japanese politics by encouraging conservatives to call for a greater defense capacity and for their opponents to redouble their demands for a more pacifist and neutral course.

All of which is to say the *jisei* could change. But while a cataclysmic decline in the international economy or incredibly shortsighted policies by political leaders inside and outside Japan could produce a shift, I do not see major changes required by any of Japan's modern history. Japan's hundred-year effort for recognition has been successful. It was preceded by centuries of pacifism under the unlikely leadership of two-sworded samurai. There are roots for moderation as well as for militarism in Japanese history, and the external rewards for militarism at this juncture are few indeed.

Japanese and Japanologists write about Japan's search for a role, with the assumption that it lacks one. My own suggestion is that the Japanese are finding they have had one all along. For years they have seemed to accept this role because they lacked the consensus for an alternative, but in the meantime it has come to assume a reality of its own, and to develop its own consensus. Part of the desire for a role is rooted in the need to work out some form of autonomy and uniqueness. But rearmament and strong arm policies contain nothing new. What is unique in the Japanese case is the fact of a major power, lightly armed, forgoing the forms of outward power that it could easily afford and quickly build, and choosing to pick its way through the minefield instead of trying for a security that would in any case prove illusory and expensive. Such behavior moreover fits the facts of the *jisei* we see. Japan is the only major power that can afford no enemies. It is the only major power not fenced in by a pattern of armament and regional alliance. It has the only major industrial plant that is quite free from reliance upon the provision of military implements for itself and for others. It is the only major power quite unthreatened by its neighbors, all of whom are satisfied powers through recent victory. Its institutions are premised upon the values of democracy and peace, and its surplus can still go to the amelioration of major problems of environment and development that plague both the developed and the underdeveloped world.

For each of the previous discussions, it was possible to focus on an individual whose memoirs in old age described the significance of what he had seen and done in his prime. Sugita Gempaku saw the development of knowledge about the West through books, and Kume Kunitake experienced at first hand the world that Japan had to enter and to emulate. Before long we should be able to identify comparable accounts from among those that are beginning to emerge from the leaders of the postwar era. This is a remarkable generation that rebuilt their country and set it on the course it knows today.

I have already mentioned the case of Matsumoto

Shigeharu, whose memoirs are now available. Consider what he has seen and done. Born in 1899, he graduated from Tokyo University and began his graduate study there until the 1923 earthquake with its destruction of facilities suggested the advisability of study abroad. There followed years in America, at Yale, and in New York, where Charles Beard convinced him that the problem of American-Japanese relations centered on China. The banking crisis of 1927 found Matsumoto in Oxford, whence he was summoned by an uncle whose shipyard was suddenly in trouble. Now came the decision for a career as an "international journalist"; a profession he saw as a fledgling international civil service. Soon Matsumoto was at Tokyo University again to prepare in economics and in American studies. The possibility of a permanent position in American studies there fell victim to the great depression budget cuts. Instead he moved, via Institute of Pacific Relations conferences in Kyoto and Shanghai, to China as head of the Dōmei Press office. Here he had his chance to work on Beard's warning that China policy was what counted. In his Shanghai years Matsumoto participated in efforts to reach an agreement first with Chiang Kai-shek and then Wang Ching-wei. Return to Japan found him a political associate and advisor of Prince Konoe, and ultimately a participant in the moves to bring a hopeless war to an end. Next came Occupation and purge, the practice of law, editing a small journal of opinion, and finally the opportunity to head the International House of Japan. From the time of its opening in 1955 Matsumoto made it his special effort to try to bridge American and

12. Matsumoto Shigeharu.

Japanese China policies, a course that could be realized only in the 1970's.

Mr. Matsumoto's presence has long been a formidable one in Tokyo, and his name has appeared regularly on every list of influential persons. If Kume experienced his country's rise from weakness, Matsumoto and his generation witnessed its destruction and rapid reconstruction. Both men, in their seventies and eighties, could look over the society of their day, a country gaining in strength and increasingly oriented to the world, and say, "I saw this happen. In fact I helped it to happen."

Kume's expectation of a constructive role for his country was dashed almost as he penned his words. The hopes of the postwar moderate leaders rest on firmer grounds, although their compatriots' slowness to translate international experience into truly international consciousness reminds the optimist of the need for caution and constrains him from prediction. Rationality may suggest a given course, but neither men nor nations are always rational. Therefore we would give even more for the future account of someone now approaching his prime in Japan. His story of national developments and international role, of wisdom and of error, would also tell us how our world will go. For the fact of a powerful and influential Japan is one to which America is only beginning to adjust, and the speed and success with which we do this will tell a good deal about the way life is lived and seen on both sides of the Pacific.

BIBLIOGRAPHICAL NOTE

Challenges to the Confucian Order

I have suggested some of the dimensions of the Japanese relationship to China in two essays, "On Cultural Borrowing," in Albert Craig, ed., *Japan: A Comparative View* (Princeton University Press, 1979), and "Japanese Views of China During the Meiji Period," in Albert Feuerwerker, Rhoads Murphey and Mary C. Wright, eds., *Approaches to Modern Chinese History* (University of California Press, 1967). It is a vast subject, on which a great deal remains to be done. The response to Po Chü-i is discussed by Hirakawa Sukehiro in *Yōkyoku no shi to Seiyō no shi* (Tokyo, Asahi, 1975). Donald Keene's appraisal of the 1770's will be found in his *The Japanese Discovery of Europe, 1720-1830* (Stanford: Stanford University Press, 1969), a revised and expanded edition of *The Japanese Discovery of Europe: Honda Toshiaki and other Discoverers, 1720-1798* (1952). I have adapted Sugita's description of the famous dissection from Keene's p. 22 and from the full translation of Sugita's memoirs provided by Eikoh Ma, "The Impact of Western Medicine on Japan. Memoirs of a Pioneer, Sugita Gempaku, 1733-1817," in *Archives Internationales d'Histoire des Sciences* (Paris, June and December 1961). There is also a more recent translation by Ryōzō Matsumoto, edited by Tomio Ogata, issued as *Dawn of Western Science in Japan: Rangaku Kotohajime* (Tokyo, Hokuseido, 1969). Professor Haga's treatment of

Sugita is in Vol. 22 of *Nihon no meichō* (Great Books of Japan), *Sugita Gempaku, Hiraga Gennai, Shiba Kōkan* (Tokyo, Chūō Kōron, 1971), which contains a splendid introduction as well as the texts of the Sugita passages mentioned. Donald Keene's translation of Chikamatsu's drama *The Battles of Coxinga* appears in his *Major Plays of Chikamatsu* (New York: Columbia University Press, 1961), and earlier in *The Battles of Coxinga* (London: Taylor's Foreign Press, 1951). Motoori Norinaga's works are conveniently brought together with an introduction by Ishikawa Jun in *Nihon no meichō*: Vol. 21 (Tokyo, Chūō Kōron, 1970), and Yoshikawa Kōjirō, ed., *Motoori Norinaga shū*, in *Nihon no shisō* (Japanese Thought), Vol. 15 (Tokyo: Chikuma Shobo, 1969), Motoori is also the subject of a study by Shigeru Matsumoto, *Motoori Norinaga, 1730-1801* (Cambridge: Harvard University Press, 1970). I have adapted the translation from *Tamakatsuma* from the unpublished dissertation of Ronald Morse, "The Search for Japan's National Character and Distinctiveness: Yanagita Kunio (1875-1962) and the Folklore Movement" (Princeton University, 1974). My discussion of Shizuki Tadao is indebted to an unpublished dissertation by Tadashi Yoshida, "The *Rangaku* of Shizuki Tadao: The Introduction of Western Science in Tokugawa Japan," Princeton University, 1974. Professor Harootunian's cautions about the use of China as metaphor are in "The Function of China in Tokugawa Thought," forthcoming in Akira Iriye, ed., *China and Japan: Their Mutual Interaction* (Princeton University Press). Kate Wildman Nakai, "The Nationalization of

Confucianism in Tokugawa Japan: The Problem of Sinocentrism," *Harvard Journal of Asiatic Studies* 40:1 (June 1980), 157-199, dates earlier discussions.

Wisdom Sought Throughout the World

G. B. Sansom, *The Western World and Japan* (New York: Alfred Knopf, 1950 and later printings) remains a lucid and authoritative discussion of the many aspects of Western influence in nineteenth-century Japan. Since these lectures were written, the first Tokugawa embassy to the West has received brilliant treatment in Masao Miyoshi, *As We Saw Them: The First Japanese Embassy to the United States (1860)* (Berkeley: University of California Press, 1979), who examines all the travel diaries to study the mind set of the samurai emissaries. In Japanese, principal guides are Osatake Takeki, *Iteki no kuni e* (To the Barbarians' Countries) (Tokyo: Manrikaku, 1929), and Haga Tōru, *Taikun no shisetsu: Bakumatsu Nihonjin no Seiō taiken* (The Shogun's Missions: the Experience of Late Tokugawa Japanese in the West) (Tokyo: Chūō Kōron, 1968). Vice-ambassador Muragaki's diary, *Kōkai nikki,* was translated by Helen Uno as *Kokai Nikki: The Diary of the First Japanese Embassy to the United States of America* (Tokyo: Foreign Affairs Association of Japan, 1958). Fukuzawa Yukichi's story can be followed in memoirs he dictated in old age and translated by Eiichi Kiyooka as *The Autobiography of Fukuzawa Yukichi* (Tokyo, Hokuseido, and New York, Columbia University Press Editions), and he is the subject of Carmen

Blacker's *The Japanese Enlightenment: A Study of the Writings of Fukuzawa Yukichi* (Cambridge: At the University Press, 1964). His *Gakumon no susume* has been translated by David Dilworth and Umeyo Hirano as *An Encouragement of Learning* (Tokyo: Sophia University, 1969).

The Iwakura mission is the subject of a forthcoming study by Marlene J. Mayo, who has already published valuable studies in "Rationality in the Restoration: The Iwakura Embassy," in Bernard S. Silberman and Harry D. Harootunian, eds., *Modern Japanese Leadership* (University of Arizona Press, 1966), and especially "The Western Education of Kume Kunitake, 1871-1876," *Monumenta Nipponica*, XXVIII, 1 (Tokyo: Sophia University, 1973). Eugene Soviak also analyzes Kume's journal in "On the Nature of Western Progress: The Journal of the Iwakura Embassy," in Donald H. Shively, ed., *Tradition and Modernization in Japanese Culture* (Princeton: Princeton University Press, 1971). Kume's famous account is in the five-volume *Tokumei zenken taishi Bei-Ō kairan jikki* (A True Account of the Tour of the Special Embassy to America and Europe) (Tokyo, 1878, and recently republished with notes by Tanaka Akira from Iwanami, Tokyo, 1977). Professor Tanaka has also published *Iwakura shisetsudan* (Tokyo, 1977), and he has analyzed the mission's stay in the United States in "Iwakura shisetsutai no Amerika kan" (The Iwakura Party's View of America), in *Meiji kokka no tenkai to minshū seikatsu* (Turning Points in the Meiji State and People's Lives) (Tokyo: Kōbundo, 1975). Katō Shūichi treats the embassy in *Nihonjin no sekaizō*

(The Japanese World View), in *Kindai Nihon shisōshi kōza* (Lectures on Modern Japanese Thought) (Tokyo: Chikuma Shobo, 1961). Kume's memoirs, edited by Nakano Reishirō, appeared in 1934 as *Kume Hakushi kujūnen kaikoroku* (Tokyo, 2 vols.). Professor Haga treats the irony of Kume's career in a sensitive study, "Meiji shoki ichi chishikijin no seiyō taiken (The Western experience of an early Meiji intellectual)," in *Shimada Kinji Kyōju kanreki kinen rombunshū: Hikaku bungaku hikaku bunka* (Comparative Literature and Comparative Culture: Essays for the Sixtieth Birthday of Professor Shimada Kenji (Tokyo: Kobundo, 1961). I have discussed Meiji views of China and the West in "Changing Japanese Attitudes toward Modernization," in a conference volume edited by me under the same title (Princeton: Princeton University Press, 1965), and "Japanese Views of China during the Meiji Period," cited earlier. Naitō is studied by Yue-him Tam, "In Search of the Oriental Past: The Life and Thought of Naitō Konan (1866-1934)" (Princeton University dissertation, 1975), while Japanese study abroad has been studied by James T. Conte, "Overseas Study in the Meiji Period: Japanese Students in America, 1867-1902" (Princeton University dissertation, 1977).

The Twentieth Century

I have discussed the changing image of the imperial institution in "Monarchy and Modernization," *Journal of Asian Studies*, August 1977. Ishiwara Kanji is the subject of Mark Peattie's *Ishiwara Kanji and Japan's Confrontation with the West* (Princeton: Princeton University Press, 1975). Mr. Yoshida's recollections were translated by his son Yoshida Kenichi as *The Yoshida Memoirs* (Boston: Houghton Mifflin, 1962), and he is the subject of recent studies by J. W. Dower, *Empire and Aftermath: Yoshida Shigeru and the Japanese Experience, 1878-1954* (Cambridge: Harvard University Press, 1979) and Inoki Masamichi, *Hyōden Yoshida Shigeru* (Tokyo: Yomiuri, 3 vols., 1978-80). The minutes of the meetings that produced the decision for war have been translated by Nobutaka Ike as *Japan's Decision for War: Records of the 1941 Policy Conferences* (Stanford: Stanford University Press, 1967). Robert J. C. Butow, *Tōjō and the Coming of the War* (Princeton: Princeton University Press, 1961), adds much detail, and the problem of messages and misunderstandings is superbly treated by Roberta Wohlstetter, *Pearl Harbor: Warning and Decision* (Stanford: Stanford University Press, 1962). Admiral Nagano's summation of the case for war is cited by James Crowley in James Morley, ed., *Japan's Foreign Policy, 1868-1941: A Research Guide* (New York: Columbia University Press, 1957), p. 98. Dorothy Borg and Shumpei Okamoto, eds., *Pearl Harbor as History: Japanese-American Relations 1931-1941* (New York: Columbia University Press, 1973), provide parallel studies of American and Japanese groups influential in policy formation. The Matsumoto Shigeharu memoirs, originally published serially in *Rekishi to jimbutsu* (History and People), have appeared in book form as *Shanhai jidai* (The

Shanghai Era) (Tokyo: Chūō Kōron, 3 vols., 1974
and 1975 and in a single volume, 1977). Prince
Saionji is quoted by Takashi Oka in "Saionji and the
Manchurian Crisis," *Harvard Papers on China* (Harvard University: Committee on International and Regional Studies, 1954), p. 58. The point that Japan's
postwar posture represents deliberate planning is developed by Martin E. Weinstein in *Japan's Postwar
Defense Policy, 1947-1968* (New York: Columbia
University Press, 1971), and Hata Ikuhiko in *Shiroku
Nihon saigunbi* (History of Japan's Rearmament,
Tokyo, 1976), and again in an as yet unpublished
1978 paper, "Origins of Japan's Post-war Rearmament" for the Conference on Security Arrangements
in Northeast Asia, Harvard University, June 1978. Japan's possible standing as "Number One" is the theme
of Ezra Vogel, *Japan as Number One: Lessons for
America* (Cambridge: Harvard University Press,
1979). The literature on postwar Japanese political
and economic developments grows constantly in volume and quality, but the most cogent overview is
that of Edwin O. Reischauer, *The Japanese* (Cambridge: Harvard University Press, 1977).

INDEX

Amaterasu, Sun Goddess, 23, 26
Anglo-Japanese Alliance, 80-81,
    87, 101
Aoki Shūzō, 69
Arai Hakuseki, 2-21, 29
Austria, 60

Baelz, Erwin, 55
Battles of Coxinga, 22-23
Beard, Charles, 114
Brzezinski, Zbigniev, 107
Buchanan, James, President, 50
Buddhism, Buddha, 11-12, 17, 24,
    47
Byzantium, 11

Charter Oath of 1868, 42, 63, 67
Chikamatsu Monzaemon, 22
China, as cultural model, 9-13;
    Ch'ing emperor, 14, edicts of,
    70; 18th-century Japanese per-
    ceptions of, 18-19; Incident
    (War, 1937), 83; mid-19th-cen-
    tury travellers and, 50, 66; Meiji
    perceptions of, 66-67, 71-72; na-
    tionalism in, 78, 88-89; post-
    World War II perceptions of,
    106-07
Chiang Kai-shek, 86, 90, 114
Chōshū, 53
Christianity, 16, 17, 51, 61-62
Ch'u Yüan, 13
Confucianism, 19, 21, 38, 42, 71,
    79

Dulles, John Foster, 93

emperor, ideology and institution,
    15, 76, 86
England, 48-49, 59, 73, 80

Fukuchi Genichirō, 47
Fukuoka, 53
Fukuzawa Yukichi, 37, 47-48,
    51-52, 60, 66-67, 81
Five Article Pledge, *see* Charter
    Oath
France, 48-49, 59

Gakumon no susume, 52-66
Germany, 25, 59-60, 65, 86, 88
Gibney, Frank, 95
Grant, Ulysses S., President, 55

Haga Tōru, 8, 36
Harootunian, Harry, 28
Hayashi Shihei, 24
Hideyoshi, 15-16
Hirata Atsutane, 44
Hokkaido Colonization Office, 53
Honda Toshiaki, 34

Imperial Rescript on Education, 70
India, 11, 22, 94
International House of Japan, 89,
    114
Inoue Kaoru, 69
Institute for the Study of Barbarian
    Books, 38, 45
Iriye, Akira, 80
Ise shrines, 23, 26
Ishiwara Kanji, 82-83, 185

APOLLONIOS DE RHODES

ARGONAUTIQUES

COLLECTION DES UNIVERSITÉS DE FRANCE
Publiée sous le patronage de l'ASSOCIATION GUILLAUME BUDÉ

APOLLONIOS DE RHODES

ARGONAUTIQUES

TOME II
CHANT III

TEXTE ÉTABLI ET COMMENTÉ

PAR

Francis VIAN
Professeur à l'Université de Paris X

ET

TRADUIT

PAR

Émile DELAGE
Recteur honoraire

Ouvrage publié avec le concours du Centre National des Lettres

PARIS
SOCIÉTÉ D'ÉDITION "LES BELLES LETTRES"
95, BOULEVARD RASPAIL
—
1980

Conformément aux statuts de l'Association Guillaume Budé, ce volume a été soumis à l'approbation de la commission technique qui a chargé M. J. Martin d'en faire la révision et d'en surveiller la correction, en collaboration avec MM. É. Delage et F. Vian.

AVANT-PROPOS

Nous avons publié en 1961 dans la Collection « Érasme » (P.U.F.) une édition annotée du Chant III. Celle que nous présentons aujourd'hui, en collaboration avec É. Delage, en diffère assez sensiblement. On n'en sera pas surpris. Nous n'avions alors pris connaissance de l'édition de H. Fränkel qu'au cours de la correction des épreuves et ses Noten zu den Argonautika n'ont paru qu'en 1968. En dix-huit ans ont été publiés en outre de nombreux autres travaux dont nous avons fait notre profit. Nous ne nous sommes pas toujours astreint à signaler les points sur lesquels nous avons changé d'avis: c'eût été alourdir, sans grande utilité, des notes déjà très abondantes.

La présente édition a bénéficié des mêmes concours amicaux auxquels nous avons rendu hommage au tome I (p. LXXI); aux noms qui y sont mentionnés, nous ajoutons ceux de MM. J. André, J. Bousquet et A. Oguse qui, à des moments divers, nous ont aidé de leurs avis à éclairer plusieurs passages du texte. A tous, nous renouvelons nos remerciements. Notre gratitude va plus particulièrement à notre ami Jean Martin qui a accepté, une nouvelle fois, de prendre sur son temps pour s'acquitter, toujours avec la même efficacité, de sa tâche de réviseur.

F. V.

HISTOIRE DU TEXTE

Les hypothèses présentées au t. I, p. xl-lxvii, ont reçu une confirmation et appellent un complément ou plutôt une rectification. La confirmation a été apportée par G. B. Alberti qui est parvenu, d'une façon indépendante, aux mêmes conclusions que nous en ce qui concerne les manuscrits de la première famille : (1) L, A et k sont issus de m ; (2) il faut supposer un intermédiaire perdu entre m et A ainsi qu'entre m et k ; (3) le réviseur L^2 de L a utilisé à la fois m et le modèle de celui-ci Ω^1.[1]

La rectification s'est imposée à nous au cours de la mise au point de l'apparat critique des chants III et IV. Elle est maintenant corroborée par les observations critiques de M. W. Haslam qui met en cause l'existence même d'un archétype commun à m et à w^2.[2] D'après ce savant, l'hypothèse d'une source unique à variantes multiples simplifie abusivement l'histoire du texte et ne tient pas compte du travail de collation effectué par les copistes et les réviseurs. Ce n'est pas le lieu de discuter en détail de cette question. Il nous paraît en tout cas certain aujourd'hui que L transcrit, au chant IV et peut-être déjà à la fin du chant III, un manuscrit

---

1. G. B. Alberti, « Note alla tradizione manoscritta di Apollonio Rodio », *Studi in on. Q. Cataudella* (1972), 9-18. Nous n'avons connu cet article qu'après la remise de notre manuscrit du t. I à l'imprimeur.

2. M. W. Haslam, « Apollonius Rhodius and the Papyri », *Illinois Class. Stud.*, 3, 1978, 47-73 ; cf. notamment les p. 68-73.

dont le texte différait de celui de tous les autres manuscrits (notre Ω). Ce manuscrit, qui comportait 25 vers par page, présentait des feuillets en désordre et en avait perdu plusieurs, ce qui explique les accidents survenus en L[1]. Après transcription, le copiste a recouru à un *autre exemplaire* (notre Ω), grâce auquel il a comblé les lacunes et rétabli l'ordre correct des vers[2]. En outre, il a éliminé par grattage la plupart des leçons propres à son premier modèle. L'une d'elles a été heureusement conservée en 4, 1132 (περίφρονος), dans un passage que le copiste s'est contenté de barrer pour le récrire à sa place : elle est maintenant confirmée par le papyrus Π[30], alors que tous les autres manuscrits ainsi que la seconde rédaction de L donnent μελίφρονος. En une vingtaine d'autres passages, l'examen des grattages permet de déchiffrer ou de supposer des leçons originales qui sont souvent meilleures que celles des autres manuscrits et qui ont été parfois conjecturées par les modernes[3]. Un nouvel inventaire de ces « palimpsestes » en accroîtrait sans doute la liste. Ce fait est important pour l'établissement du texte. Il ne résout évidemment pas tous les problèmes que pose l'histoire des deux principales familles. Si l'on comprend bien désormais l'origine du clivage L/L[pc]AE*w*, il reste à expliquer le clivage LAE/L[2]*w* et à comprendre pourquoi il est fréquent surtout au chant IV[4]. D'autre part, l'omission de 3, 923-962 par la première main de L suppose un modèle à 20 vers par page[5]. L'accident n'a donc pas la même origine que ceux qui se sont produits au chant IV ;

---

1. Cf. t. I, p. xlvi, *b-e*.
2. Nous croyons que ce travail est l'œuvre du copiste lui-même. G. B. Alberti est d'un avis différent ; mais la question est ici d'importance secondaire.
3. Cf. 4, 336, 381, 453, 504, 511, 634, 642, 956, 1195, 1235, 1263, 1274 *(bis)*, 1339 (?), 1340, 1350 (?), 1401 (?), 1562, 1637, 1711, 1726, 1746, 1759. Cf. déjà 3, 1310, 1360. Certaines de ces variantes sont attestées sporadiquement dans d'autres manuscrits.
4. Essai d'explication au t. I, p. lxi.
5. Cf. t. I, p. xlv, *a*.

il a été d'ailleurs corrigé non par L¹ (le copiste principal) mais par L² (le réviseur). Il paraît imprudent pour le moment de dépasser ces simples constatations[1].

N. B. — *Il résulte des observations précédentes que la signification du sigle Ω change à partir du moment où L recourt à une source nouvelle. Ω désigne toujours « la souche commune de tous les manuscrits », mais représente désormais un état du texte antérieur à celui qu'on peut atteindre aux Chants I-II et au Chant III, jusqu'au v. 1300 environ. Il nous a semblé que l'emploi d'un sigle différent dans la dernière partie du texte comportait plus d'inconvénients que d'avantages.*

1. Sur l'histoire de la tradition manuscrite et des traductions d'Apollonios au xvᵉ siècle, il faut maintenant consulter l'important article de G. Resta, « Andronico Callisto, Bartolomeo Fonzio et la prima traduzione umanistica di Apollonio Rodio », dans *Studi in onore di Anthos Ardizzoni* (1978), 1055-1131.

ÉDITIONS ET ÉTUDES
CITÉES DANS L'APPARAT CRITIQUE *(Addenda)*[1]

Ardizzoni[4] : A. Ardizzoni, *Giorn. Ital. di Filol.*, 28, 1976, 233-240.

Basil. : édition de Bâle, publiée par Oporinus en 1550.

Bigot : cf. maintenant F. Vian, *Rev. Hist. Textes*, 5, 1975, 87-93.

Boesch : G. Boesch, *De Apoll. Rh. elocutione.* Diss. Berlin, 1908.

Bolling : G. M. Bolling, *Studies Gildersleeve* (Baltimore, 1901), 449-470.

Campbell[4] : M. Campbell, *Hermes*, 102, 1974, 42-46.

Campbell[5] : id., *Gnomon*, 48, 1976, 336-340.

Campbell[6] : id., *per litteras.*

Gillies : édition du chant III par M. M. Gillies, Cambridge, 1928.

Guyet : cf. maintenant F. Vian, *loc. cit.*, 87-93.

Hermann[3] : G. Hermann, *Homeri Hymni* (1806), 104-106.

Huet : cf. maintenant F. Vian, *loc. cit.*, 93-95.

Kassel : R. Kassel, *Rhein. Mus.*, 112, 1969, 98.

Lloyd-Jones[4] : H. Lloyd-Jones, *Class. Rev.*, 13, 1963, 157.

Naber : S. A. Naber, *Mnemosyne*, 34, 1906, 1-39.

Piñero : F. Piñero, *Estudios sobre il texto... de Apol. de Rodas.* Thèse dactyl., Madrid, 1974[2].

Valckenaer[2] : L. C. Valckenaer, *Diatribe in Euripidis perditorum dramatum reliquias* (Leyde, 1767), p. 50.

Weil : H. Weil, *Rev. de Phil.*, 11, 1887, 5-8.

---

1. Cf. tome I, p. LXXVIII-LXXXIV. Rappelons que cette liste n'est pas une bibliographie.

2. Ce travail, consacré au *Matritensis gr.* 4691, nous a été aimablement communiqué par son auteur à qui nous adressons nos vifs remerciements.

SIGLA

I. Codices deperditi

Ω   codicum omnium communis stirps[1].
m   prototypus unus e quo LA*k* descripti sunt (s. x).
w   prototypus alter e quo SG descripti sunt (s. xiii ?).
k   prototypus e quo E descriptus est (s. xiv?).

II. Codices servati

L   Laurentianus gr. 32, 9 (a. 960-980).
A   Ambrosianus gr. 120 (s. xv ineunte).
S   Laurentianus gr. 32, 16 (a. 1280).
G   Guelferbytanus Aug. 4º 10.2 (s. xiv).
E   Scorialensis Σ III 3 (circa a. 1480-1485).
L¹   textus a scriba ipso iteratus.
L², L³, L⁴, A²... Codicis L (A...) manus recentiores (de codicis L manibus diuersis, uide t. I, pag. xlvi-xlvii).

Codices recentiores qui nonnumquam respiciuntur :

1. Codices stirpis m et w.

I   Matritensis gr. 4691 (a. 1465), ex cod. S descriptus.
U   Urbinas gr. 146 (s. xv), ex cod. A stirpe.
V   Vaticanus Pal. gr. 186, ex L descriptus (a. 1423-1459).
Y   Vaticanus gr. 36 (s. xv), ex cod. A stirpe.

2. Codices stirpis E.

B   Bruxellensis 18170-73 (a. 1489).
H   Parisinus gr. 2728 (circa a. 1490).
J   Estensis gr. 112 [nunc α.P.5.2] (a. 1485-1489).
K   Sinaïticus 1194 (a. 1491).
O   Parisinus gr. 2845 (s. xv ex.-s. xvi).
P   Parisinus gr. 2727 (a. 1487-1489).
T   Toletanus 102-34 (s. xv ex.).

---

1. Vide t. II, p. xi, quid sibi uelit hoc signum in quarto carmine.

K   Sinaïticus 1194 (a. 1491).
O   Parisinus gr. 2845 (s. xv ex.-s. xvi).
P   Parisinus gr. 2727 (a. 1487-1489).
T   Toletanus 102-34 (s. xv ex.).

3. *Codices Demetrii Moschi, ex E stirpe orti et contaminati.*

d   CDQR consensus (s. xv ex.-s. xvi).
C   Casanatensis gr. 408 (a. 1490-1510).
D   Parisinus gr. 2729 (a. 1490-1510).
Q   Vaticanus gr. 37 (a. 1491-1514).
R   Vaticanus gr. 1358 (circa a. 1505).

4. *Codices contaminati.*

F   Parisinus gr. 2846 (s. xv ex.).
N   Ambrosianus gr. 477 (s. xv ex.).
W   Vratislaviensis Rehdigeranus 35 (a. 1488).
Z   Parisinus gr. 2844 (anno 1498 perfectus).

III. Scholia

Σ^L : uox in codicis L (A, ...) scholiis disertim
                    citatur.
*Σ^L : uocem cognouisse uel subaudire uidentur
                    codicis L (A, ...) scholia.
Σ^Ω : uox adest apud Σ^L et Σ^A.
$\Sigma^{L\ lem}$: uox adest in Σ^L lemmate.
$\Sigma^{L\ par}$: uox adest in Σ^L paraphrasi.
$\Sigma^{L\ gl}$: uox adest in Σ^L glosa.
$\Sigma^{L\ \gamma\rho}$: uox ut uaria lectio (γράφεται) apud Σ^L laudata
                    est.
$\Sigma^{LJ\ lem}$ uel simile : uox adest apud $\Sigma^{L\ lem}$ et $\Sigma^{J\ lem}$.

N.B. — Quod attinet ad J(BPK), corpus scholiorum
semper respicitur nisi scriptum est $\Sigma^{J(t)}$ (i. e. scholion
ad textum adscriptum).

IV. Testimonia

EG^A Etymologicum Genuinum : Vaticanus gr. 1818.
EG^B Etymologicum Genuinum : Laur. S. Marc. 304.
EM^D Etymologicum Magnum : Bodl. Dorvill. X.1.
              1.2.
EM^M Etymologicum Magnum : Marcianus gr. 530.
EM^P Etymologicum Magnum : Parisinus gr. 2654.
EM^S Etymologicum Magnum : Laur. S. Marc. 303.

*EM*ᵛ   Etymologicum Magnum : Vossianus gr. Q 20.
E Gud   Etymologicum Gudianum.
Tz. (H)   Tzetzes ad Lycophronem : Palat. gr. 18.
Tz. (P)   Tzetzes ad Lycophronem : Parisinus gr. 2723.
Tz. (Q)   Tzetzes ad Lycophronem : Parisinus gr. 2403.

V. PAPYRI

Π¹⁶   P. Oxy. 34, 2694 (s. II) : 2, 917-953 ; liber III
      (uersus adhuc inediti) ; 4, 317-322, 416-461,
      468-512. Cf. *Bull. Institute of Class. Studies,
      Univ. of London*, 1960, 45-56 ; H. Fränkel,
      Einleitung, 12-21 ; id., *Noten*, 648.
Π¹⁹   P. Oxy. 34, 2699 (s. III) : 3, 1-35.
Π²⁰   P. Argentorat. 173 (perg. codex : s. VIII-IX) :
      3, 145-161, 173-191. Cf. R. Reitzenstein,
      Hermes, 35, 1900, 605-607 ; W. Crönert, *Arch.
      f. Pap.-forsch.*, 1, 1900-01, 516.
Π²¹   P. Oxy. 6, 874 (s. II-III) : 3, 263-271.
Π²²   P. Oxy. 4, 690 (s. III) : 3, 727-745.
Π²³   P. Oxy. 4, 691 (s. II) : 3, 908-913.
Π²⁴   P. Oxy. 34, 2693 (s. II ineunte) : 3, 940-958,
      962-971.
Π²⁵   P. Oxy. 10, 1243 (s. II) : 3, 1055-1063.
Π²⁶   P. Berol. 17020 (papyr. codex : s. VII-VIII) :
      3, 1211-1226, 1245-1260. Cf. W. Müller,
      *Forschungen u. Berichte Staatl. Museen zu
      Berlin, Arch. Beitr.*, 10, 1968, 124-125.
Π²⁷   P. Mil. 121 (s. IV) : 3, 1291-1302 c. Cf. I. Cazzaniga,
      Pap. della Univ. d. Studi di Milano, 3, 1965,
      16, nᵒ 121.
Π²⁸   P. Berol. 13248 (codex : s. V) : 3, 1358-1364,
      1398-1406. Cf. A. Wifstrand, *Eranos*, 30,
      1932, 1-2.

CHANT III

NOTICE

————

Composition du chant III   Le chant III est le point culmi-
nant du poème et son importance
est soulignée par les deux invo-
cations à la Muse (3, 1-5 ; 4, 1-5) qui l'isolent. Pourtant
il ne relate pas toutes les aventures de Colchide : la
conquête de la Toison n'aura lieu que plus tard. Mais
celle-ci ne sera en définitive qu'un épisode secondaire
et n'est jamais considérée comme un ἄθλος, du moins
à partir de l'arrivée sur le Phase[1]. Le sort de l'expédition
se joue vraiment au chant III que résument et encadrent
deux mots-clés : c'est grâce à l'« amour », apanage
d'Érató (3, 1-3), que Jason vient à bout de son «épreuve»
(3, 1407 ἄεθλος, dernier mot du chant).

La narration s'étend sur quatre journées, celles qui
portent les numéros 99 à 102 dans la chronologie
d'ensemble[2] : deux sont occupées par la naissance et
l'affirmation de l'amour de Médée (v. 1-827, 828-
1172ᵃ) ; deux autres, par les préparatifs et la victoire
de Jason (v. 1172ᵇ-1223ᵃ, 1223ᵇ-1407). Médée disparaît
alors provisoirement de la scène[3]. Les épisodes les plus
pathétiques auxquels le chant doit sa célébrité ont lieu
pendant les deux premières journées. Néanmoins
l'action épique est conçue selon un *crescendo* constant
qui conduit progressivement les Argonautes du désarroi
au triomphe. La chronologie imaginée par le poète

————

1. Ce n'est pas le cas auparavant : cf. 3, 411 (?), 1217.
2. Cf. t. 1, p. 18, 117 s. ; t. 3, p. 12-13.
3. Voir la note à 3, 1162 (p. 99, n. 2).

pourrait prêter le flanc à la critique : après les paroles menaçantes qu'Aiétès adresse à Jason en le congédiant (3, 434-438), le roi fait preuve d'une singulière complaisance en tolérant deux jours de délai avant l'épreuve. Mais Apollonios en avait besoin pour insérer l'entrevue au temple d'Hécate[1] et cette petite invraisemblance ne choque guère, car le cadre chronologique n'est pas essentiel dans la composition.

Au lieu de quatre journées, il convient plutôt en effet de parler de cinq actes où alternent les scènes psychologiques et les scènes plus proprement « épiques », les thèmes traditionnels et les thèmes modernes[2]. On distingue sans peine :

1. Le prologue dans l'Olympe (v. 6-166) ;

2. L'ambassade chez Aiétès (v. 196-490), encadrée par des scènes de délibération chez les Argonautes (v. 167-195, 491-575) et chez les Colques (v. 576-605[-608]) ;

3. L'entrevue de Médée et de Chalkiopé (v. 669-741[a]), préparée et prolongée par la peinture du désarroi intérieur de Médée (v. 616-668, 741[b]-824)[3] ;

4. Le rendez-vous de Médée et de Jason (v. 948-1147[a]), précédé et suivi par deux scènes de départ (Médée : v. 828-912 ; Jason : v. 913-947) et deux scènes de retour (Médée : v. 1147[b]-1162 ; Jason : v. 1163-1172[a]) ;

5. Les préparatifs de Jason et l'accomplissement des épreuves (v. 1172[b]-1407)[4].

---

1. Cf. Wilamowitz, *Hellenistische Dichtung* (1924), 208. La troisième journée est peu remplie : la seconde ambassade n'occupe que quelques vers et le poète ne s'intéresse qu'aux cérémonies nocturnes accomplies par Jason.
2. Cf. notre éd. Érasme (1961), p. 7-9.
3. Ces trois actes ont lieu pendant la première journée. Nous négligeons dans cette rapide analyse les parties secondaires de raccord : v. 609-615, 825-827.
4. L'acte IV correspond à la deuxième journée ; l'acte V s'étend sur deux jours. La césure chronologique entre les deux actes est à peine marquée (v. 1171 ss.). En fait, les v. 1163-1172[a] sont un élément-pivot appartenant à la fois aux deux actes.

Si l'épopée ancienne présente des effets de symétrie analogues à ceux qu'on observe aux actes II à IV, l'ordonnance d'ensemble du chant fait plutôt penser à celle de la tragédie, comme l'épisode d'Hypsipylé au chant I[1]. En outre, Apollonios abandonne la convention des temps morts que les exigences de la récitation publique imposaient à l'époque archaïque. On sait que chez Homère deux actions ne peuvent se dérouler simultanément en des lieux différents : pendant que l'une s'accomplit, le poète est contraint de mettre en sommeil les autres personnages[2]. Apollonios s'affranchit de cette servitude. Le premier conseil des Argonautes se tient pendant le prologue dans l'Olympe en sorte que le v. 275 (arrivée d'Amour chez Aiétès) s'enchaîne au v. 166 (départ d'Amour de l'Olympe). Les v. 825-827 ramènent au soir du premier jour, au moment où Chalkiopé retrouve ses enfants (v. 740 s.), alors que le récit principal a déjà progressé jusqu'à l'aube suivante (v. 823 s.). Les deux scènes de départ qui précèdent le rendez-vous au temple d'Hécate sont concomitantes, de même que les deux scènes ultérieures de retour (cf. ci-dessus). La technique narrative de l'auteur est remarquable surtout aux v. 439-664. L'action éclate en quatre directions différentes : chez les Argonautes (v. 439-444ª, 472-575), à l'assemblée des Colques (v. 576-608), dans la chambre de Chalkiopé (v. 449 s., 609-615) et dans celle de Médée (v. 451-471, 616-664ª). Les quatre scènes simultanées et indépendantes sont savamment imbriquées les unes dans les autres et trois d'entre elles sont de surcroît reliées d'abord par l'aller-retour d'Argos qui, parti vers le navire avec Jason, revient ensuite chez sa mère (v. 572 s. ∞ 609 s.), puis par la rencontre de Médée et de Chalkiopé (v. 664ᵇ-673). La narration atteint rarement pareille complexité dans l'épopée et même dans le roman grecs.

---

1. Cf. t. 1, p. 25.
2. Cf. É. Delebecque, *Télémaque et la structure de l'Odyssée* (1958).

Les deux épisodes légendaires
qui servent de support au chant III
sont l'amour de Médée et les
épreuves de Jason. Apollonios les a trouvés tous deux
chez ses prédécesseurs, d'une part dans la *IVᵉ Pythique*
de Pindare, d'autre part dans les *Naupactica*, chez
Eumélos et dans les *Colchidiennes* de Sophocle, trois
œuvres que nous ne connaissons que d'une manière
indirecte, notamment grâce aux scholies[1].

L'amour de Médée était déjà suscité par Aphrodite,
mais dans des conditions différentes. Apollonios s'intéresse surtout à la crise psychologique qui déchire la
jeune fille : celle-ci pousse un cri à la vue des étrangers
(v. 253) avant même d'être touchée par la flèche
d'Amour ; c'est le tréfonds de son être qui se refuse au
suicide plutôt que la volonté d'Héra qui lui redonne
le goût de la vie (v. 809-818). L'action divine n'est que
l'envers du drame humain ; comme souvent chez
Homère[2], les dieux se bornent à sanctionner ou, plus
simplement, à matérialiser les mouvements de l'âme.
Dans les œuvres antérieures, la divinité devait jouer
un rôle plus effectif et plus direct. Dans les *Naupactica*,
Aphrodite sauvait les Argonautes après la victoire de
Jason en inspirant à Aiétès un désir physique inopiné
pour son épouse (fr. 7-8 Kinkel) : on croira volontiers
qu'elle faisait naître la passion de Médée d'une façon
tout aussi abrupte. Sur le coffre de Kypsélos, les noces
de Jason et de Médée ont lieu à son instigation d'après
l'inscription conservée par Paus., 5, 18, 3 : Μήδειαν
'Ιάσων γαμέει · κέλεται δ' 'Αφροδίτα. Chez Pindare,
elle enseigne à Jason l'art d'envoûter la magicienne par
des charmes, des incantations et des pratiques magiques
(*Pyth.*, 4, 213-217). Nous ignorons comment elle se
manifestait chez Sophocle ; mais l'entrevue entre Jason
et Médée avait une tonalité autre que chez Apollonios,
s'il faut lui attribuer le fr. 339 Pearson (= Radt) où

---

1. Sur ces œuvres, cf. t. 1, p. XXIX-XXXI, XXXIV-XXXVIII.
2. Cf. F. Robert, *Homère* (1950), 1-18.

Médée demandait : « Affirmes-tu sous la foi du serment que tu me rendras service pour service ? »[1]. Il semble clair qu'elle proposait lucidement un marché, comme les Lemniennes aux Argonautes chez Eschyle[2] : Jason recevra son aide à la condition qu'il accepte de l'épouser[3]. Chez Apollonios, au contraire, paralysée par l'émotion, elle donne sa drogue et serait prête à donner sa vie sans rien demander en échange (3, 1013-1021) : c'est Jason qui parle le premier de mariage (3, 1100 s., 1128-1130) et il ne prêtera serment qu'après la fuite de Médée (4, 88-98).

On se gardera néanmoins d'exagérer les oppositions. Les v. 218-223 de la *IVᵉ Pythique* esquissent plusieurs des thèmes qu'Apollonios développera : on y trouve l'amorce du débat de conscience au terme duquel l'attrait de la Grèce (cf. Ap. Rh., 3, 1060 s., 1071 s., 1105, 1133 s.) l'emporte chez Médée sur le respect dû aux parents (cf. Ap. Rh., 3, 625, 630-632, 736 s., 779 s., 1110 s.) ; la jeune fille cède à Peithô, cette persuasion qui caractérise les propos de Jason en 3, 946, 974, 1010, 1102 ; les deux jeunes gens échangent des promesses de mariage (cf. Ap. Rh., 3, 1128-1130 ; 4, 88-91). On pourrait faire sans doute de semblables rapprochements avec Sophocle, si nous avions conservé les *Colchidiennes*. Les deux auteurs, en tout cas, parlent des « prescriptions de Médée » et de la drogue salvatrice (Pind., *Pyth.*, 4, 220-222), qui était déjà le *Prométheion* chez Sophocle (cf. les commentaires de A. Pearson et de S. Radt au fr. 340, ainsi que les p. 316 s. de l'éd. Radt [1977]).

Dans le récit des travaux, Apollonios a retenu la version la plus complète qui associe le combat contre les fils de la terre au labour de la jachère. Il suit donc Phérécyde et Sophocle[4], peut-être aussi Eumélos[5], alors

1. Ἦ φῂς ἐπομνὺς ἀνθυπουργῆσαι χάριν ;
2. Cf. t. 1, p. 21, n. 1.
3. Cette version est conservée chez les Mythographes : cf. Apollod., *Bibl.*, 1, 9, 23 ; Zénobios, 4, 92 Leutsch-Schneidewin.
4. Phérécyde, 3 F 22 et 112 Jacoby ; Soph., fr. [336 Pearson (= *Dubia et Spuria* 1135 Radt)], (337 ?), 341. Voir p. 60, n. 2, et les *N. C.* à 3, 1187, 1358.
5. Eumélos, fr. 9 Kinkel. Cf. ci-dessous, p. 8, n. 2.

que les *Naupactica* et Pindare ne connaissent que le labour[1]. Mais, dans le détail, il a emprunté aux uns et aux autres. D'après une scholie obscure et sans doute mal placée, quelques vers relatifs aux fils du sol seraient tirés d'un discours de Médée à Idmon qu'on lisait chez Eumélos[2]. Les réminiscences pindariques sont nombreuses[3] et l'on sent parfois chez Apollonios le désir de rivaliser avec son modèle. Quand Jason triomphe, Aiétès pousse chez Pindare un cri (ἴυγξεν), bien que sa douleur soit muette (ἀφωνήτῳ ... ἄχει)[4] ; Apollonios oppose au contraire l'ἀμφασίη du roi aux clameurs des Colques (3, 1370-1373). L'imitation est plus maladroite dans un autre épisode. L'Aiétès pindarique attelle lui-même les taureaux et trace un sillon ; c'est seulement après avoir montré ce dont il est capable qu'il enjoint à Jason de l'imiter s'il veut obtenir la toison (*Pyth.*, 4, 227-231). Celui d'Apollonios se contente d'une déclaration sans joindre l'acte à la parole (3, 407-421) ; mais, s'il est moins convaincant, on conçoit qu'il n'était guère possible de faire assister par deux fois à la naissance et à la mort des fils de la terre.

Apollonios doit encore à ses sources des épisodes secondaires et quelques détails. Au cours du second conseil des Argonautes, six héros se portent volontaires pour relever le défi d'Aiétès (3, 504-521) ; puis le devin Mopsos intervient pour faire adopter le plan qui prévaudra (3, 545-554). Il semble que, dans les *Naupactica*,

---

1. *Naupactica*, fr. 5 Kinkel ; Pind., *Pyth.*, 4, 224-241.
2. Cf. t. 1, p. xxxi, n. 2. F. Michelazzo, *Prometheus*, 1, 1975, 38 ss., abandonnant l'hypothèse de Valckenaer et de Wilamowitz, pense que la scholie concerne bien les v. 1372 ss., comme l'indique le lemme. On sera moins convaincu quand il préfère la *lectio facilior* des scholies « parisiennes » Ἰάσωνα au lieu d'Ἴδμονα (leçon de L).
3. Voir p. 60, n. 2-3 ; 104, n. 1-2 ; 106, n. 1 ; et les *N. C.* à 3, 1334, 1373. L'influence de Pindare a été si profonde qu'Apollonios admet au chant III le thème de l'usurpation du trône par Pélias (voir la *N. C.* à 3, 339), alors qu'il l'ignore au chant I (cf. t. 1, p. xxxiv, et la *N. C.* à 1, 903 [p. 260]), ou du moins le laisse dans l'ombre (cf. la *N. C.* à 1, 412 [p. 251]).
4. Pind., *Pyth.*, 4, 238.

c'étaient tous les Argonautes qui s'offraient à mettre les taureaux au joug et que le poète saisissait l'occasion pour en dresser le catalogue[1] ; un devin — Idmon en l'occurrence — se levait alors et ordonnait à Jason d'accomplir le travail : sans doute pressentait-il, comme le Mopsos d'Apollonios, que l'Aisonide bénéficierait du concours de Médée[2]. Dans le même poème, Aiétès projetait d'incendier Argô après le succès de Jason : c'est le même plan qu'il trame au chant III pendant l'assemblée des Colques et qu'il aurait mis à exécution au chant IV, si le navire n'avait pris la mer à temps[3]. L'oracle menaçant rendu par le Soleil à Aiétès remonte à Hérodoros et peut-être aux *Colchidiennes*[4]. D'une manière générale, Apollonios paraît devoir beaucoup à Sophocle : il se souvient de ses *Rhizotomoi* pour peindre l'épiphanie d'Hécate ; il donne à Médée la généalogie qui figurait dans les *Femmes Scythes*, à la suite, il est vrai, d'Hésiode ; par une rencontre curieuse, les *Colchidiennes* faisaient même mention de Ganymède[5].

Parmi les emprunts que nous sommes en mesure de connaître ou de soupçonner, nous n'avons fait état ni de Chalkiopé ni de ses fils. Le rôle important qu'ils tiennent dans l'action peut avoir été inventé comme la rencontre des Phrixides et des Argonautes dans l'île d'Arès[6]. Il serait néanmoins risqué de l'affirmer.

---

1. Apollonios se contente de recenser les seuls héros « épiques ». L'auteur des *Naupactica* se souvenait peut-être des épopées troyennes qui faisaient le catalogue des héros achéens au moment où ceux-ci montaient dans le cheval.

2. *Naupactica*, fr. 5-6 Kinkel. Idmon a joué un rôle important dans les versions archaïques : cf. encore la Notice du ch. IV, p. 6. Chez Eumélos, Médée le rencontrait et lui parlait des fils de la terre (fr. 9 Kinkel : opinion différente de F. Michelazzo, cf. ci-dessus, p. 8, n. 2). On peut croire que c'était par son intermédiaire que la magicienne donnait ses instructions à Jason. Si l'hypothèse est exacte, l'épisode de la corneille prend plus de saveur encore chez Apollonios : le poète raille, non sans humour, une maladresse de son devancier.

3. *Naupactica*, fr. 8 Kinkel ; Ap. Rh., 3, 579-583 ; 4, 223.

4. Voir la *N.C.* à 3, 600.

5. Voir les *N.C.* aux v. 117, 246, 1215.

6. Cf. t. 1, p. 170-171.

Hérodoros mentionnait Chalkiopé et l'oracle du Soleil qu'il rapportait prédisait à Aiétès que ses descendants causeraient sa perte[1]. On peut dès lors supposer qu'Apollonios n'a pas imaginé de toutes pièces le prétendu complot dont Aiétès accuse ses petits-fils.

Le prologue dans l'Olympe et l'action divine   Le prologue se présente, en apparence, comme un agréable et spirituel *epyllion*. Héra et Athéna tiennent sur l'Olympe un discret conciliabule ; elles sont vite convaincues que seule la ruse permettra aux Argonautes d'accomplir leur mission et décident de demander son concours à Cypris qu'elles vont aussitôt solliciter. La situation ne manque pas de piquant : voici réunies par avance les trois déesses que Pâris devra départager plus tard et c'est déjà Cypris qui l'emporte, cette fois avec l'assentiment de ses rivales.

Le poète joue avec finesse sur ces allusions voilées à la geste troyenne. La rencontre commence par une scène de visite qui rappelle, jusque dans les termes, celle que Thétis fait à Héphaistos au chant XVIII de l'*Iliade*[2] ; mais, au lieu d'Héphaistos s'affairant à sa forge, il peint son épouse occupée à sa toilette matinale ; et, tandis que Thétis demande des armes pour Achille, c'est ici l'aide d'Amour qui est réclamée pour Jason. Cypris salue d'abord les quémandeuses avec une humilité ironique mêlée d'étonnement ; mais bientôt, touchée par la prière instante d'Héra, elle proteste de son dévouement, non sans rappeler la faiblesse de son pouvoir. Héra la rassure : il lui suffira d'obtenir de son fils qu'il décoche une flèche dans le cœur de Médée. Un amusant coup de théâtre se produit alors : Cypris, déesse de l'amour, s'avoue incapable de donner des

---

1. Hérodoros, 31 F 9 Jacoby. Cf. schol. à Ap. Rh., 3, 594-598 a ὑπὸ τῶν αὐτοῦ (Αἰόλου C. Robert) ἐγγόνων ἀπολέσθαι. La correction proposée par C. Robert est peu vraisemblable, car le texte transmis est confirmé par la scholie au v. 605 ὑπὸ συγγενῶν ἀπολέσθαι. Voir aussi la *N.C.* à 3, 600.

2. Voir p. 52, n. 1 ; et les *N. C.* à 3, 38, 49.

ordres à Amour, son fils. Ce n'est plus la déesse qui
parle, mais une mère découragée par les polissonneries
d'un gamin. Tout s'arrange néanmoins : Cypris promet
de faire entendre raison à son fils et ses visiteuses la
quittent en la consolant : le garçon s'assagira avec le
temps.

Cette charmante scène de comédie bourgeoise est
suivie d'une autre : nous voyons Amour à l'œuvre,
trichant aux osselets auxquels il joue avec Ganymède,
trépignant pour avoir la balle promise par sa mère et
finalement, après avoir compté avec soin ses osselets,
prenant son vol vers Aia. Pas de dialogue en forme ici :
les enfants n'ont pas droit à la parole dans la grande
poésie et seule Cypris s'exprime au style direct ; mais
l'évocation des espiègleries d'Amour est d'un délicieux
réalisme.

L'action proprement dite, qui débute au v. 167, se
déroulera sur un plan presque exclusivement humain,
sans intervention importante des dieux, et l'on pourrait
ne voir dans le prologue qu'un hors-d'œuvre, une
spirituelle et gratuite variation sur le thème traditionnel
de la délibération dans l'Olympe. En fait, il se justifie
à un triple point de vue : il est un élément essentiel
dans la composition des *Argonautiques*, il prépare les
événements qui vont suivre et contribue à leur donner
leur signification.

Les Argonautes bénéficient de la faveur de trois
divinités principales : Apollon, Athéna et Héra. Apollon
a promis de guider Jason au cours de ses navigations
(cf. 1, 360-362, 412-414) : c'est à lui prîncîpalement
que les Argonautes offrent des sacrifices à l'aller ; au
retour, ses deux trépieds les aideront à retrouver leur
route en des circonstances critiques. En outre, il leur
apparaît dans deux épiphanies ; l'une, au chant II, dans
l'île de Thynie ; l'autre, au chant IV, à Anaphé. En
revanche, il est absent du chant III pendant lequel les
Argonautes sont en Colchide[1]. Athéna, qui a construit

1. Pourtant Apollon Hégémôn est adoré sur les rives du
Phase dès la fin du ve siècle : cf. E. Diehl, dans *Real-Encykl.*,
19,2 (1938), *s.* Phasis (2), 1894, 8 ss.

Argô et lui a donné son premier pilote (1, 109 s.),
n'intervient qu'une seule fois, mais d'une façon décisive,
à l'aller : c'est elle qui sauve le navire des Symplégades.
Après notre prologue, elle s'effacera[1]. D'après la tradition et les paroles de Phinée (2, 216 s.), c'est Héra qui
« entre tous les dieux veille sur les Argonautes pendant
leur voyage » : Jason est son protégé et elle compte sur
lui pour tirer vengeance de Pélias. Or, curieusement,
elle ne se manifeste qu'une fois dans les deux premiers
chants, d'une manière indirecte, au moment de l'élection
du second pilote (2, 865 s., 895). Elle n'entre vraiment
en scène qu'au chant III et veillera dès lors activement
sur les Argonautes jusqu'au moment où ils quitteront
la Phéacie ; son œuvre principale sera le passage des
Planctes. Ainsi donc Apollonios a établi un habile
équilibre entre les principales interventions divines
qu'on peut résumer dans le schéma suivant :

Voyage d'aller :
   Passage des Symplégades : intervention d'Athéna.
   Ile de Thynie   : épiphanie d'Apollon.

En Colchide :
   Établissement d'un plan d'action : concertation entre Héra et
                                                        Athéna.

Voyage de retour :
   Passage des Planctes   : intervention d'Héra.
   Ile d'Anaphé   : épiphanie d'Apollon.

Le prologue du chant III apparaît comme la pièce
maîtresse de cet édifice : c'est la scène charnière où
Héra doit prendre le relais d'Athéna, puisque la déesse
vierge et ignorante de l'amour ne peut plus intervenir
du moment que l'aide de Cypris se révèle nécessaire
(3, 32-35). Dès la scène suivante, elle devient un personnage muet en présence de la déesse de l'amour, bien
qu'elle ait accepté d'accompagner Héra[2].

---

1. On la retrouvera un instant pendant le passage des Planctes,
auprès d'Héra tremblant pour ses protégés (4, 959 s.).
2. Au début de la conversation entre Athéna et Héra, le poète
glisse un détail qui surprend : pourquoi les déesses s'enferment-

Indispensable à l'architecture du poème, le prologue est aussi fortement relié à la suite du récit. Les Argonautes délibèrent à deux reprises sur la conduite à tenir. Lors du premier conseil, Jason envisage une alternative dont le second terme est lui-même double : il propose de recourir d'abord à la *persuasion* et c'est seulement si elle échoue qu'il conviendra de choisir entre la *guerre* et la *ruse* (3, 179-184). Après l'échec de la persuasion se tient la seconde délibération prévue au v. 183 ; elle porte sur les termes de la deuxième alternative : la *force* (κάρτεϊ χειρῶν : v. 507 ; cf. 560, 562), prônée par Pélée, puis par Idas, et la *ruse* (μῆτις : v. 475, 548), conseillée par Argos et Mopsos. Or Héra s'est placée devant un dilemme analogue ; mais, des trois termes envisagés par les hommes, elle passe sous silence le recours à la force, comme Athéna elle-même, la déesse guerrière ; et, entre les deux termes restants, elle écarte d'emblée la persuasion, parce qu'elle doit être sans effet sur Aiétès[1]. Le prologue dans l'Olympe prépare donc l'action humaine : il justifie par avance l'abandon de la solution « héroïque » (le recours à la force) et annonce le parti qui prévaudra en définitive après deux délibérations[2].

elles dans une chambre à l'écart de Zeus et des autres dieux (3, 8 s.) ? La précaution est inutile, puisque aucun dieu n'est hostile aux Argonautes. Le poète veut-il simplement marquer son indépendance par rapport à Homère qui fait présider par Zeus les conseils des dieux ? Ses raisons sont sans doute plus profondes. Son Zeus est un dieu lointain qui a pour fonction de régir les phénomènes atmosphériques et de veiller sur la justice. Il se borne à envoyer une brise favorable aux Argonautes (1, 518* ; 2, 993) et n'intervient qu'indirectement dans l'action (abandon d'Héraclès, naufrage des Phrixides). C'est seulement au chant IV qu'il se manifestera pour châtier le meurtre d'Apsyrtos. Il eût été contraire à son rôle et à sa majesté d'être mêlé à une ruse : c'est pourquoi Héra, guidée par son intuition féminine, préfère se concerter avec Athéna sans témoins.

1. Cf. 3, 11-16. L'alternative est envisagée si l'on préfère le texte des manuscrits à celui qui est donné par un papyrus : voir la *N.C.* au v. 16.

2. Des analogies formelles soulignent la concordance entre le plan initial d'Héra et les suggestions faites par Argos à Jason après l'échec de l'ambassade : voir la *N.C.* à 3, 483.

On pourrait lui reprocher d'introduire sur un ton trop
mineur un chant où prédominent les situations drama-
tiques, de sombres intrigues de palais et la peinture
sans complaisance des tourments suscités par la passion.
Mais il faut se souvenir que la contradiction est l'essence
même d'Amour : les auteurs se plaisent à répéter qu'il
est à la fois le plus jeune et le plus vieux des dieux, un
gracieux bambin et le plus redoutable des tyrans.
Apollonios ne perd pas de vue sa double nature et les
termes dont il le qualifie dans la scène sur l'Olympe
ont toujours un double sens. Ἀναίδητος (v. 92) se dit
aussi bien d'un enfant effronté que d'un être qui ignore
toute pudeur[1] ; μάργος ne désigne au v. 120 qu'un
garçon cupide au jeu, mais il fait d'ordinaire allusion
au dérèglement des sens[2] ; Cypris traite familièrement
son fils d'ἄφατον κακόν, « vilain monstre » (v. 129), mais
l'expression signifie littéralement « mal monstrueux ».
Au palais d'Aiétès, Amour est encore un enfant aux
yeux malicieux (v. 281 ὀξέα δενδίλλων, βαιός) dont le
rire (v. 286 καγχαλόων) traduit l'indifférence au mal qu'il
va causer ; mais il est aussi comparé à un taon surexcité
(v. 275-277) et l'effet de sa flèche « lourde de sanglots »
(v. 279) ne tarde pas à se manifester. Médée est aussitôt
consumée par l'οὖλος ἔρως (v. 297), qu'il convient de
traduire « le funeste amour » ; car, si Apollonios sait
peindre avec sensibilité l'éveil et le règne de l'amour,
il ne le considère pas moins comme un mal et la source
des pires égarements[3]. Ainsi, malgré les apparences, le
prologue n'est pas un simple « divertissement », mais
une véritable entrée en matière.

A partir du v. 167, si l'on excepte l'intervention
d'Amour aux v. 275 ss. qui est le prolongement de la
scène sur l'Olympe, les dieux passent à l'arrière-plan.

1. Le terme est employé au sens fort en 4, 360 ; cf. ἀναιδής
en 2, 383, 407. C'est l'αἰδώς, la pudeur, que Médée renie quand
elle s'abandonne à la passion : 3, 649, 652 s., 681, 742, 785, 1068.
2. La μαργοσύνη est le vice le plus blâmable pour une femme :
voir la N.C. à 3, 120.
3. Cf. ci-dessous p. 46-48.

De Cypris et de son fils, il ne sera plus guère question. En tout cas, ils n'agiront plus en tant que personnes et deviendront de simples allégories. Le présage de la colombe est envoyé par « les dieux », anonymement (3, 540). Quand Mopsos invite les Argonautes à « implorer l'aide de Cythérée » (3, 553 ; cf. 549 s., 559), il parle par métaphore et ses compagnons ne feront ni sacrifice ni prière à la déesse ; la même remarque vaut pour les v. 936 s. et 941-943. Héra avait demandé à Cypris la seule faveur d'intercéder auprès de son fils : une fois donnée l'impulsion initiale, l'amour suit son cheminement naturel sans que les dieux aient besoin de s'en soucier. Ici ou là, le poète mentionne ἔρως ou les ἔρωτες. C'est tâche vaine que de se demander avec H. Fränkel s'il convient ou non d'employer la majuscule[1] : la typographie moderne est incapable de sauvegarder l'ambiguïté du terme et le traducteur reste libre d'adopter la graphie de son choix[2]. L'amour (ou les amours) garde une certaine individualité : il se blottit (v. 296 s.) ou se glisse (v. 1077) dans les cœurs comme Amour s'était blotti aux pieds de Jason pour tirer sa flèche (v. 281 s.) ; il décoche des peines comme celui-ci avait décoché son trait (v. 765 ∾ v. 153) ; il fait souffler, ainsi que Cypris, le vent de la passion (v. 936 s., 972), se pose sur le front de Jason pour lancer des éclairs (v. 1017 s.)[3], « incite » les amoureux (v. 452)[4] ou jette « audacieusement » le trouble dans leur âme (v. 687)[5]. Mais il s'agit toujours d'une métonymie : le fils de Cypris n'a plus de rôle actif à partir du moment où il a accompli sa mission.

Seule Héra continue à se manifester, discrètement d'ailleurs. On peut distinguer deux types d'interven-

1. H. Fränkel, *Noten*, 367.
2. Les Amours sont personnifiés depuis Esch., *Suppl.*, 1039 ; cf. Théocr., 7, 96, 117 ; *Anth. Pal.*, 12, 46 (Asclépiade), 168 (Posidippe).
3. On peut songer aux Amourets qui voltigent autour de la tête d'un personnage sur les monuments figurés.
4. Chez Homère et chez Apollonios, ἐποτρύνω a toujours pour sujet un nom de personne ou θυμός, ce qui revient au même.
5. Θρασέες personnalise dans une certaine mesure les ἔρωτες.

tions. Les unes relèvent du merveilleux épique traditionnel : la déesse épand une nuée sur la ville (v. 210-214),
retient Médée au palais (v. 250) et transfigure Jason
(v. 922 s.)[1]. Les autres ne font que transcrire sur le plan
divin les mouvements naturels de l'âme[2] : elles pro-
longent en quelque sorte la délibération initiale dans
l'Olympe qui, comme on l'a dit, préfigure l'aboutisse-
ment des délibérations humaines.

**Le décor
de l'action humaine** — Les Anciens ne manquaient pas
d'informations sur la Colchide[3].
Le pays était réputé par sa richesse
en métaux et surtout en or, ce que confirment les trou-
vailles archéologiques[4]. On croyait que la dynastie
d'Aiétès y régnait à l'époque de Xénophon et le nom
même d'Aiétès y était resté en usage jusqu'au vi[e] s.
ap. J.-C.[5] D'après Strabon, les ruines d'Aia étaient
encore visibles[6]. Apollonios, poète savant, attentif aux

1. Voir les *N. C.* à 3, 214, 923.
2. Cf. 3, 818, 931, 1134-1136, et les remarques faites ci-dessus
p. 6.
3. Sur la connaissance que les Grecs avaient de la Colchide,
cf. E. Diehl, dans *Real-Encykl.*, 19,2 (1938), *s.* Phasis, n°s 1 et 2 ;
O. Lordkipanidze, *Archeologia*, 19, 1968, 15-44 ; id., *Rev. Arch.*,
1971, 2, 259-288 ; id., *Bull. Corr. Hell.*, 98, 1974, 905-920.
4. Cf. Lordkipanidze, *locc. citt.* On a trouvé dans la région
un sanctuaire possédant un bélier en or attaché par une chaîne
d'or. Selon Strabon, 11, 2, 19 (499), les Soanes recueillaient les
pépites d'or dans les cours d'eau à l'aide de toisons à longs poils ;
cet usage serait, pour le géographe, à l'origine de la légende
de la toison d'or. Rappelons qu'Apollonios donne à Aiétès un
casque en or (3, 1228).
5. Cf. Xén., *Anab.*, 5, 6, 36 s. ; Strabon, 1, 2, 39 (45) ; Agathias,
Hist., 3, 8, 5 ; 3, 11, 1 et 7 Keydell. Cf. Lordkipanidze, *Archeologia*,
19, 1968, 21.
6. Strabon, 1, 2, 39 (45) ; cf. Pline, *Hist. Nat.*, 6, 13 ; Ét. Byz.,
s. Αἶα. D'après Strabon, 11, 2, 17 (498), le port de Phasis était
protégé à la fois par le fleuve, par un marais et par la mer. Aia
(ou Aiaié) fut d'abord considérée comme une île du Phase
(Phérécyde, 3 F 100 Jacoby ; Philostéphanos, dans schol. Ap. Rh.,
4, 277-278 *b*), peut-être sur le modèle de l'Aiaié homérique.
On trouvera une tentative pour localiser Aia dans F. Dubois
de Montpéreux, *Voyage autour du Caucase*, 3 (1839), 52-60 ;
Atlas, I, 1re série, pl. 14 ; 2e série, pl. 9.

réalités géographiques, a dû s'informer avec soin sur la région. Les récits des voyageurs confirment sa description du Phase, fleuve au cours impétueux, mais navigable[1], à l'estuaire bordé de marécages et de prairies humides[2]. L'évocation du Caucase dont les derniers contreforts s'abaissent jusqu'au fleuve, celle du théâtre naturel d'où les Colques assistent à l'épreuve de Jason sont trop précises pour être purement imaginaires[3].

Le poète se plaît à glisser des détails concrets dans son récit. Après avoir donné un schéma topographique d'ensemble à la fin du chant II[4], il le complète ensuite par petites touches. Aia est assez loin des bouches du Phase pour que le navire demeure invisible au milieu des roseaux, mais aussi assez près pour permettre à Argos de faire trois fois le trajet pendant la première journée[5]. La ville n'est pas décrite ; mais on note des allusions à son agora, à ses venelles et à sa large voie charretière[6].

1. Cf. 2, 401, 1261, 1265. Le bouillonnement mentionné au v. 1265 fait sans doute allusion à la barre qui obstrue l'estuaire : Chevalier Gamba, *Voyage dans la Russie mérid.* (1826), 1, 117. Le fleuve est navigable sur une distance de 180 à 300 stades selon les auteurs anciens ; cf. aussi Gamba, *op. cit.*, 173, 178 s., 334-340 ; *Atlas*, pl. 1 ; M. Brosset, *Descr. géogr. de la Géorgie par le Tsarévitch Wakhoucht* (1842), 347.
2. Le marécage où Argô mouille à son arrivée : 2, 1283 ; 3, 6, 168, 198 s., 489, 575 ; la prairie humide et voisine du fleuve où Jason propitie Hécate : 3, 1201-1203, 1218-1220. Cf. les descriptions de voyageurs citées par É. Delage, *Géographie*, 184 s.
3. Cf. 2, 1247-1259, 1267 ; 3, 581, 1276 s. Le Caucase lui-même n'atteint pas le fleuve ; mais il se prolonge par les monts Ounagira, « petite montagne boisée et pleine de gibier », qui descend « jusqu'au Rioni » : Brosset, *op. cit.*, 344, 397 (et carte n° 5). Le Chevalier Gamba, *op. cit.*, 178, note à six werstes en amont de Rionskaia une région où « les bords de la rivière sont assez élevés et à l'abri des inondations ».
4. Cf. 2, 1266-1270, et déjà 2, 399-407.
5. La distance ne doit pas excéder trois ou quatre kilomètres. Les Colques peuvent apercevoir Argô dans son second mouillage qui est peu éloigné du précédent (3, 570, 575) ; le navire se trouve alors à quelque 300 m de la plaine d'Arès qui fait face à Aia (3, 1269-1273).
6. Cf. 3, 576 s., 874, 887, 1238 ; 4, 43, 47. Aia n'est pas bâtie

Le temple d'Hécate est situé hors les murs, à une certaine distance dans la plaine (v. 888) ; s'il n'est pas question de l'édifice, on entrevoit une place de jeu, une prairie fleurie (v. 897 s.), peut-être un bosquet d'arbres bruissant au vent (v. 955) où se dissimulent les servantes (v. 966, 1137), et, un peu plus loin, le peuplier aux corneilles dont le poète laisse entendre qu'il est encore visible[1]. Sur la rive droite du Phase, on imagine un réseau complexe de voies aménagées : la route menant de la ville à l'estuaire (v. 473), celle qui descend directement au fleuve (v. 1238), celles que Médée et Jason empruntent pour aller au temple d'Hécate (v. 888, 915, 927, 952), un chemin passant à l'écart des prairies humides (v. 1201). De l'autre côté du fleuve, formant contraste, la jachère d'Arès offre un aspect plus sauvage avec son antre souterrain (3, 1290 s.), sa terre âpre et sombre (3, 1053, 1055, 1393) truffée de pierres (3, 1331, 1333 s.)[2].

Ce décor fait peu de place à l'exotisme. La végétation n'a rien d'étrange ; le palais d'Aiétès est homérique et hellénistique plutôt qu'oriental[3]. Rares sont les traits de « couleur locale » que glisse Apollonios[4] : le merveilleux *Prométheion* et les coquillages de la Caspienne (3, 851-859), le dialecte colque (4, 731)[5] ; la plaine de Circé lui donne l'occasion d'une digression ethnographique sur

---

sur le Phase : elle se trouve en face de la plaine d'Arès qui borde le fleuve (3, 1271) ; mais Aiétès doit venir en char pour assister aux travaux de Jason (3, 1235-1239, 1275-1277).

1. Cf. 3, 927 ss. et la *N. C. ad loc.*

2. Procope (*Guerre des Goths*, 4, 2, 27-31 Haury) note que seule la rive droite (septentrionale) du fleuve est habitée ; il observe que Jason n'a pu enlever la toison à l'insu d'Aiétès que parce qu'elle se trouvait dans une région déserte.

3. Voir les *N. C.* à 3, 214, 217, 218, 221, 239.

4. Apollonios, qui aime les notices ethnologiques, se montre très discret au sujet des Colques : il ne met guère à contribution Hérod., 2, 104 s. ; sa Médée est blonde (3, 829) contrairement à l'image traditionnelle des Colques : voir la *N. C.* à 4, 278.

5. Médée use de ce dialecte pour parler à Circé ; mais, selon la convention habituelle de l'épopée, Grecs et Colques se comprennent sans avoir recours à un interprète.

les coutumes funéraires du pays (3, 202-209). S'il observe que les Colques ont une vénération particulière pour le Ciel et la Terre[1], il s'abstient de donner une vue d'ensemble sur leur religion. Le Soleil et Arès n'interviennent que dans les généalogies, la toponymie et le mythe (celui de la Gigantomachie)[2]. Le culte d'Hécate est sommairement mentionné (3, 251 s., 894 s.) et la déesse reste purement passive, bien que ses noms et ses fonctions soient énumérés avec soin[3] : elle se borne à obéir aux incantations de Médée ou de Jason (3, 861 s., 1035, 1212-1220)[4].

La rencontre de deux cultures — Le poète préfère des moyens moins artificiels pour créer une impression de dépaysement. La Colchide est un pays du bout du monde, comme la Libye (1, 83 s.) ou le domaine de Circé (3, 309-313). Pour ses habitants, l'Hellade est une terre lointaine et inconnue[5] et cette distance qui sépare les deux pays se traduit par une opposition entre deux cultures.

Aiétès est l'antithèse de Jason. Celui-ci brille par la grâce et la beauté (3, 444, 454, 919-926) ; celui-là égale Arès par sa force (2, 1205 s.), il possède une pique irrésistible (3, 1231-1234) et porte la cuirasse d'un Géant (3, 1225-1227). L'un traite ses compagnons en égaux, les invite à donner démocratiquement leur avis

1. Voir les *N. C.* à 3, 209, 699.
2. Apollon-Mithra-Hélios-Hermès et Vahagn-Arès sont les principaux dieux de la région : cf. Ch. Burney-D. M. Lang, *The peoples of the Hills. Ancient Ararat and Caucasus* (1971), 216.
3. Voir au t. 3, l'*Index nominum*, s. Hécate.
4. L'Hécate d'Apollonios est identique à l'Artémis du Phase, proche parente de l'Artémis taurique ; Zosime, 1, 32, 3, mentionne son sanctuaire ; cf. aussi [Orph.], *Arg.*, 900-906, 936-944, 983-987. D'après Arrien, *Pér. Pont-Euxin*, 11, l'effigie de la Φασιανὴ θεός se trouve sur la rive droite du Phase ; la déesse a l'aspect de Cybèle : elle est figurée trônant, tenant des cymbales et entourée de lions. Arrien signale dans la région l'« ancre de Jason ».
5. C'est l'opinion de Chalkiopé (3, 265-267), d'Aiétès (3, 307 s.) et surtout de Médée (3, 639, 1060 s., 1065, 1069-1074, 1105, 1109-1117). Voir aussi les paroles de Jason en 3, 388 s.

et sait se rendre à leurs arguments[1] ; sa présence ou ses succès réjouissent chacun, excepté l'insociable Idas[2]. L'autre se comporte en despote oriental : ses proches le redoutent et se méfient de lui[3] ; il lui suffit, semble-t-il, d'un signe pour que la multitude de ses serviteurs se mettent à l'ouvrage[4] ; s'il convoque son peuple, c'est seulement pour lui dicter ses ordres assortis de menaces[5] ou pour se faire suivre d'une escorte anonyme[6]. Jason ne se départit pas de son calme : il reste maître de lui, même dans les situations difficiles, et contient la légitime indignation de ses compagnons[7], alors que le roi des Colques est prompt à la colère[8]. Jason croit dans la vertu de la persuasion et dans le pouvoir de la parole ; il espère en un règlement pacifique et loyal[9]. Aiétès ne médite qu'actes de vengeance ou de cruauté : il parle de couper leur langue et leurs bras aux ambassadeurs[10], puis les congédie avec des paroles menaçantes ; il compte que les taureaux mettront en pièces le téméraire qui les affrontera et projette de brûler ensuite navire et équipage[11]. Les deux personnages diffèrent jusque dans leur comportement religieux. Le pieux Jason, chéri d'Héra, est naturellement respectueux des dieux ; il a confiance dans l'immunité que lui confère sa qualité d'hôte et de

1. Cf. 3, 171-175, 484-488, (491-)566-571.

2. Cf. 3, 489 s., 1167-1172, 1254 s.

3. Argos : 2, 1202-1206 ; 3, 317-319 ; — Chalkiopé : 3, 449, 677 s. ; — Médée : 3, 1105-1108.

4. En tout cas, Apollonios néglige de rapporter ses ordres : 3, 271-274.

5. Cf. 3, (576-)606-608 ; et encore 4, 212-235. Il paraît néanmoins prendre conseil auprès des nobles en 4, 6-10.

6. Cf. 3, 1239, 1275 s., 1370-1373, 1405.

7. Cf. 3, 382-396, 426-431.

8. Cf. 3, 367-382, 433, 492 s., 606 s.

9. Cf. 3, 177-193, 386-395, 457 s. On retrouve le même trait de caractère dans l'entretien avec Médée : 3, 975-984, 1100-1101.

10. Le Chevalier Gamba, *Voyage dans la Russie Mérid.* (1826), 131, 309, signale des traits aussi cruels de barbarie (mutilation du nez, des oreilles et des mains) ; il est vrai qu'ils ne sont pas propres à la région du Caucase.

11. Cf. 3, 377-381, 437 s., 579-583.

suppliant[1]. Aiétès n'est pas à proprement parler un impie ; mais il craint les dieux plus qu'il ne les vénère et c'est par contrainte qu'il se soumet à leur loi[2]. En un mot, l'un incarne les vertus propres à l'Hellade, l'autre est le type même du tyran barbare. Aussi sont-ils incapables de se comprendre : Jason a la naïveté de croire que le roi pourrait être sensible à la gloire que sa générosité lui vaudrait en Grèce, alors que celui-ci n'a que mépris pour les Grecs : avec quelle complaisance il compare sa propre magnanimité à la mesquine jalousie du « roi de l'Hellade » dont Jason se dit la victime[3] !

Si Aiétès est fermé à la culture grecque, certains de ses proches en subissent l'attrait. Ses petit-fils ont rêvé de découvrir l'Hellade et se sont rangés sans arrière-pensée du côté des Argonautes. Sa fille aînée, Chalkiopé, éprouve elle-même un penchant sentimental pour la Grèce, en souvenir de son époux Phrixos. Il est significatif qu'elle ait conçu, d'une manière indépendante, le même plan qu'Argos au lieu de conseiller à ses fils de rompre avec les étrangers[4] ; dans son entretien avec sa sœur, elle s'écrie même qu'elle a en horreur jusqu'au nom des Colques (3, 678-680).

Le personnage de Médée est plus contrasté : c'est en lui que se livre le conflit entre barbarie et hellénisme. Médée est une vraie fille de sa race. Princesse soucieuse de son rang et de sa gloire[5], prêtresse d'Hécate, magicienne redoutable[6], elle ressemble, quand elle passe sur son char, à une Artémis « dame des fauves » et la foule détourne d'elle son regard, soit par une déférence peu conforme aux coutumes grecques, soit plutôt par crainte de son mauvais œil[7]. Même pendant son entretien avec

1. Cf. 3, 192 s., 391, 981 s., 985-987.
2. Cf. 3, 377, 584-588.
3. Cf. 3, 391 s., 405 s. (et 419).
4. Comparer les v. 475-483, 523-539 aux v. 611-615.
5. Cf. 3, 640, 779, 786 (ἀγλαΐη), 791-801.
6. Cf. 3, 528-533.
7. Cf. 3, 876-886 et les N. C. aux v. 869 et 886.

Jason, perce une âme violente et excessive : quand elle songe que l'étranger pourrait un jour l'oublier, ses cris passionnés annoncent les imprécations qu'elle proférera au chant IV[1]. La meurtrière d'Apsyrtos, l'implacable Médée d'Euripide sommeille déjà dans l'adolescente amoureuse du chant III.

Mais la jeune barbare se laisse gagner par la séduction de la Grèce. Au début, c'est peut-être la seule beauté de Jason qui émeut son cœur ; bientôt, cet attrait physique se change en admiration pour tout ce qui rend Jason différent des Colques, ses manières d'être et de parler, le ton de sa voix, son urbanité (3, 454-458). Jason est pour elle « l'étranger » qui lui apporte le charme délicieux et inquiétant de l'inconnu[2]. Ainsi peu à peu s'insinue en elle l'obsession de la Grèce. C'est d'abord le pays inaccessible qui va lui ravir celui qu'elle aime[3] ; puis elle souhaite le mieux connaître et, quand Jason lui en fait la description, elle s'écrie : « Oui, en Hellade, peut-être, il est beau de respecter des pactes d'amitié ; mais Aiétès, parmî les hommes, ne ressemble pas au portrait que tu m'as fait de Minos, l'époux de Pasiphaé, et moi, je ne me compare pas à Ariadne. Ne parle donc pas d'accord d'hospitalité ! » (3, 1105-1108). Ce cri du cœur traduit la souffrance de Médée qui se sent indigne de Jason en même temps qu'elle a pris en haine sa propre patrie. Dans son imagination, elle va bientôt concevoir les moyens les plus insensés pour gagner l'Hellade, en dépit de tous les obstacles (3, 1113-1117). Jason a conscience de la fascination que la Grèce exerce sur elle et c'est à dessein qu'il emploie dans sa réponse le terme ambigu d'ἤθεα qui signifie à la fois « demeure » et « usages » ; on pourrait paraphraser ainsi le v. 1122 : « Si tu viens en terre d'Hellade partager les coutumes de là-bas. » Quand il avait offert à Aiétès de répandre

1. Cf. 3, 1111-1117 ; 4, 350-393, 1030-1052.
2. C'est toujours par le terme de (ὁ) ξεῖνος ou un terme analogue que Jason est désigné dans les parties du texte où intervient Médée : 3, 619, (628), 630, 638, (689), 719, 739, (795), 905.
3. Cf. 3, 639, 786 s., 1060-1062, 1069-1071.

sa gloire en Grèce (3, 391 s.), le roi avait répliqué par
le silence ou le sarcasme. L'argument, au contraire,
porte sur Médée : formulé dès le discours d'introduction
(3, 990-996), il est significatif qu'il soit repris, en termes
nouveaux, pour conclure l'entretien (3, 1122-1130)[1].

C'est donc bien le problème des rapports entre
l'hellénisme et le monde barbare que pose le chant III[2].
Dédaignant un pittoresque facile, Apollonios s'est
attaché plutôt à peindre les différences de mentalités et
c'est de leur conflit qu'il fait naître le drame.

**Suspicion
et fourberie
au palais d'Aiétès**
L'action se déroule dans une
atmosphère de suspicion et de dissi-
mulation caractéristique du comportement des barbares[3]. Ce trait
de mœurs mérite une étude particulière, parce qu'il a
été parfois méconnu dans plusieurs épisodes.

Le despotisme d'Aiétès, nous l'avons dit, fait peser
la crainte sur son entourage. La franchise et la loyauté
ne sont pas de mise à son palais : chacun se méfie de
tout le monde. Argos lui-même, le fils de Phrixos, avait,
par crainte, travesti quelque peu la vérité, quand il
avait rencontré les Argonautes sur l'île d'Arès[4] ; mais,
par la suite, il fait preuve à leur égard d'un dévouement
sans faille : la voix du sang et l'intérêt bien compris
ont triomphé de l'éducation reçue chez les Colques.

1. La gradation est nette entre les deux passages. Dans le
premier, Jason promettait à Médée une belle gloire pour avoir
délivré les parents des Argonautes de leurs inquiétudes présentes ;
dans le second, il lui prédit des honneurs divins quand elle arrivera
en compagnie de ceux qu'elle a sauvés.
2. Chez Apollonios, Ἑλλάς et Ἀχαιίς désignent tout le monde
hellénique et non la seule Thessalie : cf. Παναχαιίς (1, 243 ;
3, 347) et Πανέλληνες (2, 209). Jason se considère comme le chef
d'une expédition panhellénique et c'est en cette qualité qu'il
s'exprime en présence d'Aiétès (3, 391 s. Ἑλλάδι πάσῃ) et de
Médée (3, 992-996, 1122-1127).
3. Disons plutôt : du comportement que les Grecs prêtaient
aux barbares. Pour peindre la cour d'Aiétès, Apollonios a dû
s'inspirer en réalité des sombres intrigues qui se nouaient dans les
palais des souverains hellénistiques.
4. Cf. t. 1, p. 172 s.

Médée a une attitude bien différente. Elle n'éprouve aucun scrupule à sonder les sentiments de sa sœur et à se servir de l'angoisse d'une mère pour satisfaire sa passion (3, 641-644). Quand elle reçoit sa visite, toute sa conduite est dictée par la ruse (3, 687 δόλῳ) : elle ment en prétendant avoir eu un songe inquiétant pour les fils de Phrixos (3, 688-694) ; ses protestations de dévouement ne sont qu'une feinte (3, 727-735). Chalkiopé, d'ailleurs, hésite à lui faire confiance ; elle exige d'elle un serment (3, 699-704) et, après leur séparation, elle redoute encore, non sans raison, un revirement : à l'instigation d'Argos, trois de ses fils restent au palais pour épier la conduite de la jeune fille et faire rapport aux Argonautes (3, 825-827, 914 s.). Une fois arrivée au temple d'Hécate, Médée, malgré son trouble, a assez de présence d'esprit pour duper ses servantes en leur faisant croire qu'elle tend un piège à l'étranger et qu'elle trahit sa sœur (3, 891-892). Héra n'avait pas tort de la qualifier de δολόεσσα (3, 89). Jason lui-même reste sur ses gardes : il lui rappelle ses engagements avec quelque solennité (3, 980-984) et il prend la précaution d'éprouver la drogue sur ses armes avant d'en enduire son corps (3, 1246-1256)[1]. Si touchante que soit la naissance de l'amour en son cœur, on devine déjà en Médée la perfidie qui lui fera tendre à son frère un odieux guet-apens[2].

Aiétès, de son côté, étale sa fourberie dès son entrée en scène. L'accueil fastueux qu'il réserve à ses petits-fils et à leurs compagnons est un leurre, de même que ses premières paroles, faussement paternelles (3, 304-313)[3]. Il ne tarde pas à jeter le masque. Trêve de discours[4] !

1. Voir la *N. C.* à 3, 1258.
2. Il faut dire à la décharge de Médée qu'Apsyrtos fait preuve de la même déloyauté chez Apollonios, alors que d'autres versions le présentaient comme une victime innocente : voir la Notice du ch. IV, p. 7-8.
3. Il cherche à amadouer ses petits-fils : c'est le sens de παρηγορέων au v. 303. Cf. H. Fränkel, *Noten*, 343 (note aux v. 307 s.).
4. Cf. 3, 314 ἀλλὰ τί μύθων ἦδος ; (à comparer au v. 401).

Trois questions précises se succèdent brutalement : il
veut tout savoir[1]. Argos ne s'y trompe pas : sans se
laisser duper par l'affabilité du roi, il se hâte de prendre
la parole pour éviter toute maladresse. Son long discours
est à la fois habile[2] et apaisant[3]. Il répond en détail à
deux questions, mais passe sous silence la troisième :
il serait imprudent de révéler le lieu où se cache le
navire. Il commence par raconter son naufrage et son
sauvetage : il met en avant le rôle de la providence
divine[4] et flatte discrètement l'amour-propre d'Aiétès
en rappelant l'heureux effet que son nom et celui de
Phrixos ont produit sur les Argonautes[5]. Puis il explique
la présence des étrangers selon un plan savamment
calculé. C'est seulement après avoir exposé en détail
la contrainte qui pèse sur Jason qu'il révèle d'un mot
le but de son expédition (3, 332-339). Il s'interrompt
alors pour vanter l'origine divine et les qualités du
navire (3, 340-346). Puis, revenant à Jason, il rassure
le roi sur ses intentions pacifiques (3, 347-353). Pour
finir, il lui nomme les ambassadeurs en énumérant les
titres qui peuvent leur valoir sa bienveillance : l'un est
un parent de Phrixos, le second est fils du Soleil comme
Aiétès lui-même, le troisième descend de Zeus (3, 354-
366)[6].

Malgré ces précautions, Aiétès laisse éclater sa colère,
mais sans se départir de sa fourberie, comme le poète
en avertit le lecteur d'entrée de jeu. Une parenthèse
explicative (v. 369 s.) révèle que le roi, contre toute
attente, en veut surtout à ses petits-fils et qu'il considère

1. Cf. 3, 314-316, et 317 ἐξερέοντα.
2. C'est pourquoi il convient avec Fränkel de traduire αἰνοτάτης
(v. 342) par « le navire le plus infortuné » : Argos n'a pas la
maladresse d'accuser Aiétès de lui avoir donné un navire en
mauvais état.
3. Cf. 3, 319 μειλιχίως, 367 παρέννεπεν.
4. Cf. 3, 323 (et la *N. C.*), 328.
5. Cf. 3, 330 s.
6. On notera le chiasme : la présentation des Argonautes
(v. 354-366) correspond à celle d'Argô (v. 340-346) ; toutes deux
mettent les dieux en avant.

les étrangers comme de simples complices. La raison n'en sera donnée qu'aux v. 594-605 : on apprendra alors qu'averti par un oracle du Soleil, il soupçonne les fils de Phrixos de vouloir le détrôner et que c'est pour conjurer ce péril qu'il a encouragé leur départ. Mais, pour l'heure, il feint de ne s'en prendre qu'aux ambassadeurs.

C'est en effet à eux seuls que son discours (v. 372-381) s'adresse, du moins en apparence, et non à ses petits-fils, comme le pense H. Fränkel[1]. Outre l'« avertissement au lecteur » constitué par les v. 369 s., les paroles prononcées par le roi ne permettent pas d'en douter. Ce sont les Argonautes qui viennent *chercher la toison* et qu'Aiétès veut *chasser du pays* (v. 372-374)[2] ; ce sont les trois étrangers et non ses petits-fils qu'il a reçus en qualité d'« hôtes » (v. 377) et qu'il menace de renvoyer porteurs d'un message après les avoir mutilés (v. 378 s.) ; les v. 380 s. sont eux aussi relatifs à leur incursion et à leur généalogie mensongère. Quand il se tait, les ambassadeurs sont seuls à réagir et Jason se borne à plaider sa cause sans dire un mot pour innocenter Argos (v. 382-385).

Il ne laisse percer le fond de sa pensée qu'aux v. 375 s. Le terme d'ὁμαρτήσαντες, quelle que soit sa valeur exacte[3], met sûrement en cause les Phrixides et les mentions du « sceptre » et de la « charge royale » sont tout aussi transparentes. Bien plus, Aiétès accuse implicitement Argos de mensonge en laissant entendre que la rencontre avec Jason a eu lieu en Hellade même[4].

---

1. H. Fränkel, *Noten*, 348-350.
2. A l'expression αὐτοῖσι δόλοισι (v. 373) fait écho celle du v. 592 κρυπταδίους δόλους qui se réfère sans ambiguïté aux seuls Argonautes.
3. Le verbe signifie « accompagner » en 1, 305, 579 ; mais, avec A. Ardizzoni, on peut aussi comprendre « agir de concert » d'après M 400 et φ 188.
4. La plupart des éditeurs construisent ἀφ' Ἑλλάδος avec ὁμαρτήσαντες ; d'autres (Ardizzoni et nous-même, dans l'édition Érasme) le rapportent à νέεσθε. Mais, de toute façon, la rencontre ne peut s'être produite qu'en Grèce.

L'affirmation est étonnante[1]. Les Colques savent que la Grèce est un pays lointain[2] et les Phrixides sont partis depuis peu : leur absence n'a peut-être duré que cinq jours[3], une semaine tout au plus, si l'on admet qu'ils ont navigué plus lentement qu'Argô[4]. A leur retour, Chalkiopé a compris tout de suite qu'ils ne sont pas allés loin (v. 260 s.) et Aiétès lui-même insistait sur la folie d'un aussi long voyage (v. 307 s.)[5]. Mais, dans son emportement, il ne se soucie plus maintenant de la vraisemblance. Médée, à son tour, dans un moment où elle tente de se ressaisir et refuse de trahir les intérêts de son père, imaginera que ses neveux sont bien parvenus en Grèce et que c'est de là qu'ils sont revenus en compagnie des Argonautes[6].

Si graves que soient les accusations implicites d'Aiétés, les v. 375 s. demeurent néanmoins assez

1. L'auteur de la recension « crétoise » a tenté d'éliminer l'invraisemblance par des conjectures, au vrai, sans valeur (cf. l'apparat critique). Il est plus remarquable que la scholie de L semble connaître un texte autre que celui d'Ω : commentant la leçon νέεσθαι (v. 376) commune aux deux familles principales, elle rapporte l'infinitif à un ἔολπα que la tradition n'a pas conservé. Wilamowitz a supposé une lacune d'un vers après 374 ; mais l'hypothèse ne suffit pas à expliquer l'expression du scholiaste ἀπὸ κοινοῦ τὸ ἔολπα, qui demeure mystérieuse.

2. Cf. ci-dessus p. 19, n. 5.

3. Si leur navire a été aussi rapide qu'Argô, la chronologie de leur voyage s'établit ainsi à partir du 94e jour (cf. le tableau donné au t. 1, p. 118) : 94. Départ d'Aia. — 95. Arrivée près de l'île d'Arès ; naufrage. — 96. Rencontre avec les Argonautes. — 97-98. Navigation à bord d'Argô ; arrivée en Colchide. — 99. Retour au palais en compagnie de Jason.

4. Disposaient-ils même d'un équipage ? Apollonios n'en dit mot.

5. Au v. 306, il est impossible de mettre le point d'interrogation après νέεσθε et de comprendre avec Fränkel : *utrum reuersi e Graecia an eo euntibus aliqua interuenit calamitas?* Παλίσσυτοι ne peut être dissocié de νέεσθε : cf. 1, 1206 ; 3, 112, 373 ; 4, 879.

6. Cf. 3, 775 s. La construction d'Argô a été parfois rapportée à Argos le fils de Phrixos : cf. t. 1, p. 244 (*N. C.* à 1, 112). Apollonios écarte cette tradition ; mais il y fait peut-être une allusion discrète, à des fins psychologiques, dans les v. 375 s. et 775 s. Cf. notre éd. Érasme, p. 19.

obscurs et ambigus pour paraître ignorer les vrais coupables : ὁμαρτήσαντες n'a pas de complément exprimé et la phrase, comme le reste du discours, ne s'adresse en apparence qu'aux Argonautes, seul sujet possible de νέεσθε[1]. La suite de l'action ne se comprend que si l'on interprète en ce sens les paroles d'Aiétès. Les fils de Phrixos resteront libres de leurs mouvements tout au long du chant III, ce qui serait invraisemblable si leur complot avait été publiquement et expressément dénoncé. Chalkiopé soupçonne que ses enfants sont en danger (v. 449 s., 609-615, 643 s.) ; mais son inquiétude demeure vague : la question qu'elle pose à Médée (v. 677 s.) et les fausses révélations de celle-ci (v. 688-692) n'auraient pas de sens si les fils de Phrixos avaient été explicitement accusés et menacés des pires châtiments en présence des deux femmes.

Aiétès va bientôt donner une nouvelle preuve de son hypocrisie. Après son accès de colère, il change de ton une troisième fois : il répond aux paroles calmes et pacifiques de Jason avec une « courtoisie froide » et un « respect ironique ». H. Fränkel, qui en fait la remarque, y voit l'indice que le roi s'adresse à un autre interlocuteur[2]. Mais on ne doit pas négliger les indications fournies par les v. 396-400. En écoutant Jason, Aiétès se demande s'il va tuer sur-le-champ les Argonautes, ce qui serait dans la logique de son discours précédent[3], ou s'il va les mettre à l'épreuve. Il opte finalement pour a seconde solution qui offre un double avantage : il respecte ainsi les lois de l'hospitalité (cf. 3, 377) et compte bien en même temps infliger aux étrangers le plus cruel des châtiments (cf. 3, 579-583)[4]. C'est pourquoi il feint subitement le calme et la magnanimité ;

---

1. Employé sans autre précision (par ex. παλίσσυτος), νέομαι signifie toujours « aller » et non « revenir » : il ne convient donc qu'aux Argonautes.

2. H. Fränkel, *Noten*, 350.

3. Σφεας (v. 398) désigne les λωϐητῆρες du v. 372, c'est-à-dire les Argonautes.

4. C'est peut-être ce que signifie ὑποϐλήδην : voir la note au v. 400 (p. 67, n. 4).

pour peu de temps d'ailleurs, car, étonné par l'acceptation de Jason, il le congédie bientôt brutalement sur des menaces d'autant plus redoutables qu'elles demeurent vagues (3, 432-439).

Sa duplicité se manifeste encore, à notre avis, pendant l'assemblée des Colques, quoique l'emploi du style indirect ne facilite pas la compréhension du passage, car il est malaisé de faire la part entre les paroles effectivement prononcées, les réflexions intérieures et le commentaire du poète. On admet d'ordinaire que le discours s'étend du v. 579 au v. 605. Aiétès, après avoir mis en accusation les Argonautes (v. 579-593), révèle le châtiment *à part*[1] qu'il réserve à ses petits-fils. En ce cas, les v. 601 s. doivent appartenir au discours et l'on ne peut guère éviter la correction πέμπειν : Aiétès y explique pourquoi il a facilité le départ des Phrixides, les seuls, à son avis, qui soient susceptibles de menacer son trône (v. 602-605). Dans la phrase de conclusion et de transition (v. 606-608), ἄσχετα ἔργα peut alors désigner les « actes intolérables » de ses ennemis que le roi révèle (πιφαύσκετο) à son peuple[2]. Cette interprétation nous semble discutable et nous nous en tenons à celle de de La Ville de Mirmont[3] :

(1) Il est peu vraisemblable qu'Aiétès révèle les menaces qui pèsent sur son trône[4] et qu'il étale au grand jour les intrigues supposées de ses petits-fils. Quand il découvrira la trahison de Médée, il ne se confiera pas aux δημότεροι (3, 606), mais réunira le « conseil de la couronne » dans son propre palais (4, 6-10). C'est

---

1. V. 594 νόσφι. Comparez 2, 806 où νόσφι introduit les honneurs spéciaux qui seront réservés aux Tyndarides.

2. Cf. H. Fränkel, *Noten*, 348 ; M. Campbell, *Rev. Philol.*, 47, 1973, 72, n. 2. Νόσφι est déjà interprété de la même manière par R. C. Seaton, G. W. Mooney et M. M. Gillies.

3. Nous avons donné nos raisons dans *Rev. Philol.*, 36, 1962, 39-41. Nous reprenons ici en partie notre démonstration pour tenir compte des objections qui ont été formulées, en particulier par M. Campbell *(per litt.)*.

4. Pélias non plus n'a dû révéler à personne qu'il devait se méfier de l'homme à la sandale unique.

seulement lorsque la fuite de sa fille sera de notoriété publique (4, 212 s.) qu'il convoquera le peuple en armes[1]. Il est encore plus invraisemblable qu'il laisse des conspirateurs aller et venir à leur guise après les avoir dénoncés publiquement, alors qu'il enjoint aux Colques de surveiller les Argonautes et leur navire (3, 606-608)[2].

(2) La structure du passage donne à penser que le roi ne met en cause publiquement que les étrangers. Le v. 578, qui fait fonction de titre, ne mentionne que les Minyens ; les vers de conclusion également (v. 607 s. νῆά τ' ἐρύσθαι | ἠδ' αὐτούς). Ἄσχετα ἔργα πιφαύσκετο est l'exacte transposition d'ἀτλήτους δόλους καὶ κήδεα τεύχων : Aiétès dévoile (πιφαύσκετο) ses propres machinations (ἔργα = δόλους) auxquelles les Argonautes ne pourront résister (ἄσχετα = ἀτλήτους). Le parallèle homérique signalé depuis longtemps, O 97 οἷα Ζεὺς κακὰ ἔργα πιφαύσκεται, confirme ce sens, ainsi que le contexte de notre passage : Aiétès, après avoir exposé son plan d'action (ἔργα), donne ses ordres en conséquence.

(3) Dans ces conditions, il vaut mieux considérer avec de La Ville de Mirmont que les v. 594-605 sont un long aparté annoncé par νόσφι, « à part lui, secrètement » (cf. P 408) : οἷ αὐτῷ est alors, comme sa place le suggère, complément commun de φάτο et de τίσειν. Le texte ainsi compris s'accorde avec le caractère sournois du despote habitué à travestir sa pensée ou, comme ici, à n'en révéler que ce qu'il juge nécessaire[3].

(4) Cette interprétation justifie l'imparfait πέμπεν au v. 601. Selon un procédé qui lui est familier, Apollo-

1. Voir la *N. C.* à 3, 578.
2. Cf. ci-dessus p. 28. Les prétendues révélations que Médée fait confidentiellement à ses servantes sur les agissements d'Argos et sa recommandation expresse de ne rien révéler à Aiétès (3, 902-906) perdraient tout leur sens si le roi avait déjà rendu public lui-même le complot des Phrixides.
3. Ce caractère sournois se retrouve encore à la fin du chant : cf. ci-dessous p. 31.

nios intervient pour expliciter et commenter les
réflexions de son héros, comme il l'a fait en 3, 369 s.[1].
Le rappel des prédictions du Soleil est avant tout
destiné au lecteur ; à plus forte raison, les v. 601 s. ne
peuvent dépendre de φάτο et le mode attendu est bien
l'indicatif[2].

Entendu ainsi, le morceau prend sa véritable signification et vient compléter le portrait psychologique du
roi[3]. Aiétès ne reparaît ensuite qu'au dernier acte.
Apollonios décrit longuement son orgueilleux départ
en grand arroi guerrier, assuré qu'il est d'assister à la
défaite de Jason (3, 1225-1245). La peinture de sa
déception est tout aussi significative dans sa sobriété.
Quand il voit Jason lancer la pierre au milieu des géants,
il se tait, alors que tous les Colques s'exclament (3,
1370-1373) : silence de stupéfaction (cf. déjà 3, 1314),
mais surtout colère muette, rentrée, d'un despote qui
veut cacher son échec[4]. Même silence un peu plus tard
quand, dépité, il rentre dans Aia : solitaire dans la foule,
il médite déjà en secret sa vengeance (3, 1405 s.),
oublieux des promesses faites trois jours auparavant
(cf. 3, 418 s.). D'un bout à l'autre du chant, sa duplicité
ne se dément jamais et confirme l'avertissement de
Médée : Aiétès n'est pas homme à honorer ses engagements, συνημοσύνας ἀλεγύνειν (3, 1105 ss.).

1. Cf. par exemple 2, 703-713, et le t. 1, p. 210, n. 3.
2. Sur la valeur de l'imparfait πέμπεν, cf. Ebeling, *Lex. Hom.*,
s. πέμπω, 161, col. 1 ; P. Chantraine, *Synt. hom.*, 192, § 286.
3. E. Livrea ajoute les remarques suivantes : « Apollonios
a fort bien lié ce soliloque silencieux (v. 596-605) au discours
tenu devant les Colques ; les arguments démagogiques qui ont
facilement prise sur les masses — propagande xénophobe anti-
Phrixos, colère contre le raid des pirates Argonautes — s'agencent
entre eux grâce à une idée non explicitée, mais évidente : la
volonté de vengeance contre les Éolides, *produits* de l'ancienne
complaisance dont Phrixos a bénéficié et *causes* de l'irruption
actuelle des étrangers. »
4. Sur l'origine pindarique de ce détail, cf. ci-dessus p. 8.

On oppose souvent Jason aux héros de l'épopée : une récente étude de G. Lawall le qualifie d'« anti-héros » et Wilamowitz prétendait que les initiatives courageuses ne sont pas de son ressort, mais appartiennent à Pélée ou parfois à Télamon[1]. Cette opinion qui peut trouver un fondement dans certaines parties des *Argonautiques* doit être fortement nuancée, voire corrigée pour le chant III. L'Aisonide, qui est demeuré jusqu'ici confondu dans la masse des Argonautes, occupe alors sans conteste le devant de la scène avant de s'effacer à nouveau, plus ou moins, pendant le voyage du retour.

Il établit le plan initial auquel personne ne trouve à redire (3, 171-195). Il dirige l'ambassade avec autorité, calmant la colère de Télamon, usant de la persuasion pour fléchir Aiétès (3, 382-396). Ses efforts sont assurément vains. Devant des exigences qu'il ne pouvait prévoir, il reste désemparé, convaincu que l'épreuve excède ses forces ; puis il se résout à accepter les conditions du roi tout en sachant qu'il court à la mort (3, 422-432). Ce passage a été invoqué pour dénoncer la faiblesse et la médiocrité d'un personnage qui subit passivement les événements au lieu de les dominer[2]. Ce jugement, croyons-nous, ne résiste pas à l'examen :

(1) La tâche exigée par Aiétès n'est pas comparable à celles qu'accomplissent les héros homériques : elle est proprement irréalisable. Héra et Athéna le savaient et c'est pourquoi, dès le début, elles n'avaient vu d'issue que dans la ruse. Les Argonautes viennent à peine d'en

---

1. G. Lawall, « Apollonius' Argonautica : Jason as Anti-Hero », *Yale Class. Stud.*, 19, 1966, 119-169 ; U. v. Wilamowitz-Möllendorff *Hellenistische Dichtung* (1924), 215. Si le terme d'« anti-héros » peut prêter à confusion, nous n'entendons nullement critiquer dans son ensemble l'analyse de G. Lawall qui nous paraît souvent juste, en particulier pour le chant III.
2. Voir par exemple l'étude récente de G. Paduano, *Studi su Apollonio Rodio* (1972), 126 ss., et la note bibliographique, p. 128, n. 6.

prendre conscience ; malgré les avertissements de Phinée, ils gardaient encore quelques-unes des illusions qui exaltaient les habitants d'Iôlcos à leur départ (1, 242-245). Jason du moins avait eu la lucidité de prévoir l'échec de son ambassade (3, 182).

(2) Les réactions de Médée seraient incompréhensibles si Jason s'était conduit en lâche ou en médiocre. Elle admire son attitude, ses paroles, son comportement (3, 454-458) et n'est pas loin de croire, malgré une légère réserve, qu'il est le plus brave de tous les héros (3, 464 s. πάντων | ... ἡρώων προφερέστατος). Connaissant les dangers auxquels Aiétès l'expose, elle comprend son ἀμηχανίη et se garde bien de lui en faire grief[1].

(3) Un autre héros aurait-il pu du moins faire preuve de plus de détermination ? Non : il suffit de se reporter à la scène parallèle que le poète introduit dans le second conseil des Argonautes après que Jason a fait son rapport. Tous ses compagnons, comme lui, comprennent que la tâche est impossible (v. 502 ∽ 425), restent muets (v. 503 ∽ 423), effondrés dans leur désarroi (v. 503 s. ∽ 423, 432), jusqu'à ce qu'enfin (ὀψὲ δέ : v. 504 ∽ 426) le père d'Achille relève le défi, sans illusion, en des termes qui sont, à son insu, semblables à ceux dont Jason s'était servi (v. 513 s. ∽ 428-431). Jason reçoit donc la caution du plus brave des Argonautes, après Héraclès[2].

(4) Il a aussi la caution d'Apollonios qui approuve l'attitude de son héros en qualifiant sa réponse de κερδαλέος (3, 426). Le terme serait embarrassant si on lui conservait le sens habituel de « rusé » ; mais il faut le traduire, avec de La Ville de Mirmont, par « habile », « avisé »[3]. Or la réponse de Jason est sûrement habile : il s'abstient de toute forfanterie en reconnaissant que

1. Voir la juste appréciation de J. Carrière, *Euphrosyne*, 2, 1959, 41 s.
2. G. Paduano, qui n'a pas vu ce parallèle, croit au contraire que les v. 502-514 marquent le moment le plus bas de l'ἀμηχανίη de Jason (*op. cit.*, 142).
3. Même signification dans un contexte analogue en K 44.

l'épreuve qu'il accepte dépasse ses forces ; il reconnaît qu'Aiétès est dans son droit en l'exigeant et le flatte même en comparant sa conduite à celle, plus injuste, de Pélias[1].

On peut sans paradoxe dire que c'est dans cette scène que Jason se hausse à l'héroïsme. Parti contre son gré à la conquête de la toison, entouré de compagnons qui l'emportent sur lui par la valeur guerrière[2], il n'en accepte pas moins, du moment qu'il est le chef et le responsable de l'expédition, de tenter l'impossible et de faire le sacrifice de sa vie.

Son comportement paraît plus discutable dans la scène suivante. Il ne prête guère attention à la suggestion d'Argos d'où viendra le salut et, s'il ne lui interdit pas d'agir, il écarte pour sa part le plan proposé, sur un ton de découragement[3] : il ne jugera même pas utile d'y faire allusion devant le conseil. Le moins qu'on puisse dire est qu'il manque de perspicacité[4]. Il a quelques excuses : le plan d'Argos n'est qu'une esquisse et son auteur n'en méconnaît pas les difficultés (3, 480 s.) ; en outre Jason a l'esprit ailleurs, obsédé qu'il est par la tâche qui l'attend. La situation sera différente quand Argos, de son propre chef, renouvellera sa proposition devant tous les Argonautes. Non seulement celui-ci tait alors ses propres craintes ; mais, par une sorte de prémonition, il conclut sur une banale formule stéréotypée (3, 539) qui va se concrétiser sur-le-champ par un présage et s'éclairer grâce à l'exégèse de Mopsos.

---

1. Nous résumons ici une analyse plus détaillée donnée dans les *Studi A. Ardizzoni* (1978), 1032-1033.
2. Nul n'ignore les faiblesses de Jason : Tiphys avait jugé bon de l'encourager après le passage des Symplégades (2, 615-618) ; bientôt six héros vont lui offrir de prendre sa place au cas où « il n'aurait pas pleine confiance en sa force » (3, 511 s.).
3. Sa réflexion dédaigneuse sur les femmes annonce celle d'Idas (3, 558-563) ; mais elle est empreinte de pessimisme, alors qu'Idas pèche par excès de confiance : cf. G. Paduano, *op. cit.*, 139 s.
4. G. Paduano, *ibid.*, 140, parle même de « radicale médiocrité », ce qui est excessif.

Le lien entre le plan d'Argos et les prédictions de Phinée devient évident pour tous, alors qu'il n'apparaissait pas lors du précédent entretien. Faut-il pour autant condamner Jason ? Ce n'est pas l'intention du poète, puisque les v. 489-521[a] qui séparent les deux interventions d'Argos sont destinés au contraire à mettre en valeur son attitude devant Aiétès[1]. Sa faute de jugement initiale s'explique par la faiblesse de la condition humaine, telle qu'Apollonios la conçoit : l'homme, réduit à lui-même, est parvenu au bout de ses possibilités ; il s'est surpassé en répondant comme Jason l'a fait à Aiétès, mais courrait néanmoins à sa perte si le ciel n'intervenait pas. Du point de vue de la philosophie de l'auteur, l'épisode rappelle le passage des Symplégades où les hommes auraient péri, en dépit de tous leurs efforts, si Athéna ne les avait sauvés à la dernière extrémité[2].

Éclairé ou plutôt sauvé par les dieux, Jason redevient, au sens plein, le chef des Argonautes : il envoie Argos sonder les intentions de Chalkiopé et, pour marquer sa détermination, fait mouiller Argô au vu de tous, véritable défi lancé à Aiétès (3, 568-575).

Le quatrième acte révèle un nouvel aspect du personnage qui prête moins à controverse. Le héros accomplit avec succès sa mission auprès de Médée et en tombe amoureux. Le poète marque avec soin les étapes successives de l'action et leurs répercussions sur les sentiments de Jason.

Quand celui-ci se met en route, il ne connaît pas encore Médée[3] et ignore ses véritables sentiments. Chalkiopé et Argos sont persuadés qu'elle agit par

1. Cf. ci-dessus p. 33.
2. Cf. t. 1, p. 192, n. 1. On notera que le « pieux » Jason n'invoque pas le secours des dieux pendant l'ambassade. Les Argonautes avaient eu le même comportement en passant les Symplégades, suivant en cela le conseil de Phinée (2, 332-334). La similitude formelle qui existe entre 2, 334 et 3, 506 s. n'est sans doute pas fortuite.
3. Il ne paraît pas avoir remarqué sa présence pendant l'ambassade.

affection pour eux ; on ne peut même pas exclure l'hypothèse d'un piège. Mopsos a bien laissé espérer le concours de Cypris, mais l'expression dont il s'est servi pour Médée est restée vague : au sens strict, δοκέω δέ μιν οὐκ ἀθερίζειν (3, 548) signifie seulement que la jeune fille ne refusera pas son aide[1]. Il est donc normal que Jason se fasse accompagner par des tiers et notamment par Argos. Il faut les moqueries de la corneille pour que Mopsos ait la révélation de la réalité ; il devient alors plus affirmatif : « (Médée) fera bon accueil à ta requête, grâce à l'entremise de Cypris qui sera ton alliée en tes épreuves » (3, 941-943). A la vue du trouble de Médée, Jason ne tardera pas à comprendre que le devin a dit vrai (3, 973 s.).

Pendant l'entretien, il garde sa lucidité et sa prudence d'un bout à l'autre : il invite Médée à tenir ses promesses (3, 980-984) ; il est conscient des dangers qui l'attendent après sa victoire (3, 1080-1082) ; c'est lui qui donne le signal de la séparation (3, 1142-1145). Le souci de mener à bien sa mission prime tout le reste, aussi bien lorsqu'il reçoit la drogue (3, 1014) que lorsqu'il retrouve ses compagnons (3, 1168 s.). Néanmoins une évolution se produit dans son âme et dans sa façon de parler.

A en croire le texte, c'est seulement au v. 1077 que l'amour s'insinue dans son cœur. En fait, son trouble initial, qui se traduit par un long silence (3, 967), en est déjà le signe précurseur. Le discours qui suit est exempt de passion ; Jason n'a qu'une idée : obtenir la drogue salutaire. Il commence par une *captatio beneuolentiae*, en deux parties d'égale longueur, destinée à rassurer Médée sur ses intentions et à lui rappeler ses engagements (3, 975-984). Il l'implore ensuite (3, 985-989) ; puis, en échange de son présent, lui promet une double χάρις (3, 990, 1005), celle des hommes (3, 990-996) et celle des dieux (3, 997-1007). La persuasion ne cède la place à l'émotion que dans la dernière partie : l'exemple

---

1. L'expression comporte une litote ; mais Mopsos ne s'en rend pas compte : il ignore que Médée est *déjà* amoureuse.

mythologique, avec une rapide allusion au mariage d'Ariadne, est introduit d'une manière abrupte qu'on retrouve encore dans le compliment final (3, 1006 s.).

Le manège muet des deux jeunes gens aux v. 1022-1024 marque une nouvelle étape dans la naissance de son amour. Puis, quand Médée, au terme d'une longue tirade entrecoupée de larmes, le presse de questions, son ton change subitement. Il répond point par point à ses demandes ; mais la passion s'allie à la logique. Ses premiers mots sont une vive protestation de gratitude, interrompue par une allusion inquiète aux dangers qui pèsent sur sa vie (3, 1079-1082). Après un éloge assez impersonnel de la Thessalie (3, 1083-1095), il s'interrompt de nouveau et, par le biais d'une interrogation mouvementée, évite de s'étendre sur l'histoire d'Ariadne pour n'en retenir qu'un trait : puisse Aiétès, comme Minos, consentir à un mariage (3, 1096-1101) ! Il avait d'abord promis à Médée de garder son souvenir (3, 1079 s.) ; il lui propose maintenant de devenir sa femme. Le troisième discours (3, 1120-1130) ne retient plus que l'éventualité d'un départ de Médée pour la Grèce. Selon un procédé cher au poète, il reprend le thème antérieur de la reconnaissance (3, 990-996) sous une forme nouvelle qui souligne le changement intervenu dans son âme[1] et s'achève sur la promesse d'un amour qui ne finira qu'avec la mort.

Jason ignore les crises et les hésitations qui ont déchiré et déchireront encore le cœur de Médée : il reste maître de lui et garde le contrôle de ses sentiments. Mais rien ne laisse supposer que son amour, pour être plus serein, soit moins sincère : c'est lui qui, de son propre mouvement et alors qu'il est déjà en possession de la drogue, propose le mariage à Médée.

Au cinquième acte, l'Aisonide retrouve les voies de l'héroïsme, mais l'invulnérabilité dont il bénéficie lui en ôte le mérite : on ne saurait prendre en considération l'épisode des travaux pour porter un jugement sur son

---

1. Cf. ci-dessus p. 23, n. 1.

personnage. Nous nous étions demandé, en revanche, si
Apollonios n'avait pas tenté d'humaniser son héros,
conformément au goût de l'époque, au moment où il
s'élève pour quelques heures au-dessus de la condition
humaine[1]. Les deux indices que nous avions relevés
nous semblent maintenant être plutôt des touches
réalistes. Si, au v. 1337, Jason se retourne souvent
pendant les semailles, c'est moins par crainte que par
prudence, parce qu'il ignore le moment où surgiront
les fils du sol. S'il s'accorde une pause après le labour
(3, 1348-1350), c'est parce que tout laboureur fait de
même ; mais, à la différence des autres (cf. 1, 1172-1176),
il n'est nullement harassé, comme le confirme la comparaison suivante avec le sanglier. En fait, pendant toute
la scène, Jason se sait invulnérable et agit en conséquence. Il n'y a pas lieu d'objecter la mention répétée
du bouclier, accessoire en principe superflu[2]. Lorsqu'il
dompte les taureaux, il ne s'en sert pas d'abri contre
le feu, puisqu'il le jette au moment où il est enveloppé
par les flammes crachées par les deux bêtes agenouillées
(3, 1311, 1313)[3] : il le tient devant lui, comme la cape
d'un toréador, pour briser l'élan des taureaux et les
laisser se fatiguer à donner des coups de cornes inutiles
(3, 1296-1298)[4]. S'il le reprend pour labourer et le met
dans son dos (3, 1320 s.), c'est moins pour éviter d'être
pris à revers (cf. 3, 1337 s.) que parce qu'il en aura
besoin pour se cacher, conformément aux prescriptions
de Médée (3, 1057 λάθρη), après avoir lancé le « disque
d'Arès » (3, 1369 s.). En un mot, pendant les travaux,
Jason, métamorphosé par la potion magique, fait preuve
d'un « héroïsme » sans faille. Le contraste est frappant
avec la peinture nuancée de son comportement et de ses
sentiments dans le reste du chant.

1. Voir l'éd. Érasme, notes aux v. 1337 et 1350.
2. En pareille matière, il faut cependant se méfier de la logique :
Achille et le grand Ajax portent un bouclier, même dans les
traditions où ils passent pour être invulnérables.
3. Sur le sens d'ἐλυσθείς au v. 1313, voir la *N. C. ad loc.*
4. Sur le sens d'ἀνώχλισαν, voir p. 105, n. 4.

Médée : les conflits de l'amour

La figure de Médée a donné lieu à tant de bonnes analyses qu'on peut se borner à l'essentiel[1]. Nous avons déjà examiné certains aspects du personnage[2] ; il convient maintenant de retracer les étapes par lesquelles la passion s'empare de son cœur, puis de préciser le jugement moral que le poète ainsi que l'héroïne elle-même portent sur cette passion.

1. Le cri involontaire poussé à la simple vue de Jason et de ses compagnons (3, 253) marque la naissance de l'amour en même temps qu'il met en marche toute l'action en provoquant l'entrée en scène des protagonistes. Le « coup de foudre » exprimé par le seul verbe ἀνίαχεν précède et justifie l'intervention d'Amour qui n'aura lieu que vingt-deux vers plus loin[3].

2. Médée est alors atteinte par la flèche du petit dieu et le poète donne une première description des effets psychologiques et physiologiques de l'amour (3, 284-298). On retiendra surtout deux indications :

a) Médée, fascinée, ne peut détacher ses yeux de Jason (3, 287 s.). Plus tard, quand elle commencera à prendre conscience de son trouble, elle apprendra à dissimuler (3, 444 s.). De même, lors du rendez-vous au temple, il lui faudra bannir l'αἰδώς pour lever les yeux sur l'étranger (3, 1066-1068 ; et déjà 1010, 1023 s.). Pour le moment, on ne saurait parler d'ἀναιδείη : elle dévisage l'inconnu involontairement, en toute ingénuité.

b) Ce geste instinctif signifie que la raison a perdu le contrôle de son âme : elle est chassée de sa poitrine

---

1. Bibliographie dans H. Herter, *Jahresber. ü. die Fortschritte der klass. Alt.-wiss.*, 285, 1944-1955, 291-294 ; id., dans *Real-Encykl.*, Suppl.-bd. 13 (1973), s. Apollonios, 37, 55 ss. La figure de Médée est très heureusement analysée d'après Apollonios par Philostr. le J., *Imag.*, 8. — Sur « le thème de l'amour dans les *Argonautiques* », voir maintenant la bonne étude d'ensemble de G. Zanker, *Wien. Stud.*, 92, 1979, 52-75.
2. Cf. ci-dessus p. 21-23.
3. Cf. ci-dessus p. 6.

par le vent de la passion[1] et démissionne de son rôle naturel[2].

3. Dans le troisième tableau (3, 444-447, 451-471), qui comporte un premier monologue, sa raison (νόος) est toujours aussi défaillante[3], ce que trahit l'incohérence de ses propos où se heurtent trois pensées contradictoires[4]. Mais ses sentiments commencent à se préciser, d'une façon d'ailleurs trompeuse : Médée croit n'éprouver pour l'étranger que de l'admiration (3, 444-447, 451-458) et une angoisse pour son sort (3, 459 τάρϐει, 462 κηδοσύνῃσιν) qui engendre la pitié (3, 462 ἐλέῳ)[5].

4. Le tableau suivant (3, 616-664) s'ouvre sur le songe qui révèle soudain à Médée son amour, jusqu'alors refoulé dans l'inconscient : elle se persuade que l'étranger est venu non pour conquérir la toison, mais pour obtenir sa main ; elle se voit luttant à sa place contre les taureaux, puis arbitrant en sa faveur le conflit qui s'est élevé entre lui et ses parents (3, 619-632). Le monologue qui suit, tout aussi rempli de pensées contradictoires que le précédent, marque un progrès considérable après une introduction analogue[6]. Le

1. Cf. 3, 289 s., d'après Ξ 294 ὥς μιν ἔρως πυκινὰς φρένας ἀμφεκάλυψεν et Φ 386 ἐνὶ φρεσὶ θυμὸς ἄητο. Πυκιναὶ φρένες a été souvent mal compris (de La Ville de Mirmont, Seaton, Mooney, Ardizzoni) ; l'expression désigne la « raison » comme en 4, 1018 ; voir aussi 2, 325 πυκινῷ ... νόῳ : cf. A. Wifstrand, *Krit. u. exeg. Bem.* (Bull. Soc. Roy. Lettres Lund, 1928/29), 19 s. ; E. Livrea, comm. à 4, 1018. Πυκινός, au sens figuré, a toujours le sens de « sage », « avisé » chez Apollonios : cf. 1, 766 ; 2, 72, 462 ; 3, 30, 486, 599, 946 ; 4, 492, 1111, 1200.

2. Cf. 3, 298 ἀκηδείῃσι νόοιο (emprunté à Empédocle, fr. 136 Diels-Kranz). Voir le commentaire d'A. Ardizzoni *ad loc.*

3. Le v. 471 fait écho aux v. 288 s. ; mais καμάτῳ (« peine amoureuse » au sens vague) est remplacé par μελεδήμασι, « anxiété » causée par la situation de Jason.

4. 3, 464-470 : « Peu importe qu'il meure ! » (v. 464-466[a]). — « Puisse-t-il rentrer sain et sauf ! » (v. 466[b]-468[a], avec passage brusque du regret marqué par ὄφελλεν au souhait à l'optatif). — « Qu'il sache du moins que je n'aurai nul plaisir de sa mort ! » (v. 468[b]-470).

5. Sur le v. 462 et la valeur des deux datifs, voir la *N. C. ad loc.*

6. Comparer 3, 464 με δειλαίην et 3, 636 δειλὴ ἐγών.

premier était centré sur les dangers courus par Jason et s'achevait sur la perspective de sa mort. Maintenant Médée ne s'occupe plus que de son propre sort : l'idée de mariage se substitue à celle de l'épreuve imposée par Aiétès[1]. Sans doute le monologue, comme il est naturel, est-il en retrait par rapport au songe : l'allusion au mariage et à la terre lointaine d'Hellade n'apparaît que lorsque la jeune fille résiste à son inclination (3, 639), alors qu'elle prenait une forme positive dans le songe (3, 622 s., 630 s.) ; c'est du moins la première fois que ces thèmes sont formulés explicitement. C'est la première fois aussi que s'institue un débat de conscience entre le devoir (3, 640 παρθενίη, δῶμα τοκήων) et la passion avec tout ce qu'elle a de répréhensible (3, 638 ξείνῳ, 641 κύνεον κέαρ). Médée pressent ses malheurs futurs (3, 637 μέγα... κακόν) et décide pourtant en définitive, dans une phrase tourmentée, mais qu'il n'y a sans doute pas lieu de corriger, de venir en aide à Jason par le truchement de sa sœur.

Malgré cette décision, le débat se prolonge au-delà du monologue (3, 645-664). La jeune fille, tiraillée entre l'αἰδώς et le θρασὺς ἵμερος (3, 649, 652 s.), ne sait à quoi se résoudre. L'analyse psychologique semble ne pas progresser ; elle avance néanmoins par le biais de la comparaison avec la jeune veuve, partagée elle aussi entre la pudeur et son amour brisé (3, 656-664) : non seulement l'image ramène l'idée du mariage (conclu, sinon consommé) et celle de la mort de l'époux, mais elle introduit le thème nouveau des railleries que redoute la jeune veuve (3, 663). On retrouvera celui-ci dans le troisième monologue.

5. L'apparition de Chalkiopé fait évanouir les hésitations. Après une brève résistance de l'αἰδὼς | παρθενίη (3, 681 s.), les Amours effrontés l'emportent[2]. Médée

---

1. Dans les deux phases « négatives » de la délibération, on notera l'opposition entre ἐρρέτω (v. 466) et μνάσθω (v. 639).

2. 3, 687 θρασέες ... Ἔρωτες ; cf. v. 653 θρασὺς ἵμερος, et déjà v. 641 θεμένη κύνεον κέαρ.

peut mettre en œuvre la ruse (3, 687) imaginée au terme du second monologue. Jusqu'à la fin de la scène, elle sera tout entière occupée par la réalisation de son plan.

6. Sa détermination l'abandonne dès le départ de sa sœur. Le doute va la torturer pendant toute la nuit (3, 744-824). Mais, avant ce long tableau, Apollonios introduit une notation nouvelle. Jusqu'ici les forces qui ramenaient Médée vers le devoir étaient la pudeur et le respect de ses parents[1]. Désormais à l'αἰδώς s'associe la peur (δέος) de la vindicte paternelle (3, 742 s.) : Chalkiopé, inquiète pour ses fils, a dû lui communiquer sa propre angoisse et lui faire prendre conscience des dangers qu'elle court.

La célèbre nuit de veille commence par décrire l'agitation qui travaille le corps et l'âme de Médée à l'heure où, autour d'elle, la tombée de la nuit apporte à tous l'apaisement[2]. A travers la minutieuse analyse psychologique et physiologique, on retrouve quelques-uns des thèmes antérieurs : sa passion (3, 752), les sentiments de crainte (3, 753 s.) et de pitié (3, 761) que la situation de l'étranger lui inspire. Suit une longue délibération rapportée d'abord au style indirect (3, 766-769), puis dans un troisième monologue (3, 771-801). Bien qu'on puisse mettre en parallèle les trois solutions envisagées dans chacun des discours, on n'est pas en présence d'un résumé suivi d'un développement, mais d'une succession continue de réflexions, d'abord à peine esquissées, puis plus approfondies à mesure que Médée pèse mieux le pour et le contre. Les trois premières éventualités s'enchaînent selon un ordre logique :

a) donner les drogues (comme Médée s'y était engagée) ;

b) ne pas les donner et mourir comme Jason ;

c) ne pas les donner, ne pas mourir non plus, mais se résigner à son sort.

1. Le second thème n'est formulé qu'au v. 640 ; mais il apparaît déjà dans le songe (v. 627-631).
2. Cf. J. Carrière, *Euphrosyne*, 2, 1959, 50-53.

De renoncement en renoncement, Médée aboutit à une totale passivité. A partir de là commence le monologue intérieur. Elle constate d'abord, une nouvelle fois, son désarroi[1] et déplore, vainement, d'en être réduite à l'obligation de faire un choix (3, 771-777).

c′) Puis elle reprend ses réflexions au point où elle les avait laissées, c'est-à-dire qu'elle part de la solution *c*. Donner les drogues est impossible : elle ne pourra le faire à l'insu de ses parents (3, 778-781 : thème de la peur annoncé aux v. 742 s.) et ne réussira pas à rencontrer Jason en tête-à-tête (3, 782). Mais l'objection vient aussitôt : Jason mort, la vie ne sera plus vivable pour elle (3, 783-785[a])[2].

d) Elle se tourne alors vers une solution qui n'est qu'en apparence semblable à la solution *a*, puisqu'elle envisage de se donner la mort après avoir sauvé Jason (3, 785[b]-790). Elle maudit la pudeur (αἰδώς) et sa dignité de princesse (ἀγλαΐη) qui ont jusqu'ici contrecarré sa passion (comparer surtout 3, 640). Ce mouvement est naturel ; mais il est plus surprenant que ce soient en fin de compte l'αἰδώς et l'ἀγλαΐη qui la détournent de cette solution (3, 791-797). Elle l'écarte en effet par crainte des railleries dont les femmes l'accableront après sa mort en l'accusant d'avoir déshonoré sa maison (3, 796 ; cf. ἀγλαΐη et au v. 640 δῶμα τοκήων) par une conduite impudique (3, 797 μαργοσύνη, qui s'oppose naturellement à αἰδώς et à παρθενίη). Contradiction significative du désordre qui règne dans son âme : Médée recule devant le déshonneur, la honte (αἶσχος), alors même qu'elle vient de maudire l'honneur, c'est-à-dire la pudeur et le prestige[3].

e = b′) Dans son désespoir, elle se rabat finalement sur la pire des solutions, puisqu'elle renonce à la fois à

---

1. Le monologue commence comme les précédents par δειλὴ ἐγώ ; cf. ci-dessus p. 40, n. 6.
2. Φθείσθω ἀεθλεύων fait écho à l'ἐρρέτω du v. 466 (avec φθείσεται au vers précédent).
3. Sur le cheminement antérieur de cet αἶσχος, cf. J. Carrière, *loc. cit.*, 55 s.

vivre et à sauver Jason (3, 798-801). C'est la solution *b*, avec cette précision importante que Médée veut mourir tout de suite. L'honneur, la peur de l'αἶσχος la conduisent au suicide.

Récapitulons. Nous sommes loin de la pitié généreuse que Médée se figurait éprouver jadis et naguère encore (3, 761). Sa passion apparaît maintenant comme jalouse, exclusive, égoïste. La vie n'est plus possible pour elle sans Jason (3, 784 s.). Dès lors que le plan échafaudé avec Chalkiopé est irréalisable (3, 779-782) ou du moins qu'il ne peut réussir qu'au prix de son propre déshonneur (3, 786-797), elle choisit la mort pour l'un et pour l'autre[1].

Le tableau s'achève sur un dernier et décisif revirement. Au bord du suicide, l'instinct vital, les réalités les plus humbles de l'existence balaient tous les débats de conscience qui l'ont agitée pendant la nuit (3, 802-824). L'intervention d'Héra (3, 818) n'est là que pour réinsérer l'action dans son contexte légendaire : « ce qui la reconquiert » à la vie, ce sont « les promesses de la jeunesse, celle du jour qu'elle est impatiente de voir paraître et dont elle épie la clarté »[2] ; c'est le vouloir-vivre inné au fond de tout être vivant.

7. Avec l'aube, Médée oublie pour un temps toutes ses peines (3, 836) et ne songe plus qu'au rendez-vous tant souhaité. Sa ruse naturelle invente une fable pour apaiser les soupçons des servantes (3, 891-911). Pendant l'attente, son trouble renaît (3, 948-955) ; mais c'est seulement celui qu'éprouve toute jeune fille à son premier rendez-vous. Quand Jason paraît, au lieu de

---

1. La nature de la passion de Médée apparaît bien dans les v. 786 s., les seuls qui concernent vraiment Jason. Celui-ci, dit-elle, sera sauvé grâce à elle (ἐμῇ ἰότητι) ; il lui devra donc tout et le vers qui suit (« qu'il s'en aille là où il plaît à son cœur ! ») a un accent à la fois douloureux et sarcastique : Médée en veut — déjà ! — à Jason de se sauver aux dépens de son propre bonheur (ou de sa propre vie).

2. Cf. J. Carrière, *loc. cit.*, 57.

l'accueillir comme elle l'aurait dû[1], elle demeure muette
(3, 962-967). Bien que celui-ci prenne les devants pour
la mettre en confiance, son silence se prolonge et elle
ne parvient qu'à lui donner la drogue, dans un élan du
cœur, sans un mot (3, 1008-1021). Elle ouvre enfin la
bouche et fait pendant trente-cinq vers (3, 1026-1060[a])
le catalogue minutieux de ses recommandations. Une
aussi longue tirade paraît détonner dans cette *oaristys*,
mais elle a sa justification psychologique[2]. La magie
n'a pas de secret pour Médée : elle sait qu'en ce domaine
sa langue ne la trahira pas ; aussi parle-t-elle avec
complaisance, pour le plaisir de parler et aussi pour se
donner de l'assurance. Ces trente-cinq vers sont pour
elle un moyen de prolonger son silence sur ce qui lui
importe le plus ; seul, le ton de sa voix trahit ses sentiments (3, 1025 προσπτύξατο). Il faut attendre les tout
derniers vers (3, 1060[b]-1062) pour que la passion,
longtemps contenue, se manifeste timidement à la
pensée de la prochaine et irrémédiable séparation.

8. Dans cette première partie de l'épisode, Médée est
tout entière possédée par son amour, subjuguée par la
présence de l'être aimé ; les réflexes de pudeur, les
hardiesses du regard ou du geste ont valeur psychologique, mais ne traduisent aucun déchirement intérieur[3].
Son état d'âme change progressivement à partir du
moment où elle a terminé ses recommandations. Au
sourire (3, 1024) succède un flot de larmes (3, 1064 s.) ;
la voix se fait angoissée (3, 1066 s.) ; les questions
deviennent pressantes (3, 1071-1076). Le mariage qu'elle
avait caressé dans ses songes lui semble un rêve irréalisable : tout ce qu'elle espère, c'est demeurer à jamais
dans le souvenir de Jason (3, 1069-1071). Loin d'être
apaisée par une première avance (3, 1100 s.), ses larmes

1. Elle a invité Jason dans le temple dont elle est la prêtresse :
il lui appartiendrait donc de lui adresser une parole de bienvenue,
comme fait Hypsipylé en 1, 793.
2. Bien entendu, elle est aussi nécessaire à l'action.
3. Pudeur : 3, 962 s., 1008 s., 1022 s. ; hardiesse : 3, 1010,
1023 s., 1066-1068.

et son désespoir redoublent (3, 1103 s., 1118 s.), car elle
comprend qu'Aiétès ne permettra jamais cette union
(3, 1105-1108) : le thème du δέος, annoncé au v. 742,
reparaît en sourdine. Quand Jason renouvelle son offre
en termes explicites (3, 1128-1130), elle en éprouve une
joie profonde ; mais le poète prend aussitôt la parole
pour laisser entendre qu'elle la refuse intérieurement par
peur des conséquences (3, 1131 s.). On sent qu'une nouvelle crise se prépare : elle éclatera après la séparation.
La jeune fille rentre au palais, tel un automate, indiffé-
rente à ce qui l'entoure (3, 1149-1158). Renfermée sur
elle-même, ballottée par des pensées contradictoires
— ou plutôt faisant volte-face[1] —, elle est prise par le
remords d'avoir commis une grande faute (3, 1161 s.).
Les scrupules moraux et les craintes qui s'opposaient à
son amour l'emportent au moment même où celui-ci
cesse d'être un rêve impossible. Cette ultime résistance
ne sera d'ailleurs que de courte durée. Le poète en
a averti le lecteur dès le v. 1133 : « L'infortunée ! elle ne
devait pas refuser longtemps d'habiter l'Hellade, car
Héra méditait qu'il en fût ainsi... ». Médée va provisoirement disparaître de la scène ; quand on la retrouvera
au début du chant IV, elle se résoudra bientôt à fuir
après une brève crise de désespoir.

**Médée :
les égarements
de la passion**

L'expression employée au v. 1133
invite à s'interroger sur le jugement
qu'Apollonios porte sur la passion
de Médée. La peinture de la jeune
fille est bien faite pour inspirer la sympathie : sa beauté,
sa pitié pour Jason, ses premiers émois si vrais et si
touchants, la sincérité de son drame de conscience, la
fraîcheur et le pathétique de son premier rendez-vous.
Comment ne pas être ému par le drame de cette jeune
barbare, séduite par l'hellénisme, qui va permettre à
Jason de triompher du cruel Aiétès ?

---

1. Παλιντροπίῃσιν (3, 1157) admet les deux interprétations ;
mais la seconde est préférable : cf. Pind., *Ol.*, 2, 41 ; Ap. Rh.,
4, 165, 643 ; et le sens habituel de παλίντροπος.

Pourtant, malgré l'intérêt qu'il sait susciter pour son héroïne, Apollonios, à la suite d'Euripide, condamne la passion qui n'est autre qu'un « égarement envoyé par les dieux »[1]. Son premier effet, on l'a vu, est d'annihiler la raison[2]. L'âme est alors le jouet de fantasmes « funestes » et « trompeurs » (3, 617 s.) qui lui font oublier son devoir, la pudeur, le sens de l'honneur, le respect des parents. Médée elle-même qualifie les actes inspirés par la passion d'« indignes et innommables », λωβήεντα καὶ οὐκ ὀνομαστά (3, 801) ; elle redoute les malheurs que son amour va provoquer : 3, 637 μέγα ... κακόν[3], 1132 ἔργ' ἀίδηλα κατερρίγησεν ἰδέσθαι[4] ; quand le remords lui fait regretter d'avoir donné la drogue à Jason, elle se reproche de s'être rendue complice par son dessein d'un odieux forfait (3, 1162 οἷον ... κακὸν ἔργον).

Ces expressions ne sont pas des outrances que pourrait excuser le trouble de son âme. Le poète confirme que sa passion causera bien des malheurs (3, 836 s., 956-961, où Jason est comparé à Seirios, l'astre splendide et funeste) et il plaint la jeune fille de son sort (3, 1133 σχετλίη).

1. 3, 973 s. ἄτη... | θευμορίη. Chalkiopé ne croyait pas si bien dire quand elle demandait à Médée si elle était atteinte d'un « mal divin », θευμορίη ... νοῦσος (3, 676). Nous avons eu tort d'écrire dans l'édition Érasme que l'expression des v. 973 s. avait un sens assez faible et désignait seulement le « mal d'amour ».
2. Cf. 3, 289, 298, 471 ; et sans doute aussi 638, 772, où φρένες doit équivaloir à νόος. Cf. Philostr. le J., *Imag.*, 8, 1.
3. Cf., en sens inverse, 3, 784 s. : c'est lorsqu'il sera mort que Jason deviendra un κακόν pour elle.
4. C'est affaiblir singulièrement le texte que de corriger avec H. Fränkel, *Noten*, 423, ἀίδηλα en ἀρίδηλα. Comme il ressort des vers suivants, Médée ne craint pas que son plan ou son amour soit découvert (cette crainte est plutôt celle de Jason : cf. 3, 1144 s.). Elle refuse l'offre de Jason, une nouvelle fois (cf. v. 1107 s. et la *N. C.*), de peur de voir un jour s'accomplir des crimes « horribles à voir » (noter le jeu étymologique et la litote contenue dans ἰδέσθαι). Pour l'expression, Apollonios contamine un tour tel que ῥίγησεν ἰδών (Δ 279, *al.*) et la variante pré-aristarchéenne ὁρῶν τάδε ἔργ' ἀίδηλα (E 757, 872 ; pour ἔργ' ἀ. cf. surtout Hésiode, fr. 30,17 ; 60,2 Merk.-West ; *al.*). Sur ce vers, voir les commentaires d'A. Ardizzoni, *ad loc.*, et d'E. Livrea, à 4, 47, ainsi que la note de G. Caggìa, *Riv. di Filol. e Istr. Class.*, 100, 1972, 29 s.

Dans ces conditions, on ne peut guère douter que le qualificatif d'οὖλος qu'il attribue deux fois à l'amour signifie bien « funeste » (3, 297, 1078)[1]. Les raisons de ce jugement sont laissées dans l'ombre, car, de toute évidence, le châtiment de Pélias, dont Médée sera l'instrument (3, 1135 s.), ne suffit pas à le légitimer. Mais le lecteur ne peut s'y tromper. Au chant IV, il assistera au meurtre par trahison d'Apsyrtos, dont la responsabilité incombe au « funeste Amour, grand fléau, grand objet de haine pour les hommes » (4, 445)[2]. Il doit surtout avoir à l'esprit l'effroyable suite de crises et de malheurs qui attendent Jason et Médée en Grèce. Le poète n'y fait aucune allusion explicite[3] ; mais, en dépit des apparences, la Médée d'Euripide se profile déjà derrière l'héroïne chaste et passionnée du chant III.

---

1. En règle générale, l'amour ou Amour sont qualifiés d'une façon péjorative : cf. 3, 120 (et 129), 276, 687, (764 s.) ; 4, 445-449 (οὐλόμεναί τ' ἔριδες) ; et, pour Cypris, 1, 802 οὐλομένη. Sur le double aspect d'Amour, voir ci-dessus p. 14. H. Fränkel, *Noten*, 418, interprète οὖλος comme une forme d'ὅλος, « mit voller Macht » : cf. Lucien, *Dial. Dieux*, 20, 15 Ἔρως ὅλος παρελθὼν ἐς αὐτὴν ἀναγκάσει ἐρᾶν ; mais cette interprétation est inadmissible dans Moschos, *Anth. Plan.*, 200, 2.

2. Le meurtre de Talôs provoquera aussi de la part du poète des réflexions horrifiées : 4, 1673-1675.

3. Mais quelle ironie tragique dans la promesse faite par Jason aux v. 1129 s. !

CHANT III

Allons, Ératô[1], viens m'assister et conte-moi comment, de là-bas, Jason rapporta à Iôlcos la toison grâce à l'amour de Médée[2]. Toi, en effet, tu as aussi ta part de l'apanage de Cypris et tu charmes les vierges ignorantes
5 du joug par les soucis que tu leur causes : de là vient le nom aimable attaché à ta personne.

Ainsi les héros, sans être vus, restaient embusqués dans les épais roseaux ; mais Héra et Athéna les avaient aperçus et, loin de Zeus lui-même et des autres dieux
10 immortels, elles se retiraient dans une chambre pour délibérer[3]. Héra, la première, se mit à sonder Athéna : « A toi d'abord, fille de Zeus, de donner maintenant ton avis. Que faire[4] ? Vas-tu inventer quelque ruse qui leur permette d'enlever la toison d'or d'Aiétès et de l'emporter en Hellade ? A ce qu'il semble, ils ne sauraient

---

1. Ératô est la Muse préposée aux ἐρωτικά, aux chants qui traitent de l'amour : cf. Platon, *Phèdre*, 259 c ; Ovide, *Art d'aimer*, 2, 15 s. (d'après Ap. Rh.) ; et peut-être le premier vers de la Ῥαδίνη attribuée à Stésichore (fr. 278 Page, texte conjectural). Le texte insiste sur le rapprochement étymologique : cf. v. 3 ἔρωτι, 5 ἐπήρατον.

2. Imitation de Mimnerme, *Nannô*, fr. 11, 1 Diehl[3] οὐδέ κοτ' ἂν μέγα κῶας ἀνήγαγεν αὐτὸς Ἰήσων | ἐξ Αἴης. Ἔνθεν transpose ἐξ Αἴης : M. Campbell *(per litt.)* compare 1, 1108 ; 3, 1114. H. Fränkel, *Noten*, 328 s., propose une interprétation différente.

3. Pour l'expression, cf. Ξ 188 s., où Héra sort au contraire de sa chambre pour aller trouver Aphrodite. Sur la raison des précautions prises par Héra, voir la Notice, p. 12, n. 2.

4. Cf. Eur., *Héraclides*, 95 Τί χρέος ; ἤ... (Fränkel).

N. B. Les astérisques placés dans la traduction renvoient aux *N(otes) C(omplémentaires)* sous le numéro du vers.

Εἰ δ' ἄγε νῦν, Ἐρατώ, παρά θ' ἵστασο καί μοι ἔνισπε
ἔνθεν ὅπως ἐς Ἰωλκὸν ἀνήγαγε κῶας Ἰήσων
Μηδείης ὑπ' ἔρωτι. Σὺ γὰρ καὶ Κύπριδος αἶσαν
ἔμμορες, ἀδμῆτας δὲ τεοῖς μελεδήμασι θέλγεις
5 παρθενικάς· τῶ καί τοι ἐπήρατον οὔνομ' ἀνῆπται.

Ὣς οἱ μὲν πυκινοῖσιν ἀνωίστως δονάκεσσι
μίμνον ἀριστῆες λελοχημένοι· αἱ δ' ἐνόησαν
Ἥρη Ἀθηναίη τε, Διὸς δ' αὐτοῖο καὶ ἄλλων
ἀθανάτων ἀπονόσφι θεῶν θάλαμον δὲ κιοῦσαι
10 βούλευον. Πείραζε δ' Ἀθηναίην πάρος Ἥρη·
« Αὐτὴ νῦν προτέρη, θύγατερ Διός, ἄρχεο βουλῆς.
Τί χρέος ; Ἠέ δόλον τινὰ μήσεαι ᾧ κεν ἑλόντες
χρύσεον Αἰήταο μεθ' Ἑλλάδα κῶας ἄγοιντο ;
Οὐκ ἂρ τόν γ' ἐπέεσσι παραιφάμενοι πεπίθοιεν

TEST. 1-35 Π¹⁹ ‖ 1 Athen. 13, 1, 555 b ; Choerob.¹ in Theod.
Can. 1, p. 312, 27 Hilgard (καί μοι ἐν. om. V) ; (εἰ — Ἐρατώ)
Choerob.² ibid. 1, p. 396, 8 ; (εἰ — ἵστασο) Choerob.³ ibid. 2,
p. 403, 13 ‖ 3 (Μηδείης ὑπ' ἔρωτι) Choerob. ibid. 1, p. 303, 18 ‖
‖ 3-4 (σὺ — ἔμμορες) *E Gud* s. ἔμμορε ‖ 7-35 respiciunt schol. T
ad Ξ 164, Eust. ad Ξ 175 (975, 45 ss.)

---

1 παρά θ' Π¹⁹ Ω Σ^J*Σ^L CHOEROB.¹ (C) : πάρ θ' ATHEN.
παρ' ἔμ' CHOEROB.¹ (NV) et ³ ‖ ἔνισπε Ω Σ^J TEST. : ἐνίσπες
Merkel cl. 1, 487, 832 (sed cf. 4, 1565) ‖ 5 τ]οι Π¹⁹ *w*E : οἱ LA
‖ 10 Ἀθηναίης, quod noluit Boesch, malit West ‖ 12 τινὰ Ω :
τίνα E ‖ μήσεαι Π¹⁹ Ω : μήδεαι E ‖ 14 ου]κ αρ Π¹⁹ : ἢ καὶ Ω
οὐκ ἂν Lloyd-Jones² ‖ τόνγ' Ω : τόνδ' S.

15 le persuader en le séduisant par de douces paroles ; mais
si assurément son arrogance est extrême, il   convient
néanmoins de n'écarter aucune tentative*. »

Ainsi parla-t-elle et aussitôt Athéna lui répondit :
« De mon côté aussi, j'agitais en mon esprit de telles
pensées[1], Héra, quand tu m'as interrogée sans détour.
20 Mais je me sens encore incapable de te proposer la ruse
dont tu parles, pour venir en aide au courage des héros ;
et pourtant entre combien de desseins n'ai-je pas
hésité[2] ! »

Elle dit, et toutes deux fixèrent les yeux à terre,
devant leurs pieds[3], roulant en elles leurs pensées,
chacune de son côté*. Bientôt Héra eut une idée et prit
la parole la première :
25 « Allons donc trouver Cypris et, à notre arrivée,
pressons-la toutes deux de parler à son fils* : peut-être
consentirait-il à frapper de ses flèches la fille d'Aiétès,
l'experte magicienne[4], pour l'attirer de ses charmes vers
Jason*. Je suis convaincue qu'en suivant ses conseils il
rapportera la toison en Hellade. »
30 Ainsi parla-t-elle et l'habile dessein plut aussi à
Athéna qui, de nouveau, lui répondit alors avec douceur :
« Héra, mon père m'a fait naître ignorante des traits
d'Amour et je ne connais aucun charme capable d'inspirer le désir. Mais, si ce projet te plaît, je veux bien
35 te suivre ; daigne seulement prendre la parole toi-même
quand tu seras en sa présence*. »

Elle dit et, se levant d'un bond, elles se rendaient vers
la vaste demeure de Cypris que le Boiteux, son mari, lui
avait construite au temps où il l'avait reçue de Zeus
pour l'emmener comme épouse*. Après avoir franchi
l'enceinte de la cour, elles s'arrêtèrent sous le portique
40 de l'appartement où la déesse avait coutume de préparer
le lit d'Héphaistos*. Le dieu était parti le matin pour

---

1. Cf. 3, 697.
2. Πολέας féminin : cf. Callim., *Hymnes*, 3, 42 ; 4,28.
3. Cf. Γ 217 ; Ap. Rh., 1, 784 ; 3, 422, 1022.
4. Πολυφάρμακον : épithète hom. de Circé (κ 276).

15 μειλιχίοις · ἤτοι μὲν ὑπερφίαλος πέλει αἰνῶς,
    ἔμπης δ' οὔ τινα πεῖραν ἀποτρωπᾶσθαι ἔοικεν. »
        Ὣς φάτο · τὴν δὲ παρᾶσσον Ἀθηναίη προσέειπε ·
    « Καὶ δ' αὐτὴν ἐμὲ τοῖα μετὰ φρεσὶν ὁρμαίνουσαν,
    Ἥρη, ἀπηλεγέως ἐξείρεαι. Ἀλλά τοι οὔ πω
20 φράσσασθαι νοέω τοῦτον δόλον ὅς τις ὀνήσει
    θυμὸν ἀριστήων · πολέας δ' ἐπεδοίασα βουλάς. »
        Ἦ · καὶ ἐπ' οὔδεος αἵ γε ποδῶν πάρος ὄμματ' ἔπηξαν,
    ἄνδιχα πορφύρουσαι ἐνὶ σφίσιν · αὐτίκα δ' Ἥρη
    τοῖον μητιόωσα παροιτέρη ἔκφατο μῦθον ·
25 « Δεῦρ' ἴομεν μετὰ Κύπριν · ἐπιπλόμεναι δέ μιν ἄμφω
    παιδὶ ἑῷ εἰπεῖν ὀτρύνομεν, αἴ κε πίθηται
    κούρην Αἰήτεω πολυφάρμακον οἷσι βέλεσσι
    θέλξαι ὀιστεύσας ἐπ' Ἰήσονι. Τὸν δ' ἂν ὀίω
    κείνης ἐννεσίῃσιν ἐς Ἑλλάδα κῶας ἀνάξειν. »
30 Ὣς ἄρ' ἔφη · πυκινὴ δὲ συνεύαδε μῆτις Ἀθήνῃ,
    καί μιν ἔπειτ' ἐξαῦτις ἀμείβετο μειλιχίοισιν ·
    « Ἥρη, νήιδα μέν με πατὴρ τέκε τοῖο βολάων,
    οὐδέ τινα χρειὼ θελκτήριον οἶδα πόθοιο ·
    εἰ δὲ σοὶ αὐτῇ μῦθος ἐφανδάνει, ἦ τ' ἂν ἔγωγε
35 ἑσποίμην, σὺ δέ κεν φαίης ἔπος ἀντιόωσα. »
        Ἦ, καὶ ἀναΐξασαι ἐπὶ μέγα δῶμα νέοντο
    Κύπριδος, ὅ ῥά τέ οἱ δεῖμεν πόσις ἀμφιγυήεις,
    ὁππότε μιν τὰ πρῶτα παραὶ Διὸς ἦγεν ἄκοιτιν.
    Ἕρκεα δ' εἰσελθοῦσαι, ὑπ' αἰθούσῃ θαλάμοιο
40 ἔσταν, ἵν' ἐντύνεσκε θεὰ λέχος Ἡφαίστοιο.

___

15 ἤτοι μεν Π¹⁹ : ἦ [ἦ G εἰ Gˢ¹] γὰρ ὁ μὲν Ω ἦ γὰρ ὅδ' E ‖
21 ἀριστήων Ω : -τε[ιων Π¹⁹ ‖ πολέας Ω : πολλὰς E ‖ 23 ἐνὶ
                                    ]δ
Ω : ἐν E ‖ 26 .....]ωιπι [...........]ηνειτ.[Π¹⁹ ‖ ὀτρύνο-
μεν wd : -νωμεν m ‖ 27 Αἰ]ήτε[ω Π¹⁹ L²ˢ¹w : -ταω L -ταο
AE ‖ 28 ὀιστεύσας Ω ΣΩ (et, ut uid., Π¹⁹) : -σαντ' Brunck ‖ 32
τέκε Π¹⁹ Ω : ἔτεκεν S ‖ τοῖο β[ολάων Π¹⁹ LA : βουλάων w τοίων
βουλέων E ‖ 34 μῦθος Ω : θυμος Π¹⁹ ‖ 36 ἐπὶ Ω : ἐπίπαρ E ‖
37 ὅ ῥά O : ὅρρα Ω ΣΩᴶ οἵ ῥά E ‖ 39 αἰθούσῃ AwE : -ούσσῃ L.

sa forge et ses enclumes dans la vaste retraite de l'Ile
Plancte où il fabriquait toutes sortes d'œuvres d'art
grâce au souffle du feu*. Elle était donc seule en sa
demeure, assise devant sa porte sur un siège ciselé*.
45 Laissant tomber de chaque côté ses cheveux sur ses
blanches épaules, elle les divisait avec une épingle d'or
et s'apprêtait à les tresser en longues tresses. Quand
elle les vit devant elle, elle s'arrêta, leur dit d'entrer, se
leva de son siège et les fit asseoir dans des fauteuils*.
50 Ensuite, elle s'assit à son tour et, de ses deux mains,
releva et noua ses cheveux sans les peigner*. Puis, en
souriant, elle leur adressa ces paroles ironiques :
    « Très chères, quel dessein, quel besoin vous amène
ici, après un si long temps ? Pourquoi venez-vous toutes
deux, vous qui, jusqu'à présent, ne me fréquentiez
guère, parce que vous êtes les premières parmi les
déesses[1] ? »
55   Héra, en réponse, lui parla en ces termes :
    « Tu te moques, mais nos deux cœurs sont émus par
la crainte d'un même malheur[2]. Déjà, en effet, sur le
fleuve du Phase, l'Aisonide arrête son navire, lui et
tous ses compagnons venus conquérir la toison. Pour
eux tous, maintenant qu'approche l'heure d'agir,
60 notre angoisse est terrible[3], surtout pour l'Aisonide.
Celui-là, même s'il devait naviguer vers l'Hadès pour
délivrer sous terre Ixion de ses chaînes de bronze*, je le
protégerais de toute la force de mes bras, pour que
Pélias ne se rie pas de moi en évitant son sort funeste,
65 lui qui, dans son arrogance, m'a privée de l'honneur des
sacrifices*. D'ailleurs, auparavant déjà, Jason m'était
très cher*, depuis que, près des eaux de l'Anauros en
forte crue, alors que j'éprouvais la droiture des hommes,

---

1. Nouveau souvenir de la visite de Thétis (cf. *N. C.* à 3, 38,
49) : cf. Σ 385-387, 424-427 (et ε 87-91) ; Théocrite s'inspire de
la même scène en 14, 2 ; 15, 1-7. — Pour ἠθεῖαι, cf. t. 1, p. 173,
n. 4 ; pour φοιτίζουσαι, cf. Callim., fr. 500 Pfeiffer.
    2. H. Fränkel, *Noten*, 332, rapproche Aristoph., *Ploutos*,
973 ; Ménandre, *Dyscolos*, 54.
    3. Cf. [Moschos], *Mégara*, 92 s. δειμαίνω ... ἐκπάγλως.

Ἀλλ' ὁ μὲν ἐς χαλκεῶνα καὶ ἄκμονας ἦρι βεβήκει,
νήσοιο Πλαγκτῆς εὐρὺν μυχόν, ᾧ ἔνι πάντα
δαίδαλα χάλκευεν ῥιπῇ πυρός· ἡ δ' ἄρα μούνη
ἧστο δόμῳ δινωτὸν ἀνὰ θρόνον ἄντα θυράων.
45 Λευκοῖσιν δ' ἑκάτερθε κόμας ἐπιειμένη ὤμοις
κόσμει χρυσείη διὰ κερκίδι, μέλλε δὲ μακροὺς
πλέξασθαι πλοκάμους· τὰς δὲ προπάροιθεν ἰδοῦσα
ἔσχεθεν εἴσω τέ σφε κάλει, καὶ ἀπὸ θρόνου ὦρτο
εἷσέ τ' ἐνὶ κλισμοῖσιν· ἀτὰρ μετέπειτα καὶ αὐτὴ
50 ἷζανεν, ἀψήκτους δὲ χεροῖν ἀνεδήσατο χαίτας.
Τοῖα δὲ μειδιόωσα προσέννεπεν αἱμυλίοισιν·
« Ἠθεῖαι, τίς δεῦρο νόος χρειώ τε κομίζει
δηναιὰς αὔτως; Τί δ' ἱκάνετον, οὔ τι πάρος γε
λίην φοιτίζουσαι, ἐπεὶ περίεστε θεάων; »
55   Τὴν δ' Ἥρη τοίοισιν ἀμειβομένη προσέειπε·
« Κερτομέεις, νῶιν δὲ κέαρ συνορίνεται ἄτη.
Ἤδη γὰρ ποταμῷ ἐνὶ Φάσιδι νῆα κατίσχει
Αἰσονίδης ἠδ' ἄλλοι ὅσοι μετὰ κῶας ἕπονται.
Τῶν ἤτοι πάντων μέν, ἐπεὶ πέλας ἔργον ὄρωρε,
60 δείδιμεν ἐκπάγλως, περὶ δ' Αἰσονίδαο μάλιστα.
Τὸν μὲν ἐγών, εἰ καί περ ἐς Ἅιδα ναυτίλληται
λυσόμενος χαλκέων Ἰξίονα νειόθι δεσμῶν,
ῥύσομαι, ὅσσον ἐμοῖσιν ἐνὶ σθένος ἔπλετο γυίοις,
ὄφρα μὴ ἐγγελάσῃ Πελίης κακὸν οἶτον ἀλύξας,
65 ὅς μ' ὑπερηνορέῃ θυέων ἀγέραστον ἔθηκε.
Καὶ δ' ἄλλως ἔτι καὶ πρὶν ἐμοὶ μέγα φίλατ' Ἰήσων,
ἐξότ' ἐπὶ προχοῇσιν ἅλις πλήθοντος Ἀναύρου
ἀνδρῶν εὐνομίης πειρωμένη ἀντεβόλησε,

42 Πλαγκτῆς Hölzlin : πλαγκτῆς m -γητῆς w ‖ ᾧ Ω : ῇ E ‖
46 διὰ om. Iᵃᶜ E ‖ 47 πλέξασθαι Ω : -ξεσθαι Zᵐᵍ ‖ προ- om. w
‖ 48 τέ σφε κάλει La Roche² : τέ σφ' ἐκ- LAG δέ σφ' ἐκ- S
τάσδ' ἐκ- E ‖ 49 κλισμοῖσιν AwE : κλεισμ- L ‖ 58 ἠδ' mS :
οἴδ' GD ‖ 61 εἰ Ω : ἢν S ‖ 68 ἀντεβόλησε(ν) m : -σα w.

il vint à moi au retour de la chasse. La neige poudrait
70 toutes les montagnes et leurs hautes cimes ; de leurs
flancs descendaient les torrents en cascades grondantes*.
J'avais l'aspect d'une vieille[1] : il eut pitié de moi, me
prit lui-même sur ses épaules et me portait sur l'autre
rive à travers l'eau qui dévalait*. Voilà pourquoi je ne
cesse d'avoir pour lui la plus grande estime. Mais Pélias
75 ne pourra me payer son insulte si jamais tu ne lui
octroies pas le retour[2]. »

Elle dit, et Cypris fut saisie d'une muette stupeur.
Elle était bouleversée de se voir suppliée par Héra ;
alors, elle lui adressa ces aimables paroles :

« Vénérable déesse, que rien ne soit plus maudit de
toi que Cypris[3], si, alors que tu en exprimes le désir, je
80 devais négliger un mot ou un acte qui fût à la portée
de ces mains, malgré leur faiblesse ; et je ne veux nulle
reconnaissance en retour[4]. »

Ainsi parla-t-elle, et Héra lui fit cette habile réponse :

« Si nous sommes venues, ce n'est pas que nous ayons
85 besoin de ta force ni de tes bras. Reste en paix et
demande seulement à ton fils d'user de ses charmes pour
inspirer à la fille vierge d'Aiétès de l'amour pour
l'Aisonide[5]. Si elle lui donne ses conseils avec bienveillance, je suis convaincue qu'il pourra sans peine
enlever la toison d'or et rentrer à Iôlcos, car elle est
pleine d'astuce[6]. »

90   Elle parla ainsi et Cypris leur répondit à toutes deux :

1. Cf. Γ 386 γρηΐ ... ἐικυῖα ; *H. hom. Dém.*, 101.
2. L'indicatif futur donne plus de vigueur à l'expression
(« si par malheur... ») : comparer 2, 1224 (et 2, 889-892 ; 3, 98 s. ;
4, 231-235). On ne relève aucun exemple du subjonctif après
εἰ μή chez Apollonios.
3. Μή, que H. Fränkel corrige en οὐ, est garanti par 3, 728-
732, qui comporte une formule analogue d'imprécation ; cf.
encore Soph., *Oed. Roi*, 644 ; Hérod., 7, 11. M. Campbell *(per litt.)*
observe en outre que le début du vers est formellement identique
à celui de ε 215.
4. Cf. *Anth. Pal.*, 7, 657, 12 ἀμοιβαῖαι ... χάριτες (Léon. Tar.).
5. Cf. η 28.
6. Pour l'expression, cf. θ 281. Circé est appelée δολόεσσα
en ι 32.

θήρης ἐξανιών · νιφετῷ δ’ ἐπαλύνετο πάντα
70 οὔρεα καὶ σκοπιαὶ περιμήκεες, οἱ δὲ κατ’ αὐτῶν
χείμαρροι καναχηδὰ κυλινδόμενοι φορέοντο.
Γρηὶ δέ μ’ εἰσαμένην ὀλοφύρατο, καί μ’ ἀναείρας
αὐτὸς ἑοῖς ὤμοισι διὲκ προαλὲς φέρεν ὕδωρ.
Τῷ νύ μοι ἄλληκτον περιτίεται · οὐδέ κε λώβην
75 τίσειεν Πελίης, εἰ μὴ σύ γε νόστον ὀπάσσεις. »
Ὣς ηὔδα · Κύπριν δ’ ἐνεοστασίη λάβε μύθων.
Ἅζετο δ’ ἀντομένην Ἥρην ἔθεν εἰσορόωσα,
καί μιν ἔπειτ’ ἀγανοῖσι προσέννεπεν ἥ γ’ ἐπέεσσι ·
« Πότνα θεά, μή τοί τι κακώτερον ἄλλο πέλοιτο
80 Κύπριδος, εἰ δὴ σεῖο λιλαιομένης ἀθερίζω
ἢ ἔπος ἠέ τι ἔργον ὅ κεν χέρες αἵδε κάμοιεν
ἠπεδαναί · καὶ μή τις ἀμοιβαίη χάρις ἔστω. »
Ὣς ἔφαθ’ · Ἥρη δ’ αὖτις ἐπιφραδέως ἀγόρευσεν ·
« Οὔ τι βίης χατέουσαι ἱκάνομεν οὐδέ τι χειρῶν ·
85 ἀλλ’ αὔτως ἀκέουσα τεῷ ἐπικέκλεο παιδὶ
παρθένον Αἰήτεω θέλξαι πόθῳ Αἰσονίδαο.
Εἰ γάρ οἱ κείνη συμφράσσεται εὐμενέουσα,
ῥηιδίως μιν ἑλόντα δέρος χρύσειον ὀίω
νοστήσειν ἐς Ἰωλκόν, ἐπεὶ δολόεσσα τέτυκται. »
90 Ὣς ἄρ’ ἔφη · Κύπρις δὲ μετ’ ἀμφοτέρῃσιν ἔειπεν ·

TEST. 71 (καναχηδὰ — φορέοντο) *EM* s. κανάχιζεν ‖ 77 (ἀντομένην Ἥρην) *EG EM* s. ἄντρον; Crameri *An. gr. Oxon.* 1, 83, 28.

---

70 κατ’ αὐτῶν Ω : κατ’ αὐτὰς E ‖ 73 διὲκ WB : διεκ- *m* ΣΩʲ
δι’ ἐκ *wD* ‖ προαλὲς Ω : -λὸς G in ras. Eᵃᶜ ‖ 74 νύ Bᵃ Flor. :
νῦν Ω ‖ περι- SE : πέρι LG περὶ A ‖ 75 ὀπάσσεις *w* : -σσης *m*
-σσοις D -σσαις RQC (cf. *Σʲ⁽ᵗ⁾ δοίης) ‖ 76 δ’ ἐνεοστασίη (uel
δ’ ἀν-) Bigot Ruhnken² : δὲ νεο- Ω ΣΩʲ ‖ μύθων Ω ΣΩʲ (cf. δ
704) : θυμόν Ruhnken², cl. 3, 284 ‖ 77 ἔθεν *m* Sᵃᵖᶜ : ἔνθεν *w* ‖ 79
μή Ω E²ᵐᵍ : μέν E ‖ τοί τι L²ˢˡ (uel L⁴) *w*E : τί τοι LA ‖ 81 ἠέ
[ἢ D] τι G*d* : ἠέ τε S ἢ ἔτ’ LA ἢ E ‖ χέρες S*d* : χεῖρες Ω ‖ αἵδε
D : αἴγε Ω ‖ 82 μή τις Ω : μῆτις E ‖ χάρις ἔστω Ω : χαρίσαιτο E
‖ 84 οὔτι Ω : οὔτε E ‖ οὐδέ τι Ω : οὐδ’ ἔτι E² ‖ 88 ὀίω Ω : ὀίσω E.

« Héra et Athéna, c'est à vous plus qu'à moi qu'il
peut obéir ; car, pour vous, malgré toute son impudence,
il mettra au moins un brin de pudeur dans son regard*.
Mais de moi il n'a cure ; sans cesse il me cherche querelle,
95 sans le moindre égard[1]. Et même j'ai failli, dans l'infortune qui m'accablait, briser tout à la fois son arc et ses
flèches au son maudit, sous ses yeux, tant il proférait
de menaces dans ses colères[2] ! Si, disait-il, je ne retiens
pas mes mains loin de lui pendant qu'il maîtrise encore
son courroux, je n'aurai après cela à m'en prendre qu'à
moi seule ! »

100 Elle dit, et les déesses sourirent en se regardant les
yeux dans les yeux ; mais Cypris, pleine de chagrin,
reprit :

« Les autres, mes peines les font rire ; je ne devrais pas
les conter à tous et il me suffit de les connaître moi-
même. Allons, puisque vous le désirez toutes deux,
105 j'essaierai : je vais l'amadouer et il ne désobéira pas. »

Elle dit ; Héra prit affectueusement sa main délicate[3]
et, avec un doux sourire, lui fit cette réponse :

« C'est cela, Cythérée ; en cette affaire, agis sans
tarder comme tu le dis ; et ne te fâche pas, ne querelle
110 pas ton fils dans ta colère : il changera avec le temps. »

A ces mots, elle quitta son siège et Athéna l'accompa-
gna ; elles sortirent ensemble pour s'en retourner. Cypris,
de son côté, se dirigea vers les vallons de l'Olympe, à la

---

1. Le thème de l'antagonisme entre Aphrodite et Amour
est nouveau. On le retrouve chez Moschos, *Éros échappé; Anth.
Pal.*, 5, 177, 178 (Méléagre) ; [Virg.], *Ciris*, 133 s. ; Lucien, *Dial.
Dieux*, 11.

2. Τοῖον γάρ est fréquent chez Homère (N 677 ; Χ 241 ;
γ 496 ; ν 115 ; ω 62). C'est parce qu'elle prend — ou feint de
prendre — au sérieux les menaces du garnement qu'Aphrodite
envisage de briser son arc. La correction δ' ἄρ' bouleverse sans
raison l'enchaînement des idées qu'on retrouve sous une forme
un peu différente en Θ 415 ὧδε γὰρ ἠπείλησε.

3. Formellement l'expression rappelle Théocr., 17, 37 ῥαδινὰς
ἐσεμάξατο (ἔπε- D) χεῖρας ; cf. aussi Théognis, 1002. La même
épithète qualifie Aphrodite dans Sappho, fr. 102, 2 Lobel-Page
βραδίναν δι' 'Αφροδίταν.

« Ήρη 'Αθηναίη τε, πίθοιτό κεν ὔμμι μάλιστα
ἢ ἐμοί. Ὑμείων γὰρ ἀναιδήτῳ περ ἐόντι
τυτθή γ' αἰδὼς ἔσσετ' ἐν ὄμμασιν · αὐτὰρ ἐμεῖο
οὐκ ὄθεται, μάλα δ' αἰὲν ἐριδμαίνων ἀθερίζει.
95 Καὶ δή οἱ μενέηνα, πέρι σχομένη κακότητι,
αὐτοῖσιν τόξοισι δυσηχέας ἆξαι οἰστοὺς
ἀμφαδίην. Τοῖον γὰρ ἐπηπείλησε χαλεφθείς ·
εἰ μὴ τηλόθι χεῖρας, ἕως ἔτι θυμὸν ἐρύκει,
ἔξω ἐμάς, μετέπειτά γ' ἀτεμβοίμην ἑοῖ αὐτῇ. »
100   Ὣς φάτο · μείδησαν δὲ θεαὶ καὶ ἐσέδρακον ἄντην
ἀλλήλαις. Ἡ δ' αὖτις ἀκηχεμένη προσέειπεν ·
« Ἄλλοις ἄλγεα τἀμὰ γέλως πέλει, οὐδέ τί με χρὴ
μυθεῖσθαι πάντεσσιν · ἅλις εἰδυῖα καὶ αὐτή.
Νῦν δ' ἐπεὶ ὔμμι φίλον τόδε δὴ πέλει ἀμφοτέρῃσι,
105 πειρήσω καί μιν μειλίξομαι, οὐδ' ἀπιθήσει. »
   Ὣς φάτο · τὴν δ' Ἥρη ῥαδινῆς ἐπεμάσσατο χειρός,
ἦκα δὲ μειδιόωσα παραβλήδην προσέειπεν ·
« Οὕτω νῦν, Κυθέρεια, τόδε χρέος, ὡς ἀγορεύεις,
ἔρξον ἄφαρ · καὶ μή τι χαλέπτεο μηδ' ἐρίδαινε
110 χωομένη σῷ παιδί · μεταλλήξει γὰρ ὀπίσσω. »
   Ἦ ῥα καὶ ἔλλιπε θῶκον, ἐφωμάρτησε δ' Ἀθήνη ·
ἐκ δ' ἴσαν ἄμφω ταί γε παλίσσυτοι. Ἡ δὲ καὶ αὐτὴ
βῆ ῥ' ἴμεν Οὐλύμποιο κατὰ πτύχας, εἴ μιν ἐφεύροι.

TEST. 107 respiciunt EG s. παραβλήδην ; EM s. ὑποβλήδην.

93 ἔσσετ' Ω : ἔσσ- malit Fränkel³ ‖ ἐν Ω : ἐπ' Castiglioni² ‖
95 πέρι Vian (post περὶ Ardizzoni) cl. *Σ^{LJg1} : περι- Ω Σ^{J1em}
*Σ^{Ag1} (?) ‖ 97 ἀμφαδίην Ω : -ασίην E²ˢ¹ *Σ^{Eg1} ‖ γὰρ Ω *ΣΩ :
δὲ Z δ' ἄρ' Schneider² ‖ 98 θυμὸν Ω *Σ^J : μῦθον L²ʸᵖ Aʸᵖ *Σ^{Ωp ar}
‖ 99 γ' Ω : κ' Madvig (cf. *Σ^J ?) ‖ ἑοῖ Ω : ἕοι E² ‖ 100 ἐσέδρακον Ω : -αμον E^{ac} ‖ 101 ἀλλήλαις Ω (cf. Quint. Sm. 4,
300) : -λας Ziegler ‖ 104 τόδε Ω : τόγε S ‖ 109 ἐρίδαινε w :
-δηνε LA -δηνον E ‖ 110 χωομένη Ω : -νῳ Solmsen, cl. Ι 157
‖ μεταλλήξει Ω : -αλλάξει ci. Madvig et legisse *Σ^w (μεταστρέ-
ψει) putat Wendel ‖ 112 ἡ δὲ AD : ἠδὲ LwE.

recherche de son fils. Elle le trouva à l'écart, dans le
115 jardin florissant de Zeus[1]. Il n'était pas seul, mais en
compagnie de Ganymède que jadis Zeus avait installé
au ciel, comme convive des Immortels, parce qu'il
s'était épris de sa beauté*. Tous deux jouaient avec des
osselets d'or, comme de jeunes camarades*. Amour
l'effronté en avait déjà une pleine poignée dans sa main
120 gauche qu'il serrait contre sa poitrine* ; il était debout
et ses joues se coloraient d'une douce rougeur*. Près de
lui, Ganymède se tenait à genoux, silencieux et tête
basse. Il ne lui restait que deux osselets qu'il lançait
encore l'un après l'autre, en vain* : il était furieux de
125 voir son compagnon rire aux éclats*. Il eut tôt fait de
les perdre comme les précédents et s'en fut, les mains
vides, désemparé, sans voir arriver Cypris[2]. Celle-ci
s'arrêta devant son fils et, aussitôt, lui prenant le
menton, elle lui dit :
« Pourquoi sourire après ce que tu as fait, vilain
130 monstre ? Comme d'habitude, tu l'as trompé et c'est
par tes tricheries que tu as triomphé de son ingénuité[3] ?
Mais allons, sois gentil pour moi ! Fais ce que je vais te
dire et je te donnerai ce magnifique jouet de Zeus que
lui avait fabriqué sa chère nourrice Adrasteia, quand il
était encore un tout petit bambin dans l'antre de l'Ida* :
135 c'est une balle légère, telle que tu ne pourrais recevoir
plus beau cadeau des mains d'Héphaistos[4]. Elle est
formée d'anneaux en or ; chacun, de part et d'autre,
est entouré de deux bagues qui les cerclent[5] ; mais les
sutures sont invisibles et un méandre de smalt court

---

1. Quint. Sm., 10, 335, se souviendra du verger de Zeus.
Philostr. le J., *Imag.*, 8, transpose ἐν Διὸς αὐλῇ.
2. Cf. 3, 1150.
3. Pour οὐδὲ δίκῃ, cf. 2, 1180 (et t. 1, p. 233, n. 1). La forme
νῆιν se retrouve chez Callim., fr. 178, 33 Pf.
4. Amour jouant à la balle : cf. Anacréon, fr. 358 Page
(= 13 Gentili) avec la bibliographie donnée par les deux éditeurs.
Voir aussi la terre cuite reproduite par G. Lafaye, dans Daremberg-
Saglio, *Dict. Ant.*, s. *pila*, fig. 5665.
5. Cf. Arat., 401 περιηγέες εἰλίσσονται.

Εὖρε δὲ τόν γ' ἀπάνευθε, Διὸς θαλερῇ ἐν ἀλωῇ,
115 οὐκ οἶον, μετὰ καὶ Γανυμήδεα, τόν ῥά ποτε Ζεὺς
οὐρανῷ ἐγκατένασσεν ἐφέστιον ἀθανάτοισι,
κάλλεος ἱμερθείς. Ἀμφ' ἀστραγάλοισι δὲ τώ γε
χρυσείοις, ἅ τε κοῦροι ὁμήθεες, ἑψιόωντο.
Καί ῥ' ὁ μὲν ἤδη πάμπαν ἐνίπλεον ᾧ ὑπὸ μαζῷ
120 μάργος Ἔρως λαιῆς ὑποΐσχανε χειρὸς ἀγοστόν,
ὀρθὸς ἐφεστηώς · γλυκερὸν δέ οἱ ἀμφὶ παρειὰς
χροιῆς θάλλεν ἔρευθος. Ὁ δ' ἐγγύθεν ὀκλαδὸν ἧστο
σῖγα κατηφιόων · δοιὼ δ' ἔχεν, ἄλλον ἔτ' αὔτως
ἄλλῳ ἐπιπροϊείς, κεχόλωτο δὲ καγχαλόωντι.
125 Καὶ μὴν τούς γε παρᾶσσον ἐπὶ προτέροισιν ὀλέσσας,
βῆ κενεαῖς σὺν χερσὶν ἀμήχανος, οὐδ' ἐνόησε
Κύπριν ἐπιπλομένην. Ἡ δ' ἀντίη ἵστατο παιδός,
καί μιν ἄφαρ γναθμοῖο κατασχομένη προσέειπε ·
« Τίπτ' ἐπιμειδιάᾳς, ἄφατον κακόν ; Ἤέ μιν αὔτως
130 ἤπαφες οὐδὲ δίκῃ περιέπλεο, νῆιν ἐόντα ;
Εἰ δ' ἄγε μοι πρόφρων τέλεσον χρέος ὅττι κεν εἴπω ·
καί κέν τοι ὀπάσαιμι Διὸς περικαλλὲς ἄθυρμα
κεῖνο τό οἱ ποίησε φίλη τροφὸς Ἀδρήστεια
ἄντρῳ ἐν Ἰδαίῳ ἔτι νήπια κουρίζοντι,
135 σφαῖραν ἐυτρόχαλον, τῆς οὐ σύ γε μείλιον ἄλλο
χειρῶν Ἡφαίστοιο κατακτεατίσσῃ ἄρειον.
Χρύσεα μέν οἱ κύκλα τετεύχαται, ἀμφὶ δ' ἑκάστῳ
διπλόαι ἀψῖδες περιηγέες εἱλίσσονται ·
κρυπταὶ δὲ ῥαφαί εἰσιν, ἕλιξ δ' ἐπιδέδρομε πάσαις

Test. 114-155 paraphr. Philostr. Jun. Imag. 8.

115 καὶ Ω : δὲ καὶ E ‖ 116 ἐγ- ωE : ἐν LA ‖ 117 τώγε Ω :
τώδε A ‖ 119 ἐνίπλεον SE : -πλειον LAG ‖ ὑπὸ Ω : ἐπὶ D ‖ 120
ἔρως Ω ΣΩ : ἔρος E Σ^J ‖ ἀγοστόν E : -στῷ Ω uide adn. ‖ 122
χροιῆς E : χροιῇ Ω ‖ 124 ἄλλῳ Ω : ἄλλον L^as1E ‖ 129 ἐπιμειδιάᾳς Ω ΣΩ : -άεις [εις in ras.] E² ‖ 131 om. E, add. mg.
eadem manu ‖ 137 χρύσεα Ω : -σᾶ E ‖ ἑκάστῳ Ω : ἕκαστα E.

140 sur toute leur surface*. Si tu lances cette balle pour la
recevoir dans tes mains, telle une étoile filante, elle
trace dans l'air un sillon lumineux. Ce sera mon cadeau ;
mais toi, frappe de ta flèche la fille vierge d'Aiétès pour
l'attirer par tes charmes vers Jason. Et ne tarde pas ;
sinon, ma reconnaissance serait moindre. »

145   Elle dit, et Amour se réjouit d'entendre ces paroles[1].
Il jeta tous ses jouets et, agrippant à deux mains la
déesse par sa tunique, de chaque côté, il l'étreignait de
toutes ses forces[2] ; il la suppliait de lui donner la balle
tout de suite, à l'instant même. Mais elle, usant de mots
câlins pour le supplier, attirant ses joues contre la
150 sienne, lui donna un baiser en le serrant sur son sein*
et lui répondit avec un sourire :

« Je le jure sur ta tête chérie et sur la mienne[3] ! Oui,
je te ferai bien ce cadeau et ne te tromperai pas, pourvu
que tu frappes de ta flèche la fille d'Aiétès. »

Elle dit. Il rassembla sa moisson d'osselets et, après
155 les avoir tous soigneusement comptés[4], les déposa dans
le sein éclatant de sa mère. Aussitôt il ceignit, au moyen
d'un baudrier en or, son carquois qui était appuyé
contre un tronc d'arbre, et il prit son arc recourbé. Il
traversa à la course le jardin chargé de fruits du grand
160 Zeus, puis franchit les portes éthérées de l'Olympe[5].
De là, une route descend du ciel ; les cimes de deux

---

1. Même vers en 1, 1103.
2. Sur νωλεμές, cf. t. 1, p. 274 (*N. C.* à 2, 554).
3. Serment par la tête : O 39 ; *H. hom. Aphr.*, 27 ; Callim.,
fr. 110, 40 Pf. ; Virg., *Én.*, 4, 357 ; 9, 300 ; Ovide, *Hér.*, 3, 107.
4. Amour compte ses osselets pour être sûr que sa mère
lui rendra tout son bien. Cette gaminerie fait un amusant
contraste avec l'emphatique φαεινῷ … κόλπῳ.
5. Sur les portes du ciel auxquelles sont préposées les
Heures, cf. E 749-751 ; Θ 393-395, 411. Sappho, fr. 54 Lobel-Page
avait déjà évoqué Amour descendant du ciel ἔλθοντ' ἐξ ὀράνω
πορφυρίαν περθέμενον χλάμυν. D'après la scholie au v. 158,
« dans ces vers, Apollonios transpose (παραγράφει) les vers
d'Ibycos au sujet du rapt de Ganymède dans son *Ode à Gorgias*
où il fait mention aussi du rapt de Tithon par Aurore » (= fr.
289 Page). Wilamowitz, suivi par Wendel, rapporte ce renseigne-
ment aux v. 115-117 ; mais on peut douter que la brève mention

140 κυανέη · ἀτὰρ εἴ μιν ἑαῖς ἐνὶ χερσὶ βάλοιο,
    ἀστὴρ ὣς φλεγέθοντα δι᾽ ἠέρος ὁλκὸν ἵησι.
    Τήν τοι ἐγὼν ὀπάσω · σὺ δὲ παρθένον Αἰήταο
    θέλξον ὀιστεύσας ἐπ᾽ Ἰήσονι · μηδέ τις ἔστω
    ἀμβολίη, δὴ γάρ κεν ἀφαυροτέρη χάρις εἴη. »
145 Ὣς φάτο · τῷ δ᾽ ἀσπαστὸν ἔπος γένετ᾽ εἰσαΐοντι.
    Μείλια δ᾽ ἔκβαλε πάντα καὶ ἀμφοτέρῃσι χιτῶνος
    νωλεμὲς ἔνθα καὶ ἔνθα θεὰν ἔχεν ἀμφιμεμαρπώς ·
    λίσσετο δ᾽ αἶψα πορεῖν, αὐτοσχεδόν. Ἡ δ᾽ ἀγανοῖσιν
    ἀντομένη μύθοισιν, ἐπειρύσσασα παρειάς,
150 κύσσε ποτισχομένη, καὶ ἀμείβετο μειδιόωσα ·
    « Ἴστω νῦν τόδε σεῖο φίλον κάρη ἠδ᾽ ἐμὸν αὐτῆς ·
    ἦ μέν τοι δῶρόν γε παρέξομαι οὐδ᾽ ἀπατήσω,
    εἴ κεν ἐνισκίμψῃς κούρῃ βέλος Αἰήταο. »
    Φῆ · ὁ δ᾽ ἄρ᾽ ἀστραγάλους συναμήσατο, κὰδ δὲ φαεινῷ
155 μητρὸς ἑῆς, εὖ πάντας ἀριθμήσας, βάλε κόλπῳ.
    Αὐτίκα δ᾽ ἰοδόκην χρυσέη περικάτθετο μίτρῃ
    πρέμνῳ κεκλιμένην, ἀνὰ δ᾽ ἀγκύλον εἵλετο τόξον.
    Βῆ δὲ διὲκ μεγάλοιο Διὸς πάγκαρπον ἀλωήν,
    αὐτὰρ ἔπειτα πύλας ἐξήλυθεν Οὐλύμποιο
160 αἰθερίας. Ἔνθεν δὲ καταιβάτις ἐστὶ κέλευθος
    οὐρανίη · δοιὼ δὲ πόλον ἀνέχουσι κάρηνα

TEST. 145-161 Π[20].

---

140 κυανέη Ω : -έην Ε[ac] ‖ **146** μείλια Ω Σ[Ωϳ] : μηλ[ια Π[20] ‖
147 θεὰν Fränkel : θεᾶς Ω ‖ ἔχεν Ω : ἔχετ᾽ Brunck ‖ **149**
ἀντομένη Ω Σ[Ωϳ] : -όμενον prop. Fränkel ‖ ἐπειρύσσασα Brunck :
-ρύσασα Ω ΣΩ -ρείσασα J[2] B[γρ] *Σ[ϳ] ‖ **150** κύσσε Π[20] LA : κῦσε
SE Σ[A] κύσσε G Σ[ϳ] κῦσε Σ[L] ‖ ποτισχομένη Ω Σ[Ωϳ] : -μένου
Wifstrand[1] ‖ **151** κάρη LwE : -ρα AG[2s1] ‖ ἐμὸν Ω : ἐμοῦ Ε ‖
152 τοι Ω : σοι Ε ‖ **154** ἄρ᾽ om. Ε ‖ **156** χρυσέη mG : -έην
SD ‖ περικάτθετο Ω : -κάθεο G -κατέθετο Ε ‖ **158** διὲκ Π[20s1] Ζ :
δι᾽ ἐκ Ω Σ[ϳ] διος Π[20] ‖ μεγαλοιο Π[20] : μεγάροιο Ω Σ[ϳ] ‖ Διὸς Ω :
θ[εοῦ (? Wifstrand[1]) Π[20] ‖ **160** αἰθερίας Ω : -ινάς Ε ‖ **161** πόλον
Platt[1] : πόλοι Ω.

hautes montagnes en soutiennent la voûte*, sommets
de la terre situés à l'endroit où le soleil levant fait
rougeoyer ses premiers rayons*. Au-dessous, il voyait
165 tantôt la glèbe nourricière[1], les villes des hommes et les
cours d'eau sacrés des fleuves, tantôt les cimes des
montagnes et la mer à l'entour, tandis qu'il effectuait
sa longue course à travers l'éther*.

Cependant les héros, à l'écart, embusqués dans un
marais du fleuve[2], tenaient une assemblée sur les bancs
de leur navire. Leur chef, l'Aisonide, parlait, et ils
170 l'écoutaient en silence*, chacun assis à sa place, l'un
derrière l'autre :

« Amis*, le plan qui a ma préférence, je vais vous
l'exposer ; mais c'est à vous que revient la décision
finale. Commune est l'entreprise et commun le droit à
la parole, pour tous également. Qui se tait, gardant pour
175 soi son idée et son avis, doit savoir aussi qu'à lui seul il
compromet le retour de cette expédition*. Vous autres
donc, restez sur le navire, en armes, tranquillement ;
moi, j'irai au palais d'Aiétès, en prenant avec moi les
fils de Phrixos plus deux compagnons. D'abord je le
tâterai par mes discours pendant notre rencontre*,
180 pour savoir s'il consentirait à nous donner amicalement
la toison d'or ou s'il refuse et, confiant dans sa force,
fait fi de notre démarche*. Ainsi, en effet, instruits au
préalable par lui-même de notre infortune, nous décide-
rons ensemble soit d'engager le combat soit de recourir
à quelque autre expédient, si nous renonçons à la guerre.
185 Mais nous n'allons pas d'emblée, avant de l'avoir tâté
par des paroles*, le dépouiller par la force de son bien :

du rapt ait suscité cette note ; en revanche, la scène de la descente
du ciel est remarquable et Apollonios a pu en trouver l'idée chez
le poète lyrique évoquant le vol de l'aigle de Zeus. Ce thème est
d'ailleurs une « scène typique » qu'on retrouve dans l'*Hymne hom.
à Déméter* et dans Bacchylide : cf. N. J. Richardson, *Hom. Hymn
to Demeter* (1974), 279-281.
  1. Cf. Hés., *Théog.*, 693 γαῖα φερέσβιος.
  2. Cf. 3, 7 (et 2, 1283). La répétition clôt la scène sur
l'Olympe et marque le retour à la narration principale (composition circulaire).

οὐρέων ἠλιβάτων, κορυφαὶ χθονός, ἦχί τ' ἀερθεὶς
ἠέλιος πρώτῃσιν ἐρεύθεται ἀκτίνεσσι.
Νειόθι δ' ἄλλοτε γαῖα φερέσβιος ἄστεά τ' ἀνδρῶν
165 φαίνετο καὶ ποταμῶν ἱεροὶ ῥόοι, ἄλλοτε δ' αὖτε
ἄκριες, ἀμφὶ δὲ πόντος, ἀν' αἰθέρι πολλὸν ἰόντι.
    Ἥρωες δ' ἀπάνευθεν ἑῆς ἐπὶ σέλμασι νηὸς
ἐν ποταμῷ καθ' ἕλος λελοχημένοι ἠγορόωντο.
Αὐτὸς δ' Αἰσονίδης μετεφώνεεν · οἱ δ' ὑπάκουον
170 ἠρέμα ᾗ ἐνὶ χώρῃ ἐπισχερὼ ἑδριόωντες ·
    « Ὦ φίλοι, ἤτοι ἐγὼ μὲν ὅ μοι ἐπιανδάνει αὐτῷ
ἐξερέω, τοῦ δ' ὔμμι τέλος κρηῆναι ἔοικε.
Ξυνὴ γὰρ χρειώ, ξυνοὶ δέ τε μῦθοι ἔασι
πᾶσιν ὁμῶς · ὁ δὲ σῖγα νόον βουλήν τ' ἀπερύκων
175 ἴστω καὶ νόστου τόνδε στόλον οἶος ἀπούρας.
Ὤλλοι μὲν κατὰ νῆα σὺν ἔντεσι μίμνεθ' ἔκηλοι ·
αὐτὰρ ἐγὼν ἐς δώματ' ἐλεύσομαι Αἰήταο,
υἷας ἑλὼν Φρίξοιο δύω τ' ἐπὶ τοῖσιν ἑταίρους.
Πειρήσω δ' ἐπέεσσι παροίτερον ἀντιβολήσας,
180 εἴ κ' ἐθέλοι φιλότητι δέρος χρύσειον ὀπάσσαι,
ἦε καὶ οὔ, πίσυνος δὲ βίῃ μετιόντας ἀτίσσει.
Ὧδε γὰρ ἐξ αὐτοῖο πάρος κακότητα δαέντες
φρασσόμεθ' εἴ τ' ἄρηι συνοισόμεθ' εἴ τέ τις ἄλλη
μῆτις ἐπίρροθος ἔσται ἐεργομένοισιν αὐτῆς.
185 Μηδ' αὔτως ἀλκῇ, πρὶν ἔπεσσί γε πειρηθῆναι,

TEST. 173-191 Π[20].

    163 ἐρεύθεται wd : ἐρεύγε- m ‖ 164 ἄλλοτε E : -οθι Ω ‖ 166
ἀν' Ω Σ[J] : ἐν Σ[A] Flor. ‖ αἰθέρι Ω Σ[ΩJ] : -έρα E[2] ‖ 167 ἑῆς Ω
Σ[ΩJ] : ἐοῖς GD ‖ 170 ἠρέμα L[4]AwE : -μας LW ‖ 176 ὤλλοι [ὦ-]
Ω : ἄλλοι E[ac] ‖ μι]μνετ' ἔκηλοι Π[20] ‖ 178 τ' S[pc]G (cf. 1, 811;
2, 1244 ; 3, 1285 ; 4, 447, 1190) : δ' mS[ac] ‖ 179 παροίτερον
Ω : παραίτ- E ‖ 180 κ' ἐθέλοι LASd : κε θέλει G κ' ἐθέλει
E ‖ 181 δὲ Ω : γε E ‖ 185 ἔπεσσί E : ἐπέεσσί Π[20] Ω.

6

mieux vaut d'abord faire une démarche pour nous le
concilier par des discours. Souvent, ce que la vaillance
accomplirait avec peine, la parole l'obtient aisément à
190　point nommé, si elle sait donner de justes apaisements[1].
Aiétès a bien reçu autrefois l'innocent Phrixos qui
fuyait la perfidie d'une marâtre et le sacrifice auquel
son père le destinait[2] ; car tous, en tous lieux, jusqu'au
plus criminel, respectent la loi de Zeus Hospitalier et
l'observent[3]. »

Il dit. Les jeunes approuvèrent le discours de
195　l'Aisonide, unanimement, et il n'y eut personne pour
émettre un avis contraire[4].

Alors il invita à le suivre les fils de Phrixos, Télamon
et Augias ; lui-même prit le sceptre d'Hermès*. Aussitôt,
sautant du navire par-dessus les roseaux et l'eau, ils
débarquèrent à terre sur un mamelon de la plaine.
200　Celle-ci porte le nom de Circé. Là croissent en abondance
des rangées de tamaris et de saules* au sommet desquels
sont suspendus des cadavres attachés par des cordes[5].
Maintenant encore, en effet, c'est un sacrilège pour les

---

1. H. Fränkel rapproche la sentence de Pind., *Pyth.*, 8, 13-15.
Cf. aussi Eur., *Phén.*, 516 s. : « La parole écarte tout obstacle,
autant que le ferait le fer des ennemis. » — Pour κατὰ χρέος, cf.
H. hom. Herm., 138 ; Arat., 343 (et Callim., fr. 85, 2 ; 178, 7 Pf.).

2. Allusion à Inô et à Athamas : cf. t. 1, p.] 283, *N.C.* à
2, 1195.

3. Pour donner bon espoir à ses compagnons, Jason rappelle
qu'Aiétès a su dans le passé respecter les lois de l'hospitalité.
L'argument paraît d'autant plus convaincant que Jason, abusé
par le récit d'Argos (2, 1146-1149), ignore que le roi n'a accueilli
Phrixos que contraint et forcé, sur l'ordre de Zeus (cf. 3, 584-
588). — Le texte du v. 190 est garanti par 2, 1147 καί μιν ἔδεκτο.
Un lecteur a corrigé les v. 190 et 192 de manière à rattacher ce
développement aux considérations sur le μῦθος ; cette curieuse
variante, conservée par E, transforme le discours de Jason en
un éloge de la rhétorique. — Pour l'accord du verbe avec l'apposition au sujet, voir la note p. 90, n. 6.

4. Παρέξ est à rattacher à ἄλλο : cf. δ 348 (= ρ 139), ξ 168.

5. Ἀπ' paraît plus naturel, mais fausserait sans doute le
sens : les morts sont suspendus *sur* les arbres ; comparer les
emplois d'ἐπικρεμάννυμι chez Nonnos.

τόνδ' ἀπαμείρωμεν σφέτερον κτέρας · ἀλλὰ πάροιθεν
λωίτερον μύθῳ μιν ἀρέσσασθαι μετιόντας.
Πολλάκι τοι ῥέα μῦθος, ὅ κεν μόλις ἐξανύσειεν
ἠνορέη, τόδ' ἔρεξε κατὰ χρέος, ᾗ περ ἐῴκει
190 πρηΰνας. Ὁ δὲ καί ποτ' ἀμύμονα Φρίξον ἔδεκτο
μητρυιῆς φεύγοντα δόλον πατρός τε θυηλάς,
πάντες ἐπεὶ πάντῃ, καὶ ὅ τις μάλα κύντατος ἀνδρῶν,
Ξεινίου αἰδεῖται Ζηνὸς θέμιν ἠδ' ἀλεγίζει. »
Ὣς φάτ' · ἐπήνησαν δὲ νέοι ἔπος Αἰσονίδαο
195 πασσυδίῃ, οὐδ' ἔσκε παρὲξ ὅ τις ἄλλο κελεύοι.
Καὶ τότ' ἄρ' υἷας Φρίξου Τελαμῶνά θ' ἔπεσθαι
ὦρσε καὶ Αὐγείην · αὐτὸς δ' ἕλεν Ἑρμείαο
σκῆπτρον. Ἄφαρ δ' ἄρα νηὸς ὑπὲρ δόνακάς τε καὶ ὕδωρ
χέρσον δ' ἐξαπέβησαν ἐπὶ θρωσμοῦ πεδίοιο.
200 Κίρκαιον τό γε δὴ κικλήσκεται · ἔνθα δὲ πολλαὶ
ἑξείης πρόμαλοί τε καὶ ἰτέαι ἐμπεφύασι,
τῶν καὶ ἐπ' ἀκροτάτων νέκυες σειρῇσι κρέμανται
δέσμιοι. Εἰσέτι νῦν γὰρ ἄγος Κόλχοισιν ὄρωρεν

Test. 199 (χέρσονδ' ἐξαποβάντες) *E G*ᴮ *EM* s. χέρσονδε sine aucto-
ris nomine ‖ 200-201 *EG*ᴬ s. κίρκον ; (Κιρκαῖον — κικλήσκεται)
*E G*ᴮ *EM* s. Κιρκαῖον ; respicit Suda s.u. ; (ἔνθα δὲ — ἐμπεφύασιν)
*E G*ᴬᴮ s. πρόμαλοι ; (πρόμαλοι solum) *EM* ibid.

186 τόνδ' Ω : τῷδ' Iᵃ ‖ 188 ῥέα Ω : om. E καὶ Eᵃˢˡ ‖ 189 ᾗ
plerique : ᾖ L ‖ 190 ὁ δὲ LASd Σᴸˡᵉᵐ (bis) : ὅδε GE ΣΩᴶ (disertim) Σᴶˡᵉᵐ ‖ ἔδεκτο Ω Σᴸ : ἔπεισε E uide 192 ‖ 191 μητρυιῆς
AE : -υῖης Lw ‖ 192 πάντες ἐπεὶ Ω : δέχθαι, ἐπεὶ E uide 190
‖ ὅ LAGd : ὅς SE ‖ 194 ἐπήνησαν D : -νυσαν LA -νεσ(σ)αν wE
‖ 196 υἷας Ω : υἶας Eᵃᶜ ‖ 198 ἄρα E : ἀνὰ Ω ‖ 199 δ' Ω Test. :
τ' E ‖ ἐξαπέβησαν Ω : ἐξαποβάντες Test. ἀπεξέβησαν E ‖ 200
Κίρκαιον *EG*ᴬ *EM* ΣΩᴶ (ad 2, 399-401) disertim : Κιρκαῖον
Ω ΣΩᴶ *EG*ᴮ Svda ‖ τόγε [τότε *EM*] δὴ Σᴸˡᵉᵐ Test. : τόδε που
Ω Σᴬˡᵉᵐ ‖ ἔνθα δὲ LAD *EG*ᴮ (s. πρόμ.) : ἐνθάδε wE ἔνθα δε
Test. cett. ‖ 201 πρόμαλοί Test. : -μαδοί Ω -γαδοί S ‖ τε om.
EG (s. πρόμ.) ‖ ἐμπεφύασι(ν) D Test. : ἐκπεφύασ(σ)ι(ν) Ω
ἐκπεφύκασι IᵃᶜE ‖ 202 ἐπ' Ω ΣΩ : ἀπ' Naber ‖ 203 post εἰσέτι
dist. m.

Colques de brûler les défunts mâles sur un bûcher ; il
205 n'est pas permis non plus de les ensevelir en terre et
d'élever au-dessus d'eux un tertre[1] ; mais on les enveloppe dans des peaux de bœufs non tannées[2] et on les
suspend à des arbres, loin de la ville. La terre cependant
a la même part que l'air, car c'est en terre qu'on ense-
velit les femmes. Tel est le genre de coutume qu'on
observe*.

210 Tandis qu'ils avançaient, Héra, dans sa bienveillance,
répandit sur la ville une brume épaisse afin de les cacher
aux regards du peuple innombrable des Colques pendant
qu'ils se rendaient chez Aiétès. Mais, dès qu'au sortir de
la plaine, ils eurent atteint la ville et le palais d'Aiétès,
215 alors, de nouveau, Héra dissipa la nuée*. Ils s'arrêtèrent
à l'entrée, stupéfaits à la vue de la cour royale, des larges
portes et des colonnes qui s'élevaient en files tout autour
des murs* ; au faîte du bâtiment, un entablement de
pierre s'ajustait sur des chapiteaux ciselés de bronze*.
Puis, en toute tranquillité*, ils franchirent le seuil. Tout
220 près, des vignes cultivées, formant un berceau de verts
feuillages, s'élevaient bien haut, en pleine vigueur*.
Sous leur tonnelle coulaient quatre fontaines intaris-
sables dont Héphaistos avait fait les canalisations : de
l'une jaillissait du lait ; d'une autre, du vin ; de la
225 troisième ruisselait une huile parfumée ; la dernière
répandait une eau qui, dit-on[3], était chaude à l'époque
du coucher des Pléiades[4], tandis qu'à leur lever l'eau
qui sortait du creux de la roche était froide comme

---

1. Στείλαντας = περιστείλαντας. Cas analogues : 3, 514 ; 4,
824, 901, 1594 (à ajouter à la liste donnée *Rev. Ét. Anc.*, 75,
1973, 83 s.).

2. Sur le duel employé avec valeur de pluriel, cf. t. 1, p. 68,
n. 2.

3. Ποθι signifie « quelque part » en 3, 1061 ; ici, il signifie
« à ce qu'il semble », comme en 2, 881, et sans doute en 4, 275,
319. Le poète ne prend pas à son compte le prodige qu'il rapporte.
En 4, 1228, la conjecture ποθι ne donne aucun sens satisfaisant.

4. Les Pléiades se lèvent en mai et se couchent en novembre :
« par leur lever et leur coucher, elles divisent l'année en deux
parties égales » ([Théophr.], *De signis*, 6) ; cf. aussi Moirô, dans
Athénée, 11, 491 b.

ἀνέρας οἰχομένους πυρὶ καιέμεν· οὐδ᾽ ἐνὶ γαίῃ
205 ἔστι θέμις στείλαντας ὕπερθ᾽ ἐπὶ σῆμα χέεσθαι,
ἀλλ᾽ ἐν ἀδεψήτοισι κατειλύσαντε βοείαις
δενδρέων ἐξάπτειν ἑκὰς ἄστεος. Ἠέρι δ᾽ ἴσην
καὶ χθὼν ἔμμορεν αἶσαν, ἐπεὶ χθονὶ ταρχύουσι
θηλυτέρας· ἡ γάρ τε δίκη θεσμοῖο τέτυκται.
210   Τοῖσι δὲ νισομένοις Ἥρη φίλα μητιόωσα
ἠέρα πουλὺν ἐφῆκε δι᾽ ἄστεος, ὄφρα λάθοιεν
Κόλχων μυρίον ἔθνος ἐς Αἰήταο κιόντες.
Ὦκα δ᾽ ὅτ᾽ ἐκ πεδίοιο πόλιν καὶ δώμαθ᾽ ἵκοντο
Αἰήτεω, τότε δ᾽ αὖτις ἀπεσκέδασεν νέφος Ἥρη.
215 Ἔσταν δ᾽ ἐν προμολῇσι, τεθηπότες ἕρκε᾽ ἄνακτος
εὐρείας τε πύλας καὶ κίονας οἳ περὶ τοίχους
ἑξείης ἄνεχον· θριγκὸς δ᾽ ἐφύπερθε δόμοιο
λάινεος χαλκέῃσιν ἐπὶ γλυφίδεσσιν ἀρήρει.
Εὔκηλοι δ᾽ ὑπὲρ οὐδὸν ἔπειτ᾽ ἔβαν. Ἄγχι δὲ τοῖο
220 ἡμερίδες χλοεροῖσι καταστεφέες πετάλοισιν
ὑψοῦ ἀειρόμεναι μέγ᾽ ἐθήλεον. Αἱ δ᾽ ὑπὸ τῇσιν
ἀέναοι κρῆναι πίσυρες ῥέον, ἃς ἐλάχηνεν
Ἥφαιστος· καί ῥ᾽ ἡ μὲν ἀναβλύεσκε γάλακτι,
ἡ δ᾽ οἴνῳ, τριτάτη δὲ θυώδεϊ νᾶεν ἀλοιφῇ·
225 ἡ δ᾽ ἄρ᾽ ὕδωρ προίεσκε, τὸ μέν ποθι δυομένῃσι
θέρμετο Πληιάδεσσιν, ἀμοιβηδὶς δ᾽ ἀνιούσαις
κρυστάλλῳ ἴκελον κοίλης ἀνεκήκιε πέτρης.

Test. 218 EG EM s. γλυφίς ‖ 225-227 respicit EG s. Πλειάδες.

205 χέεσθαι Ω : χέασθαι S ‖ 206 κατειλύσαντε m : -ντες wD
‖ 208 ἐπεὶ I²E : ἐπὶ Ω ‖ 209 ἡ S : ἦ mG Σᴶ ‖ τε Brunck : κε
Ω Σᴶ σφι Fränkel ‖ δίκη L (sic) et codd. cett. ‖ 211 ἄστεος
Ω : ἄργεος Campbell⁴ ‖ 217 θριγκὸς L : τρ- L²ˢ¹ θριγγὸς AwE
θριγχὸς W ‖ 218 λάινεος Ω : -ινέαις Test. ‖ χαλκέῃσιν E : -κείαις
Ω ΣΩ -κείοις [-κίοις EM] Test. -κείοισιν D ‖ 223 ἀναβλύεσκε
Ω : ἀνεβλ- G ‖ 225 προίεσκε Vian¹⁻² Fränkel : προέεσκε LSE
(= Ω) προρέ- L²AG ΣΩ προχέ- O προέηκε D ‖ ποθι Ω : ποτι- E.

glace. Tels étaient dans le palais du Kytaien Aiétès les
ouvrages merveilleux qu'avait conçus Héphaistos,
230 l'habile ouvrier[1]. Il lui avait forgé en outre des taureaux
aux pieds de bronze[2] ; leurs mufles, de bronze aussi,
exhalaient de terribles flammes ardentes. Il avait encore
fabriqué une charrue d'une seule pièce, en dur acier.[3]
Ainsi payait-il sa reconnaissance envers le Soleil qui
l'avait recueilli sur son char, épuisé par le combat de
235 Phlégra*. Là se trouvait aussi la porte centrale, en métal
travaillé* ; près d'elle, plusieurs doubles portes, solidement agencées, menaient à des appartements de chaque
côté ; un portique richement décoré était édifié de part
et d'autre sur toute la longueur*. Transversalement[4],
des bâtiments plus élevés se dressaient à droite et à
240 gauche. Dans l'un, le plus haut de tous*, habitait le roi
Aiétès avec son épouse ; dans l'autre habitait Apsyrtos,
le fils d'Aiétès*. Une Nymphe du Caucase, Astérodeia,
l'avait enfanté avant qu'Aiétès n'eût pris pour femme
légitime Eidyia, la plus jeune fille de Téthys et d'Océan.
245 Les enfants des Colques lui donnaient le surnom de
Phaéthon, parce qu'il se distinguait parmi tous les
jeunes gens*. Les appartements étaient occupés par les
servantes et les deux filles d'Aiétès, Chalkiopé et Médée*.
C'est celle-ci que les héros <rencontrèrent... ; ils la

1. Héphaistos n'apparaît pas comme un dieu métallurge dans
l'aménagement de cette fontaine merveilleuse. Les liquides
jaillissent d'un rocher où le dieu a creusé des canalisations
(ἐλάχηνεν, κοίλης πέτρης). A cet égard, notre texte semble bien
n'avoir aucun parallèle. — Sur Kyta, cf. t. 1, p. 196, n. 1.

2. Les v. 230-234 forment une parenthèse destinée à préparer la suite du récit. — Sur les taureaux d'Aiétès, cf. Pind.,
Pyth., 4, 225 s. (χαλκέαις ὁπλαῖς) ; Phérécyde, 3 F 112 Jacoby ;
Antimaque, fr. 62 Wyss ; voir aussi le fr. 336 Pearson de Sophocle
que l'éd. S. Radt (1977) classe parmi les Dubia et spuria (fr.
1135). Cf. encore ci-dessous les v. 410, 496, 1289-1292, 1299-1313.

3. Cf. 3, 1285, 1325, et Pind., Pyth., 4, 224 ἀδαμάντινον...
ἄροτρον. La charrue dite αὐτόγυον a un sep (ἔλυμα) fait d'une
seule pièce au contraire de l'ἄροτρον πηκτόν : cf. Hés., Trav., 433,
et Etym. Gen., s. αὐτόγυον (cité par C. Wendel, Scholia in Ap.
Rh., 225).

4. Λέχρις : emprunt à Antimaque, fr. 44 Wyss. Cf. encore
1, 1235 ; 3, 1160.

Τοῖ’ ἄρ’ ἐνὶ μεγάροισι Κυταιέος Αἰήταο
τεχνήεις Ἥφαιστος ἐμήσατο θέσκελα ἔργα ·
230 καί οἱ χαλκόποδας ταύρους κάμε, χάλκεα δέ σφεων
ἦν στόματ’, ἐκ δὲ πυρὸς δεινὸν σέλας ἀμπνείεσκον ·
πρὸς δὲ καὶ αὐτόγυον στιβαροῦ ἀδάμαντος ἄροτρον
ἤλασεν, Ἡελίῳ τίνων χάριν, ὅς ῥά μιν ἵπποις
δέξατο Φλεγραίῃ κεκμηότα δηιοτῆτι.
235 Ἔνθα δὲ καὶ μέσσαυλος ἐλήλατο, τῇ δ’ ἐπὶ πολλαὶ
δικλίδες εὐπηγεῖς θάλαμοί τ’ ἔσαν ἔνθα καὶ ἔνθα ·
δαιδαλέη δ’ αἴθουσα παρὲξ ἑκάτερθε τέτυκτο.
Λέχρις δ’ αἰπύτεροι δόμοι ἔστασαν ἀμφοτέρωθεν ·
τῶν ἤτοι ἄλλον μέν, ὅ τις καὶ ὑπείροχος ἦεν,
240 κρείων Αἰήτης σὺν ἑῇ ναίεσκε δάμαρτι,
ἄλλον δ’ Ἄψυρτος ναῖεν πάις Αἰήταο.
Τὸν μὲν Καυκασίη Νύμφη τέκεν Ἀστερόδεια
πρίν περ κουριδίην θέσθαι Εἴδυιαν ἄκοιτιν,
Τηθύος Ὠκεανοῦ τε πανοπλοτάτην γεγαυῖαν ·
245 καί μιν Κόλχων υἷες ἐπωνυμίην Φαέθοντα
ἔκλεον, οὕνεκα πᾶσι μετέπρεπεν ἠιθέοισι.
Τοὺς δ’ ἔχον ἀμφίπολοί τε καὶ Αἰήταο θύγατρες
ἄμφω, Χαλκιόπη Μήδειά τε. Τῇ μὲν ἄρ’ οἵ γε
⟨..................................⟩

Test. 232-234 *E G*ᴬ s. αὐτόγυον ; (πρὸς — χάριν) *E G*ᴮ ibid. ‖
243 (Εἴδυια) J. Philoponos ap. *Wien. Stud.* 3, 1881, 295.

---

228 Αἰήταο Ω : -τεω L²ˢ¹ ‖ 231 ἀμπνείεσκον *m* : ἀναπν- S
ἀνεπν- G ‖ 232 αὐτόγυον Ω ΣΩ Test. : -γειον Eᵃᶜ -γυιον I*d*
Σᴶ ‖ 233 τίνων Ω Test. : τείνων S*d* ‖ 235 ἔνθα δὲ Ω : ἐνθάδε
E ‖ μέσ(σ)αυλος *m*G² : -λον Σᴸᴶ μέσ(σ)αδος *w* ‖ 237 αἴθουσα
A*w*E : -ουσσα L Σᴸ ‖ 238 ἔστασαν S : ἔ- Ω ‖ 239 ἄλλον SE :
ἄλλων LAGD (= Ω ?) ἄλλῳ WB²O ‖ 241 ἄλλον *w*D : ἄλλῳ *m* ‖
πάις Ω : παῖς E ‖ 243 Εἴδυιαν Test. : Εἰδυῖαν *w*E Ἰδ- LA (ex
*ΣΩ) ‖ 248 τῇ L*w* : τὴν AS² ἢ E βῆ Gerhard ‖ οἵγε Ω : ἥει
E εἶδον Sᵐᵍ (ad 249) ἥγε Gerhard ‖ post uersum lac. stat.
Madvig.

virent > quand elle sortait de sa chambre pour rendre
250 visite à sa sœur dans sa chambre[1]. Héra en effet l'avait
retenue à la maison. Auparavant, elle ne restait guère
au palais, mais passait toutes ses journées à desservir
le temple d'Hécate, car elle était la prêtresse de la
déesse[2]. Quand elle les vit arriver, elle poussa un cri.
Chalkiopé l'entendit nettement. Ses servantes, laissant
255 tomber à leurs pieds fils et fuseaux, coururent toutes en
foule au dehors[3]. Chalkiopé, sortie avec elles, à la vue
de ses fils, leva les bras dans sa joie ; eux, de leur côté,
tendaient les mains vers leur mère et l'embrassaient,
heureux de la voir. Tout en larmes, elle leur adressa ces
mots :

260 « Ainsi donc, il n'était pas dit qu'après m'avoir
abandonnée sans vous soucier de moi, vous vous en
iriez bien loin à l'aventure : le Destin vous a fait revenir.
Malheureuse que je suis ! quel désir de l'Hellade avez-
vous conçu, par je ne sais quelle funeste aberration,
pour obéir aux volontés de votre père Phrixos* ? Les
ordres qu'il vous donnait à sa mort étaient pour notre
265 cœur une cause d'odieuses souffrances ; mais qu'iriez-
vous faire dans la ville d'Orchoménos, quel que soit cet
Orchoménos, à cause de l'héritage d'Athamas[4], en
abandonnant au loin votre mère affligée ? »

Ainsi parla-t-elle. Aiétès, le dernier de tous, sortit de
sa demeure ; Eidyia, l'épouse d'Aiétès, était pour sa
270 part déjà arrivée en entendant Chalkiopé[5]. Bientôt

1. Les conjectures d'E. Gerhard permettraient de supprimer
la lacune après le v. 248 ; mais il est difficile d'éliminer la mention
des Argonautes (οἵ γε). Il vaudrait mieux admettre avec Naber
une anacoluthe (cf. 4, 852 *codd.*) ; mais, même en ce cas, il faudrait
corriger τῇ en τήν.
2. Nul ne trouvera donc anormal que Médée passe toute la
journée du lendemain dans le temple d'Hécate. — Ἀρήτειρα :
cf. 1, 312, et Callim., *Hymnes*, 6, 42.
3. Cf. Quint. Sm., 1, 445 s.
4. Cf. 2, 1152 s. Sur le roi Orchoménos, cf. t. 1, p. 11, n. 2.
5. L'illogisme des v. 268-270 (cf. H. Fränkel, *Noten*, 341)
n'est qu'apparent, si l'on donne une valeur forte à δέ que souligne
αὐτή : « Aiétès, le tout dernier, s'élança au dehors, *alors qu*'Eidyia
elle-même (= déjà) était sortie en entendant Chalkiopé ».

ἐκ θαλάμου θάλαμον δὲ κασιγνήτην μετιοῦσαν.
250 Ἥρη γάρ μιν ἔρυκε δόμῳ · πρὶν δ' οὔ τι θάμιζεν
ἐν μεγάροις, Ἑκάτης δὲ πανήμερος ἀμφεπονεῖτο
νηόν, ἐπεί ῥα θεῆς αὐτὴ πέλεν ἀρήτειρα.
Καί σφεας ὡς ἴδεν ἆσσον, ἀνίαχεν. Ὀξὺ δ' ἄκουσε
Χαλκιόπη · δμωαὶ δὲ ⟨ποδῶν⟩ προπάροιθε βαλοῦσαι
255 νήματα καὶ κλωστῆρας ἀολλέες ἔκτοθι πᾶσαι
ἔδραμον. Ἡ δ' ἅμα τῇσιν ἑοὺς υἷας ἰδοῦσα
ὑψοῦ χάρματι χεῖρας ἀνέσχεθεν · ὣς δὲ καὶ αὐτοὶ
μητέρα δεξιόωντο καὶ ἀμφαγάπαζον ἰδόντες
γηθόσυνοι · τοῖον δὲ κινυρομένη φάτο μῦθον ·
260 «Ἔμπης οὐκ ἄρ' ἐμέλλετ' ἀκηδείῃ με λιπόντες
τηλόθι πλάγξεσθαι, μετὰ δ' ὑμέας ἔτραπεν Αἶσα.
Δειλὴ ἐγώ, οἷον πόθον Ἑλλάδος ἔκποθεν ἄτης
λευγαλέης Φρίξοιο ἐφημοσύνῃσιν ἔθεσθε
πατρός. Ὁ μὲν θνήσκων στυγερὰς ἐπετέλλετ' ἀνίας
265 ἡμετέρῃ κραδίῃ · τί δέ κεν πόλιν Ὀρχομενοῖο,
ὅς τις ὅδ' Ὀρχομενός, κτεάνων Ἀθάμαντος ἕκητι
μητέρ' ἐὴν ἀχέουσαν ἀποπρολιπόντες ἵκοισθε ; »
Ὣς ἔφατ' · Αἰήτης δὲ πανύστατος ὦρτο θύραζε,
ἐκ δ' αὐτὴ Εἴδυια δάμαρ κίεν Αἰήταο,
270 Χαλκιόπης ἀίουσα. Τὸ δ' αὐτίκα πᾶν ὀμάδοιο

Test. 251 EG EM s. ἀμφεπονεῖτο ‖ 263-271 Π²¹.

    249 κασιγνήτην Ω : -της I²E ‖ μετιοῦσαν Ω : -σα E et Gerhard
‖ 251 μεγάροις Ω : -ρῳ Test. ‖ δὲ om. Test. ‖ 252 θεῆς Ω :
θεᾶς IZ ‖ 253 ἴδεν Ω : εἶδεν E ‖ 254 ποδῶν Chrestien : om. Ω
‖ 256 τῇσιν Ω : τοῖσιν AD ‖ 257 ὣς Z : ὡς Ω ‖ 261 πλάγξεσθαι
WᵖᶜB² : -ξασθαι Ω *Σᴶᵖᵃʳ uide adn. ad 4, 1000 ‖ 262 ἐγώ
Ω : ἐγών S ‖ 263 λευγαλέης Ω : -έης Platt¹ frustra ‖ -ῃσιν ἔθεσθε
Fränkel³ : -ῃσι νέεσθαι m G (p.c. ?) -ῃσι νέεσθε SD -ηι[σι]νε-
γεσ[θε (sed alt. ν ualde dubium) Π²¹, unde -ῃσιν ἐνεσθε Frän-
kel¹ -ῃσιν ἔλεσθε Huet¹ ‖ 264 ἐπετέλλετ' Π²¹ RQ : -τείλατ' Ω ‖
269 Εἴδυια Vian (cf. 243) : Εἰδυῖα wE ᾿Ιδ- LA ‖ uar. lect.
nunc deperditam habuit Π²¹ᵐᵍ ‖ 270]πην μ̲[Π²¹ᵐᵍ.

toute la cour était pleine de monde ; dans la foule des
esclaves, les uns s'affairaient autour d'un grand taureau,
d'autres coupaient du bois sec avec le bronze, d'autres
mettaient à bouillir sur le feu l'eau des bains : il n'y
avait personne qui relâchât son effort en exécutant les
ordres du roi*.

275   Cependant Amour, à travers une brume blafarde,
arriva, invisible, excité*, comme, sur de jeunes génisses
au pacage, surgit le taon que les bouviers appellent
myops*. Vite, au pied du montant de la porte, dans le
vestibule, il banda son arc et tira de son carquois une
280 flèche neuve, source de bien des larmes*. De là, sans
être vu, à pas rapides, il franchit le seuil[1], le regard
pétillant* ; tout petit, blotti aux pieds mêmes de
l'Aisonide*, il posa les encoches de la flèche au milieu
de la corde et, tendant l'arc des deux mains, tira droit
sur Médée. Une muette stupeur saisit l'âme de la jeune
285 fille[2]. Lui, s'envolant de la grand-salle au plafond élevé,
prit son essor en riant aux éclats ; mais le trait brûlait
au fond du cœur de Médée, pareil à une flamme. Elle
ne cessait de jeter sur l'Aisonide, bien en face, des
regards étincelants[3] et sa lucide raison était emportée
hors de sa poitrine par la tempête qui la travaillait[4].
290 Elle n'avait plus d'autre pensée et son âme était inondée
d'une douleur délicieuse[5]. Telle une pauvre ouvrière qui
vit du travail de la laine a jeté des brindilles sur un tison
ardent pour avoir de la lumière la nuit sous son toit,

---

1. Cf. Hés., *Théog.*, 749 ; Théocr., 2, 104.
2. Cf. 3, 76. Apollonios s'inspire de Sappho, fr. 31, 7-9
Lobel-Page : cf. G. Privitera, *Quad. Urb.*, 8, 1969, 71 s.
3. Cf. 3, 444 s., qui confirme ἐπί. Médée ne peut s'empêcher
de dévisager sans cesse Jason, ce qui est inconvenant pour une
jeune fille. Dans la scène suivante, elle prendra plus de précautions et le regardera à la dérobée : λοξά, au v. 445, s'oppose à
ἀντία. Pour ἀμαρύγματα, cf. Sappho, fr. 16, 18, et les textes
réunis par H. Fränkel, *Noten* 413 s.
4. Sur ce vers, voir la Notice, p. 40, n. 1.
5. Cf. Sappho, fr. 130,2 Lobel-Page γλυκύπικρον ; Alcman,
fr. 59 (a) Page Ἔρως με... | γλυκὺς κατείβων καρδίαν ἰαίνει ;
Eur., fr. 875 ὦ Κύπρις, ὡς ἡδεῖα καὶ μοχθηρὸς <εἶ> (cité par
G. Paduano).

ἕρκος ἐπεπλήθει· τοὶ μὲν μέγαν ἀμφεπένοντο
ταῦρον ἅλις δμῶες, τοὶ δὲ ξύλα κάγκανα χαλκῷ
κόπτον, τοὶ δὲ λοετρὰ πυρὶ ζέον· οὐδέ τις ἦεν
ὃς καμάτου μεθίεσκεν ὑποδρήσσων βασιλῆι.

275   Τόφρα δ᾽ Ἔρως πολιοῖο δι᾽ ἠέρος ἷξεν ἄφαντος,
τετρηχώς, οἷόν τε νέαις ἐπὶ φορβάσιν οἶστρος
τέλλεται, ὅν τε μύωπα βοῶν κλείουσι νομῆες.
Ὦκα δ᾽ ὑπὸ φλιὴν προδόμῳ ἔνι τόξα τανύσσας
ἰοδόκης ἀβλῆτα πολύστονον ἐξέλετ᾽ ἰόν.

280 Ἐκ δ᾽ ὅ γε καρπαλίμοισι λαθὼν ποσὶν οὐδὸν ἄμειψεν
ὀξέα δενδίλλων· αὐτῷ δ᾽ ὑπὸ βαιὸς ἐλυσθεὶς
Αἰσονίδῃ γλυφίδας μέσσῃ ἐνικάτθετο νευρῇ,
ἰθὺς δ᾽ ἀμφοτέρῃσι διασχόμενος παλάμῃσιν
ἧκ᾽ ἐπὶ Μηδείῃ· τὴν δ᾽ ἀμφασίῃ λάβε θυμόν.

285 Αὐτὸς δ᾽ ὑψορόφοιο παλιμπετὲς ἐκ μεγάροιο
καγχαλόων ἤιξε· βέλος δ᾽ ἐνεδαίετο κούρῃ
νέρθεν ὑπὸ κραδίῃ, φλογὶ εἴκελον. Ἀντία δ᾽ αἰεὶ
βάλλεν ἐπ᾽ Αἰσονίδην ἀμαρύγματα, καί οἱ ἄηντο
στηθέων ἐκ πυκιναὶ καμάτῳ φρένες· οὐδέ τιν᾽ ἄλλην
290 μνῆστιν ἔχεν, γλυκερῇ δὲ κατείβετο θυμὸν ἀνίῃ.
Ὡς δὲ γυνὴ μαλερῷ περὶ κάρφεα χεύετο δαλῷ
χερνῆτις, τῇ περ ταλάσια ἔργα μέμηλεν,
ὥς κεν ὑπωρόφιον νύκτωρ σέλας ἐντύναιτο,

TEST. 278 (ὦκα — τόξα) EG^B s. φλιά ‖ 283-284 EG^A s. ἀμφα-
σίαν ‖ 288 (ἀμαρύγματα) E Gud s.u. sine auctoris nomine.

271 ἀμφεπένοντο Π²¹ Ω : ἀμφιπ- E ‖ 275 ἠέρος Ω : αἰθέρος
D ‖ ἷξεν [ῑ-] LAD : ἦξεν [ῆ-] wE ἦξεν Hölzlin ‖ 276 οἷόν Ω :
οἷός D ‖ 278 ὑπὸ φλιὴν [φλοι- Sd] Ω : ἐνὶ φλιῇ TEST. ‖ προδόμῳ Ω : -μου D TEST. ‖ 283 ἰθὺς δ᾽ Ω : ἰὸν TEST. ‖ 286 ἐνεδαίετο Ω : ἀν- E ‖ 288 ἐπ᾽ wD : ὑπ᾽ m ‖ 290 γλυκερῇ ... ἀνίῃ
SE : γλυκερὴ ... ἀνίη LAGd ‖ κατείβετο Ω : κατετήκετο A
κατήγετο G (utrumque ex gl. ἐτήκετο) ‖ θυμὸν Ω : -ὸς Fitch
(cf. 1131) ‖ 291 περὶ OP² : πυρὶ Ω Σ^L ‖ χεύετο Ω (uide 2,
926) : δεύ- S χεύατο QC ‖ 292 περ wE : πέρ τε LA ‖ 293 κεν
Ω : περ E.

parce qu'elle s'est levée très tôt ; une flamme s'élève,
295 prodigieuse, du petit tison et réduit en cendres toutes
les brindilles* ; tel, blotti au fond du cœur de Médée,
brûlait en secret le funeste amour[1]. Les tendres joues
de la jeune fille changeaient de couleur, tour à tour
pâles et rouges, tandis que sa raison défaillait[2].

Quand les esclaves eurent servi les mets préparés
300 pour les héros, quand ils se furent eux-mêmes lavés dans
des bains tièdes, ils prirent plaisir à satisfaire leur cœur
de nourriture et de boisson[3]. Ensuite Aiétès questionna
les fils de sa fille en leur adressant ces mots d'encouragement :

« Fils de ma fille et de ce Phrixos que j'ai honoré
305 plus que tous mes hôtes en ce palais, comment se fait-il
que vous soyez revenus à Aia[4] ? Quelque accident vous
a-t-il arrêtés au milieu de votre course ? Vous ne m'écou-
tiez pas quand je vous représentais la longueur inter-
minable de ce voyage. Car je le savais bien pour avoir
310 effectué jadis sur le char de mon père le Soleil sa course
circulaire, quand j'emmenais[5] ma sœur Circé au pays
d'Occident et que nous arrivâmes sur la côte de la terre
tyrrhénienne où elle habite encore maintenant, si loin
d'Aia de Colchide*. Mais à quoi bon ces paroles[6] ?
315 L'obstacle qui a surgi sous vos pas, dites-le-moi clairement, ainsi que le nom de ces hommes qui vous accompagnent et le lieu où vous avez débarqué de votre
vaisseau creux. »

A ces questions, Argos, pris de peur pour l'expédition

---

1. Cf. 3, 1078, et Moschos, *Anth. Plan.*, 200, 2. Sur ἔρως,
sa personnification et son caractère funeste, voir la Notice. p. 14,
48.

2. Pour χλόος, cf. 2, 1216 ; Callim., fr. 75, 12 Pf., et déjà
Sappho, fr. 31, 14 Lobel-Page χλωροτέρα ... ποίας ; pour ἀκηδείῃσι
νόοιο, voir la Notice, p. 40, n. 2.

3. Fin de la scène de réception : voir la *N. C.* au v. 274.

4. Sur la ponctuation du vers, voir la Notice, p. 27, n. 5.

5. E. Livrea justifie ainsi sa correction : « Aiétès accompagne
Circé en exil sur le char du Soleil. Le sujet d'ἐκόμιζε ne peut
être Ἥλιος, car on ne s'expliquerait pas alors la présence d'Aiétès
sur le char. »

6. Cf. Σ 80, et Ap. Rh., 1, 1294.

ἄγχι μάλ' ἐγρομένη · τὸ δ' ἀθέσφατον ἐξ ὀλίγοιο
295 δαλοῦ ἀνεγρόμενον σὺν κάρφεα πάντ' ἀμαθύνει ·
τοῖος ὑπὸ κραδίῃ εἰλυμένος αἴθετο λάθρῃ
οὖλος ἔρως · ἀπαλὰς δὲ μετετρωπᾶτο παρειὰς
ἐς χλόον, ἄλλοτ' ἔρευθος, ἀκηδείῃσι νόοιο.
    Δμῶες δ' ὁππότε δή σφιν ἐπαρτέα θῆκαν ἐδωδήν,
300 αὐτοί τε λιαροῖσιν ἐφαιδρύναντο λοετροῖς,
ἀσπασίως δόρπῳ τε ποτῆτί τε θυμὸν ἄρεσσαν.
Ἐκ δὲ τοῦ Αἰήτης σφετέρης ἐρέεινε θυγατρὸς
υἷας τοίοισι παρηγορέων ἐπέεσσι ·
    « Παιδὸς ἐμῆς κοῦροι Φρίξοιό τε, τὸν περὶ πάντων
305 ξείνων ἡμετέροισιν ἐνὶ μεγάροισιν ἔτισα,
πῶς Αἶαν δὲ νέεσθε παλίσσυτοι ; Ἤέ τις ἄτη
σωομένοις μεσσηγὺς ἐνέκλασεν ; Οὐ μὲν ἐμεῖο
πείθεσθε προφέροντος ἀπείρονα μέτρα κελεύθου.
Ἤιδειν γάρ ποτε πατρὸς ἐν ἅρμασιν Ἡελίοιο
310 δινεύσας, ὅτ' ἐμεῖο κασιγνήτην ἐκόμιζον
Κίρκην ἑσπερίης εἴσω χθονός, ἐκ δ' ἱκόμεσθα
ἀκτὴν ἠπείρου Τυρσηνίδος, ἔνθ' ἔτι νῦν περ
ναιετάει, μάλα πολλὸν ἀπόπροθι Κολχίδος Αἴης.
Ἀλλὰ τί μύθων ἦδος ; Ἃ δ' ἐν ποσὶν ὕμιν ὄρωρεν,
315 εἴπατ' ἀριφραδέως, ἠδ' οἵ τινες οἴδ' ἐφέπονται
ἀνέρες, ὅππῃ τε γλαφυρῆς ἐκ νηὸς ἔβητε. »
    Τοῖά μιν ἐξερέοντα κασιγνήτων προπάροιθεν
Ἄργος, ὑποδδείσας ἀμφὶ στόλῳ Αἰσονίδαο,

294 ἐγρομένη Ω : ἐργο- (cum glossa εἰργομένη) G ἐζο-
Hemsterhuis ‖ 295 ἀνεγρόμενον Ω : ἀνευρό- E ἀνερθό- D ‖ σὺν
Ω : πῦρ prop. Fränkel ‖ 296 εἰλυμένος Ω Σᴬ : -υμμένος D Σᴸᴶ ‖
299 δή om. E ‖ 300 ἐφαιδρύναντο SE *Σᴳᵍ¹ : -νοντο LAG ‖
303 τοίοισι LASD : τοῖσι GE ‖ 305 ξείνων Ω : ξεῖνον E ‖ 306
νέεσθε Lˢ¹AwE²d : -σθαι LE ‖ νέεσθε ; παλίσσυτοι, ἠέ ... dist.
Fränkel ‖ 307 σωομένοις Ω : σευομένης E -νοις I²d ‖ ἐμεῖο mS :
ἐμοῖο Gd ‖ 310 ἐκόμιζον Livrea² : -ζεν Ω ‖ 314 ὕμιν L : ὕμιν
AE ὕμμιν w ἡμὶν d ‖ 315 εἴπατ' Ω : εἴπετ' E ‖ 316 ὅππῃ τε
S²ᵖᶜ (?) NRF : ὅπῃ τε E ὁππότε Ω ‖ 317 μιν LwE : μὲν Lˢ¹A.

de l'Aisonide, répondit avec douceur, en devançant ses
frères, car il était leur aîné :

320 « Aiétès, ce navire, les tempêtes ont eu vite fait de
le mettre en pièces, dans leur violence ; et nous, blottis
contre une poutre, le flot nous a jetés sur les sèches de
l'île d'Ényalios, par une nuit obscure*. Quelque dieu
nous a sauvés ; en effet, même ces oiseaux d'Arès qui
325 nichaient naguère dans l'île déserte, nous ne les avons
plus trouvés : ces hommes les en avaient chassés, après
avoir débarqué la veille de leur navire[1]. En outre, la
volonté de Zeus, dans sa pitié pour nous, — ou quelque
hasard — les retenait là-bas[2], puisqu'ils nous donnèrent
330 vivres et vêtements à suffisance aussitôt qu'ils enten-
dirent le nom illustre de Phrixos et le tien, car c'est
dans ta ville qu'ils se rendent[3]. Si tu veux en savoir
l'exacte raison, je ne te la cacherai pas[4]. Ce héros que
voici, un roi, désireux de le chasser loin de sa patrie et
335 de ses biens, parce qu'il l'emportait, et de loin, par sa
vaillance sur tous les Éolides, l'envoie jusqu'ici, expédition sans espoir[5]. A ce qu'il prétend, échapper au
douloureux courroux et au ressentiment de l'implacable
Zeus[6], à l'intolérable souillure et au châtiment encourus
à cause de Phrixos, la race des Éolides ne le pourra
avant d'avoir fait revenir la toison en Hellade*.
340 Le navire, Pallas Athéna l'a construit[7] : il ne ressemble

---

1. Cf. 2, 1030-1089.
2. Pour ἀπέρυκεν, cf. G. Giangrande, *Sprachgebrauch ... des
Ap. Rh.*, 7.
3. Cf. 2, 1122-1195.
4. Cf. Esch., *Ag.*, 800 οὐ γάρ <σ'> ἐπικεύσω.
5. Cf. Ξ 262. Ἀμήχανον est en apposition comme δολιχὴν
ὁδόν en 3, 602, dans un contexte analogue. — Le développement
des v. 333-339 se caractérise par une structure syntaxique
complexe ; les termes grammaticalement associés sont constam-
ment disjoints : τις ... βασιλεύς, περιώσιον ... μετέπρεπεν, ὑπαλύξειν ... γενεήν. En outre, le résumé de la légende de Phrixos
(v. 337-339) est d'une extrême concision.
6. Cf. Ο 122 πὰρ Διὸς ... χόλος καὶ μῆνις.
7. Cf. t. 1, p. 244, *N.C.* à 1, 112, et les notes aux passages
mentionnés *ad loc.*

μειλιχίως προσέειπεν, ἐπεὶ προγενέστερος ἦεν·

320 « Αἰήτη, κείνην μὲν ἄφαρ διέχευαν ἄελλαι
ζαχρηεῖς, αὐτοὺς δ' ὑπὸ δούρατι πεπτηῶτας
νήσου Ἐνυαλίοιο ποτὶ ξερὸν ἔκβαλε κῦμα
λυγαίῃ ὑπὸ νυκτί. Θεὸς δέ τις ἄμμ' ἐσάωσεν·
οὐδὲ γὰρ αἳ τὸ πάροιθεν ἐρημαίην κατὰ νῆσον

325 ηὐλίζοντ' ὄρνιθες Ἀρήιαι, οὐδ' ἔτι κείνας
εὕρομεν, ἀλλ' οἵδ' ἄνδρες ἀπήλασαν, ἐξαποβάντες
νηὸς ἑῆς προτέρῳ ἐνὶ ἤματι. Καί σφ' ἀπέρυκεν
ἡμέας οἰκτείρων Ζηνὸς νόος ἠέ τις αἶσα,
αὐτίκ' ἐπεὶ καὶ βρῶσιν ἅλις καὶ εἴματ' ἔδωκαν,

330 οὔνομά τε Φρίξοιο περικλεὲς εἰσαΐοντες
ἠδ' αὐτοῖο σέθεν· μετὰ γὰρ τεὸν ἄστυ νέονται.
Χρειὼ δ' ἢν ἐθέλῃς ἐξίδμεναι, οὔ σ' ἐπικεύσω.
Τόνδε τις ἱέμενος πάτρης ἀπάνευθεν ἐλάσσαι
καὶ κτεάνων βασιλεύς, περιώσιον οὕνεκεν ἀλκῇ

335 σφωιτέρῃ πάντεσσι μετέπρεπεν Αἰολίδῃσι,
πέμπει δεῦρο νέεσθαι, ἀμήχανον· οὐδ' ὑπαλύξειν
στεῦται ἀμειλίκτοιο Διὸς θυμαλγέα μῆνιν
καὶ χόλον οὐδ' ἄτλητον ἄγος Φρίξοιό τε ποινὰς
Αἰολιδέων γενεήν, πρὶν ἐς Ἑλλάδα κῶας ἱκέσθαι.

340 Νῆα δ' Ἀθηναίη Παλλὰς κάμεν, οὐ μάλα τοίην

TEST. **320** *EG EM* s. Αἰήτη(ς) ; Prisc. gramm. 7,7 Hertz ; (de Αἰήτη sine ὦ quod legitur u. 320, 386, 427) Crameri *An. gr. Oxon.* 3, 389, 10.

319 μειλιχίως Ω *Σᴸ : -ίοις OP ‖ **321** ὑπὸ Ω : ἐπὶ Bigot ‖ δούρατι Ardizzoni : -ασι Ω ‖ **322** ἔκβαλε Ω (et S ut uid.) : ἔμβ- GI ‖ **323** ἄμμ' [ἄμ' E] ἐσάωσεν Ω : ἄμμε σ- W ‖ **325** οὐδ' ἔτι E : οὐδέ τι Ω ‖ **326** οἵδ' S : οἵγ' Ω ‖ **327** σφ' ἀπέρυκεν Ω : σφας ἔρυκεν Herwerden ‖ **331** νέονται Ω : νέμονται E ‖ **333** ἐλάσσαι Ω : -σσας E ‖ **334** post βασιλεύς dist. Fränkel, post περιώσιον edd. priores ‖ **337** στεῦται Ω ΣΩ : -το Σᴶ ‖ **339** Αἰολιδέων A² : -ιδέων L -ιδων S Σᴶ -ιδῶν ΣΩ Σᴶ p.c. -ιδεων (uel -ίδεω) Aᵃᶜ -ίδεω GE ‖ κῶας Ω ΣΩᴶ : γαῖαν D.

pas à ces navires qu'on trouve chez les Colques et dont
la malchance nous a réservé le pire*, car la violence
des eaux et du vent l'ont complètement brisé. L'autre,
grâce à ses chevilles, résiste même à l'assaut conjugué
345 de toutes les tempêtes[1] ; il mène sa course aussi bien
sous le vent que lorsque l'équipage lui-même, avec
toute la vigueur de ses bras, fait force de rames*. Sur
ce navire, il a rassemblé ce qu'il y a de mieux parmi les
héros de la terre Panachéenne[2] et il arrive dans ta ville
après avoir visité dans ses errances bien des villes et
l'odieux océan de bien des mers, dans l'espoir que tu lui
350 donnerais la toison. Mais il en sera comme il te plaira à
toi-même[3] ; car il ne vient pas user de violence, mais il
est tout prêt à te payer le prix de ce présent ; il m'a
entendu lui parler de tes grands ennemis, les Sauromates,
et il les soumettra à ton sceptre*. Puisque tu désires
certainement aussi connaître le nom et la naissance
355 de ces hommes, savoir qui ils sont, je vais te dire tout
en détail. Celui-ci, pour qui les autres se sont rassemblés
de toute l'Hellade, on l'appelle Jason, le fils d'Aison
fils de Crétheus ; s'il est vraiment de la race de Crétheus,
il serait alors notre parent du côté paternel, car, tous
360 deux, Crétheus et Athamas étaient fils d'Aiolos[4], et
Phrixos, de son côté, était fils d'Athamas l'Éolide.
Celui-ci, si tu as entendu parler d'un fils du Soleil, c'est
Augias que tu vois ; cet autre est Télamon, né du très
illustre Éaque et Zeus lui-même a engendré Éaque[5].

---

1. Sur l'importance des chevilles dans la construction d'un
navire, cf. 1, 369 ; 2, 79 (et *N.C.* à 2, 82), 613 s. (et la note
ad loc.).
  2. Cf. Théocr., 7, 4 εἴ τί περ ἐσθλόν ; *Épigr.*, 17, 4.
  3. Cf. 2, 345.
  4. Sur l'emploi du pluriel au lieu du duel, cf. la *N. C.* à 3, 496.
  5. Les v. 354-364 contiennent de nombreux rappels des
chants antérieurs : 354 ∽ 2, 1154 ; 356 ∽ 1, 1325 ; 357-361 ∽
2, 1160, 1162 s. ; 362-363ᵃ ∽ 1, 172 s. ; 363ᵇ-364 ∽ 1, 90-94. —
Pour l'expression des v. 362 s., cf. o 403 ; *H. hom. Aphr.*, 111 ;
Callim., fr. 64, 5 Pf. ; Ap. Rh., 4, 1560 s. ; *Anth. Pal.*, 7, 397, 3
(Érykios) ; *Anth. Plan.*, 25, 1 (Philippe) ; Collouthos, 70-72 ;
et A. Wifstrand, *Krit. u. exeg. Bem.* (Bull. Soc. Roy. Lettres Lund,
1928/29), 92.

οἷαί περ Κόλχοισι μετ' ἀνδράσι νῆες ἔασι,
τάων αἰνοτάτης ἐπεκύρσαμεν · ἤλιθα γάρ μιν
λάβρον ὕδωρ πνοιή τε διέτμαγεν. Ἡ δ' ἐνὶ γόμφοις
ἴσχεται, ἢν καὶ πᾶσαι ἐπιβρίσωσιν ἄελλαι ·
345 ἴσον δ' ἐξ ἀνέμοιο θέει καὶ ὅτ' ἀνέρες αὐτοὶ
νωλεμέως χείρεσσιν ἐπισπέρχωσιν ἐρετμοῖς.
Τῇ δ' ἐναγειράμενος Παναχαιίδος εἴ τι φέριστον
ἡρώων, τεὸν ἄστυ μετήλυθε, πόλλ' ἐπαληθεὶς
ἄστεα καὶ πελάγη στυγερῆς ἁλός, εἴ οἱ ὀπάσσαις.
350 Αὐτῷ δ' ὥς κεν ἅδῃ, τὼς ἔσσεται · οὐ γὰρ ἱκάνει
χερσὶ βιησόμενος, μέμονεν δέ τοι ἄξια τίσειν
δωτίνης, ἀίων ἐμέθεν μέγα δυσμενέοντας
Σαυρομάτας, τοὺς σοῖσιν ὑπὸ σκήπτροισι δαμάσσει.
Εἰ δὲ καὶ οὔνομα δῆθεν ἐπιθύεις γενεήν τε
355 ἴδμεναι οἵ τινές εἰσιν, ἕκαστά γε μυθησαίμην.
Τόνδε μέν, οἷό περ οὕνεκ' ἀφ' Ἑλλάδος ὧλλοι ἄγερθεν,
κλείουσ' Αἴσονος υἱὸν Ἰήσονα Κρηθεΐδαο ·
εἰ δ' αὐτοῦ Κρηθῆος ἐτήτυμόν ἐστι γενέθλης,
οὕτω κεν γνωτὸς πατρώιος ἄμμι πέλοιτο ·
360 ἄμφω γὰρ Κρηθεὺς Ἀθάμας τ' ἔσαν Αἰόλου υἷες,
Φρίξος δ' αὖτ' Ἀθάμαντος ἔην πάις Αἰολίδαο.
Τόνδε δ' ἄρ', Ἠελίου γόνον ἔμμεναι εἴ τιν' ἀκούεις
δέρκεαι Αὐγείην · Τελαμὼν δ' ὅδε, κυδίστοιο
Αἰακοῦ ἐκγεγαώς, Ζεὺς δ' Αἰακὸν αὐτὸς ἔτικτεν.

342 αἰνοτάτης m : -τη (dat.) w ‖ 345 αὐτοὶ Ω : -τὸν I -τὴν I²
‖ 346 ἐρετμοῖς Ω : -μούς E -μά O ‖ 347 ἐναγειράμενος m :
ἀνεγ- w ‖ εἴ τι Ω : οἴ E²mg οἵ γε J in ras. οἵ τε D ‖ φέριστον Ω :
-στοι L²peE ‖ 349 ὀπάσσαις Ω : -σσοις E ‖ 350 ἅδῃ L⁴AE :
ἅδη L ἀδεῖ w ἄδοι d ‖ 351 βιησόμενος Υ : -σάμ- Ω ‖ μέμονεν Ω :
-νε I²E² ‖ 355 γε Ω (et *Σᴸᵖᵃʳ, ubi ἄν deest) : κε Brunck ‖
356 οἷό Ω : οὖ E ‖ ὧλλοι [uel ὤ-] Ω : ἄλλοι D ‖ 360 υἷες Ω :
υἷε E ‖ 361 πάις S : παῖς Ω ‖ 363 ὅδε Campbell² : ὅγε Ω ‖
364 ἐκγεγαώς Ω et L²sl : ἐγγ- L ‖ αὐτὸς Ω : -ὸν S.

365 De même tous les autres compagnons qui suivent Jason
sont fils ou petits-fils d'immortels. »

Telles furent les paroles apaisantes d'Argos. A les
entendre, le roi fut pris de fureur : la colère soulevait
son esprit[1]. Il répondit avec indignation — il en voulait
370 surtout aux fils de Chalkiopé, car dans son idée c'était
à cause d'eux que les héros étaient venus — ; ses yeux
étincelaient sous les sourcils dans son emportement[2] :

« N'allez-vous pas à l'instant vous ôter de mon
regard[3], canailles, pour vous en retourner, avec toutes
vos fourberies, loin de ce pays, avant que l'un de vous
375 ne voie pour son malheur Phrixos et sa toison[4]? Aussitôt
après vous être concertés, vous êtes venus ici depuis
l'Hellade, non pas même pour la toison, mais pour le
sceptre et la charge royale*. Si vous n'aviez déjà touché
à ma table, pour sûr, je vous aurais tranché la langue
et coupé les deux mains avant de vous envoyer, avec
380 vos pieds seulement, porter votre message pour vous
ôter l'envie de tenter une nouvelle entreprise et vous
châtier d'avoir mis de tels mensonges sur le compte des
dieux bienheureux*. »

Il dit, plein de colère[5]. L'âme de l'Éacide bouillait
au fond de ses entrailles. Son cœur, intérieurement,
brûlait de riposter en face : c'eût été leur perte, mais
385 l'Aisonide l'en empêcha. Prenant les devants, il répondit
lui-même avec douceur :

---

1. Cf. 3, 638.
2. Cf. N 474 ; O 623 ; Esch., *Prom.*, 356. Il ne semble pas
qu'ἔλαμψεν fasse allusion à l'éclat particulier qui caractérise
les yeux des descendants du Soleil selon 3, 886 ; 4, 683 s., 725-729.
3. Sur l'interprétation de cette réplique, voir la Notice,
p. 25-28. — V. 372 : cf. Archiloque, fr. 15, 4 Lasserre ἀπόπροθεν
... ὀφθαλμῶν ἐμῶν.
4. Cf. ρ 447 s. Sur l'emploi de τις dans les menaces, cf.
E. Livrea, *Gnomon*, 49, 1977, 14. — Λευγαλέον qui équivaut au
πικρήν homérique a une valeur proleptique. H. Fränkel, *Noten*,
350 s., paraphrase trop librement : « Sinon vos affabulations au
sujet de la toison et de Phrixos tourneront mal pour vous ».
On ne peut admettre avec lui que « Phrixos » signifie « l'expiation
concernant Phrixos » ; l'hypothèse d'un *hendiadyn* demeure la
plus vraisemblable (même procédé en 4, 721).
5. Χαλεψάμενος : cf. 1, 1341, et Callim., fr. 63, 8 Pf.

365 "Ως δὲ καὶ ὦλλοι πάντες ὅσοι συνέπονται ἑταῖροι
　　ἀθανάτων υἱές τε καὶ υἱωνοὶ γεγάασι. »
　　　Τοῖα παρέννεπεν Ἄργος· ἄναξ δ᾽ ἐπεχώσατο μύθοις
　　εἰσαΐων, ὑψοῦ δὲ χόλῳ φρένες ἠερέθοντο.
　　　Φῆ δ᾽ ἐπαλαστήσας — μενέαινε δὲ παισὶ μάλιστα
370 Χαλκιόπης, τῶν γάρ σφε μετελθέμεν οὔνεκ᾽ ἐώλπει —,
　　ἐκ δέ οἱ ὄμματ᾽ ἔλαμψεν ὑπ᾽ ὀφρύσιν ἱεμένοιο·
　　　« Οὐκ ἄφαρ ὀφθαλμῶν μοι ἀπόπροθι, λωβητῆρες,
　　νεῖσθ᾽ αὐτοῖσι δόλοισι παλίσσυτοι ἔκτοθι γαίης,
　　πρίν τινα λευγαλέον τε δέρος καὶ Φρίξον ἰδέσθαι ;
375 Αὐτίχ᾽ ὁμαρτήσαντες, ἀφ᾽ Ἑλλάδος, οὐδ᾽ ἐπὶ κῶας,
　　σκῆπτρα δὲ καὶ τιμὴν βασιληΐδα, δεῦρο νέεσθε.
　　Εἰ δέ κε μὴ προπάροιθεν ἐμῆς ἥψασθε τραπέζης,
　　ἦ τ᾽ ἂν ἀπὸ γλώσσας τε ταμὼν καὶ χεῖρε κεάσσας
　　ἀμφοτέρας, οἵοισιν ἐπιπροέηκα πόδεσσιν,
380 ὥς κεν ἐρητύοισθε καὶ ὕστερον ὁρμηθῆναι,
　　οἷα δὲ καὶ μακάρεσσιν ἐπεψεύσασθε θεοῖσι. »
　　　Φῆ ῥα χαλεψάμενος· μέγα δὲ φρένες Αἰακίδαο
　　νείοθεν οἰδαίνεσκον. Ἐέλδετο δ᾽ ἔνδοθι θυμὸς
　　ἀντιβίην ὀλοὸν φάσθαι ἔπος· ἀλλ᾽ ἀπέρυκεν
385 Αἰσονίδης, πρὸ γὰρ αὐτὸς ἀμείψατο μειλιχίοισιν·

VAR. (?) **376** νέεσθαι · ἀπὸ κοινοῦ τὸ « ἔολπα » explicat ΣΩ^J,
uidelicet quia in antiquo quodam libro textus dissimilis uel
uberior legebatur.

　　365 ὦλλοι [uel ὅ-] Ω : ἄλλοι E ‖ **369** μενέαινε G *Σ^{AGg1} :
-έεινε (sed η post ει add. prima manu) L -έηνε ASE *Σ^J(t) ‖
370 σφε E : σφι Ω ‖ ἐώλπει I²E : ἐόλπει Ω ‖ **373** νεῖσθ᾽ S :
-σθαι LAG -σθε E ‖ **375** αὐτίχ᾽ S²GD : αὐτίκ᾽ mS^{ac} αὖθις corr.
Σ^J ‖ ὁμαρτήσαντες Ω Σ^J : -ήσαιτε J² -ήσατε E²^{mg} (cum gl.
ἀκολουθήσετε) ‖ post uerbum dist. Ardizzoni, recte ‖ ἀφ᾽
Ἑλλάδος Ω Σ^{J1em} : ἐφ᾽ Ἑλλάδα E et idem ci. Σ^J ‖ post Ἑλλάδα
punctum posuit Σ^J ‖ οὐδ᾽ Ω Σ^{J1em} : οὐκ E et idem ci. Σ^J
‖ **376** δὲ E et idem ci. Σ^J : τε Ω Σ^{J1em} ‖ νέεσθε I²E Σ^J : -σθαι
Ω *ΣΩ (uide VAR.) ‖ **379** ἐπιπροέηκα Ω : ἀποπρο- D Herwerden.

« Aiétès, modère-toi, je t'en prie, au sujet de cette
expédition[1]. Nous ne venons pas en ta ville et ta
demeure dans le dessein que tu parais croire, mais bien
contre notre désir. Qui se risquerait à traverser de son
plein gré pareille étendue de mer pour ravir le bien
390 d'autrui[2]? C'est une divinité qui m'a envoyé, et l'ordre
effrayant d'un roi insensé. Accorde ta faveur à des
suppliants, et moi, dans toute l'Hellade, je porterai ta
renommée divine. Au surplus, nous sommes tout prêts
à te payer promptement de retour en combattant pour
395 toi, si tu désires soumettre à ton sceptre soit les Sauromates soit quelque autre peuple. »

Il dit, cherchant à le flatter d'une voix aimable. Mais
le cœur du roi hésitait en sa poitrine entre deux desseins :
se jeter sur eux pour les tuer sur-le-champ ou mettre
leur force à l'épreuve[3] ; à la réflexion, ce parti lui parut
400 le meilleur et il fit alors cette proposition[4] :

« Étranger, à quoi bon discourir sans fin sur tout cela ?
Si vous êtes vraiment de la race des dieux[5] ou même si,
dans le cas contraire, vous ne valez pas moins que moi,
vous qui êtes venus conquérir le bien d'autrui, je te
405 donnerai la toison d'or à emporter, si tu veux[6], mais
après épreuve. Car des braves je ne suis pas jaloux
comme l'est, dites-vous, ce souverain de l'Hellade.
L'épreuve de ta force et de ta vaillance sera ce travail

---

1. Σχέο, atténué par μοι, n'a pas la brutalité d' ἴσχεο νῦν
(2, 22) ; il équivaut à quelque chose comme μὴ χαλέπαινε, ce
qui peut justifier le datif de cause (ou de point de vue, selon le
scholiaste). Le tour est néanmoins singulier, car σχέο et les
impératifs synonymes sont d'ordinaire employés absolument.

2. Cf. ε 100 s.

3. Cf. Ξ 20-22. Pour μενοινή, cf. Callim., *Hymnes*, 1, 90.

4. Cf. τ 283. — La traduction d'ὑποβλήδην, « en réponse »,
à laquelle on se résout d'ordinaire en 1, 699 ; 3, 400, 1119, n'est
qu'un pis-aller. Dans les trois passages, un personnage prend un
engagement ou propose une ligne de conduite pour l'avenir ;
ce sens convient aussi à A 292, où l'on traduit souvent par « en
interrompant ». Cf. G. Hermann, *Opuscula*, 5, 300-311.

5. Allusion aux propos tenus par Argos aux v. 365 s.

6. Cf. 4, 87. — Pour ἤν κε, cf. Δ 353, I 359, σ 318 ; Ap. Rh., 1,
706 Π ; Quint. Sm., 7, 215.

« Αἰήτη, σχέο μοι τῷδε στόλῳ. Οὔ τι γὰρ αὔτως
ἄστυ τεὸν καὶ δώμαθ᾽ ἱκάνομεν, ὥς που ἔολπας,
οὐδὲ μὲν ἱέμενοι. Τίς δ᾽ ἂν τόσον οἶδμα περῆσαι
τλαίη ἑκὼν ὀθνεῖον ἐπὶ κτέρας ; Ἀλλά με δαίμων
390 καὶ κρυερὴ βασιλῆος ἀτασθάλου ὦρσεν ἐφετμή.
Δὸς χάριν ἀντομένοισι· σέθεν δ᾽ ἐγὼ Ἑλλάδι πάσῃ
θεσπεσίην οἴσω κληηδόνα. Καὶ δέ τοι ἤδη
πρόφρονές εἰμεν ἄρηι θοὴν ἀποτῖσαι ἀμοιβήν,
εἴ τ᾽ οὖν Σαυρομάτας γε λιλαίεαι εἴ τέ τιν᾽ ἄλλον
395 δῆμον σφωιτέροισιν ὑπὸ σκήπτροισι δαμάσσαι. »
Ἴσκεν ὑποσσαίνων ἀγανῇ ὀπί· τοῖο δὲ θυμὸς
διχθαδίην πόρφυρεν ἐνὶ στήθεσσι μενοινήν,
ἤ σφεας ὁρμηθεὶς αὐτοσχεδὸν ἐξεναρίζοι,
ἦ ὅ γε πειρήσαιτο βίης· τό οἱ εἴσατ᾽ ἄρειον
400 φραζομένῳ, καὶ δή μιν ὑποβλήδην προσέειπε·
« Ξεῖνε, τί κεν τὰ ἕκαστα διηνεκέως ἀγορεύοις ;
Εἰ γὰρ ἐτήτυμόν ἐστε θεῶν γένος, ἠὲ καὶ ἄλλως
οὐδὲν ἐμεῖο χέρηες ἐπ᾽ ὀθνείοισιν ἔβητε,
δώσω τοι χρύσειον ἄγειν δέρος, ἤν κ᾽ ἐθέλῃσθα,
405 πειρηθείς. Ἐσθλοῖς γὰρ ἐπ᾽ ἀνδράσιν οὔ τι μεγαίρω
ὡς αὐτοὶ μυθεῖσθε τὸν Ἑλλάδι κοιρανέοντα.
Πεῖρα δέ τοι μενεός τε καὶ ἀλκῆς ἔσσετ᾽ ἄεθλος

Test. 386 Prisc. gramm. 7,7 Hertz ; (Αἰήτη — στόλῳ) Choerob.
in Theod. Can. 1, 164, 23 Hilgard ; (Αἰήτη sine ὦ) uide ad 320.

386 σχέο μοι Ω Σ^{J1em} *ΣΩ^{Jg1} : σχέω (uel σχέο) μοι Prisc.
χεόμενοι et χρεόμοι Choerob. χρέος μοι G ‖ post μοι dist. Svens-
son Fränkel, lac. suspicatus est Piñero ‖ γὰρ Ω : μάλ᾽ prop.
Fränkel ‖ 387 τεὸν Ω : θ᾽ ἑὸν S ‖ 392 κληηδόνα [κληιδ- E]
wE : καὶ κλ- LA ‖ 394 εἴτε (alt.) Ω : ἠτέ E ‖ 396 ὑποσσαίνων
LA^{s1}w : ὑποσαί- AE ‖ 397 ἐνὶ E : ἐπὶ Ω ‖ 398 ὁρμηθεὶς Ω :
ἀφορ- E ‖ ἐξεναρίζοι LA : -ίζοι wE ‖ 399 βίης Ω : -ην E Σ^J ‖
401 κεν Ω : καὶ Wellauer ‖ ἀγορεύοις FNQ : -εύεις Ω quod
probat Giangrande, cl. σ 380 uar. lect. ‖ 402 εἰ w : ἢ m ‖ 404
δέρος LGE : δέρας AS (cf. 4, 1319) ‖ ἤν Ω : αἴ D (cf. 1, 706) ‖
406 μυθεῖσθε L^{s1}ASE : -σθαι LG.

dont je viens à bout de mes propres mains, tout périlleux
410 qu'il est. J'élève dans la plaine d'Arès deux taureaux
aux pieds de bronze, qui soufflent le feu de leur mufle[1] ;
je les mets sous le joug et les mène à travers la rude
jachère d'Arès, sur quatre arpents[2]. Et, sur l'heure, en
labourant avec la charrue jusqu'à la lisière*, ce n'est
pas la semence pour récolter le blé de Déô que je jette
aux sillons, mais les dents d'un terrible dragon qui, en
415 croissant, se changent en hommes à l'aspect de guerriers*. Ceux-là, je les fauche et les tue sur place de ma
lance à mesure qu'ils m'entourent pour m'assaillir. Le
matin, j'attelle les bœufs et, à l'heure du crépuscule,
j'achève la moisson. Toi, si tu accomplis cette tâche
dans de telles conditions*, alors, le jour même, tu
420 emporteras la toison chez ton roi. Auparavant, je ne te
la donnerai point, n'y compte pas. Il serait indigne
pour qui est né brave de céder à qui ne le vaut pas.[3] »

Il dit. Jason, en silence, les yeux fixés à ses pieds[4],
demeurait immobile, sans voix, désemparé dans son
malheur*. Longtemps, il tournait et retournait le parti
425 à prendre, sans pouvoir se décider à s'engager résolument, tant l'entreprise lui paraissait ardue. A la fin, il
fit cette réponse avisée[5] :

« Aiétès, c'est ton droit le plus strict de m'enfermer
dans cette si dure contrainte[6]. Eh bien donc ! quoique
ce travail excède les forces humaines, je l'affronterai,
même si mon destin est de mourir. Jamais pire malheur
430 ne pèsera sur les hommes que cette cruelle nécessité qui
m'a forcé à venir ici, par l'ordre d'un roi*. »

1. Cf. 3, 495 s., 1303.
2. C'est la surface de champ qu'un bon ouvrier laboure en
un jour (σ 374) ; il ne faudra à Jason que les deux tiers de la
journée pour achever sa tâche (3, 1340-1344). Phérécyde, 3 F 30
Jacoby, parlait d'une jachère de cinquante arpents.
3. Pour les v. 407-421, cf. Pind., *Pyth.*, 4, 224-231, et la
Notice, p. 7-8.
4. Cf. 3, 22, 1063.
5. Sur le sens de κερδαλέος, voir la Notice, p. 33 s.
6. « Δίκη obscurum » (Fränkel). Le sens nous paraît être :
« C'est la règle du jeu ; c'est de bonne guerre ». Cf. 3, 130.

τόν ῥ' αὐτὸς περίειμι χεροῖν, ὀλοόν περ ἐόντα.
Δοιώ μοι πεδίον τὸ Ἀρήιον ἀμφινέμονται
410 ταύρω χαλκόποδε, στόματι φλόγα φυσιόωντες ·
τοὺς ἐλάω ζεύξας στυφελὴν κατὰ νειὸν Ἄρηος
τετράγυον, τὴν αἶψα ταμὼν ἐπὶ τέλσον ἀρότρω
οὐ σπόρον ὁλκοῖσιν Δηοῦς ἐνιβάλλομαι ἀκτῇ,
ἀλλ' ὄφιος δεινοῖο μεταλδήσκοντας ὀδόντας
415 ἀνδράσι τευχηστῇσι δέμας · τοὺς δ' αὖθι δαΐζων
κείρω ἐμῷ ὑπὸ δουρὶ περισταδὸν ἀντιόωντας.
Ἠέριος ζεύγνυμι βόας, καὶ δείελον ὥρην
παύομαι ἀμήτοιο. Σὺ δ', εἰ τάδε τοῖα τελέσσεις,
αὐτῆμαρ τότε κῶας ἀποίσεαι εἰς βασιλῆος ·
420 πρὶν δέ κεν οὐ δοίην, μηδ' ἔλπεο. Δὴ γὰρ ἀεικὲς
ἄνδρ' ἀγαθὸν γεγαῶτα κακωτέρῳ ἀνέρι εἶξαι. »
Ὣς ἄρ' ἔφη · ὁ δὲ σῖγα ποδῶν πάρος ὄμματα πήξας
ἧστ' αὔτως ἄφθογγος, ἀμηχανέων κακότητι.
Βουλὴν δ' ἀμφὶ πολὺν στρώφα χρόνον, οὐδέ πῃ εἶχε
425 θαρσαλέως ὑποδέχθαι, ἐπεὶ μέγα φαίνετο ἔργον.
Ὀψὲ δ' ἀμειβόμενος προσελέξατο κερδαλέοισιν ·
« Αἰήτη, μάλα τοί με δίκῃ περιπολλὸν ἐέργεις.
Τῶ καὶ ἐγὼ τὸν ἄεθλον ὑπερφίαλόν περ ἐόντα
τλήσομαι, εἰ καί μοι θανέειν μόρος. Οὐ γὰρ ἔτ' ἄλλο
430 ῥίγιον ἀνθρώποισι κακῆς ἐπικείσετ' ἀνάγκης
ἥ με καὶ ἐνθάδε νεῖσθαι ἐπέχραεν ἐκ βασιλῆος. »

TEST. **409-410** schol. Pind. *Pyth.* 4, 398 *d* ‖ **427** uide ad 320.

---

410 ταῦρ<οι χα>λκόποδες TEST. ‖ φυσιόωντες LAS TEST. :
-ντε GE ‖ **412** τετράγυον *m*S Σʲ : -γυιον GIᵃᶜ*d* ‖ **413** ἀκτῇ Ω :
-ήν E -ῆς West (per litt.) ‖ **414** post u. lac. stat. Fränkel ‖
415 αὖθι Ω : αὖτι E αἶψα D ‖ δαΐζων Ω : -ίξας D ‖ **418** ἀμήτοιο Ω : -ητοῖο E uide 436 ‖ **419** τότε Fränkel : τόδε Ω ‖ εἰς Ω :
ἐς D ‖ **424** πολὺν *w*E : πουλ- LA ‖ **427** περι- LGE Σᴸ : περὶ
ASD Σᴬ ‖ **429** ἄλλο *w*E : -ος LA ΣΩ ‖ **430** ἐπικείσετ' Ω (cf. Z
458) : ἐπαμείβετ' E ἐπικεῖται Z (ἐπίκειται Lloyd-Jones[1]) ἐπι-
θήσετ' O.

Ainsi parla-t-il dans le désarroi qui l'avait saisi. Aiétès répliqua par ces paroles terribles à Jason accablé :

« Va maintenant rejoindre ta troupe, puisque tu as
435 envie de tenter l'épreuve[1]. Mais, si tu as peur de mettre les bœufs au joug ou si tu te dérobes devant la moisson de mort, je prendrai toutes dispositions pour que tout autre à l'avenir tremble de s'attaquer à plus fort que soi.[2] »

Il parla sans ménagement. Jason se leva de son siège
440 et, aussitôt après, Augias et Télamon. Argos les suivait, seul, car il avait fait signe à ses frères de rester là en attendant. Ils quittèrent la grand-salle. Entre tous, merveilleusement, se distinguait le fils d'Aison par sa beauté et sa grâce ; tenant ses yeux fixés de côté sur
445 lui, le long de son voile resplendissant, la jeune fille le contemplait, le cœur consumé de chagrin* ; son âme, comme un songe, s'était envolée, trop lente à son gré, sur les traces de celui qui s'en allait[3]. Les héros sortirent donc du palais, accablés ; cependant Chalkiopé, évitant
450 la colère d'Aiétès, avait déjà gagné en hâte sa chambre avec ses fils ; de même, Médée se retira après elle. Dans son cœur s'agitaient en foule tous les soucis qu'ont coutume d'éveiller les Amours[4]. Devant ses yeux repassait encore tout ce qu'elle avait vu : sa prestance,
455 le manteau qu'il portait[5], sa manière de parler, sa façon de se tenir sur son siège, sa façon de sortir ; à force d'y penser, elle ne crut pas que son pareil pût exister ;

---

1. Cf. 3, 509.
2. V. 437 ∾ A 523 ; v. 438 ∾ Γ 353 s.
3. Cf. λ 222 ψυχὴ δ' ἠύτ' ὄνειρος ἀποπταμένη πεπότηται ; Bion, *Chant fun. Adonis*, 58 πόθος δέ μοι ὡς ὄναρ ἔπτα. Noter le rapprochement hardi entre ἑρπύζων et πεπότητο ; il évoque l'impression onirique du dormeur incapable d'atteindre son but malgré tous ses efforts : cf. X 198 ; [Moschos], *Mégara*, 105-115 ; Virg., *Én.*, 12, 908-912. Voir aussi la *N. C.* à 3, 684.
4. Cf. η 82 ; ψ 85.
5. Ἧστο : forme à augment temporel analogique, d'après les variantes ἧσται et ἧστο attestées en λ 191 (Zénodote, Aristarque).

Ὣς φάτ᾽ ἀμηχανίῃ βεβολημένος· αὐτὰρ ὁ τόν γε
σμερδαλέοις ἐπέεσσι προσέννεπεν ἀσχαλόωντα·
«Ἔρχεο νῦν μεθ᾽ ὅμιλον, ἐπεὶ μέμονάς γε πόνοιο·
435 εἰ δὲ σύ γε ζυγὰ βουσὶν ὑποδδείσαις ἐπαεῖραι,
ἠὲ καὶ οὐλομένου μεταχάσσεαι ἀμήτοιο,
αὐτῷ κεν τὰ ἕκαστα μέλοιτό μοι, ὄφρα καὶ ἄλλος
ἀνὴρ ἐρρίγῃσιν ἀρείονα φῶτα μετελθεῖν.»
Ἴσκεν ἀπηλεγέως· ὁ δ᾽ ἀπὸ θρόνου ὤρνυτ᾽ Ἰήσων,
440 Αὐγείης Τελαμών τε παρασχεδόν· εἵπετο δ᾽ Ἄργος
οἶος, ἐπεὶ μεσσηγὺς ἔτ᾽ αὐτόθι νεῦσε λιπέσθαι
αὐτοκασιγνήτοις. Οἱ δ᾽ ἤεσαν ἐκ μεγάροιο.
Θεσπέσιον δ᾽ ἐν πᾶσι μετέπρεπεν Αἴσονος υἱὸς
κάλλεϊ καὶ χαρίτεσσιν· ἐπ᾽ αὐτῷ δ᾽ ὄμματα κούρη
445 λοξὰ παρὰ λιπαρὴν σχομένη θηεῖτο καλύπτρην,
κῆρ ἄχεϊ σμύχουσα, νόος δέ οἱ ἠΰτ᾽ ὄνειρος
ἑρπύζων πεπότητο μετ᾽ ἴχνια νισομένοιο.
Καί ῥ᾽ οἱ μέν ῥα δόμων ἐξήλυθον ἀσχαλόωντες·
Χαλκιόπη δὲ χόλον πεφυλαγμένη Αἰήταο
450 καρπαλίμως θάλαμον δὲ σὺν υἱάσιν οἷσι βεβήκει,
αὔτως δ᾽ αὖ Μήδεια μετέστιχε. Πολλὰ δὲ θυμῷ
ὥρμαιν᾽ ὅσσα τ᾽ Ἔρωτες ἐποτρύνουσι μέλεσθαι·
προπρὸ δ᾽ ἄρ᾽ ὀφθαλμῶν ἔτι οἱ ἰνδάλλετο πάντα,
αὐτός θ᾽ οἷος ἔην, οἵοισί τε φάρεσιν ἧστο,
455 οἷά τ᾽ ἔειφ᾽, ὥς θ᾽ ἔζετ᾽ ἐπὶ θρόνου, ὥς τε θύραζε
ἤιεν· οὐδέ τιν᾽ ἄλλον ὀίσσατο πορφύρουσα

435 ὑποδδείσαις Ω : an -σης legendum? ‖ **436** οὐλομένου
SᵃᵉE : -νοιο LASᵃG ‖ ἀμητοῖο hic Ω uide 418 ‖ **437** αὐτῷ Ω : τῷ E
‖ **442** αὐτοκασιγνήτοις Ω : -της G -της D ‖ ἤεσαν Ω Σᴶ (cf.
Quint. Sm. 8, 175, 180) : ἤισαν Rzach¹ (cf. 2, 812 ; 3, 1331) ‖
445 παρὰ mG : παραὶ SD ‖ **446** οἱ Ω Σᴸ : τοι E om. Σᴬˡᵉᵐ ‖
450 υἱάσιν m : υἱέσιν w ‖ **454** τ᾽ post οἷος add. E ‖ ἧστο Ω :
εἷτο E ἔστο D ‖ **455** θ᾽ ἔζ- w : τ᾽ ἔζ- m.

à ses oreilles revenaient sans cesse le son de sa voix et
les paroles, douces à son cœur, qu'il avait prononcées*.
Elle s'effrayait pour lui, à l'idée que les taureaux ou
460 Aiétès lui-même causeraient sa perte ; elle le pleurait
comme s'il était déjà mort à jamais. Sur ses joues
coulaient, dans son angoisse, les tendres larmes de la
plus douloureuse pitié*. Avec des sanglots étouffés,
doucement elle exhala ces mots* :

    « Malheureuse ! pourquoi suis-je en proie à cette
465 peine ? Dût-il se montrer en mourant le plus brave de
tous les héros ou le plus lâche, qu'il périsse !... Ah !
pourtant, s'il avait pu s'en tirer sain et sauf ! Oui, qu'il
en soit ainsi, vénérable déesse, fille de Persès[1], qu'il
retourne chez lui en échappant à la mort ! Mais, si son
destin est d'être tué par les taureaux, qu'il sache du
470 moins auparavant que je n'éprouve aucune joie de son
triste malheur[2] ! »

    C'est ainsi que la jeune fille avait l'esprit tourmenté
par l'anxiété[3].

    Quand les héros furent hors du peuple et de la ville,
sur la route qu'ils avaient suivie à l'aller en venant de
la plaine[4], Argos s'adressa à Jason en ces termes :

475   « Aisonide, tu blâmeras sans doute le projet que je
vais t'exposer ; mais il ne faut négliger aucune tentative
dans notre malheur. Il existe une jeune fille — tu l'as
toi-même déjà appris de ma bouche[5] — qui pratique
l'art des drogues à l'instigation d'Hécate, fille de Persès.
Si nous pouvions la persuader, tu n'auras plus, je crois,
480 à craindre d'être vaincu dans cette épreuve ; mais j'ai

---

1. Hécate est fille du Titan Persès : cf. Hés., *Théog.*, 409 ;
même généalogie dans les *Hymnes orphiques* (cf. 1, 4, et la note
de Quandt). Sur Hécate, voir aussi p. 86, n. 2, et la *N. C.*, à 3, 862.
    2. Cf. Ap. Rh., fr. 12, 18 Powell ὀλοῷ δ' ἐπαγάσσατο πατρί-
δος οἴτῳ.
    3. Sur la forme ἐόλητο, cf. W. Bühler, comm. à Moschos,
Europé, 74.
    4. La plaine de Circé : cf. la *N. C.* à 3, 201.
    5. Le poète n'a pas rapporté ces propos.

ἔμμεναι ἀνέρα τοῖον · ἐν οὔασι δ' αἰὲν ὀρώρει
αὐδή τε μῦθοί τε μελίφρονες οὓς ἀγόρευσε.
Τάρβει δ' ἀμφ' αὐτῷ, μή μιν βόες ἠὲ καὶ αὐτὸς
460 Αἰήτης φθείσειεν, ὀδύρετο δ' ἤύτε πάμπαν
ἤδη τεθνειῶτα · τέρεν δέ οἱ ἀμφὶ παρειὰς
δάκρυον αἰνοτάτῳ ἐλέῳ ῥέε κηδοσύνῃσιν.
Ἧκα δὲ μυρομένη, λιγέως ἀνενείκατο μῦθον ·
« Τίπτε με δειλαίην τόδ' ἔχει ἄχος ; Εἴ θ' ὅ γε πάντων
465 φθείσεται ἡρώων προφερέστατος εἴ τε χερείων,
ἐρρέτω ... Ἦ μὲν ὄφελλεν ἀκήριος ἐξαλέασθαι.
Ναὶ δὴ τοῦτό γε, πότνα θεὰ Περσηΐ, πέλοιτο,
οἴκαδε νοστήσειε φυγὼν μόρον · εἰ δέ μιν αἶσα
δμηθῆναι ὑπὸ βουσί, τόδε προπάροιθε δαείη,
470 οὕνεκεν οὔ οἱ ἔγωγε κακῇ ἐπαγαίομαι ἄτῃ. »
Ἡ μὲν ἄρ' ὣς ἐόλητο νόον μελεδήμασι κούρη.
Οἱ δ' ἐπεὶ οὖν δήμου τε καὶ ἄστεος ἐκτὸς ἔβησαν
τὴν ὁδὸν ἣν τὸ πάροιθεν ἀνήλυθον ἐκ πεδίοιο,
δὴ τότ' Ἰήσονα τοῖσδε προσέννεπεν Ἄργος ἔπεσσιν ·
475 « Αἰσονίδη, μῆτιν μὲν ὀνόσσεαι ἥν τιν' ἐνίψω ·
πείρης δ' οὐ μάλ' ἔοικε μεθιέμεν ἐν κακότητι.
Κούρην δή τινα πρόσθεν ἐπέκλυες αὐτὸς ἐμεῖο
φαρμάσσειν Ἑκάτης Περσηΐδος ἐννεσίῃσιν.
Τὴν εἴ κεν πεπίθοιμεν, ὀίομαι, οὐκέτι τάρβος
480 ἔσσετ' ἀεθλεύοντι δαμήμεναι · ἀλλὰ μάλ' αἰνῶς

TEST. **457-458** (ἐν — ἀγόρευσε) fere citat Choricius 5, 21,
p. 87,8 Förster-Richtsteig ‖ **471** *E G*ᴮ *EM* s. ἐόλητο.

---

458 οὓς Ω TEST. : ὡς G ‖ ἀγόρευσεν Ω : -ευεν *d* ‖ **459** αὐτῷ
Ω : -τόν E ‖ **460** φθ(ε)ίσειεν Ω : φθίσειαν E ‖ **462** ῥέε κηδοσύνῃσιν
Ω *Σ*Ωᵖᵃʳ : -νη τε Schneider² ῥέεν ἠδ' ὀδύνησιν Damsté ‖ **466** ἦ
Ω : εἰ Laur. 32, 45 γρ. ‖ **467** πέλοιτο Ω : γένοιτο S ‖ **471**
ἐόλητο SE Σᴶ TEST. : αἰό- LAGD (et uar. lect. ap. TEST. ?) ‖
νόον Ω TEST. : νέον E ‖ **475** ὀνόσσεαι Lˢˡ *wd* : ὄσσεαι *m* ‖ **477**
ἐπέκλυες *w* : ὑπ- *m*.

grand-peur que ma mère ne me refuse son appui.
Cependant je retournerai là-bas pour la rencontrer ; car
il est commun à nous tous, le trépas suspendu sur nos
têtes*. »

Il parla ainsi sagement ; Jason lui fit cette réponse :
485 « Mon cher, si tel est ton sentiment, je ne m'y oppose
pas[1]. Va donc ; par des paroles avisées, supplie ta mère
et la persuade d'agir. Mais, en vérité, faible est notre
espoir, si nous devions confier à des femmes le soin de
notre retour[2]. »

Il dit et bientôt ils parvinrent au marais. Leurs
490 compagnons, joyeux, les questionnaient dès qu'ils les
virent arriver[3]. Mais l'Aisonide, accablé, leur tint ce
discours :

« Amis, le cœur du cruel Aiétès est irrité contre nous,
c'est évident. Car les détails, il ne servirait à rien ni à
495 moi de vous les dire, ni à vous de me les demander*. Il
déclare élever dans la plaine d'Arès deux taureaux aux
pieds de bronze, qui soufflent le feu de leur mufle*. Il
m'a ordonné de labourer avec eux une jachère de
quatre arpents* ; il me donnera une semence tirée des
mâchoires d'un dragon qui produit des hommes nés de
la terre avec des armes de bronze[4] ; le jour même,
500 je devrai les tuer. Cette tâche, puisque je ne trouvais
pas de meilleure issue, je l'ai acceptée sans tergiverser. »

1. Vers analogue en 4, 419. Le ton est très différent dans les
deux passages : Jason, dans son désarroi, parle sans conviction ;
au ch. IV, les mêmes mots servent à Médée pour sommer Jason
de tuer Apsyrtos.
2. Ὅτε équivaut à εἰ : cf. 1, 245 et 4, 409 (ὅτε μή+subj.) ;
3, 1112 (ὅτε+opt.) ; 4, 587 (ὅτε μή+opt.), et, en général,
R. Kühner-B. Gerth, Griech. Gramm., 2⁴, 184 b. Après le parfait
ὄρωρεν, l'irréel exprimé par ὅτε+indic. ao. introduit une anacoluthe
chargée de signification psychologique : « Mince est notre espoir,
s'il fallait (ce que Jason écarte) nous en remettre aux femmes. »
3. Expressions analogues en 2, 429 ; 3, 1167.
4. L'indicatif est normal après ὅς ῥα chez Apollonios ;
on adoptera donc la leçon ἀνίησι. G. Giangrande, Hermes, 98,
1970, 267, n. 3, préfère la graphie ἀνίῃσι qu'il considère néanmoins
comme un indicatif, analogue à l'hom. μεθίῃσι (N 234) ; mais
cf. F. Vian, Rev. Phil., 36, 1962, 38 s.

δείδω μή πως οὔ μοι ὑποσταίη τό γε μήτηρ.
Ἔμπης δ᾽ ἐξαῦτις μετελεύσομαι ἀντιβολήσων,
ξυνὸς ἐπεὶ πάντεσσιν ἐπικρέμαθ᾽ ἡμιν ὄλεθρος. »
Ἴσκεν εὐφρονέων · ὁ δ᾽ ἀμείβετο τοῖσδ᾽ ἐπέεσσιν ·
485 « Ὦ πέπον, εἴ νύ τοι αὐτῷ ἐφανδάνει, οὔ τι μεγαίρω.
Βάσκ᾽ ἴθι καὶ πυκινοῖσι τεὴν παρὰ μητέρα μύθοις
ὄρνυθι λισσόμενος. Μελέη γε μὲν ἡμιν ὄρωρεν
ἐλπωρή, ὅτε νόστον ἐπετραπόμεσθα γυναιξίν. »
Ὣς ἔφατ᾽ · ὦκα δ᾽ ἕλος μετεκίαθον. Αὐτὰρ ἑταῖροι
490 γηθόσυνοι ἐρέεινον, ὅπως παρεόντας ἴδοντο ·
τοῖσιν δ᾽ Αἰσονίδης τετιημένος ἔκφατο μῦθον ·
« Ὦ φίλοι, Αἰήταο ἀπηνέος ἄμμι φίλον κῆρ
ἀντικρὺ κεχόλωται · ἕκαστα γὰρ οὔ νύ τι τέκμωρ
οὔτ᾽ ἐμοὶ οὔτε κεν ὔμμι διειρομένοισι πέλοιτο.
495 Φῆ δοιὼ πεδίον τὸ Ἀρήιον ἀμφινέμεσθαι
ταύρω χαλκόποδε, στόματι φλόγα φυσιόωντας ·
τετράγυον δ᾽ ὑπὸ τοῖσιν ἐφίετο νειὸν ἀρόσσαι ·
δώσειν δ᾽ ἐξ ὄφιος γενύων σπόρον, ὅς ῥ᾽ ἀνίησι
γηγενέας χαλκέοις σὺν τεύχεσιν · ἤματι δ᾽ αὐτῷ
500 χρειὼ τούς γε δαῖξαι. Ὃ δή νύ οἱ — οὔ τι γὰρ ἄλλο
βέλτερον ἦν φράσσασθαι — ἀπηλεγέως ὑποέστην. »

TEST. **481** (ὑποσταίη solum) *EG EM* s.u. sine auctoris nomine.

481 ὑποσταίη Ω Test. : -στήῃ Mooney ‖ τόγε *m* : τόδε *w* ‖
483 ἐπικρέμαθ᾽ *w*E : -ατ᾽ LA ‖ **484** εὐφρ- *w*D : εὖ φρ- *m* ‖
486 βάσκ᾽ ἴθι L²ᵞᴾAE (= *m*) : βάσκετε L*w* ‖ **488** ἐπετραπό-
με(σ)θα AGE : ἀπετρ- L ἐτρ- S ‖ **489** μετεκίαθον *m* : -θεν *w*D
‖ **490** γηθόσυνοι Ω : -οσύνη (dat.) E ‖ ἴδοντο LAS²(?)G*d* :
ἴδοιτο SE ‖ **493** ἀντικρὺ Ω : ἄντικρυς E ‖ κεχόλωται Ω : -ωτο E
‖ τι L*w*D : τοι AE ‖ **495** δοιὼ prop. Fränkel, cl. 409 : δὲ δοιὼ
LᵃᶜV in ras. δὲ δύω L² in ras. A*w*E ‖ **496** φυσιόωντας [-ντ.ς
E ante ras.] *m* Sᵃᶜ (?) : -ντε S (p.c. ?) GE²*d* ‖ **497** τετράγυον *m*S : -γυιον G*d* ‖ ὑπὸ Samuelsson : ἐπὶ Ω ‖ **498** ὄφιος
E : ὄφεος L -εως A*w* ‖ ἀνίησι(ν) A*w*E : -ίησιν L ‖ **499** -έοις
[-είοις *d*] σὺν τεύχεσιν *m*S*d* : -είοις σὺν ἔντεσιν G, unde -είοισι
σ. ἔ. Wernicke cf. 1, 1059 ‖ **500** τούσγε *m*G : τούσδε S*d*.

Il parla ainsi. A tous, l'épreuve parut impossible ; longtemps, muets et sans voix, ils se regardaient entre eux*, prostrés sous le malheur et le désarroi. A la fin,
505 Pélée, résolument, s'adressa à tous les héros* :

« C'est le moment d'examiner la conduite à tenir[1]. Je n'attends pas néanmoins de la délibération autant de secours que de la force des bras*. Si donc tu penses pouvoir atteler les bœufs d'Aiétès, héros Aisonide, et
510 si tu as envie de tenter l'épreuve[2], alors, fidèle à ta promesse, prépare-toi*. Mais si ton cœur n'a pas pleine et entière confiance en ta valeur[3], n'agis pas toi-même à l'étourdie et ne reste pas non plus assis parmi nous à chercher du regard un autre de ces hommes. Car moi je ne me déroberai pas : après tout, le pire des malheurs ne sera que la mort[4]. »

515 Ainsi parla l'Éacide. Le cœur de Télamon s'émut : aussitôt, il se dressa, d'un bond ; puis, le troisième, Idas se leva, fièrement, puis les deux fils de Tyndare ; et, avec eux, le fils d'Oineus prit place parmi ces hommes dans la force de l'âge, bien que le moindre duvet n'eût
520 pas encore fleuri sur ses joues, si grande était la force qui exaltait son cœur*. Les autres, cédant la place, gardaient le silence[5]. Mais, à l'instant, Argos adressa ces paroles à ceux qui désiraient combattre :

« Amis, c'est en vérité le dernier parti. Mais je crois
525 que ma mère vous apportera un secours opportun. Aussi, malgré votre ardeur, restez encore un peu sur le navire, comme vous l'avez fait jusqu'ici ; car mieux vaut en tout cas patienter que périr par témérité de male mort*. Au palais d'Aiétès vit une jeune fille que la déesse

---

1. Cf. 2, 1278.
2. Cf. 3, 434.
3. Cf. Κ 99 ἐπὶ πάγχυ λάθωνται ; Quint. Sm., 5, 137, ἐ. π. πεποίθει.
4. Σχήσομαι = ἀφέξομαι ; cf. 3, 1268, et la note à 3, 205 (p. 59, n. 1). Sur la signification du discours de Pélée, voir la Notice, p. 33.
5. Cf. Callim., *Hécalé*, fr. 236, 3 Pf. ἀκὴν ἔχε (et les parallèles cités *ad loc.* par Pfeiffer).

Ὣς ἄρ᾽ ἔφη. Πάντεσσι δ᾽ ἀνήνυτος εἴσατ᾽ ἄεθλος ·
δὴν δ᾽ ἄνεῳ καὶ ἄναυδοι ἐς ἀλλήλους ὁρόωντο,
ἄτῃ ἀμηχανίῃ τε κατηφέες · ὀψὲ δὲ Πηλεὺς
505   θαρσαλέως μετὰ πᾶσιν ἀριστήεσσιν ἔειπεν ·

    « Ὥρη μητιάασθαι ὅ κ᾽ ἔρξομεν. Οὐ μὲν ἔολπα
βουλῆς εἶναι ὄνειαρ ὅσον τ᾽ ἐνὶ κάρτεϊ χειρῶν.
Εἰ μέν νυν τύνη ζεῦξαι βόας Αἰήταο,
ἥρως Αἰσονίδη, φρονέεις μέμονάς τε πόνοιο,
510   ἦ τ᾽ ἂν ὑποσχεσίην πεφυλαγμένος ἐντύναιο ·
εἰ δ᾽ οὔ τοι μάλα θυμὸς ἑῇ ἐπὶ πάγχυ πέποιθεν
ἠνορέῃ, μήτ᾽ αὐτὸς ἐπείγεο μήτε τιν᾽ ἄλλον
τῶνδ᾽ ἀνδρῶν πάπταινε παρήμενος. Οὐ γὰρ ἔγωγε
σχήσομ᾽, ἐπεὶ θάνατός γε τὸ κύντατον ἔσσεται ἄλγος. »
515   Ὣς ἔφατ᾽ Αἰακίδης · Τελαμῶνι δὲ θυμὸς ὀρίνθη,
σπερχόμενος δ᾽ ἀνόρουσε θοῶς · ἐπὶ δὲ τρίτος Ἴδας
ὦρτο μέγα φρονέων, ἐπὶ δ᾽ υἱέε Τυνδαρέοιο ·
σὺν δὲ καὶ Οἰνεΐδης ἐναρίθμιος αἰζηοῖσιν
ἀνδράσιν, οὐδέ περ ὅσσον ἐπανθιόωντας ἰούλους
520   ἀντέλλων · τοίῳ οἱ ἀείρετο κάρτεϊ θυμός.
Οἱ δ᾽ ἄλλοι εἴξαντες ἀκὴν ἔχον. Αὐτίκα δ᾽ Ἄργος
τοῖον ἔπος μετέειπεν ἐελδομένοισιν ἀέθλου ·

    « Ὦ φίλοι, ἤτοι μὲν τόδε λοίσθιον. Ἀλλά τιν᾽ οἴω
μητρὸς ἐμῆς ἔσσεσθαι ἐναίσιμον ὔμμιν ἀρωγήν.
525   Τῶ, καί περ μεμαῶτες, ἐρητύοισθ᾽ ἐνὶ νηὶ
τυτθὸν ἔθ᾽ ὡς τὸ πάροιθεν, ἐπεὶ καὶ ἐπισχέμεν ἔμπης
λώιον ἢ κακὸν οἶτον ἀφειδήσαντας ὀλέσθαι.
Κούρη τις μεγάροισιν ἐνιτρέφετ᾽ Αἰήταο,

507 ἐνὶ Fränkel : ἐπὶ Ω ‖ 510 ἐντύναιο Ω ΣΩ·J : ἀνύσαιο D
‖ 511 τοι Ω : τι E ‖ πάγχυ post ἐπὶ transp. Brubach : π. [π.
γε E] post μάλα Ω ‖ 513 πάπταινε Brunck : -πτηνε Ω ‖ 517
υἱέε Merkel⁴ : υἷες Ω ‖ 524 ἔσσεσθαι AGE : -εσθ᾽ LS ‖ ὔμμιν
SD : ὄμμιν m ἄμμιν G ‖ 527 ὀλέσθαι Fränkel (cf. Γ 417 ; Θ
34 ; Ap. Rh. 2, 326, 881) : ἐλ- L ἐλ- L⁴AwE.

Hécate a particulièrement instruite dans l'art de
530 préparer toutes les drogues procurées par la terre et
l'immensité de l'onde* ; par leur moyen, elle apaise le
souffle du feu infatigable, arrête à l'instant le cours
grondant des fleuves, enchaîne les astres et le cours
sacré de la lune*. En revenant du palais ici, sur notre
535 chemin, nous avons pensé à elle, nous demandant si
notre mère, qui est sa sœur, pourrait la convaincre de
nous aider dans cette épreuve. Si vous en êtes d'accord
vous aussi, je veux bien retourner aujourd'hui même
dans la demeure d'Aiétès pour tenter l'essai : un dieu
peut-être m'aidera dans ma tentative*. »

540   Il dit et les dieux leur donnèrent un présage dans
leur bienveillance. Une timide colombe fuyant un
faucon brutal tomba du haut des airs, tout effrayée,
dans le giron de l'Aisonide et le faucon s'empala sur
l'aplustre*. Aussitôt Mopsos prononça devant tous ces
paroles, en interprète des dieux[1] :

545   « C'est pour vous, amis, que ce présage se produit
par la volonté des dieux. Il n'y a pas moyen de lui
donner meilleur sens que celui-ci* : il faut aller trouver
la jeune fille et lui parler en usant de tous les moyens de
persuasion[2]. Je ne la crois pas insensible[3], s'il est vrai
550 que Phinée a prédit que notre retour dépendrait de la
déesse Cypris[4]. Or ce doux oiseau, qui est le sien, a
échappé à la mort[5] : puisse donc s'accomplir ce que
mon esprit en mon cœur pressent d'après ce présage !
Allons, amis, implorez l'aide de Cythérée et, dès maintenant, suivez les conseils d'Argos. »

1. Mopsos est un spécialiste de l'ornithomancie : cf. t. 1,
p. 242 (*N.C.* à 1, 66).
2. Ἐπέεσσι μετελθέμεν : cf. 3, 482 ; μήτι παντοίῃ : cf. 2,
383.
3. Ἀθερίζειν n'est pas seulement un présent « prophétique » ;
il exprime aussi la réalité du moment. La traduction s'efforce
de garder l'ambiguïté.
4. Cf. 2, 423 s.
5. Sur la leçon πότμον, cf. F. Vian, *Rev. Phil.*, 36, 1962, 39.

τὴν Ἑκάτη περίαλλα θεὰ δάε τεχνήσασθαι
530 φάρμαχ᾽ ὅσ᾽ ἤπειρός τε φύει καὶ νήχυτον ὕδωρ·
τοῖσι καὶ ἀκαμάτοιο πυρὸς μειλίσσετ᾽ ἀυτμήν,
καὶ ποταμοὺς ἵστησιν ἄφαρ κελαδεινὰ ῥέοντας,
ἄστρα τε καὶ μήνης ἱερὰς ἐπέδησε κελεύθους.
Τῆς μὲν ἀπὸ μεγάροιο κατὰ στίβον ἐνθάδ᾽ ἰόντες
535 μνησάμεθ᾽, εἴ κε δύναιτο, κασιγνήτη γεγαυῖα,
μήτηρ ἡμετέρη πεπιθεῖν ἐπαρῆξαι ἀέθλῳ.
Εἰ δὲ καὶ αὐτοῖσιν τόδ᾽ ἐφανδάνει, ἦ τ᾽ ἂν ἱκοίμην
ἤματι τῷδ᾽ αὐτῷ πάλιν εἰς δόμον Αἰήταο
πειρήσων· τάχα δ᾽ ἂν σὺν δαίμονι πειρηθείην. »
540   Ὣς φάτο· τοῖσι δὲ σῆμα θεοὶ δόσαν εὐμενέοντες.
Τρήρων μὲν φεύγουσα βίην κίρκοιο πελειὰς
ὑψόθεν Αἰσονίδεω πεφοβημένη ἔμπεσε κόλποις·
κίρκος δ᾽ ἀφλάστῳ περικάππεσεν. Ὦκα δὲ Μόψος
τοῖον ἔπος μετὰ πᾶσι θεοπροπέων ἀγόρευσεν·
545 « Ὕμμι, φίλοι, τόδε σῆμα θεῶν ἰότητι τέτυκται·
οὐδέ πη ἄλλως ἔστιν ὑποκρίνασθαι ἄρειον,
παρθενικὴν δ᾽ ἐπέεσσι μετελθέμεν ἀμφιέποντας
μῆτι παντοίῃ. Δοκέω δέ μιν οὐκ ἀθερίζειν,
εἰ ἐτεὸν Φινεύς γε θεῇ ἐνὶ Κύπριδι νόστον
550 πέφραδεν ἔσσεσθαι. Κείνης δ᾽ ὅ γε μείλιχος ὄρνις
πότμον ὑπεξήλυξε· κέαρ δέ μοι ὡς ἐνὶ θυμῷ
τόνδε κατ᾽ οἰωνὸν προτιόσσεται, ὣς δὲ πέλοιτο.
Ἀλλά, φίλοι, Κυθέρειαν ἐπικλείοντες ἀμύνειν,
ἤδη νῦν Ἄργοιο παραιφασίῃσι πίθεσθε. »

529 περίαλλα w : περὶ ἄλλα LA περὶ ἄλλων E ‖ 531 ἀυτμήν
E : -μή Ω ‖ 533 ἱερὰς Wifstrand² : -ρῆς Ω ‖ 535 κε Ω : τι S
ἐ prop. Fränkel ‖ 536 ἀέθλῳ Ω : -ων E ‖ 538 εἰς Ω : ἐς B ‖ 539
πειρηθείην Ω : -ραθ- E ‖ 542 Αἰσονίδεω Flor. : -ίδαο Ω ‖
κόλποις LE (cf. 3, 804) : -πῳ Ls¹Aw ‖ 543 ὦκα Ω : αἶψα S
‖ 544 ἀγόρευσεν Lw : -ευεν AE ‖ 546 ἔστιν E : ἐστὶν [-ιν] Ω ‖
548 ἀθερίζειν Ω : -ίξειν D ‖ 549 θεῇ Ω : θεᾷ Merkel ‖ 551 πότμον
m : οἶτον S μόρον G ‖ 553 ἀμύνειν Ω : ἀρήγειν D.

555   Il dit, et les jeunes gens approuvèrent en se souvenant
des instructions de Phinée[1]. Seul Idas, fils d'Aphareus,
se dressa d'un bond, haussant la voix dans sa terrible
indignation* ; il s'écria :

« Malheur ! nous sommes venus ici, je le vois, en
compagnie de femmes*, puisqu'on appelle Cypris
560 à notre secours ! Ce n'est plus vers la grande force
d'Ényalios, mais vers des colombes et des faucons que
vous regardez en vous détournant des combats* ! Allez
à la male heure ! ne vous occupez plus des travaux de
la guerre, mais de faibles jeunes filles à séduire par des
prières[2] ! »

Ainsi parlait-il avec véhémence ; mais la foule de ses
565 compagnons murmura à voix basse, sans que personne
prît la parole pour le contredire[3]. Il se rassit alors,
plein de colère. Aussitôt Jason, pour stimuler les héros,
exposa son idée en ces termes :

« Qu'Argos, puisque c'est l'avis de tous, quitte le
navire. Quant à nous, laissant le fleuve pour la terre,
570 attachons désormais les amarres au vu de tous* ; car
il ne convient pas de nous cacher plus longtemps comme
si nous craignions le combat*. »

Il parla ainsi et, sur-le-champ, enjoignit à Argos de
retourner au plus vite dans la ville. Les autres, ayant
tiré à bord les pierres-amarres sur l'ordre de l'Aisonide[4],
575 sortirent un peu du marais et accostèrent à la rame
contre la terre ferme.

Aiétès avait aussitôt convoqué l'assemblée des
Colques, hors de son palais, là où ils avaient coutume
de siéger : il machinait contre les Minyens des ruses et
des malheurs auxquels ils ne pourraient résister*. A
l'entendre, dès que les taureaux auraient mis en pièces
580 l'homme qui avait promis d'affronter la rude épreuve,

---

1. Cf. 2, 1051, 1135.
2. Pour les v. 562 s., cf. B 338 et E 349.
3. Comparer 1, 474 s., où la réprobation du groupe est
soulignée par la protestation d'Idmon.
4. Les pierres-amarres avaient été jetées en 2, 1282. Pour
l'expression, cf. 1, 1277 (et 4, 888).

555　Ἴσκεν · ἐπήνησαν δὲ νέοι, Φινῆος ἐφετμὰς
　　μνησάμενοι. Μοῦνος δ' Ἀφαρήιος ἄνθορεν Ἴδας,
　　δείν' ἐπαλαστήσας μεγάλῃ ὀπί, φώνησέν τε ·
　　« Ὦ πόποι, ἦ ῥα γυναιξὶν ὁμόστολοι ἐνθάδ' ἔβημεν,
　　οἳ Κύπριν καλέουσιν ἐπίρροθον ἄμμι πέλεσθαι ·
560　οὐκέτ' Ἐνυαλίοιο μέγα σθένος, ἐς δὲ πελείας
　　καὶ κίρκους λεύσσοντες ἐρητύεσθε ἀέθλων.
　　Ἔρρετε, μηδ' ὕμμιν πολεμήια ἔργα μέλοιτο,
　　παρθενικὰς δὲ λιτῇσιν ἀνάλκιδας ἠπεροπεύειν. »
　　Ὣς ηὔδα μεμαώς · πολέες δ' ὁμάδησαν ἑταῖροι
565　ἦκα μάλ', οὐδ' ἄρα τίς οἱ ἐναντίον ἔκφατο μῦθον.
　　Χωόμενος δ' ὅ γ' ἔπειτα καθέζετο · τοῖσι δ' Ἰήσων
　　αὐτίκ' ἐποτρύνων τὸν ἑὸν νόον ὧδ' ἀγόρευεν ·
　　« Ἄργος μὲν παρὰ νηός, ἐπεὶ τόδε πᾶσιν ἔαδε,
　　στελλέσθω. Ἀτὰρ αὐτοὶ ἐπὶ χθονὸς ἐκ ποταμοῖο
570　ἀμφαδὸν ἤδη πείσματ' ἀνάψομεν · ἦ γὰρ ἔοικε
　　μηκέτι δὴν κρύπτεσθαι, ⟨ἅτε⟩ πτήσσοντας αὐτήν. »
　　Ὣς ἄρ' ἔφη · καὶ τὸν μὲν ἄφαρ προΐαλλε νέεσθαι
　　καρπαλίμως ἐξαῦτις ἀνὰ πτόλιν · οἱ δ' ἐπὶ νηὸς
　　εὐναίας ἐρύσαντες ἐφετμαῖς Αἰσονίδαο
575　τυτθὸν ὑπὲξ ἕλεος χέρσῳ ἐπέκελσαν ἐρετμοῖς.
　　Αὐτίκα δ' Αἰήτης ἀγορὴν ποιήσατο Κόλχων
　　νόσφιν ἑοῖο δόμου, τόθι περ καὶ πρόσθε κάθιζον,
　　ἀτλήτους Μινύαισι δόλους καὶ κήδεα τεύχων.
　　Στεῦτο δ', ἐπεί κεν πρῶτα βόες διαδηλήσονται
580　ἄνδρα τὸν ὅς ῥ' ὑπέδεκτο βαρὺν καμέεσθαι ἄεθλον,

---

555 ἐπήνησαν Ω : -νεσαν Ε ‖ **558** ὦ Ω : ὢ Ε ‖ **559** post u.
colon posuimus ‖ **561** ἐρητύεσθε Ω (cf. Quint. Sm. 4, 297) :
-ύονται Fränkel ‖ μέλοιτο Ω : -θλου S ‖ **562** ὕμμιν S : ὔμμι LAG
ὕμμιν Ε ‖ μέλοιτο mS : πέλ- L²ˢ¹G ‖ **567** ἀγόρευεν Ω : -ευσεν G
‖ **568** ἔαδε(ν) OF : ἔ- Ω ‖ **571** ἅτε Fränkel : om. Ω ὑπο- Pierson‖
577-578 om. G ‖ **578** Μινύαισι m (cf. 4, 1074, 1364) : -ύεσσι
S -ύῃσι Merkel ‖ **579** διαδηλήσονται Ω : -σωνται Ε.

il abattrait les taillis qui dominent le coteau boisé et
brûlerait la carène du navire avec son équipage* pour
faire vomir leur misérable insolence à ces gens aux
entreprises insensées[1]. En effet, même l'Éolide Phrixos,
585 malgré toutes ses instances, il ne l'aurait point reçu au
foyer de sa demeure, bien qu'il se distinguât entre tous
les hôtes par sa douceur et sa piété, si Zeus en personne
ne lui avait dépêché du ciel comme messager Hermès
pour qu'il fît bon accueil à ses prières* ; à plus forte
590 raison[2], ces hommes venus en pirates dans son pays ne
resteraient pas longtemps impunis, puisqu'ils n'avaient
d'autre souci que de mettre la main sur les biens d'autrui,
de machiner des complots en secret et de saccager les
étables des bouviers au cours de sinistres incursions*.
— A part lui[3], il se disait qu'ils lui paieraient un juste
595 châtiment, ces fils de Phrixos revenus en compagnie
d'une troupe de scélérats lui ravir sans scrupule la
charge royale et le sceptre[4], comme l'avait prédit un
funeste oracle jadis entendu de son père le Soleil, qui
l'avertissait de prendre garde aux complots, aux desseins
600 retors de sa propre famille et aux mille détours du
Malheur* (c'est bien pourquoi il les envoyait selon
leur désir en terre achéenne, sur l'ordre de leur père :
lointain voyage[5] !) : si, en effet, il n'avait pas la moindre
crainte de voir ses filles ourdir quelque odieux dessein[6],
605 non plus que son fils Apsyrtos, c'était dans la descen-
dance de Chalkiopé que résidait le danger. —

---

1. Cf. peut-être Archiloque, fr. 274 Lasserre ὕβριν ἀθρόην
ἀπέφλυσαν (-φλοσαν *codd.*).
2. Le tour μὴ καί, « à plus forte raison », se retrouve en 2, 192 ;
il semble être propre à Apollonios.
3. Sur l'interprétation des v. 594-605, voir la Notice, p. 29-31.
4. Cf. 3, 333 s.
5. Allusion aux prescriptions de Phrixos : cf. 2, 1093-1096 ;
3, 263. Les scholies « parisiennes » croient que πατρός désigne
Hélios, le père d'Aiétès ; à tort, malgré *Rev. Phil.*, 36, 1962, 41.
D'après les v. 307 s., Aiétès aurait manifesté quelque appréhension
devant le projet de ses petits-fils : nous apprenons maintenant
que c'était une comédie.
6. Trait d'ironie tragique.

δρυμὸν ἀναρρήξας λασίης καθύπερθε κολώνης
αὔτανδρον φλέξειν δόρυ νήιον, ὄφρ᾽ ἀλεγεινὴν
ὕβριν ἀποφλύξωσιν ὑπέρβια μηχανόωντες ·
οὐδὲ γὰρ Αἰολίδην Φρίξον μάλα περ χατέοντα
585 δέχθαι ἐνὶ μεγάροισιν ἐφέστιον, ὃς περὶ πάντων
ξείνων μειλιχίῃ τε θεουδείῃ τ᾽ ἐκέκαστο,
εἰ μή οἱ Ζεὺς αὐτὸς ἀπ᾽ οὐρανοῦ ἄγγελον ἧκεν
Ἑρμείαν, ὥς κεν προσκηδέος ἀντιάσειε ·
μὴ καὶ ληιστῆρας ἐὴν ἐς γαῖαν ἰόντας
590 ἔσσεσθαι δηναιὸν ἀπήμονας, οἷσι μέμηλεν
ὀθνείοις ἐπὶ χεῖρα ἑὴν κτεάτεσσιν ἀείρειν,
κρυπταδίους τε δόλους τεκταινέμεν, ἠδὲ βοτήρων
αὔλια δυσκελάδοισιν ἐπιδρομίῃσι δαΐξαι.
Νόσφι δὲ οἷ αὐτῷ φάτ᾽ ἐοικότα μείλια τίσειν
595 υἷας Φρίξοιο, κακορρέκτῃσιν ὀπηδοὺς
ἀνδράσι νοστήσαντας ὁμιλαδόν, ὄφρα ἑ τιμῆς
καὶ σκήπτρων ἐλάσειαν ἀκηδέες, ὥς ποτε βάξιν
λευγαλέην οὗ πατρὸς ἐπέκλυεν Ἠελίοιο,
χρειώ μιν πυκινόν τε δόλον βουλάς τε γενέθλης
600 σφωιτέρης Ἄτην τε πολύτροπον ἐξαλέασθαι —
τῷ καὶ ἐελδομένους πέμπεν ἐς Ἀχαιίδα γαῖαν
πατρὸς ἐφημοσύνῃ, δολιχὴν ὁδόν — · οὐδὲ θυγατρῶν
εἶναί οἱ τυτθόν γε δέος, μή πού τινα μῆτιν
φράσσωνται στυγερήν, οὐδ᾽ υἱέος Ἀψύρτοιο ·
605 ἀλλ᾽ ἐνὶ Χαλκιόπης γενεῇ τάδε λυγρὰ τετύχθαι.

Test. 581 *E G*ᴬ s. δρύινος.

---

585 περὶ SE : περι L πέρι AG ‖ 588 Ἑρμείαν Ω : -είην E ‖
590 ἔσσεσθαι Ω : ἔσσ- malit Fränkel³ ‖ 594 νόσφι E : -ιν Ω ΣΩ
δέ οἱ Brunck : δ᾽ οἷ [οἱ LA] Ω ΣΩ ‖ 599 χρειώ LˢʸᴾA : χρῆναί
LwE ‖ 600 Ἄτην Vian¹ : ἄτην edd. cett. ἀπάτην Platt³ ‖ 601
καὶ SE *Σ^{ωραr} : κε καὶ LAG Σ^{Ω1em} ‖ ἐελδομένους wE : ἐλδ-
LA ΣΩ ‖ πέμπεν Ω *ΣΩ : -πειν V² Stephanus ‖ 604 φράσ(σ)ων-
ται mG : -σσονται SD ‖ 605 ἐνὶ Ω : ἐν D.

Donc Aiétès, tout à son courroux, dévoilait ses
terribles machinations aux gens de son peuple[1] et, avec
de grandes menaces, il leur ordonnait de surveiller
navire et équipage, pour que personne ne pût échapper
à la mort. Cependant, revenu au palais d'Aiétès, Argos
610 usait de toute sa persuasion pour inviter sa mère à prier
Médée de les secourir*. Chalkiopé, de son côté, y avait
déjà souvent pensé ; mais une crainte arrêtait son
esprit : ou bien elle ferait en vain des efforts intempestifs
pour persuader sa sœur épouvantée par le courroux
615 implacable de son père ; ou bien, si Médée cédait aux
prières, son plan risquait d'être dévoilé et d'éclater au
grand jour[2].

La jeune fille se reposait de ses tourments dans un
profond sommeil, étendue sur son lit. Tout à coup,
pour la tromper, comme il arrive dans la douleur, des
songes funestes la troublaient[3]. Il lui sembla que, si
620 l'étranger avait accepté l'épreuve, ce n'était point par
désir d'emporter la toison du bélier ; ce n'était pas non
plus dans cette intention qu'il avait fait le voyage vers
la ville d'Aiétès, mais pour l'emmener elle-même dans
sa maison comme épouse légitime*. Elle s'imaginait
qu'elle luttait seule[4] avec les taureaux et qu'elle les
625 maîtrisait sans la moindre peine ; mais ses parents ne
tenaient pas leur promesse*, sous prétexte que ce n'était
pas à leur fille, mais à Jason en personne qu'ils avaient
ordonné d'atteler les bœufs. Après ce refus s'élevait
un différend sans issue entre son père et les étrangers*.
Des deux côtés, ils s'en remettaient à elle du soin de
630 trancher selon l'inclination de son cœur*, et elle, aussitôt, avait pris le parti de l'étranger, sans égards pour ses
parents ; ceux-ci furent pris d'une violente douleur*
et poussèrent un cri de colère. Sur cette clameur, le

---

1. Δημοτέροισιν : cf. 1, 783, et Callim., fr. 228, 71 Pf. La
variante δημογέρουσιν n'est qu'une correction homérisante qui
fausse le sens : cf. la N. C. à 3, 578.
2. Cf. τ 391 ἀμφαδὰ ἔργα γένοιτο.
3. Cf. B 22 οὖλος ὄνειρος.
4. Αὐτή : « elle-même » ou plutôt « elle seule » ; cf. 3, 626.

Καί ῥ' ὁ μὲν ἄσχετα ἔργα πιφαύσκετο δημοτέροισι
χωόμενος, μέγα δέ σφιν ἀπείλεε νῆά τ' ἐρύσθαι
ἠδ' αὐτούς, ἵνα μή τις ὑπὲκ κακότητος ἀλύξῃ.
Τόφρα δὲ μητέρ' ἕήν, μετιὼν δόμον Αἰήταο,

610 Ἄργος παντοίοισι παρηγορέεσκεν ἔπεσσι
Μήδειαν λίσσεσθαι ἀμυνέμεν. Ἡ δὲ καὶ αὐτὴ
πρόσθεν μητιάασκε· δέος δέ μιν ἴσχανε θυμὸν
μή πως ἠὲ παρ' αἶσαν ἐτώσια μειλίσσοιτο
πατρὸς ἀτυζομένην ὀλοὸν χόλον, ἠὲ λιτῇσιν

615 ἑσπομένης ἀρίδηλα καὶ ἀμφαδὰ ἔργα πέλοιτο.
Κούρην δ' ἐξ ἀχέων ἀδινὸς κατελώφεεν ὕπνος
λέκτρῳ ἀνακλινθεῖσαν. Ἄφαρ δέ μιν ἠπεροπῆες,
οἷά τ' ἀκηχεμένην, ὀλοοὶ ἐρέθεσκον ὄνειροι.
Τὸν ξεῖνον δ' ἐδόκησεν ὑφεστάμεναι τὸν ἄεθλον,

620 οὔ τι μάλ' ὁρμαίνοντα δέρος κριοῖο κομίσσαι,
οὐδέ τι τοῖο ἕκητι μετὰ πτόλιν Αἰήταο
ἐλθέμεν, ὄφρα δέ μιν σφέτερον δόμον εἰσαγάγοιτο
κουριδίην παράκοιτιν. Ὀίετο δ' ἀμφὶ βόεσσιν
αὐτὴ ἀεθλεύουσα μάλ' εὐμαρέως πονέεσθαι·

625 σφωιτέρους δὲ τοκῆας ὑποσχεσίης ἀθερίζειν,
οὕνεκεν οὐ κούρῃ ζεῦξαι βόας, ἀλλά οἱ αὐτῷ
προύθεσαν· ἐκ δ' ἄρα τοῦ νεῖκος πέλεν ἀμφήριστον
πατρί τε καὶ ξείνοις· αὐτὴ δ' ἐπιέτρεπον ἄμφω
τὼς ἔμεν ὥς κεν ἑῇσι μετὰ φρεσὶν ἰθύσειεν·

630 ἡ δ' ἄφνω τὸν ξεῖνον, ἀφειδήσασα τοκήων,
εἵλετο· τοὺς δ' ἀμέγαρτον ἄχος λάβεν, ἐκ δ' ἐβόησαν
χωόμενοι. Τὴν δ' ὕπνος ἅμα κλαγγῇ μεθέηκε.

---

606 δημοτέροισι(ν) Ω : δημογέρουσι D ‖ **608** ὑπὲκ Bigot :
ὑπ' ἐκ E ὑπερ LS ὑπὲρ A ὑπερ G ‖ ἀλύξῃ Ω : -ξοι S ‖ **611** ἡ δὲ
LAS : ἠδὲ GE ‖ **613** μειλίσσοιτο Herwerden : -σσετο LG -σσαιτο
L^{s1}ASE ‖ **614** ἀτυζομένην Ω : -νη E² ‖ **617** λέκτρῳ Ω : -τρα
E ‖ **618** ἀκηχεμένην m : ἀκ(η)χαμ- w ‖ **621** γ' post τοῖο add. D
‖ Αἰήταο L^{s1}AwE : -τεω L ‖ **626** ζεῦξαι GE²d : -ξε LA -ξεν S
-ξαν E^{ac} ‖ **628** δ' ἐπιέτρεπον m : δ' ἐπέτρ- wD δέ γ' ἐπέτρ- S^{2s1}

sommeil l'abandonna*. Palpitante de crainte, elle sur-
sauta et jeta les yeux autour d'elle sur les murs de sa
chambre. A grand-peine, elle rassembla de nouveau
635 ses esprits dans sa poitrine[1] et exhala une voix plain-
tive :

« Malheureuse que je suis ! Quelle frayeur m'ont
causée ces songes affreux ! Je crains qu'elle n'apporte
un grand malheur, cette expédition des héros. Pour
l'étranger, un émoi extrême soulève mon cœur[2]. —
Qu'il cherche la main, dans son pays, d'une fille d'Achaïe,
640 loin d'ici, et que notre unique souci soit notre virginité
et la maison de nos parents[3]. — Non, après tout ! me
faisant un cœur impudent[4], sans me tenir davantage
à l'écart de ma sœur, j'essaierai de voir si elle implore
mon aide en ce combat, inquiète comme elle est pour
ses fils[5]. Voilà qui apaiserait la cruelle souffrance de
mon cœur. »

645 Elle dit, se leva et ouvrit la porte de sa chambre,
pieds nus, vêtue de sa seule tunique. Maintenant, elle
était impatiente d'aller trouver sa sœur et elle franchit
le seuil donnant sur la cour. Mais longtemps elle restait
sur place dans le vestibule de sa chambre*, retenue par
650 la pudeur ; elle revint sur ses pas et rentra ; de nouveau,
elle sortit de chez elle, puis battit encore en retraite.
Ses pieds la menaient ici et là, en vain*. Chaque fois
qu'elle avançait, une pudeur intérieure l'arrêtait ;
chaque fois que la pudeur la retenait, la passion effron-
tément l'entraînait. Trois fois elle essaya ; trois fois elle
655 fut empêchée ; à la quatrième, elle fit demi-tour et se
laissa tomber, la tête en avant, sur son lit. Quand une
jeune mariée* pleure dans sa chambre l'époux florissant

---

1. Cf. Φ 417 μόγις (μόλις *cod. unus*) δ' ἐσαγείρατο θυμόν.
2. Cf. 3, 368.
3. Cf. Théocr., 7, 126 ἄμμιν δ' ἀσυχία τε μέλοι ; et
A. Köhnken, *Apoll. Rh. u. Theokrit* (1965), 10 s.
4. Cf. I 629 ; Ap. Rh., 4, 1669, et les parallèles cités par
E. Livrea *ad loc.* — Οὐκέτ' ἄνευθεν : s.e. ἐοῦσα ; H. Fränkel
suppose une lacune, mais il convient de garder la concision de
ce style heurté. Cf. J. Carrière, *Euphrosyne*, 2, 1959, 47.
5. Cf. 3, 693 s. et la *N. C.*

Παλλομένη δ' ἀνόρουσε φόβῳ, περί τ' ἀμφί τε τοίχους
πάπτηνεν θαλάμοιο· μόλις δ' ἐσαγείρατο θυμὸν
635 ὡς πάρος ἐν στέρνοις, ἀδινὴν δ' ἀνενείκατο φωνήν·
    « Δειλὴ ἐγών, οἷόν με βαρεῖς ἐφόβησαν ὄνειροι.
Δείδια μὴ μέγα δή τι φέρῃ κακὸν ἥδε κέλευθος
ἡρώων. Περί μοι ξείνῳ φρένες ἠερέθονται. —
Μνάσθω ἑὸν κατὰ δῆμον 'Αχαιίδα τηλόθι κούρην·
640 ἄμμι δὲ παρθενίη τε μέλοι καὶ δῶμα τοκήων. —
Ἔμπα γε μήν, θεμένη κύνεον κέαρ, οὐκέτ' ἄνευθεν
αὐτοκασιγνήτης πειρήσομαι, εἴ κέ μ' ἀέθλῳ
χραισμεῖν ἀντιάσῃσιν, ἐπὶ σφετέροις ἀχέουσα
παισί· τό κέν μοι λυγρὸν ἐνὶ κραδίῃ σβέσοι ἄλγος. »
645 Ἦ ῥα, καὶ ὀρθωθεῖσα θύρας ὤιξε δόμοιο
νήλιπος οἰέανος· καὶ δὴ λελίητο νέεσθαι
αὐτοκασιγνήτην δὲ καὶ ἕρκεος οὐδὸν ἄμειψε.
Δὴν δὲ καταυτόθι μίμνεν ἐνὶ προδόμῳ θαλάμοιο
αἰδοῖ ἐεργομένη· μετὰ δ' ἐτράπετ' αὖτις ὀπίσσω
650 στρεφθεῖσ'· ἐκ δὲ πάλιν κίεν ἔνδοθεν, ἄψ τ' ἀλέεινεν
εἴσω· τηΰσιοι δὲ πόδες φέρον ἔνθα καὶ ἔνθα.
Ἤτοι ὅτ' ἰθύσειεν, ἔρυκέ μιν ἔνδοθεν αἰδώς·
αἰδοῖ δ' ἐργομένην θρασὺς ἵμερος ὀτρύνεσκε.
Τρὶς μὲν ἐπειρήθη, τρὶς δ' ἔσχετο· τέτρατον αὖτις
655 λέκτροισιν πρηνὴς ἐνικάππεσεν εἰλιχθεῖσα.
Ὡς δ' ὅτε τις νύμφη θαλερὸν πόσιν ἐν θαλάμοισι
μύρεται, ᾧ μιν ὄπασσαν ἀδελφεοὶ ἠὲ τοκῆες,

636 ἐγών mS : ἐγώ GD ‖ **637** μέγα δή τι Ω : μέγα om. D
τι πῆμα G ‖ φέρῃ SGˢˡ : -ρει LAG -ροι E ‖ **641** post u. lac. susp.
Fränkel ‖ **642** κέ μ' L²ᵖᶜAwE : χ' ἐμ' L ‖ ἀέθλῳ Ω : -ων S ‖ **644**
σβέσοι Ω : -σαι Madvig -σει Wifstrand¹ ‖ **645** θύρας Ω : -ρην E
‖ **646** νηλίπος L solus ‖ οἰέανος Ω : ἠέ- E ‖ **647** -δε (δὲ nos)
w : τε LA γε E ‖ ἄμειψε(ν) Ω : ἀμεῖψαι prop. Fränkel ‖ **648**
δὲ om. E ‖ κατ- S : κατ' LAG καὶ E ‖ **650** ἐκ Ω : ἐν S ‖ **651**
τηΰσιοι V²OF² : τήσιοι LA τηυσίην w κηδόσυνοι E ‖ **652** ἔνδοθεν
suspexit Campbell¹ ‖ **653** ἐργομένην Ω : εἰργ- E ‖ **657** ἠὲ
Brunck : ἠδὲ Ω *ΣΩʳᵃʳ.

à qui l'ont donnée ses frères ou ses parents, elle tarde
à se mêler à toutes les servantes, par pudeur et réserve,
660 et reste assise dans un coin, tout à sa douleur ; quelque
coup du sort a fait périr son mari avant qu'ils n'aient pu
tous deux goûter à la joie d'une entente mutuelle, et elle,
le cœur déchiré, elle verse un flot de larmes en silence
à la vue de sa couche vide, craignant les railleries
moqueuses des femmes* : ainsi se lamentait Médée.
665 Au milieu de ses plaintes, elle fut soudain aperçue par
une des esclaves, survenue à l'improviste, une jeune
fille qui était sa suivante[1]. Celle-ci informa aussitôt
Chalkiopé, alors qu'assise au milieu de ses fils, elle
réfléchissait au moyen de se concilier sa sœur. Malgré
ses préoccupations, elle ne manqua pas de prêter
670 attention[2] à la nouvelle imprévue qu'elle entendait de
la servante. Étonnée, elle s'élança tout droit de sa
chambre dans la chambre[3] où la jeune fille était couchée,
accablée de douleur, les deux joues cachées dans ses
mains[4]. A la vue de ses yeux mouillés de larmes, elle
lui dit :

« Malheur à moi, Médée ! Pourquoi ces larmes que tu
675 verses ? Que t'est-il donc arrivé ? Quel deuil cruel a
pénétré ton cœur ? Est-ce un mal divin[5] qui a envahi
ton corps ou as-tu entendu de mon père quelque menace
de mort contre moi et mes fils ? Ah ! si je pouvais ne

---

1. Les servantes d'une vierge sont vierges elles aussi :
cf. 3, 840. A. Ardizzoni, *Giorn. Ital. Filol.*, 28, 1976, 240, note
avec finesse que Médée est surprise par la servante de même
que la veuve craignait d'être aperçue par ses femmes.

2. 'Απίθησεν implique que la servante, après avoir informé
Chalkiopé, lui a demandé de venir auprès de Médée.

3. Cf. 3, 249, où c'est au contraire Médée qui va rendre
visite à Chalkiopé.

4. Δρύψεν pourrait signifier que Médée s'identifie vraiment
à une veuve (cf. v. 675 πένθος). Mais cette manifestation ostenta-
toire de deuil s'accorde mal avec le récit, et la belle correction
d'A. Ardizzoni doit être acceptée ; on retrouve le même geste
en 4, 1406.

5. Comparer pour l'expression les v. 973 s. C'est sans doute
à cause de sa soudaineté que Chalkiopé qualifie de « divin »
le mal dont souffrirait Médée.

οὐδέ τί πω πάσαις ἐπιμίσγεται ἀμφιπόλοισιν
αἰδοῖ ἐπιφροσύνῃ τε, μυχῷ δ' ἀχέουσα θαάσσει·
660　τὸν δέ τις ὤλεσε μοῖρα, πάρος ταρπήμεναι ἄμφω
δήνεσιν ἀλλήλων· ἡ δ' ἔνδοθι δαιομένη περ
σῖγα μάλα κλαίει χῆρον λέχος εἰσορόωσα,
μή μιν κερτομέουσαι ἐπιστοβέωσι γυναῖκες·
τῇ ἰκέλη Μήδεια κινύρετο. Τὴν δέ τις ἄφνω
665　μυρομένην μεσσηγὺς ἐπιπρομολοῦσ' ἐνόησε
δμωάων, ἥ οἱ ἐπέτις πέλε κουρίζουσα·
Χαλκιόπῃ δ' ἤγγειλε παρασχεδόν· ἡ δ' ἐνὶ παισὶν
ἧστ' ἐπιμητιόωσα κασιγνήτην ἀρέσασθαι.
'Αλλ' οὐδ' ὡς ἀπίθησεν, ὅτ' ἔκλυεν ἀμφιπόλοιο
670　μῦθον ἀνώιστον· διὰ δ' ἔσσυτο θαμβήσασα
ἐκ θαλάμου θάλαμον δὲ διαμπερές, ᾧ ἔνι κούρη
κέκλιτ' ἀκηχεμένη, κρύψεν δ' ἑκάτερθε παρειάς.
'Ως δ' ἴδε δάκρυσιν ὄσσε πεφυρμένα, φώνησέν μιν·
«Ὤ μοι ἐγώ, Μήδεια, τί δὴ τάδε δάκρυα λείβεις;
675　Τίπτ' ἔπαθες; Τί τοι αἰνὸν ὑπὸ φρένας ἵκετο πένθος;
Ἦ νύ σε θευμορίη περιδέδρομεν ἅψεα νοῦσος,
ἦέ τιν' οὐλομένην ἐδάης ἐκ πατρὸς ἐνιπὴν
ἀμφί τ' ἐμοὶ καὶ παισίν; Ὄφελλέ με μήτε τοκήων

Test. **663** E G^B s. ἐπιστοβέωσι ; (μή — ἐπιστοβέωσι) EM ibid.
‖ **664** (τῇ — κινύρετο) latine uertit Varro Atac. fr. 7 Morel.

658-659 post 662 transp. Fränkel, cl. *ΣΩᵖᵃʳ ‖ **659** ante
657 G : corr. G² ‖ ἀχέουσα Ω : ἀκέ- E ‖ **661** ἔνδοθι wd : -θεν
m ‖ περ Ω : κῆρ Castiglioni¹, cl. *ΣΩᵖᵃʳ (sed τὴν ψυχὴν explicat ἔνδοθι) ‖ **663** κερτομέουσαι Ω EM (?) : -σιν EG ‖ ἐπιστοβέωσι m G (6 fort. in ras.) Σ^Jlem *Σ^wEJgl Test. : -έουσι SD
*ΣΩgl (?) ἐπιστομέωσι (G^ac?) Test. ut uar. lect. uide 4, 1725
‖ **666** κουρίζουσα Ω *ΣΩJ : -ιζούσῃ Madvig ‖ **671** -δε (δὲ
nos) SE : om. LAG ‖ **672** ἀκαχαμένη G solus uide 618 ‖ κρύψεν
Ardizzoni⁴ : δρύψεν Ω δρύπτεν Platt¹ ‖ **673** ὄσσε LA : ὄσσα w
om. E ‖ **674** ὦ AwE : ᾧ LD ‖ λείβεις w : καταλείβεις LA μὴν
καταλ- E (ex uar. lect. τί μὴν κατὰ δάκρυα λείβεις ;).

plus voir cette maison de mes parents ni même cette
680 ville, et habiter aux confins de la terre où l'on ignore
jusqu'au nom des Colques[1] ! »

Elle parla ainsi. Les joues de Médée rougirent[2] ;
longtemps sa pudeur virginale l'empêchait de répondre
malgré son envie. Tantôt les mots se préparaient à
poindre au bout de sa langue[3], tantôt ils flottaient au
685 fond de sa poitrine* ; souvent ils bondissaient vers sa
bouche aimable pour se faire entendre*, mais ils ne
parvenaient pas à passer dans sa voix[4]. Enfin elle dit
ces mots insidieusement, car elle était le jouet des
Amours effrontés :

« Chalkiopé, c'est pour tes enfants que mon cœur
s'affole[5] : si mon père allait bientôt les faire périr avec
690 les étrangers ! Quels songes sinistres je viens de voir,
alors que je m'étais assoupie dans un court sommeil !
Fasse un dieu qu'ils ne se réalisent pas et que tu n'aies
pas à ressentir pour tes fils un douloureux chagrin* ! »

Elle parlait pour éprouver sa sœur et voir si elle
prendrait les devants en la suppliant de secourir ses
695 fils*. Le flot d'une insupportable douleur inonda le cœur
de la malheureuse Chalkiopé, effrayée de ce qu'elle
venait d'entendre. Elle répondit par ces mots :

« Moi aussi, c'est à cause de toutes ces inquiétudes
que je suis venue* dans l'espoir que tu m'aideras à
trouver et à combiner quelque moyen de salut. Mais
700 jure par la Terre et le Ciel* de garder mes paroles en ton
cœur et d'agir de concert avec moi*. Je t'en supplie, au
nom des Bienheureux, de toi-même et de nos parents,
fais que je ne voie pas mes enfants périr sous les coups
d'un sort funeste, misérablement ; sinon, que je meure
avec mes fils chéris et que je sois dans l'avenir pour toi
depuis l'Hadès une terrible Érinys*. »

---

1. Chalkiopé, fille d'Aiétès, réagit en épouse de Phrixos,
comme une Grecque.
2. Cf. 1, 791.
3. Cf. Théocr., 9, 30 ἐπὶ γλώσσας ἄκρας.
4. Cf. Esch., *Prom.*, 246 προύθης ... περαιτέρω.
5. Cf. 3, 288 s.

δῶμα τόδ᾽ εἰσοράαν μηδὲ πτόλιν, ἀλλ᾽ ἐπὶ γαίης
680 πείρασι ναιετάειν, ἵνα μηδέ περ οὔνομα Κόλχων. »
    Ὣς φάτο · τῆς δ᾽ ἐρύθηνε παρήια · δὴν δέ μιν αἰδὼς
παρθενίη κατέρυκεν ἀμείψασθαι μεμαυῖαν.
Μῦθος δ᾽ ἄλλοτε μέν οἱ ἐπ᾽ ἀκροτάτης ἀνέτελλε
γλώσσης, ἄλλοτ᾽ ἔνερθε κατὰ στῆθος πεπότητο ·
685 πολλάκι δ᾽ ἱμερόεν μὲν ἀνὰ στόμα θυῖεν ἐνισπεῖν,
φθογγῇ δ᾽ οὐ προύβαινε παροιτέρω. Ὀψὲ δ᾽ ἔειπε
τοῖα δόλῳ · θρασέες γὰρ ἐπεκλονέεσκον Ἔρωτες ·
    « Χαλκιόπη, περί μοι παίδων σέο θυμὸς ἄηται,
μή σφε πατὴρ ξείνοισι σὺν ἀνδράσιν αὐτίκ᾽ ὀλέσσῃ.
690 Τοῖα κατακνώσσουσα μινυνθαδίῳ νέον ὕπνῳ
λεύσσω ὀνείρατα λυγρά, τά τις θεὸς ἀκράαντα
θείη, μηδ᾽ ἀλεγεινὸν ἐφ᾽ υἱάσι κῆδος ἕλοιο. »
    Φῆ ῥα κασιγνήτης πειρωμένη, εἴ κέ μιν αὐτὴ
ἀντιάσειε πάροιθεν ἑοῖς τεκέεσσιν ἀμύνειν.
695 Τὴν δ᾽ αἰνῶς ἄτλητος ἐπέκλυσε θυμὸν ἀνίη
δείματι, τοῖ᾽ ἐσάκουσεν · ἀμείβετο δ᾽ ὧδ᾽ ἐπέεσσι ·
    « Καὶ δ᾽ αὐτὴ τάδε πάντα μετήλυθον ὁρμαίνουσα,
εἴ τινα συμφράσσαιο καὶ ἀρτύνειας ἀρωγήν.
Ἀλλ᾽ ὄμοσον Γαῖάν τε καὶ Οὐρανόν, ὅττί τοι εἴπω
700 σχήσειν ἐν θυμῷ σύν τε δρήστειρα πέλεσθαι.
Λίσσομ᾽ ὑπὲρ μακάρων σέο τ᾽ αὐτῆς ἠδὲ τοκήων,
μή σφε κακῇ ὑπὸ κηρὶ διαρραισθέντας ἰδέσθαι
λευγαλέως · ἦ σοί γε φίλοις σὺν παισὶ θανοῦσα
εἴην ἐξ Ἀίδεω στυγερὴ μετόπισθεν Ἐρινύς. »

679 μηδὲ Ω : μήτέ τι E ‖ 684 ἄλλοτ᾽ LSE : ἄλλοτε δ᾽ AG ‖
685 θυῖεν L (cf. 755) : θῦεν ASE θύεν G ‖ 686 φθογγῇ LAS(?) :
-γγῆ GIE ‖ παροιτέρω Ω et G²ˢˡ : παραιτ- G ‖ 687 ἐπεκλονέεσκον mS Σᴶ : ἐπικλ- GD cf. 4, 1725 ‖ 688 παίδων post σέο
D ‖ 691 λεύσσω L²ˢˡAwd : λεύσω LE λεῦσσον Brunck ‖ 692
υἱάσι Lwd : υἱέσ(σ)ι AE ‖ 695 τὴν m (cf. 284) : τῆς w ‖ 696
τοῖ᾽ Ω : οἷα Zᵐᵍ (et οἷ᾽ La Roche¹) ‖ 699 τοι om. E ‖ 700
σχήσειν Ω : σχησέμεν Rzach¹ ‖ πελέσθαι Par., quod malit
Platt¹, cl. *ΣΩ γενέσθαι ‖ 703-704 om. G, add. G².

705   Elle dit et, aussitôt, ses larmes coulèrent à flots ;
s'étant jetée à terre, elle embrassa les genoux de Médée
de ses deux mains. Elles laissèrent ensemble retomber
leur tête sur leur sein* et alors, toutes deux, se lamen-
tèrent à faire pitié, l'une près de l'autre. A travers la
demeure s'élevaient les plaintes étouffées des deux
710   femmes gémissant dans leur chagrin*. La première,
Médée s'adressa à sa sœur accablée[1] :

      « Pauvre folle ! Quel remède puis-je t'offrir pour que
tu parles, comme tu fais, de terribles imprécations et
d'Érinyes ? Ah ! plût au ciel qu'il fût vraiment en mon
pouvoir de protéger tes fils ! Je le jure[2], par ce serment
715   inviolable des Colques que tu m'invites à prêter : par le
vaste Ciel, et, au-dessous de lui, par la Terre, mère des
dieux, toute la force que je possède ne te fera jamais
défaut, si tu ne me demandes pas l'impossible. »

      Elle dit, et Chalkiopé répondit par ces mots :

      « N'oserais-tu pas imaginer pour l'étranger, qui le
720   souhaite lui-même, quelque ruse ou quelque artifice
pour ce combat, dans l'intérêt de mes fils ? C'est de sa
part justement qu'Argos vient ici m'engager à tenter
d'avoir ton aide. Je l'ai laissé dans ma chambre pour
me rendre un moment chez toi. »

      Elle dit et, intérieurement, le cœur de Médée s'envola
725   de joie[3] ; en même temps, son beau visage s'empourpra
et un brouillard tomba sur ses yeux, tant elle avait de
plaisir[4]. Elle répondit :

      « Chalkiopé, j'agirai selon vos désirs et vos vœux.
Puisse l'aurore ne plus briller à mes yeux, puisses-tu ne

---

1. Chez Apollonios, ἀσχαλάω signifie « être abattu, désemparé » plutôt que « s'affliger » ; il est en rapport avec l'ἀμηχανίη :
cf. 3, 433, 448 (∞ 423) ; 4, 108 (∞ 107). Dès lors, comme l'a vu
H. Fränkel, il ne peut convenir qu'à Chalkiopé, puisque Médée
a secrètement un plan. Emploi similaire dans une formule
introduisant un discours : 2, 243 ; 3, 433.

2. Cf. *Hymne hom. Dém.*, 259 ἴστω γὰρ θεῶν ὅρκος.

3. La joie de Médée est d'autant plus grande que la demande
émane de Jason lui-même (v. 719). Cf. H. Fränkel, *Noten*, 368.

4. Cf. Archiloque, fr. 245 Lasserre (cité dans la *N. C.* au
v. 282) ; Théocr., 20, 16 χρόα φοινίχθην ; comparer Ap. Rh.,
3, 962 s.

705 Ὣς ἄρ᾽ ἔφη, τὸ δὲ πολλὸν ὑπεξέχυτ᾽ αὐτίκα δάκρυ ·
     νειόθι δ᾽ ἀμφοτέρῃσι περίσχετο γούνατα χερσί.
     Σὺν δὲ κάρη κόλποις περικάββαλον · ἔνθ᾽ ἐλεεινὸν
     ἄμφω ἐπ᾽ ἀλλήλῃσι θέσαν γόον · ὦρτο δ᾽ ἰωὴ
     λεπταλέη διὰ δώματ᾽ ὀδυρομένων ἀχέεσσι.
710 Τὴν δὲ πάρος Μήδεια προσέννεπεν ἀσχαλόωσαν ·
        «Δαιμονίη, τί νύ τοι ῥέξω ἄκος, οἷ᾽ ἀγορεύεις,
     ἀράς τε στυγερὰς καὶ Ἐρινύας ; Αἲ γὰρ ὄφελλεν
     ἔμπεδον εἶναι ἐπ᾽ ἄμμι τεοὺς υἱῆας ἔρυσθαι.
     Ἴστω Κόλχων ὅρκος ὑπέρβιος, ὅν τιν᾽ ὀμόσσαι
715 αὐτὴ ἐποτρύνεις, μέγας Οὐρανὸς ἠδ᾽ ὑπένερθεν
     Γαῖα, θεῶν μήτηρ, ὅσσον σθένος ἐστὶν ἐμεῖο,
     μή σ᾽ ἐπιδευήσεσθαι, ἀνυστά περ ἀντιόωσαν. »
        Φῆ ἄρα · Χαλκιόπη δ᾽ ἠμείβετο τοῖσδ᾽ ἐπέεσσιν ·
        «Οὐκ ἂν δὴ ξείνῳ τλαίης χατέοντι καὶ αὐτῷ
720 ἢ δόλον ἤ τινα μῆτιν ἐπιφράσσασθαι ἀέθλου,
     παίδων εἵνεκ᾽ ἐμεῖο ; Καὶ ἐκ κείνου τόδ᾽ ἱκάνει
     Ἄργος ἐποτρύνων με τεῆς πειρῆσαι ἀρωγῆς ·
     μεσσηγὺς μὲν τόν γε δόμῳ λίπον ἐνθάδ᾽ ἰοῦσα. »
        Ὣς φάτο · τῇ δ᾽ ἔντοσθεν ἀνέπτατο χάρματι θυμός ·
725 φοινίχθη δ᾽ ἄμυδις καλὸν χρόα, κὰδ δέ μιν ἀχλὺς
     εἷλεν ἰαινομένην. Τοῖον δ᾽ ἐπὶ μῦθον ἔειπε ·
        «Χαλκιόπη, ὡς ὔμμι φίλον τερπνόν τε τέτυκται,
     ὣς ἔρξω. Μὴ γάρ μοι ἐν ὀφθαλμοῖσι φαείνοι

TEST. 727-745 Π²².

---

707 περικάββαλον LA : -λεν wE ἐνικάββαλεν Campbell¹ ‖
709 λεπταλέη Ω : λευγα- Ζʸᵖ ‖ 710 ἀσχαλόωσαν Fränkel : -σα
Ω ‖ 713 υἱῆας Ω : υἷας IᵃᶜE ‖ ἔρυσθαι L²S²G : ἐρύσθαι [-ῠ- S]
Ω ‖ 715 ἠδ᾽ Ω : ἤ θ᾽ Valckenaer² (cf. 2, 259 s.) ‖ 716 ἐμεῖο Ω :
ἐμοῖο E ‖ 721 ἐμεῖο Ω : ἐμοῖο D ‖ κείνου τόδ᾽ Fränkel, cl.
Ξ 309 : κείνοιο δ᾽ Ω κείνου ὅδ᾽ E ‖ 722 πειρῆσαι Ω : -ήσασθαι
E ‖ 723 τόνγε LA : τόνδε wE τῶνδε Iᵃᶜ ‖ δόμῳ H : δόμον (et
ω supra ο) E δόμον Ω -μων S ‖ 724 τῇ Ω (cf. 1131) : τῆς
E (et *ΣΩᴶᵖᵃʳ secundum Fränkel) ‖ ἔντοσθεν Ω : ἔνδοθεν SᵃᶜD.

730 plus longtemps me voir vivante, si je devais préférer
quelque bien à ta vie ou à celle de tes fils[1] qui sont pour
moi des frères aussi bien que des neveux chéris et des
compagnons d'enfance[2] ; moi-même, je le proclame,
je suis à la fois ta sœur et ta fille[3], puisque, comme à
735 eux, tu m'as donné le sein, quand j'étais toute petite :
toujours ma mère me le répétait autrefois[4]. Va donc et
garde le silence sur mon aide, que je puisse, à l'insu
de mes parents, accomplir ma promesse[5] : demain matin,
j'irai au temple d'Hécate porter des charmes contre
les taureaux[6] à l'étranger qui est à l'origine de cette
querelle*. »

740   Là-dessus, Chalkiopé ressortit de la chambre et alla
informer ses enfants du secours promis par sa sœur.
Mais Médée, une fois seule*, fut prise de nouveau par la
pudeur et une crainte terrible, à la pensée des machinations qu'elle tramait au mépris de son père à cause
d'un homme.

    Bientôt* la nuit amenait ses ombres sur la terre ; en
745 mer, les matelots sur leur navire avaient fixé leur
regard sur Héliké et les étoiles d'Orion* ; déjà, le
voyageur et le gardien des portes aspiraient au sommeil ;

---

1. Comparer 3, 79-82. Pour εἴ κέ τι, cf. t. 1, p. 226, n. 3.
2. Cf. Z 429 s., dont Médée se ressouviendra en 4, 368 s.
3. L'accusatif, attesté pour deux termes sur trois par la
tradition la plus autorisée (m, papyrus), est garanti par 2, 796.
Malgré H. Fränkel, *Einleitung*, 20, et M. L. West *(per litt.)*,
il est justifié dans les deux passages par l'antithèse, alors qu'on
trouve le nominatif « régulier » en 4, 368 s. Cf. R. Kühner-B. Gerth,
Griech. Gramm., 2⁴, 30 s.
4. Médée et les fils de Phrixos sont des adolescents âgés
de seize à vingt ans ; d'après les v. 734 s., Chalkiopé doit avoir
au moins quinze ans de plus que sa sœur, soit environ trente
à trente-cinq ans. Apsyrtos, né d'un premier lit, est encore plus
âgé (quarante ans ?). Aiétès serait donc un sexagénaire au moment
de l'action. Cf. H. Fränkel, *Noten*, 369, n. 54.
5. Pour l'hiatus, M. Campbell *(per litt.)* rapproche 1, 543,
et, chez Homère, E 343, 424, (599) ; Σ 434 ; δ 407 ; χ 314, 323.
6. Sur θελκτήρια, cf. G. Giangrande, *Sprachgebrauch... des
Ap. Rh.*, 1973, 23 s.

ἠὼς μηδέ με δηρὸν ἔτι ζώουσαν ἴδοιο,
730 εἴ κέ τι σῆς ψυχῆς προφερέστερον ἠέ τι παίδων
σῶν θείην, οἳ δή μοι ἀδελφειοὶ γεγάασι
κηδεμόνες τε φίλοι καὶ ὁμήλικες · ὣς δὲ καὶ αὐτὴν
φημὶ κασιγνήτην τε σέθεν κούρην τε πέλεσθαι,
ἶσον ἐπεὶ κείνοις με τεῷ ἐπαείραο μαζῷ
735 νηπυτίην, ὡς αἰὲν ἐγώ ποτε μητρὸς ἄκουον.
Ἀλλ' ἴθι, κεῦθε δ' ἐμὴν σιγῇ χάριν, ὄφρα τοκῆας
λήσομαι ἐντύνουσα ὑπόσχεσιν · ἦρι δὲ νηὸν
εἴσομαι εἰς Ἑκάτης, θελκτήρια φάρμακα ταύρων
οἰσομένη ξείνῳ ὑπὲρ οὗ τόδε νεῖκος ὄρωρεν. »
740 Ὣς ἥ γ' ἐκ θαλάμοιο πάλιν κίε παισί τ' ἀρωγὴν
αὐτοκασιγνήτης διεπέφραδε. Τὴν γε μὲν αὖτις
αἰδώς τε στυγερόν τε δέος λάβε μουνωθεῖσαν,
τοῖα παρὲξ οὗ πατρὸς ἐπ' ἀνέρι μητιάασθαι.
Νὺξ μὲν ἔπειτ' ἐπὶ γαῖαν ἄγεν κνέφας · οἱ δ' ἐνὶ πόντῳ
745 ναυτίλοι εἰς Ἑλίκην τε καὶ ἀστέρας Ὠρίωνος
ἔδρακον ἐκ νηῶν, ὕπνοιο δὲ καί τις ὁδίτης

Var. **739** deest in codd. et Π²² : ἔν τισι [τινι Σᴬ] φέρεται
μετὰ τὸ [τὸν Σᴸ]
οἴσομαι εἰς Ἑκάτης θελκτήρια φάρμακα ταύρων
καὶ ἕτερος στίχος
οἰσομένη ξείνῳ, εἴπερ τόδε νεῖκος ὄρωρε.
ἔν τισι δὲ οὐ φέρεται, ὡς καὶ ἐνταῦθα ΣΩ.

---

729 μηδέ με Ω : μηδ' ἐμὲ E ‖ **730** εἴ κέ τι Wellauer (cf.
*Σ^{Lpar} εἴ τι) : εἴ ἔτι LAS²G ἢ ἔτι Sᵃᶜ ἠέ τι G^{sl}E εἴ γέ τι Huet¹
‖ ἠέ τι wE : ἢ ἔτι LA ‖ **732** αὐτὴν m (cf. 2, 796) : -τὴ w ‖ **733**
κασιγνήτην Π²² m : -τη w ‖ κούρην AE : -ρη Lw ‖ **735** ὡς AwE :
ὡς [ὣς] Π²² L ‖ **737** λήσο]μαι ἐντύνουσ[α Π²² Ω : λήσομεν ἐντύ-
νουσαι Hermann¹, frustra ‖ **738** εἴσομαι L²ˢˡEᵃᶜ : οἴσ- LAwE²d
ΣΩ (bis) ‖ **739** uide supra Var. ‖ ὑπὲρ οὗ Flor. (cf. Γ 87 ;
Η 374 ; Ap. Rh. 1, 1325 ; 3, 356, 627) : εἴπερ ΣΩ οὗ περ Wendel
‖ post 739 uersus aliquot deesse putat Fränkel ‖ **741** γε μὲν
αὖτις Platt¹ : δέ μιν αὖθις [αὖτις E] Ω, quod non satis firma-
tur Quint. Smyrn. duobus locis (2, 163 codd. ; 4, 445 codd.)
δὲ μεταῦτις Köchly² ‖ **743** παρὲξ mG ΣΩ : παρεξ S πάρεξ S² Σᴶ ‖
745 ναυ]τίλοι Π²² : ναῦται Ω.

même la mère qui avait perdu ses enfants sombrait dans
une profonde torpeur[1] ; plus d'abois de chiens à travers
750 la ville, plus de rumeur sonore ; le silence régnait sur
les ténèbres toujours plus noires. Mais le doux sommeil
n'envahit pas Médée ; car les soucis en foule, dans sa
passion pour l'Aisonide, la tenaient en éveil : elle craignait[2] la brutale fureur des taureaux qui devaient le
faire périr d'une mort pitoyable dans la jachère d'Arès.
755 A coups répétés, son cœur battait follement dans sa
poitrine. Ainsi, à l'intérieur d'une maison, danse un
rayon de soleil, réfléchi par l'eau qu'on vient de verser
dans un chaudron ou dans une jatte ; secoué par le
rapide tournoiement du liquide, il bondit en tout sens :
760 de même, dans sa poitrine, un vertige emportait le
cœur de la jeune fille*. De ses yeux coulaient des larmes
de pitié[3] ; une douleur intérieure la torturait sans cesse[4]
d'un feu qui glissait à travers son corps, le long des
moindres fibres de son être, et remontait jusqu'au bas
de l'occiput* : c'est là que la souffrance pénètre le plus
765 cruellement, quand les Amours jamais lassés dardent
leurs peines dans une âme[5]. Elle se disait tantôt qu'elle
lui donnerait les charmes contre les taureaux, tantôt
qu'elle ne le ferait point et périrait comme lui ; l'instant
d'après, elle ne voulait plus ni mourir elle-même ni
donner les drogues, mais rester là, à ne rien faire,
770 résignée à son malheur[6]. Alors, elle s'assit, indécise,
et dit[7] :

1. Cf. σ 201 (et Ξ 359) μαλακὸν περὶ κῶμ' ἐκάλυψε.

2. Δειδυῖαν = *δειδιυῖαν. Même amuïssement de l'ι en hiatus
dans βώσεσθε (1, 685), σωπή, σωπάω. Faits analogues réunis
par M. Lejeune, *Phon. gr.*, 215, § 236.

3. Le motif de la pitié apparaît déjà au v. 462.

4. Cf. Λ 398 ὀδύνη δὲ διὰ χροὸς ἦλθ' ἀλεγεινή.

5. Ou peut-être, au sens anatomique, « dans le diaphragme ».
Chez Homère, πραπίδες peut désigner le centre de la douleur
(X 43). Le terme n'est employé par Apollonios que dans ce
passage.

6. Ὀτλέω est attesté depuis Callim., fr. 303 Pf. (cf. la note
ad loc.).

7. Comparer le monologue de Médée, dans Eur., *Médée*,
1019 ss.

ἤδη καὶ πυλαωρὸς ἐέλδετο, καί τινα παίδων
μητέρα τεθνεώτων ἀδινὸν περὶ κῶμ᾽ ἐκάλυπτεν·
οὐδὲ κυνῶν ὑλακὴ ἔτ᾽ ἀνὰ πτόλιν, οὐ θρόος ἦεν
750 ἠχήεις· σιγὴ δὲ μελαινομένην ἔχεν ὄρφνην.
Ἀλλὰ μάλ᾽ οὐ Μήδειαν ἐπὶ γλυκερὸς λάβεν ὕπνος·
πολλὰ γὰρ Αἰσονίδαο πόθῳ μελεδήματ᾽ ἔγειρε
δειδυῖαν ταύρων κρατερὸν μένος, οἷσιν ἔμελλε
φθεῖσθαι ἀεικελίῃ μοίρῃ κατὰ νειὸν Ἄρηος.
755 Πυκνὰ δέ οἱ κραδίη στηθέων ἔντοσθεν ἔθυιεν.
Ἠελίου ὥς τίς τε δόμοις ἐνιπάλλεται αἴγλη,
ὕδατος ἐξανιοῦσα τὸ δὴ νέον ἠὲ λέβητι
ἠέ που ἐν γαυλῷ κέχυται, ἡ δ᾽ ἔνθα καὶ ἔνθα
ὠκείῃ στροφάλιγγι τινάσσεται ἀίσσουσα·
760 ὣς δὲ καὶ ἐν στήθεσσι κέαρ ἐλελίζετο κούρης.
Δάκρυ δ᾽ ἀπ᾽ ὀφθαλμῶν ἐλέῳ ῥέεν· ἔνδοθι δ᾽ αἰεὶ
τεῖρ᾽ ὀδύνη, σμύχουσα διὰ χροὸς ἀμφί τ᾽ ἀραιὰς
ἶνας καὶ κεφαλῆς ὑπὸ νείατον ἰνίον ἄχρις,
ἔνθ᾽ ἀλεγεινότατον δύνει ἄχος, ὁππότ᾽ ἀνίας
765 ἀκάματοι πραπίδεσσιν ἐνισκίμψωσιν Ἔρωτες.
Φῆ δέ οἱ ἄλλοτε μὲν θελκτήρια φάρμακα ταύρων
δωσέμεν· ἄλλοτε δ᾽ οὔ τι, καταφθεῖσθαι δὲ καὶ αὐτή·
αὐτίκα δ᾽ οὔτ᾽ αὐτὴ θανέειν, οὐ φάρμακα δώσειν,
ἀλλ᾽ αὔτως εὔκηλος ἐὴν ὀτλησέμεν ἄτην.
770 Ἑζομένη δἤπειτα δοάσσατο φώνησέν τε·

TEST. **749-750** latine uertit Varro Atac. fr. 8 Morel.

---

747 πυλαωρὸς Ω : -άωρος Ε ‖ **748** τεθνεώτων Ε : -θνειώ- Ω
‖ ἐκάλυπτεν Ω : -υψεν D ‖ **751** ἐπὶ m ΣΩ^J : περὶ S περ G ‖
752 Αἰσονίδαο S² : -δεω Ω ΣΩ ‖ ἔγειρε(ν) Ω : -ραν Ε ‖ **753**
δειδυῖαν Ω : εἰδ- Lobeck ‖ κρατερῶν Σ^A solus ‖ **755-760** post
765 transp. Fränkel ‖ **755** ἔθυιεν L *Σ^L (cf. 685) : ἔθυεν AωE
Σ^J ‖ **756** ἐνι- LωD : ἐνὶ ΑΕ ‖ **758** ἡ δ᾽ Ω : ἠδ᾽ Ε ‖ **762** τ᾽ ἀραιὰς
Ω : θ᾽ ἀρ- G ‖ **765** ἐνισκίμψωσιν [-σκήψ- L^ac] m Σ^J : ἐνιχρίμψ- w ‖
767 δωσέμεν Ω : δώσειν D ‖ colon post δωσ. et comma post οὔτι
Wifstrand¹ (et iam I) : praepostere dist. uel in utroque loco
colon posuerunt edd. priores ‖ **769** εὔκηλον Σ^J (?).

« Malheureuse que je suis ! que je tombe maintenant dans l'un ou l'autre de ces malheurs, de toute façon, mon esprit ne voit aucune issue ; nul remède à mon mal ; il est toujours là, qui me brûle sans relâche. Ah ! que n'ai-je été terrassée par les flèches rapides d'Artémis*
775 avant de l'avoir vu, avant que les fils de Chalkiopé ne fussent allés en terre achéenne : c'est un dieu ou quelque Érinys qui les a conduits ici de là-bas pour nous apporter bien des larmes et des peines* ! Qu'il périsse au cours de l'épreuve, si son destin est de mourir sur cette glèbe ! Comment, en effet, pourrais-je, à l'insu de mes parents,
780 préparer mes drogues[1] ? Et puis quelle fable conter ? Quelle ruse, quel artifice inventer pour dissimuler mon aide[2] ? Et lui, loin de ses compagnons, le verrai-je en tête-à-tête pour l'entretenir[3] ? Infortunée ! quand bien même il mourrait, je n'espère pas trouver la fin de mes
785 souffrances : c'est bien alors qu'il ferait mon malheur, s'il devait perdre la vie ! Maudite soit la pudeur et maudite la gloire* ! Par mon entremise, il se tirera du danger ; puis que, sain et sauf, il s'en aille là où il plaît à son cœur* ! Quant à moi, le jour même où il aura triomphé de son épreuve, que je meure[4] en me pendant
790 par le cou à une poutre ou en prenant des poisons qui détruisent la vie ! Mais, j'aurai beau être morte, ce ne seront à l'avenir que railleries et sarcasmes ; la ville entière s'en ira clamer au loin mon destin et, colportant mon nom de bouche en bouche, les femmes colques, partout, me dénigreront honteusement[5], moi, une

1. Sur ce sens de μήδομαι, cf. 3, 229, et surtout Simonide, fr. 593 Page μέλιτταν ... μέλι μηδομέναν.
2. Cf. 3, 720.
3. Cf. 3, 908 (et 931-946). Pour la métrique, ἰδοῦσα est préférable à ἰοῦσα qui établirait une coupe de sens importante au milieu du 5ᵉ pied ; il a une valeur psychologique évidente, alors qu'ἰοῦσα ne serait qu'une cheville. Pour l'emploi de l'aoriste d'aspect, cf. par ex. ξ 364.
4. Cf. Σ 98 αὐτίκα τεθναίην ; Mimnerme, fr. 1, 2 Diehl³ ; Callim., fr. 591 Pf.
5. Cf. Théocr., 12, 21 διὰ στόματος et la note de Gow (et Ξ 91 διὰ στόμα) ; pour l'ensemble de la phrase, cf. Γ 411 s.

« Δειλὴ ἐγώ, νῦν ἔνθα κακῶν ἢ ἔνθα γένωμαι,
πάντῃ μοι φρένες εἰσὶν ἀμήχανοι, οὐδέ τις ἀλκὴ
πήματος, ἀλλ' αὔτως φλέγει ἔμπεδον. Ὡς ὄφελόν γε
Ἀρτέμιδος κραιπνοῖσι πάρος βελέεσσι δαμῆναι,
775 πρὶν τόν γ' εἰσιδέειν, πρὶν Ἀχαιίδα γαῖαν ἱκέσθαι
Χαλκιόπης υἷας· τοὺς μὲν θεὸς ἤ τις Ἐρινὺς
ἄμμι πολυκλαύτους δεῦρ' ἤγαγε κεῖθεν ἀνίας.
Φθείσθω ἀεθλεύων, εἴ οἱ κατὰ νειὸν ὀλέσθαι
μοῖρα πέλει. Πῶς γάρ κεν ἐμοὺς λελάθοιμι τοκῆας
780 φάρμακα μησαμένη ; Ποῖον δ' ἐπὶ μῦθον ἐνίψω ;
Τίς δὲ δόλος, τίς μῆτις ἐπίκλοπος ἔσσετ' ἀρωγῆς ;
Ἦ μιν ἄνευθ' ἑτάρων προσπτύξομαι οἷον ἰδοῦσα ;
Δύσμορος, οὐ μὲν ἔολπα καταφθιμένοιό περ ἔμπης
λωφήσειν ἀχέων· τότε δ' ἂν κακὸν ἄμμι πέλοιτο
785 κεῖνος, ὅτε ζωῆς ἀπαμείρεται. Ἐρρέτω αἰδώς,
ἐρρέτω ἀγλαΐη· ὁ δ' ἐμῇ ἰότητι σαωθεὶς
ἀσκηθής, ἵνα οἱ θυμῷ φίλον, ἔνθα νέοιτο·
αὐτὰρ ἐγὼν αὐτῆμαρ, ὅτ' ἐξανύσειεν ἄεθλον,
τεθναίην, ἢ λαιμὸν ἀναρτήσασα μελάθρῳ
790 ἢ καὶ πασσαμένη ῥαιστήρια φάρμακα θυμοῦ.
Ἀλλὰ καὶ ὣς φθιμένη μοι ἐπιλλίξουσιν ὀπίσσω
κερτομίαις· τηλοῦ δὲ πόλις περὶ πᾶσα βοήσει
πότμον ἐμόν· καί κέν με διὰ στόματος φορέουσαι
Κολχίδες ἄλλυδις ἄλλαι ἀεικέα μωμήσονται·

771 γένωμαι Ω : με νεῖμαι E ‖ in u. fine interrogationis
signum posuit Stephanus, haud recte ‖ 775 τόνγ' LAE²ˢˡd :
τόνδ' E γε τόδ' S τόγε G ‖ πρὶν (alt.) Ω : del. et καὶ s. l. add.
E² ‖ γαῖαν ἱκέσθαι Ω (et *ΣΩ(ᵃ)?) : γαῖαν κομίσσαι Σᴸʸᴾ νῆα
κομίσσαι Fränkel ‖ 776 τε post υἷας add. E² et del. E³ ‖ 779
κεν om. w ‖ 782 ἦ E : ἢ LAG ἦ S ‖ ἰδοῦσα Ω : ἰοῦσα Platt¹
‖ 785 post κεῖνος dist. Z et Fränkel : post 784 Par. ‖ ἐπα-
μείρεται Σᴶ ‖ 789 μελάθρῳ Ω et Wˢˡ : -θρου W et Hölzlin (cf.
λ 278) ‖ 791 ἐπιλλίξουσιν I² *ΣΩᵍ¹ : -ίζουσιν Ω Σᴬᴶˡᵉᵐ *Σᴶᵍ¹
‖ 792 κερτομίαις Vian¹ (cf. 1, 486 ?) : -ίας Ω -ίοις Struve ‖
793 φορέουσαι Ω : φοβέ- E ‖ 794 ἄλλη (i.e. -ῃ) supra ἄλλυδις
G ‖ ἄλλαι Ω : ἄλλη Flor.

795 femme qui s'est souciée d'un étranger au point d'en
    mourir, qui a déshonoré maison et parents pour céder
    à une folle passion* ! Que faire qui ne soit pas une honte
    pour moi* ? Hélas ! quel malheur est le mien ! Comme il
    vaudrait bien mieux quitter la vie cette nuit même
800 dans ma chambre, sans révéler le secret de mon destin,
    et échapper à tous les blâmes[1] avant de commettre
    ce crime infâme et sans nom ! »
        Elle dit et alla chercher le coffret où elle avait mis ses
    nombreuses drogues, les unes salutaires, les autres mor-
    telles[2]. En le posant sur ses genoux*, elle se lamentait
805 et ne cessait de mouiller son sein de ses larmes dont le
    flot coulait sans arrêt[3], tandis qu'elle déplorait amère-
    ment son sort*. Elle n'avait qu'une envie : choisir des
    poisons meurtriers pour les avaler* ; déjà même, elle
    dénouait les liens du coffret, avide d'en tirer ces drogues,
810 l'infortunée ! Mais soudain une crainte terrible de
    l'odieux Hadès envahit son âme et elle resta longtemps
    immobile de stupeur. Autour d'elle se montraient à ses
    yeux tous les attraits de la vie, si doux au cœur : elle se
    rappela les plaisirs qu'on trouve chez les vivants ; elle
    se rappela, comme il est naturel pour une jeune fille,
815 ses joyeux ébats avec ses compagnes ; et la vue du soleil
    lui parut plus douce qu'autrefois, maintenant qu'elle
    examinait vraiment toute chose avec sa raison*. Alors,
    elle ôta le coffret de ses genoux[4], transformée par la
    volonté d'Héra[5] : elle ne balançait plus entre diverses
820 résolutions ; elle voulait voir l'aurore se lever[6] tout de
    suite pour donner à Jason les charmes convenus et le
    rencontrer face à face[7]. Bien des fois, elle tirait les

---

1. Cf. B 235, al. κάκ' ἐλέγχεα, dans un tour différent.
2. Pour les v. 802 s., cf. Ω 228 ; δ 230.
3. Cf. Callim., *Hécalé*, fr. 317 Pf. ἀσταγὲς ὕδωρ ; comparer
Anthol., *Appendix*, 3, 198, 8 Cougny ἀστεγὲς δάκρυ.
4. Le vers fait antithèse avec le v. 804.
5. Cf. Callim., *Hymnes*, 3, 108 (Ἥρης ἐννεσίῃσιν) ; 4, 99
(μετάτροπος).
6. Même expression en 1, 1360.
7. Cf. 3, 727-739.

795 ' ἤ τις κηδομένη τόσον ἀνέρος ἀλλοδαποῖο
κάτθανεν, ἤ τις δῶμα καὶ οὓς ᾔσχυνε τοκῆας,
μαργοσύνη εἴξασα. ' Τί δ' οὐκ ἐμὸν ἔσσεται αἶσχος ;
Ὤ μοι ἐμῆς ἄτης. Ἦ τ' ἂν πολὺ κέρδιον εἴη
τῇδ' αὐτῇ ἐν νυκτὶ λιπεῖν βίον ἐν θαλάμοισι,
800 πότμῳ ἀνωίστῳ, κάκ' ἐλέγχεα πάντα φυγοῦσαν,
πρὶν τάδε λωβήεντα καὶ οὐκ ὀνομαστὰ τελέσσαι. »
Ἦ, καὶ φωριαμὸν μετεκίαθεν ᾗ ἔνι πολλὰ
φάρμακά οἱ, τὰ μὲν ἐσθλά, τὰ δὲ ῥαιστήρι', ἔκειτο.
Ἐνθεμένη δ' ἐπὶ γούνατ' ὀδύρετο, δεῦε δὲ κόλπους
805 ἄλληκτον δακρύοισι, τὰ δ' ἔρρεεν ἀσταγὲς αὔτως,
αἴν' ὀλοφυρομένης τὸν ἑὸν μόρον. Ἴετο δ' ἥ γε
φάρμακα λέξασθαι θυμοφθόρα, τόφρα πάσαιτο ·
ἤδη καὶ δεσμοὺς ἀνελύετο φωριαμοῖο
ἐξελέειν μεμαυῖα, δυσάμμορος. Ἀλλά οἱ ἄφνω
810 δεῖμ' ὀλοὸν στυγεροῖο κατὰ φρένας ἦλθ' Ἀίδαο ·
ἔσχετο δ' ἀμφασίῃ δηρὸν χρόνον. Ἀμφὶ δὲ πᾶσαι
θυμηδεῖς βιότοιο μεληδόνες ἰνδάλλοντο ·
μνήσατο μὲν τερπνῶν ὅσ' ἐνὶ ζωοῖσι πέλονται,
μνήσαθ' ὁμηλικίης περιγηθέος, οἷά τε κούρη ·
815 καί τέ οἱ ἥλιος γλυκίων γένετ' εἰσοράασθαι
ἢ πάρος, εἰ ἐτεόν γε νόῳ ἐπεμαίεθ' ἕκαστα.
Καὶ τὴν μέν ῥα πάλιν σφετέρων ἀποκάτθετο γούνων,
Ἥρης ἐννεσίῃσι μετάτροπος, οὐδ' ἔτι βουλὰς
ἄλλη δοιάζεσκεν · ἐέλδετο δ' αἶψα φανῆναι
820 ἠῶ τελλομένην, ἵνα οἱ θελκτήρια δοίη
φάρμακα συνθεσίῃσι καὶ ἀντήσειεν ἐς ὠπήν.

796 κάτθανον et ᾔσχυνα legisse Σᴸ putauit Weil ‖ 798 ῷ
AᵂE : ῷ LD ‖ 804 γούνατ' Ω : -νασι ΣΩᴶ ‖ 805 ἀσταγὲς *ΣΩᵍˡ
(πολυσταγῶς) et Casaubon : ἀστεγ- Ω Σᴬᴶˡᵉᵐ *Σᴶᵍˡ (eadem
corruptela Anth. App. 3, 198, 8 Cougny) ‖ 807 τόφρα Ω Σᴸᴶ :
ὄφρα A ‖ 809 ἐξελέειν Ω : -ελθεῖν E ‖ 816 εἰ E : ἢ Ω ‖ ἐπεμαίεθ'
ᵂE : -ετ' LA ‖ 818 οὐδ' ἔτι Chrestien : οὐδέ τι Ω ‖ 821 ἀντήσειεν
Ω : ἀντιάσ- E.

verrous de sa porte[1], guettant la clarté du jour. Quel
fut son bonheur quand la Fille du Matin lui envoya sa
lumière, tandis que l'activité reprenait partout dans
la ville* !

825   Entre temps, Argos ordonnait à ses frères de demeurer
encore sur place afin d'observer les dispositions et les
desseins de la jeune fille ; lui-même les quitta pour
revenir au vaisseau en prenant les devants*.

    Dès qu'elle eut aperçu les premières lueurs de l'aurore,
la jeune fille releva et noua de ses mains ses blonds
830 cheveux qui retombaient, flottant en désordre[2] ; elle
essuya les larmes séchées sur ses joues[3]. Puis elle se
frottait le corps avec une huile au parfum de nectar,
elle revêtait une belle tunique attachée par des agrafes
à la courbe élégante ; sur sa tête divine, elle jetait un
835 voile d'un blanc immaculé*. Tandis qu'elle allait et
venait dans ses appartements, elle foulait le sol, sans
penser à l'immensité de ses angoisses présentes, ni à
celles, plus grandes, que lui réservait l'avenir. Elle
donnait ses ordres aux servantes qui, douze en tout,
couchaient dans le vestibule de sa chambre parfumée,
840 des filles de son âge qui ne partageaient pas encore le lit
d'un homme[4] : vite, qu'elles attellent les mulets à son
char pour la conduire au temple splendide d'Hécate !
Et, comme les servantes préparaient le char[5], elle-même

---

1. Cf. Callim., fr. 177, 34 Pf. ἀνέλυσε θύρην.
2. Cf. 3, 50 et la *N. C. ad loc.*
3. La variante ἔψηχε semble préférable : ψήχω est callimachéen (*Hymnes*, 3, 163 ; fr. 191, 11 Pf.) et se retrouve en
4, 164.
4. Cf. Γ 411 ; γ 403. Homère dit pour une femme προσύνειν
(ou -σαίνειν) λέχος τινός (ou τινί), « préparer la couche de (son
époux) » ; mais en η 347, on lit πὰρ δὲ γυνὴ δέσποινα λέχος
πόρσυνε (« avait sa couche auprès de... »). Apollonios part de
ce dernier emploi pour construire le verbe avec σύν (3, 840 ;
4, 1107, 1119) ; mais il se souvient de l'autre en 3, 1129.
5. Les v. 838-843 rappellent le départ de Nausicaa : v. 838
κέκλετο ∞ ζ 71 (et Χ 442) ; v. 838 s. ∞ ζ 15-19 (et δ 121) ; v. 841
∞ ζ 73 ; v. 843 ∞ ζ 69. Pour le v. 842, cf. *H. hom. Ap.*, 80 περικαλλέα νηόν.

Πυκνὰ δ' ἀνὰ κληῖδας ἑῶν λύεσκε θυράων,
αἴγλην σκεπτομένη · τῇ δ' ἀσπάσιον βάλε φέγγος
Ἠριγενής, κίνυντο δ' ἀνὰ πτολίεθρον ἕκαστοι.
825   Ἔνθα κασιγνήτους μὲν ἔτ' αὐτόθι μεῖναι ἀνώγει
Ἄργος, ἵνα φράζοιντο νόον καὶ μήδεα κούρης ·
αὐτὸς δ' αὖτ' ἐπὶ νῆα κίεν προπάροιθε λιασθείς.
Ἡ δ' ἐπεὶ οὖν τὰ πρῶτα φαεινομένην ἴδεν ἠῶ
παρθενική, ξανθὰς μὲν ἀνήψατο χερσὶν ἐθείρας,
830   αἵ οἱ ἀτημελίῃ καταειμέναι ἠερέθοντο,
αὐσταλέας δ' ἔψηχε παρηίδας. Αὐτὰρ ἀλοιφῇ
νεκταρέῃ φαιδρύνετ' ἔπι χρόα · δῦνε δὲ πέπλον
καλόν, ἐυγνάμπτοισιν ἀρηρέμενον περόνῃσιν ·
ἀμβροσίῳ δ' ἐφύπερθε καρήατι βάλλε καλύπτρην
835   ἀργυφέην. Αὐτοῦ δὲ δόμοις ἔνι δινεύουσα
στεῖβε πέδον λήθῃ ἀχέων, τά οἱ ἐν ποσὶν ἦεν
θεσπέσι', ἄλλα τ' ἔμελλεν ἀεξήσεσθαι ὀπίσσω.
Κέκλετο δ' ἀμφιπόλοισιν, αἵ οἱ δυοκαίδεκα πᾶσαι
ἐν προδόμῳ θαλάμοιο θυώδεος ηὐλίζοντο
840   ἥλικες, οὔ πω λέκτρα σὺν ἀνδράσι πορσύνουσαι,
ἐσσυμένως οὐρῆας ὑποζεύξασθαι ἀπήνῃ,
οἵ κέ μιν εἰς Ἑκάτης περικαλλέα νηὸν ἄγοιεν.
Ἔνθ' αὖτ' ἀμφίπολοι μὲν ἐφοπλίζεσκον ἀπήνην ·

TEST. 831-832 E G^A s. αὐσταλέας ; (αὐστ. — παρηίδας) E G^B
EM ibid.

---

324 ἕκαστοι Ω : -στος prop. Fränkel, cl. 1, 854, 872 ‖ 825
μεῖναι m : μίμναι w ‖ 831 αὐσταλέας wd TEST. : -έως LA αὐγα-
λέας E (γ fort. in ras.) ‖ ἔψηχε TEST. : -ησε Ω ‖ παρηίδας wE
TEST. : -ηιάδας LA ‖ ἀλοιφὴν TEST. ‖ 832 ἐκταρέοι TEST. ‖ φαιδρύνετ' ἔπι (ἔπι Gillies) Ω : φαίδρυνε περι [πέρι Fränkel] TEST.
uide 4, 663 ‖ 833 ἐυγνάμπτοισιν Ω : -πτησιν S ‖ ἀρηρέμενον L :
-ρεμένον [-ρήμ- E] AwE ‖ 834 ἀμβροσίῳ Ω : -ίην E ‖ 835
αὐτοῦ Ω : -τῶς Fränkel (sed cf. Ω 673, 707, al.) ‖ ἔνι w :
ἐνι- LE ἐνὶ AD ‖ 838 ἀμφιπόλοισιν Ω : -οις Köchly², frustra
‖ 840 πορσύνουσαι Ω : -σαίν- Brunck ‖ 842 κέ w : καί LA κεν E.

845 alors tira du fond du coffret cette drogue qui doit, dit-on,
     son nom à Prométhée[1]. Si, après s'être concilié par des
     sacrifices nocturnes Daira, fille unique de sa mère[2], on
     s'enduit le corps de cet onguent, on ne peut être ni
     vulnérable aux coups du bronze[3] ni chassé par l'ardeur
850 du feu ; mais, ce jour-là, sans défaillance, on l'emporte
     en force et en vigueur[4]. Cette plante avait poussé pour
     la première fois alors que l'aigle carnassier faisait couler
     à terre[5] sur les contreforts du Caucase le sang divin du
     malheureux Prométhée[6]. Sa fleur s'était élevée à la
855 hauteur d'une coudée environ, comparable par sa
     couleur au safran de Corycos[7] et portée sur deux
     hampes jumelles ; sa racine, dans la terre, ressemblait
     à une chair fraîchement coupée*. Le suc de cette racine,
     pareil au suc noir du chêne des montagnes*, Médée
     l'avait recueilli dans une coquille de la mer Caspienne*
860 pour en préparer une drogue, après s'être baignée sept
     fois dans des eaux jamais taries*, après avoir invoqué
     sept fois Brimô, la nourrice des jouvenceaux, Brimô la

---

1. Sur le *Prométheion*, voir la *N. C.* à 3, 857. Dans la tradition
iconographique, Médée emporte avec elle son coffret : cf.
L. Radermacher, *Mythos u. Sage*³, 1968, fig. 8 et 13 (face à p. 158
et 223).
2. Daira ou Daeira désigne ici Hécate, qui est dite μουνο-
γένεια (Hés., *Théog.*, 426 ; cf. ci-dessous 3, 1035) et νυκτερία
(*Hymn. orph.*, 1, 5). D'après le scholiaste à notre passage,
Perséphone portait le même nom selon Eschyle (fr. 480 Mette)
et Timosthénès ; cf. aussi Phérécyde, 3 F 45 Jacoby ; Lycophron,
710. C'est à cause de cette note que Κούρην s'est substitué à
Δαῖραν dans le texte de *m*. Sur Daeira, cf. P. Moraux, *Bull.
arch. et hist. de l'Inst. Fr. d'arch. d'Istanbul*, 4, 1959, 30-38.
3. Reprise de deux *hapax* homériques : cf. E 887 et N 323.
4. Les v. 846-850 seront développés dans les prescriptions
de Médée (v. 1029-1051).
5. Cf. Callim., *Hécalé*, fr. 260, 46 ἀποστάξαντος ἔραζε.
6. Cf. E 339 s. ἄμϐροτον αἷμα θεοῖο, | ἰχώρ ; et Ap. Rh.,
4, 1679 (et la *N. C. ad loc.*). Le v. 852 reprend deux expressions
du ch. 2 (v. 1210, 1259).
7. Corycos, en Cilicie, produit la plus belle variété de safran :
cf. Strabon, 14, 5, 5 (670) et, en général, L. Robert, *Rev. Ét. Anc.*,
62, 1960, 333 ss.

ἡ δὲ τέως γλαφυρῆς ἐξείλετο φωριαμοῖο
845 φάρμακον ὅ ῥά τέ φασι Προμήθειον καλέεσθαι.
Τῷ εἴ κ' ἐννυχίοισιν ἀρεσσάμενος θυέεσσι
Δαῖραν μουνογένειαν ἑὸν δέμας ἱκμαίνοιτο,
ἦ τ' ἂν ὅ γ' οὔτε ῥηκτὸς ἔοι χαλκοῖο τυπῇσιν
οὔτε κεν αἰθομένῳ πυρὶ εἰκάθοι, ἀλλὰ καὶ ἀλκῇ
850 λωίτερος κεῖν' ἦμαρ ὁμῶς κάρτει τε πέλοιτο.
Πρωτοφυὲς τό γ' ἀνέσχε καταστάξαντος ἔραζε
αἰετοῦ ὠμηστέω κνημοῖς ἐνὶ Καυκασίοισιν
αἱματόεντ' ἰχῶρα Προμηθῆος μογεροῖο.
Τοῦ δ' ἤτοι ἄνθος μὲν ὅσον πήχυιον ὕπερθεν
855 χροιῇ Κωρυκίῳ ἴκελον κρόκῳ ἐξεφαάνθη,
καυλοῖσιν διδύμοισιν ἐπήορον· ἡ δ' ἐνὶ γαίῃ
σαρκὶ νεοτμήτῳ ἐναλιγκίη ἔπλετο ῥίζα.
Τῆς οἵην τ' ἐν ὄρεσσι κελαινὴν ἰκμάδα φηγοῦ
Κασπίῃ ἐν κόχλῳ ἀμήσατο φαρμάσσεσθαι,
860 ἑπτὰ μὲν ἀενάοισι λοεσσαμένη ὑδάτεσσιν,
ἑπτάκι δὲ Βριμὼ κουροτρόφον ἀγκαλέσασα,

TEST. 853-857 *EG* s. Κωρύκιον ; (τοῦ — μετήορον) *EM* ibid. ‖
859 (Κασπίη — ἀμήσατο) schol. Dion. Per. 47 (2, 433 b 36 Müller)
‖ 862 *EG EM* s. Βριμώ (cf. schol. ad Lycophr. 1176, p. 340, 21
Scheer).

---

845 καλέεσθαι Ω : -έσασθαι E ‖ 846 κ' ἐννυχίοισιν *m* : κεν νυχ-
ω κεν νυχίαν <τις> Σ^L κ' ἐννύχιόν <τις> Σ^J ‖ 847 Δαῖραν *w*
Σ^Llem Σ^Jγρ : κούρην *m* Σ^Jlem ‖ δέμας *w* : μένος *m* ‖ 848 οὔτε
ῥηκτὸς L⁴ in ras. AD : οὔτε ῥρ- S οὔτὲρηκτὸς L^ac οὔτ' ἐρητὸς
E^ac(?)Η οὔτ' ἐρρηκτὸς E² ‖ ἔοι LA (et οὔτε κ' ἔοι ῥηκτὸς G) :
ἔη SE ἔην D ‖ 849 ἀλκῇ LASD : -κῆ GE ‖ 853 Προμηθῆος
*w*D TEST. : -θεῖος *m* ‖ μογεροῖο Ω (et I^mgγρ) : μεγάροιο [-αροῖς]
TEST. γοεροῖο I ‖ 854 δ' ἤτοι E *EG*^B *EM* : δή τοι Ω *EG*^A ‖
856 -οισιν ἐπήορον Ω : -οισι μετήορον [-ήωρον EG^A] TEST. (cf.
*Σ^Ag1 μετεώρον) ‖ 857 νεοτμήτῳ Ω : νεοδμ- TEST. ‖ 859 ἐν Ω Σ^Ω :
ἐνὶ J² TEST. ‖ κόχλῳ LA Σ^Ωʲ TEST. : κόλχῳ *w*E ‖ 860 ἀεν(ν)άοισι
E : -άοις Ω Σ^L ‖ 861 ἀγκαλέσασα Ω : ἐγ- E.

Coureuse des nuits, l'Infernale, la Souveraine des morts[*].
Elle avait fait sa cueillette par une nuit obscure, vêtue[1]
d'un manteau sombre[*]. Dans un mugissement, la terre
865 ténébreuse tremblait en ses profondeurs, pendant qu'elle
coupait la racine titanienne, et il gémissait lui-même,
le fils de Japet, le cœur agité par l'excès de sa douleur[*].
Elle tira donc cette drogue du coffret et la glissa dans le
bandeau parfumé noué autour de sa gorge divine[2]. Puis
870 elle sortit et monta sur son char rapide[*] ; avec elle
montèrent deux servantes, une de chaque côté[3]. Elle-
même prit les rênes et, dans sa main droite, le fouet
ouvragé. Elle se mit en route à travers la ville ; les
autres servantes, se tenant par-derrière à la corbeille
875 du char, couraient dans la large avenue en relevant leur
tunique fine au-dessus de leurs blancs genoux[4]. Telle,
au bord des eaux tièdes du Parthénios[*], ou après s'être
baignée dans le fleuve de l'Amnisos, la fille de Létô,
debout sur son char d'or, est emportée par ses biches
880 rapides à travers les montagnes, attirée de loin par la
grasse fumée d'une hécatombe ; elle est suivie par les
Nymphes ses compagnes, celles qui sont venues en
troupe depuis la source même de l'Amnisos, celles qui
ont quitté les bois et les cimes aux mille sources ; autour
d'elle, en glapissant, les bêtes sauvages agitent la queue,
885 tremblantes de crainte sur son passage[*] : telles couraient les jeunes filles à travers la ville et, autour d'elles,

---

1. Dans les *Rhizotomoi* de Sophocle (fr. 534, 7 Pearson
[= Radt]), Médée est nue pendant la cueillette des simples.
2. Cf. 3, 1013-1016. Dans les deux passages, le contexte
indique clairement que la μίτρη est un soutien-gorge, comme dans
Callim., *Épigr.*, 38, 3 s. (texte conjectural) ; *Anth. Pal.*, 5, 199 s. ;
6, 272, 292. Cf. G. Lafaye, dans Daremberg-Saglio, *Dict. Ant.*, 2
(1896), 980 s., *s. fascia pectoralis*.
3. Deux et non quatre, comme nous l'avons dit après
Gillies : cf. ι 430 ; λ 578 ; χ 181 ; Opp., *Hal.*, 4, 614 ; [Opp.],
Cyn., 4, 127, 382 ; *al.* Le parallèle que nous invoquions dans
l'éd. Érasme (Ap. Rh., 2, 52) est à écarter ; car ἱμάς signifie ici
« paire de courroies » : cf. le singulier employé en 2, 55 (et t. 1,
p. 178, n. 3).
4. Voir la note à 4, 46 (t. 3, p. 72, n. 1).

Βριμὼ νυκτιπόλον, χθονίην, ἐνέροισιν ἄνασσαν,
λυγαίῃ ἐνὶ νυκτὶ σὺν ὀρφναίοις φαρέεσσι.
Μυκηθμῷ δ' ὑπένερθεν ἐρεμνὴ σείετο γαῖα,
865 ῥίζης τεμνομένης Τιτηνίδος· ἔστενε δ' αὐτὸς
Ἰαπετοῖο πάις ὀδύνῃ πέρι θυμὸν ἀλύων.
Τό ῥ' ἥ γ' ἐξανελοῦσα θυώδεϊ κάτθετο μίτρῃ
ἥ τέ οἱ ἀμβροσίοισι περὶ στήθεσσιν ἔερτο.
Ἐκ δὲ θύραζε κιοῦσα θοῆς ἐπεβήσατ' ἀπήνης·
870 σὺν δέ οἱ ἀμφίπολοι δοιαὶ ἑκάτερθεν ἔβησαν.
Αὐτὴ δ' ἡνί' ἔδεκτο καὶ εὐποίητον ἱμάσθλην
δεξιτερῇ. Ἔλαεν δὲ δι' ἄστεος· αἱ δὲ δὴ ἄλλαι
ἀμφίπολοι, πείρινθος ἐφαπτόμεναι μετόπισθεν,
τρώχων εὐρεῖαν κατ' ἀμαξιτόν, ἂν δὲ χιτῶνας
875 λεπταλέους λευκῆς ἐπιγουνίδος ἄχρις ἄειρον.
Οἴη δὲ λιαροῖσιν ἐφ' ὕδασι Παρθενίοιο,
ἠὲ καὶ Ἀμνισοῖο λοεσσαμένη ποταμοῖο,
χρυσείοις Λητωὶς ἐφ' ἄρμασιν ἑστηυῖα
ὠκείαις κεμάδεσσι διεξελάῃσι κολώνας,
880 τηλόθεν ἀντιόωσα πολυκνίσου ἑκατόμβης·
τῇ δ' ἅμα Νύμφαι ἕπονται ἀμορβάδες, αἱ μὲν ἀπ' αὐτῆς
ἀγρόμεναι πηγῆς Ἀμνισίδος, αἱ δὲ λιποῦσαι
ἄλσεα καὶ σκοπιὰς πολυπίδακας· ἀμφὶ δὲ θῆρες
κνυζηθμῷ σαίνουσιν ὑποτρομέοντες ἰοῦσαν·
885 ὣς αἵ γ' ἐσσεύοντο δι' ἄστεος, ἀμφὶ δὲ λαοὶ

862 χθονίην LAG Test. : -ίοις SE ‖ 863 ἐνὶ LA : ἐν wD
σὺν E ‖ 864 ἐρεμνὴ Ω : -ῆ D ‖ γαῖα Ω : γαίῃ ED ‖ 866 πέρι Flor. :
περι- LG περὶ ASE ‖ ἀλύων Ω : ἀχεύων D ‖ 867 τό ῥ' K : τόν
ῥ' Ω τόρρ' (ο in ras.) E τῷ ῥ' D ‖ ἐξανελοῦσα Ω : -νιοῦσα D
‖ 868 ἔερτο Ω (et Eᵃᶜ ?) : ἄωρτο Eᵃ (αω in ras.) d ‖ 871 ἡνί'
ἔδεκτο wE : ἡνί' ἐδέδεκτο L (sed ἐ del. L⁴) ἡνία δέδεκτο A ἡνία
δέκτο prop. Wellauer, fort. recte ‖ 872 αἱ Ω : ἐν E ‖ 876 ἐφ'
Ω : ἐν Fränkel ‖ 879 διεξελάῃσι RQCZ : -άσῃσι Ω ‖ 881 ἀπ'
Fränkel : ἐπ' Ω ‖ 882 Ἀμνισίδος GD : -μνησ- Ω Ἀμνισίδες
Fränkel, cl. Call. H. 3, 15 ‖ λιποῦσαι Struve (cf. Nonni Dion.
14, 210 s.) : δὴ ἄλλαι Ω (ex 872) ‖ 884 ὑποτρομέοντες Ω :
-οπέοντες E.

le peuple se retirait en évitant les regards de la vierge
royale*. Après avoir quitté les rues bien bâties de la
ville, quand elle fut parvenue au temple à travers la
890 plaine, elle descendit aussitôt du char rapide*, vivement,
et parla ainsi à ses servantes :

« Mes amies, j'ai commis une grande faute et je ne me
suis pas avisée qu'il ne fallait pas aller au milieu de ces
étrangers qui rôdent sur notre sol* : toute la cité est
frappée de paralysie[1] ; aussi n'est-il arrivé aucune de
895 ces femmes qui ont coutume de s'y assembler chaque
jour[2]. Mais, puisque nous sommes ici et que personne
d'autre ne viendra, allons, rassasions à loisir notre cœur
de jeux agréables, puis, après avoir cueilli les belles
fleurs de cette tendre prairie, nous rentrerons à l'heure
900 habituelle[3]. Bien plus, peut-être reviendrez-vous aujour-
d'hui au palais avec de nombreux présents si vous
approuvez le projet que voici. Argos cherche à me cir-
convenir par ses discours, et Chalkiopé aussi ; — mais
gardez dans le secret de votre cœur ce que vous allez
entendre de moi, afin que mes paroles n'arrivent pas
905 aux oreilles de mon père —. Cet étranger, l'inconnu qui a
promis d'affronter les taureaux, ils me pressent de le
protéger, en échange de cadeaux, dans ses funestes
épreuves. Moi, j'ai accepté la proposition et j'invite
l'homme à venir me rencontrer seul, sans ses compagnons[4] : ainsi, nous partagerons entre nous les présents

---

1. Asyndète explicative.
2. Pour la forme ἀγέρονται, cf. Théocr., 17, 94. Les dévotes
d'Hécate venaient sans doute solliciter la déesse et sa prêtresse
soit pour se prémunir contre des sortilèges soit pour se livrer
elles-mêmes à des pratiques magiques. Cf. H. Fränkel, *Noten*, 398,
n. 112.
3. Le jeu (μολπῇ), qui rappelle celui de Nausicaa (ζ 101),
s'accompagne de la cueillette des fleurs comme dans l'*Hymne
hom. à Déméter* (v. 4-11, 425-428). Pour l'expression, cf. ι 449
τέρεν' ἄνθεα ποίης. — Αὐτὴν ... ὥρην : « à la même heure
(que d'habitude) » ; cf. 3, 1138 s.
4. Médée prend son désir pour la réalité : elle oublie qu'elle n'a
pas explicitement demandé que Jason vienne seul (malgré
l'ambiguïté du v. 739). Il faudra l'intervention de la corneille
pour que son vœu soit exaucé.

εἶκον ἀλευάμενοι βασιληίδος ὄμματα κούρης.
Αὐτὰρ ἐπεὶ πόλιος μὲν ἐυδμήτους λίπ' ἀγυιάς,
νηὸν δ' εἰσαφίκανε διὲκ πεδίων ἐλάουσα,
δὴ τότ' ἐυτροχάλοιο κατ' αὐτόθι βήσατ' ἀπήνης
890 ἱεμένη, καὶ τοῖα μετὰ δμωῇσιν ἔειπεν·
      « Ὦ φίλαι, ἦ μέγα δή τι παρήλιτον, οὐδ' ἐνόησα
μὴ ἴμεν ἀλλοδαποῖσι μετ' ἀνδράσιν οἵ τ' ἐπὶ γαῖαν
ἡμετέρην στρωφῶσιν· ἀμηχανίη βεβόληται
πᾶσα πόλις· τὸ καὶ οὔ τις ἀνήλυθε δεῦρο γυναικῶν
895 τάων αἳ τὸ πάροιθεν ἐπημάτιαι ἀγέρονται.
Ἀλλ' ἐπεὶ οὖν ἱκόμεσθα καὶ οὔ νύ τις ἄλλος ἔπεισιν,
εἰ δ' ἄγε μολπῇ θυμὸν ἀφειδείως κορέσωμεν
μειλιχίῃ, τὰ δὲ καλὰ τερείνης ἄνθεα ποίης
λεξάμεναι, τότ' ἔπειτ' αὐτὴν ἀπονισόμεθ' ὥρην.
900 Καὶ δέ κε σὺν πολέεσσιν ὀνείασιν οἴκαδ' ἵκοισθε
ἤματι τῷ⟨δ'⟩, εἴ μοι συναρέσσετε τήνδε μενοινήν.
Ἄργος γάρ μ' ἐπέεσσι παρατρέπει, ὣς δὲ καὶ αὐτὴ
Χαλκιόπη — τὰ δὲ σῖγα νόῳ ἔχετ' εἰσαΐουσαι
ἐξ ἐμέθεν, μὴ πατρὸς ἐς οὔατα μῦθος ἵκηται —·
905 τὸν ξεῖνόν με κέλονται ὅ τις περὶ βουσὶν ὑπέστη,
δῶρ' ἀποδεξαμένην, ὀλοῶν ῥύσασθαι ἀέθλων.
Αὐτὰρ ἐγὼ τὸν μῦθον ἐπήνεον ἠδὲ καὶ αὐτὸν
κέκλομαι εἰς ὠπὴν ἑτάρων ἄπο μοῦνον ἱκέσθαι,

Test. 898 uide ad 1, 1143 ‖ 908-913 Π²³.

    886 ἀλευάμενοι Ω : ἀλευόμ- Brunck ‖ 888 νηὸν ASEˢ¹ (ante
ras.) E² (in textu) d : νειὸν LGEᵃᶜ ‖ 889 κατ' AωD : κατ- LE
‖ 892 μὴ ἴμεν Ω : νῦν ἴ. Bigot δὴν ἔμεν Platt² ‖ 894 τὸ Ω : τῷ E
‖ 897 ἀφειδείως Ω : -δέως E² ‖ 898 τὰ δὲ GE : τάδε LAS ‖
ποίης Ω : γαίης Test. (si quidem hunc locum respicit) ‖ 900
δέ κε Ω : δὲ E δὴ D ‖ 901 τῷδ' Platt¹ : τῷ Ω ‖ τήνδε [-ῆ- L]
m : τῇδε S ἠδὲ G ‖ μενοινήν m : -νῆ w ‖ 903 τὰ δὲ D : τάδε Ω
‖ 905 ὅ Ω : ὅς E ‖ 906 ἀποδεξαμένην m : ὑπο- w ‖ 908 ἄπο
Ω : ἀπὸ E.

910 qu'il pourra apporter ; quant à lui, nous lui donnerons
une drogue pernicieuse au lieu de celle qu'il attend.
Allez, éloignez-vous, je vous prie, sitôt qu'il arrivera*. »

Ainsi parla-t-elle et toutes approuvaient ce plan
perfide.

Au même moment, Argos avait pris à part l'Aisonide,
loin de ses compagnons : sitôt qu'il avait appris de ses
915 frères que la jeune fille se rendait ce matin au temple
sacré d'Hécate*, il l'emmenait à travers la plaine.
Mopsos l'Ampycide les suivait, habile à interpréter les
apparitions d'oiseaux, habile à en tirer de bons conseils
pour ses compagnons de route*. Jamais, au temps des
920 hommes de jadis, ni parmi les héros nés de Zeus lui-
même ni parmi ceux qui étaient issus du sang des autres
Immortels, nul encore n'avait égalé Jason tel qu'il
apparaissait en ce jour, tant l'épouse de Zeus avait
transformé l'aspect de sa personne et sa façon de parler.
Ses compagnons eux-mêmes étaient saisis d'admiration
925 à contempler les grâces dont il resplendissait*. L'Ampycide se réjouit de ce voyage : déjà sans doute, il pré-
voyait tout.

Il y a dans la plaine, sur le chemin, près du temple,
un peuplier couvert d'une innombrable chevelure de
feuilles*. Des corneilles bavardes y nichaient en
930 foule[1] et l'une d'elles, à leur passage, battant des ailes
sur une des hautes branches, se mit à se moquer par le
vouloir d'Héra[2] :

« Il n'est pas fameux, ce devin qui ne sait même pas
s'aviser en son esprit de ce que savent les enfants* : ni

---

1. Cf. Hés., *Trav.*, 747 ἐφεζομένη … λακέρυζα κορώνη ; puis
Catal., fr. 304, 1 Merk.-West ; Aristoph., *Ois.*, 609 ; Aratos, 949.
2. Cf. Callim., fr. 1, 39 πτερὸν … κινεῖν ; et Théocr., 16, 95 s.
ὑψόθι δένδρων | ἀχεῖ ἐν ἀκρεμόνεσσιν. — Nous adoptons
βουλαῖς en nous rangeant à l'avis de H. Fränkel, *Noten*, 404-407,
que G. Giangrande, *Sprachgebrauch… des Ap. Rh.*, 26, ne nous
paraît pas avoir réfuté. L'absence d'un complément d'objet
demeure néanmoins gênante. Ἠνίπαπε se retrouve chez Opp.,
Hal., 4, 232 et chez Nonnos, *Dion.*, 8, 49, où il garde sa valeur
homérique.

ὄφρα τὰ μὲν δασόμεσθα μετὰ σφίσιν, εἴ κεν ὀπάσσῃ
910 δῶρα φέρων, τῷ δ' αὖτε κακώτερον ἄλλο πόρωμεν
φάρμακον. 'Αλλ' ἀπονόσφι πέλεσθέ μοι, εὖτ' ἂν ἵκηται.»
Ὣς ηὔδα· πάσῃσι δ' ἐπίκλοπος ἥνδανε μῆτις.
Αὐτίκα δ' Αἰσονίδην ἑτάρων ἄπο μοῦνον ἐρύσσας
Ἄργος, ὅτ' ἤδη τήν γε κασιγνήτων ἐσάκουσεν
915 ἠερίην Ἑκάτης ἱερὸν μετὰ νηὸν ἰοῦσαν,
ἦγε διὲκ πεδίου· ἅμα δέ σφισιν εἵπετο Μόψος
'Αμπυκίδης, ἐσθλὸς μὲν ἐπιπροφανέντας ἐνισπεῖν
οἰωνούς, ἐσθλὸς δὲ σὺν εὖ φράσσασθαι ἰοῦσιν.
Ἔνθ' οὔ πώ τις τοῖος ἐπὶ προτέρων γένετ' ἀνδρῶν,
920 οὔθ' ὅσοι ἐξ αὐτοῖο Διὸς γένος οὔθ' ὅσοι ἄλλων
ἀθανάτων ἥρωες ἀφ' αἵματος ἐβλάστησαν,
οἷον 'Ιήσονα θῆκε Διὸς δάμαρ ἤματι κείνῳ
ἠμὲν ἐς ἄντα ἰδεῖν ἠδὲ προτιμυθήσασθαι.
Τὸν καὶ παπταίνοντες ἐθάμβεον αὐτοὶ ἑταῖροι
925 λαμπόμενον χαρίτεσσιν· ἐγήθησεν δὲ κελεύθῳ
'Αμπυκίδης, ἤδη που ὀισσάμενος τὰ ἕκαστα.
Ἔστι δέ τις πεδίοιο κατὰ στίβον ἐγγύθι νηοῦ
αἴγειρος φύλλοισιν ἀπειρεσίοις κομόωσα·
τῇ θαμὰ δὴ λακέρυζαι ἐπηυλίζοντο κορῶναι,
930 τάων τις μεσσηγὺς ἀνὰ πτερὰ κινήσασα
ὑψοῦ ἐπ' ἀκρεμόνων Ἥρης ἠνίπαπε βουλαῖς·
« 'Ακλειὴς ὅδε μάντις, ὃς οὐδ' ὅσα παῖδες ἴσασιν
οἶδε νόῳ φράσσασθαι, ὁθούνεκεν οὔτε τι λαρὸν

909 δασό]μεσθα [-μεθα AG] Π²³ Ω : δασώμεθα E ‖ μ[ετὰ Π²³
D : κατὰ Ω ‖ ὀπάσσῃ mS : -σσειν G -σσοι D ‖ 911 ἀπο- Π²³
AG : ἄπο L ἀπὸ SE ‖ πέλεσθέ μοι Ω : -σθ' ἐμοί E ‖ 913 ἄπο
LA : ἀπὸ GD ἀπο- S ὑπὸ E ‖ μοῦνον m : νόσφιν w ‖ 914 τήνγε
S : τήνδε Ω ‖ 918 σὺν εὖ m : συνευ- L² in ras. w ‖ 919 τοῖος
om. E, add. E²ˢ¹ ‖ 923-962 om. L, add. L²ᵐᵍ ‖ ἐς [εἰς L²A]
ἄντα m : ἐσάντα w ‖ 927 ἔστι Ω : ἔσκε Schneider² ‖ πεδίοιο
Ω : -ίου E ‖ 928 ἀπειρεσίοις Ω (et Zˢ¹) : -εσίως Z -έσιον Wifstrand²
‖ κομόωσα Ω : κομέουσα S ‖ 929 λακέρυζαι Ω : -ερύζαι E²
931 βουλαῖς Chrestien : -λάς Ω ‖ 933 ὁθούνεκεν Merkel: ὄθ' οὖν- Ω.

douce ni aimable parole nulle fille ne peut dire[1] à
935 un garçon que des importuns accompagnent. Puisses-tu
périr, méchant devin, malavisé. Cypris et les charmants
Amours ne t'aiment ni ne t'inspirent[2] ! »

Tels furent ses reproches. Mopsos sourit d'entendre
la prophétie de l'oiseau envoyé par un dieu et parla
ainsi :

940 « Toi, va donc au temple de la déesse où tu trouveras
la jeune fille, Aisonide. Elle fera bon accueil à ta requête,
grâce à l'entremise de Cypris qui sera ton alliée en tes
épreuves, comme l'a prédit jadis l'Agénoride Phinée[3].
Nous deux, Argos et moi, en attendant ton retour,
945 nous resterons ici-même, à l'écart. Toi, tout seul, prie-la,
use de mots habiles pour la persuader. »

Telles furent ses sages paroles et tous deux aussitôt
l'approuvèrent[4].

Médée ne parvenait pas à détacher son cœur de ses
pensées, malgré les jeux[5]. Quel que fût le jeu auquel
950 elle se livrait, aucun ne lui plaisait ni ne l'amusait longtemps[6] et elle s'interrompait à tout moment dans son
désarroi. Sans pouvoir garder les yeux calmement fixés
sur la troupe de ses servantes, sans cesse, elle jetait des
regards inquiets au loin sur le chemin en détournant le
visage*. Que de fois son cœur se brisait dans sa poitrine*,
955 quand elle se demandait si le bruit qui courait était celui

---

1. Cf. Théocr., 25, 66 ἔπος προτιμυθήσαιτο. L'expression se
retrouve en 3, 1011.
2. Voir la note à 3, 972 (p. 91, n. 3).
3. Sur cette prophétie de Phinée, cf. 2, 423 s. ; 3, 548-552.
4. Voir l'étude des v. 947-971 de J. Carrière, *Bull. Soc.
Toul. d'Ét. Class.*, nᵒˢ 169-170, 1974, 59-66. — Sur le sens de
σχεδόν au v. 947, voir la *N. C.* à 3, 295.
5. Περ ὅμως, non hom., est employé en 3, 949 ; 4, 1148.
En 1, 99, 896, nous gardons la leçon la mieux attestée ὁμῶς :
l'adverbe sert souvent à renforcer une coordination (11 exemples) ;
contra, A. Ardizzoni, *ad* 1, 99 (et *Riv. Fil. e Istr. Class.*, 1976, 57).
6. Πᾶσαν, conjecturé par F. Chrestien et, d'une façon
indépendante, par M. L. West (*Class. Rev.*, 77, 1963, 11), ne
s'impose pas. Le passage du pluriel au singulier est fréquent
surtout avec le pronom ὅς τις : cf. P. Chantraine, *Synt. hom.*, 21,
§ 28 ; H. Fränkel, *Noten*, 408 ; et ci-dessus 3, 192 s.

οὔτ' ἐρατὸν κούρη κεν ἔπος προτιμυθήσαιτο
935 ἠιθέῳ, εὖτ' ἄν σφιν ἐπήλυδες ἄλλοι ἔπωνται.
Ἔρροις, ὦ κακόμαντι, κακοφραδές · οὐδέ σε Κύπρις
οὔτ' ἀγανοὶ φιλέοντες ἐπιπνείουσιν Ἔρωτες. »
    Ἴσκεν ἀτεμβομένη · μείδησε δὲ Μόψος ἀκούσας
ὀμφὴν οἰωνοῖο θεήλατον ὧδέ τ' ἔειπε ·
940 « Τύνη μὲν νηὸν δὲ θεᾶς ἴθι, τῷ ἔνι κούρην
δήεις, Αἰσονίδη · μάλα δ' ἠπίη ἀντιβολήσεις
Κύπριδος ἐννεσίης, ἥ τοι συνέριθος ἀέθλων
ἔσσεται, ὡς δὴ καὶ πρὶν Ἀγηνορίδης φάτο Φινεύς.
Νῶι δ', ἐγὼν Ἄργος τε, δεδεγμένοι ἔστ' ἂν ἵκηαι,
945 τῷδ' αὐτῷ ἐνὶ χώρῳ ἀπεσσόμεθ' · οἰόθι δ' αὐτὸς
λίσσεό μιν πυκινοῖσι παρατροπέων ἐπέεσσιν. »
    Ἦ ῥα περιφραδέως, ἐπὶ δὲ σχεδὸν ἤνεον ἄμφω.
    Οὐδ' ἄρα Μηδείης θυμὸς τράπετ' ἄλλα νοῆσαι,
μελπομένης περ ὅμως. Πᾶσαι δέ οἱ, ἥν τιν' ἀθύροι
950 μολπήν, οὐκ ἐπὶ δηρὸν ἐφήνδανεν ἐψιάασθαι,
ἀλλὰ μεταλλήγεσκεν ἀμήχανος · οὐδέ ποτ' ὄσσε
ἀμφιπόλων μεθ' ὅμιλον ἔχ' ἀτρέμας, ἐς δὲ κέλευθον
τηλόσε παπταίνεσκε παρακλίνουσα παρειάς.
    Ἦ θαμὰ δὴ στηθέων ἐάγη κέαρ, ὁππότε δοῦπον
955 ἢ ποδὸς ἢ ἀνέμοιο παραθρέξαντα δοάσσαι.

TEST. 940-958 Π²⁴.

_____

934 προτι- Ω : ποτι- D ‖ 935 ἐπήλυδες Ω : ὁμήλικες Zᵐᵍ ‖
ἄλλοι Ω (et Zᵐᵍ) : ὄχλοι Z ‖ ἔπωνται Ω : ἔπονται E ‖ 936
οὐδέ Ω : οὔτε Seaton ‖ 941 ἀντιβολήσεις Π²⁴ Ω : -σης Π²⁴ˢˡ ‖
942 τοι Ω : τις SJB²O ‖ συνερ]ειθος Π²⁴ ‖ 944 ἔστ' Π²⁴ : εὖτ' Ω
‖ 945 ἀπεσσόμεθ' L²AS : ἐπ- GE ν supra …]θ Π²⁴ ‖ 948 ἄλ]λα
Π²⁴ Ω (et L²) : ἄλλο Merkel αλλ[Π²⁴ᵐᵍ qui uar. lect. fort.
praebebat ‖ 949 ὅμως E : ὁμῶς Ω ‖ πᾶσαι Ω : -σαν I² Chrestien ‖ 950 ἐφήνδανεν Ω : -νον E ‖ 952 ἐς Ω : εἰς Π²⁴ ‖ κέλευθον Π²⁴ˢˡ : κελεύθους Π²⁴ Ω ‖ 953 παπταίνεσκε Ω : -πτήν-
E ‖ 954 ἢ ωE : ἢ L²A ‖ δὴ Ω : δ' ἢ L² ‖ στηθέων suspectum :
στήθεσφ' Herwerden ‖ ἐάγη Ω : ἄγη Sᵃᶜ ἄγει S² (…]αγη κεαρ
schol. ad Π²⁴) ἐάλη Platt³.

d'un pas ou celui du vent ! Mais bientôt il parut à ses
yeux impatients, tel, hors de l'Océan, s'élance dans le
ciel Seirios, quand il se lève, splendide et lumineux à
voir, mais apportant aux troupeaux une immense
960 calamité* : tel l'Aisonide se présenta devant elle,
splendide à contempler, mais préparant par son apparition les tourments d'une funeste passion*. Alors le
cœur de Médée défaillit hors de sa poitrine, ses yeux
s'embrumèrent d'eux-mêmes, une brûlante rougeur
envahit ses joues ; elle n'avait plus la force de mouvoir
965 ses genoux ni pour reculer ni pour avancer et ses pieds
sous elle restaient cloués sur place[1]. Cependant les
servantes s'étaient toutes retirées, bien loin. Mais eux,
muets et sans voix, se tenaient l'un près de l'autre,
pareils à ces chênes ou à ces hauts sapins, enracinés
970 dans la montagne, qui, d'abord immobiles faute de
vent[2], se mettent ensuite, dès qu'un coup de vent les
agite, à murmurer sans fin : tous deux allaient ainsi
converser longuement aux souffles d'Amour[3]. L'Aisonide comprit que Médée était atteinte d'un mal divin
et il lui parla en la flattant doucement :
975 « Pourquoi, jeune fille, tant de timidité devant moi,
puisque je suis seul ? Non, certes, je ne suis pas un de
ces fats insolents comme il en existe, et ne l'étais pas
non plus jadis quand j'habitais dans ma patrie. Laisse

---

1. Pour les v. 962-965, comparer d'une manière générale
Sappho, fr. 31 Lobel-Page ; Archiloque, fr. 245 Lasserre (cité
dans la *N. C.* à 3, 282) ; Théocr., 2, 106-110 (notamment ἀλλ'
ἐπάγην). Rapprocher en outre v. 962 ∾ K 94 s. (et 3, 288 s.) ; —
v. 962 s. ∾ E 696, *al.* (et 3, 725 s. ; 4, 1525) ; — v. 963 ∾ 3, 725
(avec la note p. 80, n. 4) ; — v. 964 ∾ Γ 218 ; — v. 965 ∾
X 452.

2. Παρᾶσσον : « d'abord » plutôt que « côte à côte »; cf.
M. Campbell, *Studi Ardizzoni* (1978), 123, et ci-dessus la *N. C.*
à 3, 295.

3. H. Fränkel rapproche Sappho, fr. 47 Lobel-Page Ἔρος
δ' ἐτίναξέ μοι φρένας, ὡς ἄνεμος κὰτ ὄρος δρύσιν ἐμπέτων.
Cf. en outre, du point de vue formel, E 560 ; M 132-134 ; *H. hom.
Aphr.*, 264 ; et l'hom. ὑπὸ ῥιπῆς Βορέαο (O 171 ; T 358). Sur
le souffle des Amours, cf. 3, 937, et Théocr., 12,10 (avec la note
de Gow).

Αὐτὰρ ὅ γ᾽ οὐ μετὰ δηρὸν ἐελδομένῃ ἐφαάνθη,
ὑψόσ᾽ ἀναθρῴσκων ἅ τε Σείριος Ὠκεανοῖο,
ὃς δ᾽ ἤτοι καλὸς μὲν ἀρίζηλός τ᾽ ἐσιδέσθαι
ἀντέλλει, μήλοισι δ᾽ ἐν ἄσπετον ἧκεν ὀιζύν ·
960 ὣς ἄρα τῇ καλὸς μὲν ἐπήλυθεν εἰσοράασθαι
Αἰσονίδης, κάματον δὲ δυσίμερον ὦρσε φαανθείς.
Ἐκ δ᾽ ἄρα οἱ κραδίη στηθέων πέσεν, ὄμματα δ᾽ αὔτως
ἤχλυσαν, θερμὸν δὲ παρηίδας εἷλεν ἔρευθος ·
γούνατα δ᾽ οὔτ᾽ ὀπίσω οὔτε προπάροιθεν ἀεῖραι
965 ἔσθενεν, ἀλλ᾽ ὑπένερθε πάγη πόδας. Αἱ δ᾽ ἄρα τείως
ἀμφίπολοι μάλα πᾶσαι ἀπὸ σφείων ἐλίασθεν.
Τὼ δ᾽ ἄνεῳ καὶ ἄναυδοι ἐφέστασαν ἀλλήλοισιν,
ἢ δρυσὶν ἢ μακρῇσιν ἐειδόμενοι ἐλάτῃσιν,
αἵ τε παρᾶσσον ἔκηλοι ἐν οὔρεσιν ἐρρίζωνται
970 νηνεμίῃ, μετὰ δ᾽ αὖτις ὑπὸ ῥιπῆς ἀνέμοιο
κινύμεναι ὁμάδησαν ἀπείριτον · ὣς ἄρα τώ γε
μέλλον ἅλις φθέγξασθαι ὑπὸ πνοιῇσιν Ἔρωτος.
Γνῶ δέ μιν Αἰσονίδης ἄτῃ ἔνι πεπτηυῖαν
θευμορίῃ, καὶ τοῖον ὑποσσαίνων φάτο μῦθον ·
975   « Τίπτε με, παρθενική, τόσον ἅζεαι οἷον ἐόντα ;
Οὔ τοι ἐγὼν οἷοί τε δυσαυχέες ἄλλοι ἔασιν
ἀνέρες, οὐδ᾽ ὅτε περ πάτρῃ ἔνι ναιετάασκον,
ἦα πάρος. Τῶ μή με λίην ὑπεραίδεο, κούρη,

Test. 962-971 Π²⁴.

956 ὅγ᾽ Ω : ὅδ᾽ E ‖ in u. fine dist. I Par. et denuo Färber : post ἀναθρῴσκων dist. plerique post Stephanum ‖ 958 δ᾽ ἤτοι Hermann³ : δή τοι [τι E] Ω ‖ ἀρίζηλός Ω : -ίδη- E² ‖ 959 μήλοισι δ᾽ A : μήλοις ἰδ᾽ L²S²G μ. ἠδ᾽ [ἠδ᾽ Sᵃᶜ] Sᵃᶜ E ‖ 960 ἐπήλυθεν Ω : ἐσή- E ‖ 963 ἤχλυσαν m : -σεν L²ˢ¹w ‖ 967 τὼ L⁴ᵖᶜAS²GE : τῶ(ι) LᵃᶜSᵃᶜ ‖ 970 ὑπὸ Ω : ὑπαὶ E uide 2, 1229 ‖ ῥιπῆς Ω *Σᴬᵍ¹ : -πῆς GD *Σᴳᵍ¹ ‖ 972 φθέγξασθαι Ω : -ξεσθαι A ‖ 973 ἔνι L : ἐνὶ AE ἐνι- WB περι w ‖ 974 ὑποσσαίνων Lw : ὑποσαί- AE ‖ 976 ἐγὼν Ω : ἐγὼ G ‖ 977 ἔνι LAS : ἐνι- E ἐνὶ D ἐνὶ ἧ G ‖ ναιετάασκον Ω : -άεσκον AI.

donc cet excès de pudeur qui te retient de demander ou
980 de dire ce qui te plaît[1]. Allons ! puisque nous sommes
venus, bien disposés l'un pour l'autre, en ce lieu sacré
où la perfidie est défendue, parle et interroge à cœur
ouvert ; et ne m'abuse point par d'aimables paroles
puisque d'emblée tu as promis à ta sœur de me donner
985 les drogues que je souhaite[2]. C'est au nom même
d'Hécate que je t'implore, au nom de tes parents et de
Zeus qui étend sa main sur les hôtes et les suppliants* ;
or je suis pour toi, en venant ici, tout ensemble un
suppliant et un hôte, contraint par la nécessité de
tomber à tes genoux. Car, sans toi, je ne sortirai pas
990 vainqueur de cette douloureuse épreuve. Plus tard, je
te paierai, comme de juste, ma dette de reconnaissance
pour ton aide, sous la forme qui convient à ceux qui
habitent en un pays lointain, en te donnant renom et
belle gloire[3] ; les autres héros, pareillement, te célébre-
ront à leur retour en Hellade, comme les épouses et les
995 mères de ces héros qui sans doute nous pleurent déjà,
assises au bord de la mer : leurs cruelles angoisses, tu
peux les dissiper. Thésée aussi fut jadis sauvé de ses
dures épreuves par la bonté d'une vierge, de la fille de
Minos, Ariadne, qu'avait enfantée Pasiphaé la fille du
1000 Soleil. Bien plus, quand Minos eut calmé sa colère, elle
quitta sa patrie, embarquée avec le héros sur son navire ;
et les Immortels l'ont chérie à leur tour : en son honneur,

---

1. Médée a fait venir Jason (v. 737-739) ; c'est donc elle
qui devrait parler la première, comme Hypsipylé (1, 793). Jason
a compris les raisons profondes de son silence (v. 973 s.) ; mais
il feint de croire qu'elle se tait par pudeur (ἄζεαι, ὑπεραίδεο),
parce que les convenances interdisent à une jeune fille de prendre
l'initiative (tel est le sens de παρέξ qui porte à la fois sur ἐρέεσθαι
et sur φάσθαι). Aussi la rassure-t-il : il n'y a pas de témoins
(οἶον ἐόντα) et il n'est pas homme à tirer gloire plus tard de la
situation actuelle (δυσαυχέες). La scène rappelle à certains
égards le récit des *Magiciennes* de Théocrite : Simaitha a appelé
Delphis (v. 101) ; mais elle est incapable de parler à son arrivée ;
Delphis affecte de mettre ce mutisme sur le compte de la pudeur
et prétend qu'il allait faire lui-même les premiers pas, s'il n'avait
été devancé (v. 114 ss.).

2. Cf. 3, 737-739.

3. Jason a fait la même promesse à Aiétès en 3, 391 s.

ἤ τι παρὲξ ἐρέεσθαι ὅ τοι φίλον ἠέ τι φάσθαι ·
980 ἀλλ᾽ ἐπεὶ ἀλλήλοισιν ἱκάνομεν εὐμενέοντες,
χώρῳ ἐν ἠγαθέῳ, ἵνα τ᾽ οὐ θέμις ἔστ᾽ ἀλιτέσθαι,
ἀμφαδίην ἀγόρευε καὶ εἴρεο · μηδέ με τερπνοῖς
φηλώσῃς ἐπέεσσιν, ἐπεὶ τὸ πρῶτον ὑπέστης
αὐτοκασιγνήτῃ μενοεικέα φάρμακα δώσειν.
985 Πρός σ᾽ αὐτῆς Ἑκάτης μειλίσσομαι ἠδὲ τοκήων
καὶ Διός, ὃς ξείνοις ἱκέτῃσί τε χεῖρ᾽ ὑπερίσχει ·
ἀμφότερον δ᾽ ἱκέτης ξεῖνός τέ τοι ἐνθάδ᾽ ἱκάνω,
χρειοῖ ἀναγκαίῃ γουνούμενος · οὐ γὰρ ἄνευθεν
ὑμείων στονόεντος ὑπέρτερος ἔσσομ᾽ ἀέθλου.
990 Σοὶ δ᾽ ἂν ἐγὼ τίσαιμι χάριν μετόπισθεν ἀρωγῆς,
ἧ θέμις, ὡς ἐπέοικε διάνδιχα ναιετάοντας,
οὔνομα καὶ καλὸν τεύχων κλέος · ὣς δὲ καὶ ὧλλοι
ἥρωες κλήσουσιν ἐς Ἑλλάδα νοστήσαντες
ἡρώων τ᾽ ἄλοχοι καὶ μητέρες, αἵ νύ που ἤδη
995 ἡμέας ἠιόνεσσιν ἐφεζόμεναι γοάουσι ·
τάων ἀργαλέας κεν ἀποσκεδάσειας ἀνίας.
Δή ποτε καὶ Θησῆα κακῶν ὑπελύσατ᾽ ἀέθλων
παρθενικὴ Μινωὶς ἐυφρονέους᾽ Ἀριάδνη,
ἥν ῥά τε Πασιφάη κούρη τέκεν Ἠελίοιο ·
1000 ἀλλ᾽ ἡ μὲν καὶ νηός, ἐπεὶ χόλον εὔνασε Μίνως,
σὺν τῷ ἐφεζομένη πάτρην λίπε · τὴν δὲ καὶ αὐτοὶ
ἀθάνατοι φίλαντο, μέσῳ δέ οἱ αἰθέρι τέκμωρ

TEST. 982-983 (μηδέ — ἐπέεσσιν) EG s. φηλώσεις.

979 παρὲξ Vian : -εξ- Ω ‖ τοι LAG : τι SE ‖ 980 ἀλλήλοισιν wE : -λοις LA ‖ 983 φηλώσῃς Ω ΣJ1em *ΣΩ : -σεις Zac
*ΣJg1 TEST. ‖ 985 σ᾽ LAG : τ᾽ SE ‖ 986 ξείνοις Ω : -οισιν SacE
‖ 987 δ᾽ om. L, add. L² ‖ τέ Ls1AwE : δέ L ‖ 988 χρειοῖ Ω :
χρειῆ E ‖ 992 ὧλλοι (sic) Lw : ἄλλοι AE ‖ 994 που w : ποτ᾽
m ‖ 995 γοάουσι(ν) Ω : -άωσιν (pro -όωσιν) Las1 ‖ 997 ὑπε-
λύσατ᾽ m *ΣLg1 : -έλυεν w ‖ 1001 λίπε · τὴν L4pcAwE : -πεν ·
οἱ L ante ras. ‖ 1002 τέκμωρ w : -μαρ m.

un signal au milieu de l'éther, une couronne d'étoiles
portant le nom d'Ariadne[1], mène sa ronde toute la nuit
1005 parmi les figures célestes*. Comme elle, tu obtiendras
la reconnaissance des dieux, si tu sauves cette expédition
de tant de braves*. Car, à voir ta beauté, tu sembles
rayonner de la plus aimable bienveillance[2]. »

Telles furent ses paroles flatteuses. Elle baissa les
yeux avec un sourire divin[3] ; son cœur intérieurement
1010 fondit de joie, tant la louange la transportait ; puis,
relevant la tête, elle le fixa du regard. Elle ne savait par
quels mots commencer[4] et avait envie de lui dire tout à
la fois, en même temps. Dans un élan, sans hésiter, elle
tira de son bandeau parfumé la drogue et lui, aussitôt,
1015 la reçut dans ses mains, tout joyeux. C'est toute son
âme même qu'elle aurait arrachée alors de sa poitrine[5]
pour la lui donner dans son émoi[6], s'il l'avait voulue,
tel était l'amour qui, de la tête blonde de l'Aisonide,
lançait les éclairs de sa douce flamme, ravissant ses
yeux illuminés[7] ; une chaleur intérieure faisait fondre
1020 de joie son âme comme sur les buissons de roses fond la
rosée à la chaleur des rayons de l'aurore[8]. Tous deux
tantôt fixaient les yeux à terre avec pudeur, tantôt au

---

1. Cf. Nonnos, 47, 451 ἀστερόεν ... στέφος (M. Campbell) et
de nombreux tours analogues chez le même auteur qui rendent
peu vraisemblable la conjecture de Fränkel (τέκμωρ) | ἀστερόεν.
2. Cf. σ 128 (et φ 306).
3. Cf. 1, 790.
4. C'est l'excès de joie qui rend Médée muette ; E. Livrea
note que les expressions similaires traduisent d'ordinaire le
désespoir : ι 14 ; Eur., Él., 907 s. ; Théocr., 2, 65.
5. Cf. Empédocle, fr. 138 Diels-Kranz χαλκῷ ἀπὸ ψυχὴν ἀρύσας
(Ardizzoni).
6. Ἀγαιομένη : cf. 1, 899.
7. Des flammes jaillissent de la tête des héros sur le champ
de bataille, quand ils sont touchés par une grâce divine : cf.
E 4-7 ; Σ 206, 214. L'image a pris ensuite une valeur érotique :
cf. Soph., fr. 474 Pearson [= Radt], et les autres parallèles
réunis par H. Fränkel, Noten, 413 s. — Sur le sens d'ἀμαρυγή,
ἀμάρυγμα (éclat d'un objet sur lequel la lumière se réfléchit),
cf. ibid., n. 145.
8. Pour l'image, cf. Ψ 597-599 et τ 205-208.

ἀστερόεις στέφανος, τόν τε κλείουσ᾽ Ἀριάδνης,
πάννυχος οὐρανίοις ἐνελίσσεται εἰδώλοισιν.
1005 "Ὣς καὶ σοὶ θεόθεν χάρις ἔσσεται, εἴ κε σαώσεις
τόσσον ἀριστήων ἀνδρῶν στόλον. Ἦ γὰρ ἔοικας
ἐκ μορφῆς ἀγανῇσιν ἐπητείῃσι κεκάσθαι.»
    "Ὣς φάτο κυδαίνων· ἡ δ᾽ ἐγκλιδὸν ὄσσε βαλοῦσα
νεκτάρεον μείδησε· χύθη δέ οἱ ἔνδοθι θυμὸς
1010 αἴνῳ ἀειρομένης, καὶ ἀνέδρακεν ὄμμασιν ἄντην.
Οὐδ᾽ ἔχεν ὅττι πάροιθεν ἔπος προτιμυθήσαιτο,
ἀλλ᾽ ἄμυδις μενέαινεν ἀολλέα πάντ᾽ ἀγορεῦσαι.
Προπρὸ δ᾽ ἀφειδήσασα θυώδεος ἔξελε μίτρης
φάρμακον· αὐτὰρ ὅ γ᾽ αἶψα χεροῖν ὑπέδεκτο γεγηθώς.
1015 Καί νύ κέ οἱ καὶ πᾶσαν ἀπὸ στηθέων ἀρύσασα
ψυχὴν ἐγγυάλιξεν ἀγαιομένη χατέοντι·
τοῖος ἀπὸ ξανθοῖο καρήατος Αἰσονίδαο
στράπτεν ἔρως ἡδεῖαν ἀπὸ φλόγα, τῆς δ᾽ ἀμαρυγὰς
ὀφθαλμῶν ἥρπαζεν· ἰαίνετο δὲ φρένας εἴσω
1020 τηκομένη, οἷόν τε περὶ ῥοδέεσσιν ἐέρση
τήκεται ἠῴοισιν ἰαινομένη φαέεσσιν.
    Ἄμφω δ᾽ ἄλλοτε μέν τε κατ᾽ οὔδεος ὄμματ᾽ ἔρειδον
αἰδόμενοι, ὁτὲ δ᾽ αὖτις ἐπὶ σφίσι βάλλον ὀπωπάς,

TEST. **1018** (ἀμαρυγάς) *E Gud* s. u. sine auctoris nomine ‖ **1019**
(ἰαίνετο — εἴσω) *E Gud EM* s. αἶνος.

1004 -οις ἐνελίσσεται Merkel (cf. Callim., fr. 110, 61 Pf.;
Arat. 383) : -οισιν ἐλ- Ω ‖ εἰδώλοισιν — ἔσσεται om. E, add. E²
‖ **1005** σαώσεις *m*S²ᵖᶜ : -σης *w* ‖ **1007** ἐπητείῃσι S : -τίῃσι *m* Σᴶ
-τύῃσι G ‖ **1009** μείδησε· χύθη Fränkel : -δησ᾽ ἐχύθη Ω   **1010**
ἄντην L²ᵖᶜA*w*E : ἄτην L ‖ **1011** προτι- *d* (cf. 3, 934) : ποτι-
[ποτὶ] Ω ‖ **1013** δ᾽ ἀφειδήσασα Ω Σ^ΩJlem : δὲ μειδή- Σ^{LJ}ʸᵖ ‖
1015 κέ LAG : κέν SE ‖ **1016** ἀγαιομένη Ω : ἀγαλλο- E (non Sᵐᵍ)
‖ **1017** ἀπὸ Ω : ἄρα anon.² ‖ **1018** στράπτεν Ω : πέμπεν E ‖ ἀπὸ
suspexit Fränkel ‖ **1020** ῥοδέεσσιν [ῥρ- *w*] *w*E : ῥροδέοισιν LA
ῥοδέῃσιν Brunck ‖ ἐέρση *w*E : ἐ- LA ‖ **1023** ὁτὲ AS : ὅτε LG
τοτὲ E.

contraire ils se lançaient mutuellement des regards, les
1025 sourcils éclairés d'un amoureux sourire[1]. Enfin, à grand-
peine, la jeune fille lui dit avec tendresse :

« Retiens bien maintenant comment je veux t'apporter mon aide. Quand tu seras allé trouver mon père et
qu'il t'aura donné à semer les dents meurtrières arra-
chées aux mâchoires du dragon, guette l'heure* qui
1030 partage la nuit en son milieu ; alors baigne-toi dans les
eaux du fleuve jamais tari et seul, à l'écart de tous,
vêtu d'un manteau noir, creuse une fosse circulaire ;
égorges-y un mouton femelle et, sans le dépecer, pose-le
cru* sur un bûcher dressé selon le rite sur la fosse même* ;
1035 concilie-toi Hécate, fille unique née de Persès, en versant d'une coupe une libation du suc que les abeilles
produisent dans les ruches. Une fois que tu auras, sans
rien oublier, apaisé la déesse, éloigne-toi du bûcher ;
qu'aucun bruit de pas ne te fasse tourner la tête en
1040 arrière, ni aucun aboiement de chiens[2] ; sinon, tu
ruinerais tout et toi-même tu ne reviendrais pas en bon
état auprès de tes compagnons. Au matin, humecte cette
drogue et, tout nu, frottes-en ton corps comme d'un
onguent : il possédera[3] alors une force sans limites, une
1045 vigueur immense : tu ne pourrais plus te comparer aux
hommes, mais aux dieux immortels. En outre, veille à
enduire aussi bien ta lance que ton bouclier et ton épée.
Tu deviendras alors invulnérable aux piques des hommes
nés de la terre et à la flamme irrésistible jaillie des

---

1. Cf. *H. hom. Dém.*, 357 μείδησεν ... ὀφρύσιν ; Sappho, fr. 31, 5
Lobel-Page γελαίσας ἰμέροεν ; Pind., *Pyth.*, 9, 38 γελάσσαις
ὀφρύϊ ; Hermésianax, fr. 7,9 Powell ὑπ' ὀφρύσι μειδήσασα.
2. Les chiens font partie du cortège d'Hécate. L'interdic-
tion de se retourner est fréquente dans les rites magiques ou
funéraires : cf. le commentaire de Gow à Théocr., 24, 96.
3. Οἱ est correct : le corps est indépendant de l'individu
(cf. P 212). Au v. 1045, on devra donc sous-entendre δέμας à
côté d'ἰσαζέμεν : « tu pourrais le comparer (ou « tu pourrais
dire qu'il est comparable ») non à celui des hommes, mais à celui
des dieux ».

ἱμερόεν φαιδρῇσιν ὑπ' ὀφρύσι μειδιόωντες.
1025 Ὀψὲ δὲ δὴ τοίοισι μόλις προσπτύξατο κούρη ·
    «Φράζεο νῦν ὥς κέν τοι ἐγὼ μητίσομ' ἀρωγήν.
    Εὖτ' ἂν δὴ μετιόντι πατὴρ ἐμὸς ἐγγυαλίξῃ
    ἐξ ὄφιος γενύων ὀλοοὺς σπείρασθαι ὀδόντας,
    δὴ τότε, μέσσην νύκτα διαμμοιρηδὰ φυλάξας,
1030 ἀκαμάτοιο ῥοῇσι λοεσσάμενος ποταμοῖο,
    οἶος ἄνευθ' ἄλλων ἐνὶ φάρεσι κυανέοισι
    βόθρον ὀρύξασθαι περιηγέα · τῷ δ' ἐνὶ θῆλυν
    ἀρνειὸν σφάζειν καὶ ἀδαίετον ὠμοθετῆσαι
    αὐτῷ πυρκαϊὴν εὖ νηήσας ἐπὶ βόθρῳ ·
1035 μουνογενῆ δ' Ἑκάτην Περσηίδα μειλίσσοιο,
    λείβων ἐκ δέπαος σιμβλήια ἔργα μελισσέων.
    Ἔνθα δ' ἐπεί κε θεὰν μεμνημένος ἱλάσσηαι,
    ἂψ ἀπὸ πυρκαϊῆς ἀναχάζεο · μηδέ σε δοῦπος
    ἠὲ ποδῶν ὄρσῃσι μεταστρεφθῆναι ὀπίσσω
1040 ἠὲ κυνῶν ὑλακή, μή πως τὰ ἕκαστα κολούσας
    οὐδ' αὐτὸς κατὰ κόσμον ἑοῖς ἑτάροισι πελάσσῃς ·
    Ἦρι δὲ μυδήνας τόδε φάρμακον, ἠύτ' ἀλοιφῇ
    γυμνωθεὶς φαίδρυνε τεὸν δέμας · ἐν δέ οἱ ἀλκὴ
    ἔσσετ' ἀπειρεσίη μέγα τε σθένος, οὐδέ κε φαίης
1045 ἀνδράσιν, ἀλλὰ θεοῖσιν ἰσαζέμεν ἀθανάτοισι ·
    πρὸς δὲ καὶ αὐτῷ δουρὶ σάκος πεπαλαγμένον ἔστω
    καὶ ξίφος. Ἔνθ' οὐκ ἄν σε διατμήξειαν ἀκωκαὶ
    γηγενέων ἀνδρῶν οὐδ' ἄσχετος ἀίσσουσα

Test. 1036 EG s. σίμβλα.

1024 φαιδρῇσιν Ω : -δροῖσιν E ǁ 1025 δὲ om. E ǁ 1032 ἐνὶ E :
ἔνι Ω ἐπὶ Campbell[1] ǁ 1034 εὖ Ω : ἐν E ἐπι- D ǁ ἐπὶ Ω : ἐνὶ D ǁ
1035 μειλίσσοιο Ω : -σσειο J -σσαιο d ǁ 1036 μελισσέων Rzach[1]
(cf. 4, 1132) : -σσῶν Ω Test. ǁ 1037 ἐπεί κε W[2mg] : ἔπειτα Ω
cf. u. sq. ǁ θεὰν Ω : θεῶν E ǁ 1038 ἂψ Brunck : ἂψ δ' Ω ǁ 1041
πελάσσῃς Ω : -σσοις S ǁ 1043 οἱ Ω : τοι E ǁ 1046 δουρὶ Ω : δορὶ
E ǁ 1048 ἄσχετος Ω : ἄσπετος E ἄσχετον Köchly[1].

funestes taureaux. A la vérité, tu ne le resteras pas
1050 longtemps ; mais tu le seras ce jour-même sans défaillance : ne recule donc jamais devant le combat. Et voici
encore un conseil qui te servira. Une fois que tu auras
attelé les puissants bœufs et, sans perdre de temps,
achevé de labourer, grâce à tes bras et à ton courage,
toute la rude jachère, tandis que déjà, à travers les
1055 sillons, les géants se lèveront, tels des épis, à mesure que
les dents du dragon seront semées sur la glèbe noire, dès
que tu les auras vus surgir en grand nombre sur la
jachère[1], lance sans te montrer une pierre bien lourde.
Pour s'en emparer, comme des chiens aux crocs aigus
autour d'une proie, ils s'entre-tueront ; toi-même alors,
1060 hâte-toi d'aller droit au combat. C'est à cette condition
que tu emporteras la toison en Hellade, loin d'Aia, bien
loin... Va néanmoins là où tu veux, là où il te plaît
d'aller, une fois parti d'ici. »

A ces mots, elle se tut : les yeux baissés à ses pieds,
1065 elle mouillait ses joues divines, versant de chaudes
larmes à l'idée qu'il devait partir à l'aventure, bien loin
d'elle, sur la mer. Puis, le regardant à nouveau, elle lui
dit ces paroles douloureuses en lui prenant la main droite,
car la pudeur avait quitté ses yeux :

« Mais souviens-toi[2], si jamais tu retournes dans ta

---

1. H. Fränkel, *Noten*, 416, intervertit les v. 1054 et 1055
en alléguant que Jason sème en même temps qu'il laboure. Ce
raisonnement, trop logique, fausse le sens, comme l'indique notre
traduction. Σπειρομένων marque la simultanéité par rapport à
ἀναστάχωσι (comparer 3, 1336). Les Géants germent au fur
et à mesure qu'ils sont semés pendant les deux premiers tiers
de la journée (cf. 3, 1340 s.) et c'est pourquoi Jason prend la
précaution de jeter les dents le plus loin possible (v. 1337 s.) ;
mais c'est seulement quand le gros de l'armée se sera levé
(πολέας : cf. v. 1354) qu'il devra lancer sa pierre. La correction
ἤ κεν pour αἴ κεν au v. 1056 (*ibid.*, 417) est encore plus inadmissible : il n'y a pas *un endroit où* les Semés sont particulièrement
nombreux, puisque la semence a été également répartie κατὰ
πᾶσαν ἄρουραν (v. 1354). Αἴ κεν a une valeur temporelle comme
εἰ δέ κεν en 2, 1066 (Campbell ; *contra*, à tort, Fränkel, *l. c.* ;
G. Giangrande, *Sprachgebrauch ... des Ap. Rh.*, 1973, 28).

2. La particule initiale indique que Médée reprend le fil
de son discours interrompu par ses larmes. Il faut donc donner
une valeur verbale à σῖγα au v. 1063.

φλὸξ ὀλοῶν ταύρων. Τοῖός γε μὲν οὐκ ἐπὶ δηρὸν
1050 ἔσσεαι, ἀλλ' αὐτῆμαρ ὁμῶς · σὺ δὲ μή ποτ' ἀέθλου
χάζεο. Καὶ δέ τοι ἄλλο παρὲξ ὑποθήσομ' ὄνειαρ.
Αὐτίκ' ἐπὴν κρατεροὺς ζεύξῃς βόας, ὦκα δὲ πᾶσαν
χερσὶ καὶ ἠνορέῃ στυφελὴν διὰ νειὸν ἀρόσσῃς,
οἱ δ' ἤδη κατὰ ὦλκας ἀνασταχύωσι γίγαντες
1055 σπειρομένων ὄφιος δνοφερὴν ἐπὶ βῶλον ὀδόντων,
αἴ κεν ὀρινομένους πολέας νειοῖο δοκεύσῃς,
λάθρη λᾶαν ἄφες στιβαρώτερον · οἱ δ' ἂν ἐπ' αὐτῷ,
καρχαλέοι κύνες ὥς τε περὶ βρώμης, ὀλέκοιεν
ἀλλήλους · καὶ δ' αὐτὸς ἐπείγεο δηιοτῆτος
1060 ἰθῦσαι. Τὸ δὲ κῶας ἐς Ἑλλάδα τοῖό γ' ἕκητι
οἴσεαι ἐξ Αἴης, τηλοῦ ποθι · νίσεο δ' ἔμπης
ᾗ φίλον, ᾗ τοι ἔαδεν ἀφορμηθέντι νέεσθαι. »

      Ὣς ἄρ' ἔφη, καὶ σῖγα ποδῶν πάρος ὄσσε βαλοῦσα,
θεσπέσιον λιαροῖσι παρηίδα δάκρυσι δεῦε
1065 μυρομένη, ὅ τ' ἔμελλεν ἀπόπροθι πολλὸν ἑοῖο
πόντον ἐπιπλάγξεσθαι. Ἀνιηρῷ δέ μιν ἄντην
ἐξαῦτις μύθῳ προσεφώνεεν, εἷλέ τε χειρὸς
δεξιτερῆς · δὴ γάρ οἱ ἀπ' ὀφθαλμοὺς λίπεν αἰδώς ·
      « Μνώεο δ', ἢν ἄρα δή ποθ' ὑπότροπος οἴκαδ' ἵκηαι,

TEST. **1055-1063** Π²⁵ ‖ **1058-1059** (καρχ. — ἀλλήλους) *EG* s. καρ-
χαλέος ; (καρχαρέοι [-αλέοι *EM*ᴰ] κύνες) *EM* s. καρχαρέος κύων.

1049 γε μὲν *m* : μὲν *w* μὴν Sˢ¹ ‖ **1050** αὐτῆμαρ ὁμῶς · σὺ δὲ
Fränkel³ : αὐτῆμαρ · ὁμῶς σύγε Ω αὐ. ὁμῶς σύγε Fränkel ‖
1052 ἐπὴν Ω : ἐπεὶ D ‖ **1053** ἀρόσσῃς Ω (et Gˢ¹) : -σσεις G ‖
1054 ἀνασταχύωσι FN : -ύουσι Ω ‖ **1055** ante 1054 transp.
Fränkel contra Π²⁵ Ω ‖ **1058** καρχαλέοι Ω *EG EM*ᴰ : -αλ]έαι
Π²⁵ -αρέοι *EM* ‖ **1060** γ' Π²⁵ Ω (punctum ante γ Π²⁵?) :
om. O ‖ **1062** ᾗ (alt.) E² : ἢ Π²⁵ *m* εἴ *w* ‖ ἔαδεν [ἐάνδεν Π²⁵]
Π²⁵ S : ἔαδεν Ω ‖ ἀφορμηθέ[ντι Π²⁵ˢ¹] Ω : ἐφ- Π²⁵ ‖ **1063** βα-
λοῦσα Ω : λαδοῦσα L² in ras. ‖ **1065** ὅ τ' separatim Merkel ‖
1066 ἐπιπλάγξεσθαι Ω : -ξασθαι E ‖ **1068** δὴ Brunck : ἤδη Ω ‖
1069 ποθ' *w*E : ποτ(ε) LA.

1070 patrie, du nom de Médée, comme je me souviendrai de
toi, quand tu seras loin[1]. Et dis-moi ceci pour me faire
plaisir. Où est ta demeure ? Où comptes-tu t'en aller
maintenant sur ton navire au-delà des mers ? Peut-être
iras-tu près de l'opulente Orchomène, ou bien encore
dans la région de l'île d'Aiaié[2] ? Dis-moi aussi qui est
1075 cette jeune fille que tu as nommée, cette illustre enfant
de Pasiphaé, la sœur de mon père. »

Tandis qu'elle parlait, en lui aussi, avec les larmes de
la jeune fille, se glissait le funeste amour[3] et il lui fit
cette réponse :

1080 « Non, certes, jamais, je pense, ni jour ni nuit je ne
t'oublierai si j'échappe à la mort, si vraiment je parviens
à fuir sain et sauf en Achaïe et qu'Aiétès ne nous impose
pas quelque pire épreuve. Mais, puisqu'il te plaît de
connaître notre patrie, je t'en parlerai : moi-même, mon
1085 cœur m'y incite vivement[4]. Il existe un pays entouré
de hautes montagnes, regorgeant de troupeaux de
moutons et de bœufs. C'est là que Prométhée, le fils de
Japet, engendra le noble Deucalion, le premier qui créa
des cités et bâtit des temples aux Immortels, le premier
1090 aussi qui fut roi parmi les hommes*. Les habitants
de la région l'appellent l'Haimonie[5]. Là se trouve Iôlcos,
ma ville, et bien d'autres villes encore, où l'on ne
connaît, même pas de nom, l'île d'Aiaié[6]. De ce pays,

1. Le passage contient de nombreux rappels de l'épisode
d'Hypsipylé : 1061 s. ∞ 1, 888, 890 ; 1063 ∞ 1, 790 (et 3, 1008) ;
1064-1068 ∞ 1, 886 s. (et 1, 842) ; 1069 s. ∞ 1, 896 s. Les v. 1069-
1071 seront repris sous une forme différente aux v. 1109-1111 ;
ils s'inspirent des adieux de Nausicaa (θ 461 s.).

2. Ce sont les deux seuls pays étrangers dont Médée a
entendu parler : la patrie de Phrixos (cf. t. 1, p. 11) et la demeure
de Circé.

3. Cf. 3, 296 s. et la note *ad loc.* (p. 63, n. 1).

4. Αὐτόν est correct malgré H. Fränkel, *Noten*, 419-421.
Homère emploie αὐτόν ou ἄλλον spondaïque au quatrième pied,
contre la « loi de Wernicke » : cf. l'éd. de l'*Iliade* de W. Leaf,
t. 2, p. 637 s. Le mot-outil αὐτός (-όν) a toujours bénéficié d'un
emploi assez libre, par exemple au sixième pied chez Nonnos :
cf. R. Keydell, *Nonni Dion.*, 1, p. 37*.

5. Sur l'Haimonie, cf. t. 1, p. 200, n. 4.

6. Comparer le tour du v. 680.

1070 οὔνομα Μηδείης · ὣς δ' αὖτ' ἐγὼ ἀμφὶς ἐόντος
μνήσομαι. Εἰπὲ δέ μοι πρόφρων τόδε · Πῇ τοι ἔασι
δώματα ; Πῇ νῦν ἔνθεν ὑπεὶρ ἅλα νηὶ περήσεις ;
Ἤ νύ που ἀφνειοῦ σχεδὸν ἵξεαι Ὀρχομενοῖο
ἦε καὶ Αἰαίης νήσου πέλας ; Εἰπὲ δὲ κούρην
1075 ἥν τινα τήνδ' ὀνόμηνας ἀριγνώτην γεγαυῖαν
Πασιφάης, ἣ πατρὸς ὁμόγνιός ἐστιν ἐμεῖο. »
     Ὣς φάτο · τὸν δὲ καὶ αὐτὸν ὑπήιε δάκρυσι κούρης
οὖλος ἔρως, τοῖον δὲ παραβλήδην ἔπος ηὔδα ·
     « Καὶ λίην οὐ νύκτας ὀίομαι οὐδέ ποτ' ἦμαρ
1080 σεῦ ἐπιλήσεσθαι, προφυγὼν μόρον, εἰ ἐτεόν γε
φεύξομαι ἀσκηθὴς ἐς Ἀχαιίδα μηδέ τιν' ἄλλον
Αἰήτης προβάλῃσι κακώτερον ἄμμιν ἄεθλον.
Εἰ δέ τοι ἡμετέρην ἐξίδμεναι εὔαδε πάτρην,
ἐξερέω · μάλα γάρ με καὶ αὐτὸν θυμὸς ἀνώγει.
1085 Ἔστι τις αἰπεινοῖσι περίδρομος οὔρεσι γαῖα,
πάμπαν ἐύρρηνός τε καὶ εὔβοτος, ἔνθα Προμηθεὺς
Ἰαπετιονίδης ἀγαθὸν τέκε Δευκαλίωνα,
ὃς πρῶτος ποίησε πόλεις καὶ ἐδείματο νηοὺς
ἀθανάτοις, πρῶτος δὲ καὶ ἀνθρώπων βασίλευσεν ·
1090 Αἱμονίην δὴ τήν γε περικτίονες καλέουσιν.
Ἐν δ' αὐτῇ Ἰαωλκός, ἐμὴ πόλις, ἐν δὲ καὶ ἄλλαι
πολλαὶ ναιετάουσιν, ἵν' οὐδέ περ οὔνομ' ἀκοῦσαι
Αἰαίης νήσου · Μινύην γε μὲν ὁρμηθέντα,

TEST. **1086** *E G* s. ἐύρρηνος ; (ἐυρρ. — εὔβοτος uel ἐυρρ. τε solum)
E M ibid.

1076 Πασ(σ)ιφάης E : -άην Ω ‖ ἐμεῖο Ω : ἐμοῖο SˢˡD ‖
1083 τοι LSE : τι AGD ‖ **1084** αὐτὸν Ω : -τοῦ prop. Fränkel³
‖ **1086** ἐύρρηνός LA TEST. : εὔρη- *w* ἐύρρυτός E ἐύρρειτός *d*
(et fort. *ΣΩ ͫ qui Thessaliae fluuios enumerat) ‖ **1088** ἐδείματο
Ω : ἐδήμ- GEᵃᶜ ‖ **1089** ἀθανάτοις Ω : -των G ‖ βασίλευσεν SE :
ἐϐ- LA ἐμϐ- G βασίλευεν D ‖ **1090** περικτίονες WJB² : -ιόνες Ω‖
1091 αὐτῇ LG : -τῇ ASE ‖ Ἰαωλκός Brunck : Ἰωλ- Ω
Ἰαολ- G cf. 1114 ‖ πόλις Ω : πτό- S.

en tout cas, est parti Minyas, l'Éolide Minyas, qui,
1095 dit-on, fonda jadis la ville d'Orchoménos, limitrophe
des Cadméens*. Mais à quoi bon te dire toutes ces
paroles en l'air sur notre patrie et sur la fille de Minos,
Ariadne la Très-Glorieuse — tel est le nom splendide
qu'elle avait reçu, cette vierge aimable sur qui tu
1100 m'interroges —* ? Ah ! comme Minos s'est autrefois mis
d'accord à son sujet avec Thésée, puisse de même ton
père accepter de s'entendre avec nous* ! »

　　Ainsi parlait-il en la caressant par ces doux propos.
Mais elle avait le cœur agité par les plus cruels des
chagrins et, tout à sa douleur, elle lui dit avec tendresse
ces paroles désolées :
1105 　　« Oui, en Hellade, peut-être, il est beau de respecter
des pactes d'amitié ; mais Aiétès, parmi les hommes, ne
ressemble pas au portrait que tu m'as fait de Minos,
l'époux de Pasiphaé, et moi, je ne me compare pas à
Ariadne*. Ne parle donc pas d'accord d'hospitalité ;
1110 mais, simplement, de retour à Iôlcos, souviens-toi de
moi et, de mon côté, même en dépit de mes parents, je
me souviendrai de toi[1]. — Mais puisse de là-bas nous
arriver quelque voix prophétique ou quelque oiseau
messager, si tu devais un jour perdre tout souvenir de
moi[2] ; ou plutôt puissent les rapides tempêtes m'emporter moi-même d'ici et me conduire par-delà les mers à
1115 Iôlcos pour que je vienne en face te faire des reproches
en te rappelant que c'est grâce à moi que tu as été
sauvé*. Ah ! fasse alors le ciel que je m'installe à
l'improviste à ton foyer, dans ton palais ! »

---

　1. Reprise du thème des v. 1069-1071. Voir p. 96, n. 1.
　2. Ὄσσα, « voix prophétique, mystérieuse » : cf. B 93 ὄσσα
... Διὸς ἄγγελος. J. Bousquet (per litt.) rapproche l'expression
figurant dans un oracle delphique ὄσσαν ἀκοῦσαι | [Λ]οξία
ἐξ ἀδύτοιο : cf. G. Daux-J. Bousquet, Rev. Arch., Nouv. Sér.,
6, 19, 1942-1943, 119. — Ἄγγελος ὄρνις : cf. Soph., Él., 149
(et déjà Ω 292) ; l'expression rappelle l'ἄγγελος ... κόραξ qui
annonce à Apollon l'infidélité de Coronis (Hés., fr. 60 Merk.-West ;
cf. Callim., Hécalé, fr. 260, 56-61) et la corneille κακάγγελος
de l'Hécalé (l. c., v. 48).

Αἰολίδην Μινύην, ἔνθεν φάτις Ὀρχομενοῖο
1095 δή ποτε Καδμείοισιν ὁμούριον ἄστυ πολίσσαι.
Ἀλλὰ τίη τάδε τοι μεταμώνια πάντ᾽ ἀγορεύω,
ἡμετέρους τε δόμους τηλεκλειτήν τ᾽ Ἀριάδνην,
κούρην Μίνωος, τό περ ἀγλαὸν οὔνομα κείνην
παρθενικὴν καλέεσκον ἐπήρατον ἥν μ᾽ ἐρεείνεις ;
1100 Αἴθε γάρ, ὡς Θησῆι τότε ξυναρέσσατο Μίνως
ἀμφ᾽ αὐτῆς, ὣς ἄμμι πατὴρ τεὸς ἄρθμιος εἴη. »
Ὣς φάτο μειλιχίοισι καταψήχων ὀάροισι.
Τῆς δ᾽ ἀλεγεινόταται κραδίην ἐρέθεσκον ἀνίαι,
καί μιν ἀκηχεμένη ἀδινῷ προσπτύξατο μύθῳ ·
1105 « Ἑλλάδι που τάδε καλά, συνημοσύνας ἀλεγύνειν ·
Αἰήτης δ᾽ οὐ τοῖος ἐν ἀνδράσιν οἷον ἔειπας
Μίνω Πασιφάης πόσιν ἔμμεναι, οὐδ᾽ Ἀριάδνῃ
ἰσοῦμαι. Τῶ μή τι φιλοξενίην ἀγόρευε ·
ἀλλ᾽ οἷον τύνη μὲν ἐμεῦ, ὅτ᾽ Ἰωλκὸν ἵκηαι,
1110 μνώεο, σεῖο δ᾽ ἐγὼ καὶ ἐμῶν ἀέκητι τοκήων
μνήσομαι... Ἔλθοι δ᾽ ἧμιν ἀπόπροθεν ἠέ τις ὄσσα
ἠέ τις ἄγγελος ὄρνις, ὅτ᾽ ἐκλελάθοιο ἐμεῖο ·
ἢ αὐτήν με ταχεῖαι ὑπὲρ πόντοιο φέροιεν
ἐνθένδ᾽ εἰς Ἰωλκὸν ἀναρπάξασαι ἄελλαι,
1115 ὄφρα σ᾽ ἐν ὀφθαλμοῖσιν ἐλεγχείας προφέρουσα
μνήσω ἐμῇ ἰότητι πεφυγμένον. Αἴθε γὰρ εἴην
ἀπροφάτως τότε σοῖσιν ἐφέστιος ἐν μεγάροισιν. »

Test. 1104 uide ad 2, 478 ‖ 1116 (μνήσω — πεφυρμενον [sic])
E G s. ἰότης.

1097 Ἀριάδνην Ω : fort. Ἀριδήλην uide N. C. ad u. 1099 ‖
1100 αἴθε Ω ΣΩ^J : αἲ E ‖ τότε Ω : ποτὲ S ‖ 1102 καταψήχων Ω
*ΣΩ^Jg1 : -ψύχ- E Σ^J1em ‖ ὀάροισι Ω : ἀγανοῖσι E ‖ 1103 τῆς Ω :
τὴν S^ac (cf. 284, 695) ‖ 1112 ἐμεῖο Ω : ἐμοῖο Gd ‖ 1113 με Ω :
γε E ‖ 1114 ἐνθένδ᾽ LAS : -θάδ᾽ GE ‖ εἰς SE : ἐς LAG ‖ Ἰαωλκὸν
Brunck (post Ἰαολ- Hölzlin) : Ἰωλ- Ω cf. 1091.

Ainsi parlait-elle, tandis que de ses joues ruisselaient des larmes pitoyables. Alors il lui fit cette avance[1] :

1120 « Pauvre folle ! laisse donc errer ces vaines tempêtes, laisse l'oiseau messager : tout cela n'est que paroles en l'air[2]. Si tu viens en ce pays, sur la terre d'Hellade, tu trouveras honneurs et respect auprès des femmes et des hommes ; ils auront pour toi comme pour une déesse la
1125 plus grande vénération ; car les uns auront vu leurs fils revenir chez eux grâce à toi et les autres te devront d'avoir sauvé leurs frères, leurs compagnons et leurs jeunes époux d'un malheur hors du commun*. Tu partageras notre lit dans la chambre d'un hymen légitime[3] et
1130 rien ne nous séparera dans notre amour jusqu'à ce que la mort fixée par le destin nous couvre de son voile[4]. »

Il dit et, à l'entendre, le cœur de Médée était inondé de bonheur[5] ; cependant elle fut glacée par la crainte de voir s'accomplir des malheurs imprévisibles[6]. L'infortunée ! elle ne devait pas refuser longtemps d'habiter l'Hellade[7], car Héra méditait qu'il en fût ainsi*
1135 afin que, pour la perte de Pélias, Médée, fille d'Aia, vînt dans la sainte Iôlcos après avoir abandonné sa patrie*.

Déjà les servantes qui les épiaient de loin s'inquiétaient en silence et l'heure était passée où la jeune fille
1140 devait rentrer chez elle auprès de sa mère. Mais elle n'aurait pas songé encore au retour, tant son cœur était charmé à la fois par la beauté et les mots séducteurs de l'Aisonide[8], si, dans sa prudence, il n'avait fini par lui dire :

« Il est temps de partir : je crains que le coucher du

---

1. Sur cette traduction d'ὑποβλήδην, voir la note à 3, 400 (p. 67, n. 4).
2. Cf. σ 332, al. μεταμώνια βάζεις.
3. Voir la note à 3, 840 (p. 85, n. 4).
4. Cf. 4, 1120. Cf. en outre, Lycophron, 430 μεμορμένον πότμον.
5. Cf. 3, 290.
6. Sur ce vers, voir la Notice, p. 47, n. 4.
7. Le choix entre l'inf. fut. et l'inf. ao. après μέλλω fait ici difficulté : voir la N. C. à 4, 1000².
8. Cf. α 56 αἱμυλίοισι λόγοισι, et 1, 792.

Ὣς ἄρ᾽ ἔφη, ἐλεεινὰ καταπροχέουσα παρειῶν
δάκρυα· τὴν δ᾽ ὅ γε δῆθεν ὑποβλήδην προσέειπε·
1120 « Δαιμονίη, κενεὰς μὲν ἔα πλάζεσθαι ἀέλλας,
ὣς δὲ καὶ ἄγγελον ὄρνιν, ἐπεὶ μεταμώνια βάζεις.
Εἰ δέ κεν ἤθεα κεῖνα καὶ Ἑλλάδα γαῖαν ἵκηαι,
τιμήεσσα γυναιξὶ καὶ ἀνδράσιν αἰδοίη τε
ἔσσεαι· οἱ δέ σε πάγχυ θεὸν ὣς πορσανέουσιν,
1125 οὕνεκα τῶν μὲν παῖδες ὑπότροποι οἴκαδ᾽ ἵκοντο
σῇ βουλῇ, τῶν δ᾽ αὖτε κασίγνητοί τε ἔται τε
καὶ θαλεροὶ κακότητος ἄδην ἐσάωθεν ἀκοῖται.
Ἡμέτερον δὲ λέχος θαλάμοις ἐνὶ κουριδίοισι
πορσανέεις· οὐδ᾽ ἄμμε διακρινέει φιλότητος
1130 ἄλλο, πάρος θάνατόν γε μεμορμένον ἀμφικαλύψαι. »
Ὣς φάτο· τῇ δ᾽ ἔντοσθε κατείβετο θυμὸς ἀκουῇ,
ἔμπης δ᾽ ἔργ᾽ ἀΐδηλα κατερρίγησεν ἰδέσθαι.
Σχετλίη, οὐ μὲν δηρὸν ἀπαρνήσεσθαι ἔμελλεν
Ἑλλάδα ναιετάειν· ὣς γὰρ τόδε μήδετο Ἥρη,
1135 ὄφρα κακὸν Πελίῃ ἱερὴν ἐς Ἰωλκὸν ἵκηται
Αἰαίη Μήδεια, λιποῦσ᾽ ἄ⟨πο⟩ πατρίδα γαῖαν.
Ἤδη δ᾽ ἀμφίπολοι μὲν ὀπιπεύουσαι ἄπωθεν
σιγῇ ἀνιάζεσκον· ἐδεύετο δ᾽ ἤματος ὥρη
ἂψ οἶκον δὲ νέεσθαι ἑὴν μετὰ μητέρα κούρην.
1140 Ἡ δ᾽ οὔ πω κομιδῆς μιμνήσκετο, τέρπετο γάρ οἱ
θυμὸς ὁμῶς μορφῇ τε καὶ αἱμυλίοισι λόγοισιν,
εἰ μὴ ἄρ᾽ Αἰσονίδης πεφυλαγμένος ὀψέ περ ηὔδα·
« Ὥρη ἀποβλώσκειν, μὴ πρὶν φάος ἠελίοιο

1121 ἄγγελον *m* : ἄλλον G ἄλλην S ‖ **1124** οἱ δέ Ω : οὐδέ S
ἠδέ D ‖ **1125** οἴκαδ᾽ Ω : ἐνθάδ᾽ E ‖ **1129** πορσανέεις *w*E Σʲ :
-σανέοις ΣΩ -συνέεις LA -συνέοις Z ‖ **1130** μεμορμένον Ω :
-μαρ- E (uel E²) ‖ **1131** τῇ Ω : τῆς *d* ‖ **1132** δ᾽ om. E ‖ ἀΐδηλα
Ω : ἀρί- FN et Fränkel ‖ **1133** ἀπαρνήσεσθαι LAD : -σασθαι
*w*E ‖ **1134** τόδε *m* : τόγε *w* τότε West ‖ **1136** λιποῦσ᾽ ἄπο Köchly¹ :
-οῦσα Ω -οῦσά γε S ‖ **1139** ἂψ LAS : εἰς E ἂψ ἐς G.

1145 soleil ne nous devance et qu'un autre ne devine tout ;
nous reviendrons ici pour nous rencontrer de nouveau*. »

C'est ainsi qu'ils ne sondèrent pas davantage leurs
âmes en d'amoureux entretiens. Alors ils se séparèrent.
Jason, tout joyeux, partit rejoindre ses compagnons et
le navire ; elle, ses servantes. Celles-ci vinrent toutes
1150 ensemble à sa rencontre ; mais elle ne s'aperçut pas
qu'elles l'entouraient, car son âme, envolée, planait
parmi les nuages*. D'un mouvement machinal de ses
pieds, elle monta sur le char rapide, prit d'une main les
rênes et de l'autre le fouet ouvragé pour mener les
1155 mulets* ; les bêtes, au galop, couraient à la ville, vers
le palais. A son retour, Chalkiopé, anxieuse pour ses
enfants, l'interrogeait ; mais elle, paralysée par des
pensées contraires, ne l'écoutait pas parler et n'avait nul
désir de répondre à ses questions. Elle restait assise sur
1160 un tabouret bas au pied de son lit, appuyant de côté
sa joue sur sa main gauche*. Elle gardait ses yeux
vagues fixes dans leurs paupières[1], hantée par la gran-
deur du forfait dont elle s'était rendue complice par ses
desseins[2].

Quand l'Aisonide eut rejoint ses compagnons à
1165 l'endroit où il les avait laissés en les quittant[3], il se mit
en route avec eux, en leur racontant tout[4], vers la troupe
des héros. Ensemble, ils arrivèrent au navire. Les
autres, dès qu'ils le virent, l'entouraient amicalement[5]
et l'interrogeaient. Il fit part à tous des instructions de

---

1. Le vers ne signifie sans doute pas que Médée a les yeux
fermés et mouillés de larmes. Selon la juste remarque de J. Martin,
ὑγρός qualifie plutôt l'expression du regard, fixe et troublé,
de la jeune fille : comparer, dans des contextes un peu différents,
Anth. Pal., 7, 27 ; Lucien, *Imag.*, 6 ; et Liddell-Scott-Jones,
s. ὑγρός, II, 5 ; pour ἐνὶ βλεφάροις, comparer 4, 698.

2. Ἑῇ est réfléchi : cf. H. Fränkel, *Noten*, 431 s. Médée et
sa sœur ne reparaîtront plus au ch. III.

3. Jason retrouve Argos et Mopsos près du peuplier à la
corneille où il les a laissés aux v. 927-947.

4. Cf. 1, 1097 ; 4, 1346.

5. Cf. ξ 381 ἐγὼ δέ μιν ἀμφαγάπαζον.

δύῃ ὑποφθάμενον καί τις τὰ ἕκαστα νοήσῃ
1145 ὀθνείων · αὖτις δ' ἀβολήσομεν ἐνθάδ' ἰόντες. »
    Ὣς τώ γ' ἀλλήλων ἀγανοῖς ἐπὶ τόσσον ἔπεσσι
πείρηθεν · μετὰ δ' αὖτε διέτμαγον. Ἤτοι Ἰήσων
εἰς ἑτάρους καὶ νῆα κεχαρμένος ὧρτο νέεσθαι,
ἡ δὲ μετ' ἀμφιπόλους. Αἱ δὲ σχεδὸν ἀντεβόλησαν
1150 πᾶσαι ὁμοῦ, τὰς δ' οὔ τι περιπλομένας ἐνόησε ·
ψυχὴ γὰρ νεφέεσσι μεταχρονίη πεπότητο.
Αὐτομάτοις δὲ πόδεσσι θοῆς ἐπεβήσατ' ἀπήνης,
καί ῥ' ἑτέρῃ μὲν χειρὶ λάβ' ἡνία, τῇ δ' ἄρ' ἱμάσθλην
δαιδαλέην οὐρῆας ἐλαυνέμεν · οἱ δὲ πόλιν δὲ
1155 θῦνον ἐπειγόμενοι ποτὶ δώματα. Τὴν δ' ἀνιοῦσαν
Χαλκιόπη περὶ παισὶν ἀκηχεμένη ἐρέεινεν ·
ἡ δὲ παλιντροπίῃσιν ἀμήχανος οὔτε τι μύθων
ἔκλυεν οὔτ' αὐδῆσαι ἀνειρομένῃ λελίητο.
Ἷζε δ' ἐπὶ χθαμαλῷ σφέλαϊ κλιντῆρος ἔνερθεν
1160 λέχρις ἐρεισαμένη λαιῇ ἐπὶ χειρὶ παρειήν ·
ὑγρὰ δ' ἐνὶ βλεφάροις ἔχεν ὄμματα, πορφύρουσα
οἷον ἑῇ κακὸν ἔργον ἐπιξυνώσατο βουλῇ.
    Αἰσονίδης δ' ὅτε δὴ ἑτάροις ἐξαῦτις ἔμικτο
ἐν χώρῃ ὅθι τούς γε καταπρολιπὼν ἐλιάσθη,
1165 ὧρτ' ἰέναι σὺν τοῖσι, πιφαυσκόμενος τὰ ἕκαστα,
ἡρώων ἐς ὅμιλον · ὁμοῦ δ' ἐπὶ νῆα πέλασσαν.
Οἱ δέ μιν ἀμφαγάπαζον, ὅπως ἴδον, ἔκ τ' ἐρέοντο ·
αὐτὰρ ὁ τοῖς πάντεσσι μετέννεπε δήνεα κούρης

TEST. **1152** Philopon. in Aristot. *Phys.* 2, 5, p. 281, 17 Vitelli.

    1147 αὖτε Ω : αὖθι S ‖ **1152** αὐτομάτοις [-οισι G] L³ᵖᶜAω
TEST. : -όματοι Lᵃᶜ -ομάτη E ‖ θοῆς Ω : θοῶς TEST. ‖ ἐπεβήσατ' Ω TEST. : -σετ' A ‖ **1153** δ' ἄρ' Ω : δέ γ' S ‖ **1155** ἀνιοῦσαν D : ἄρ' ἰοῦσαν Ω ‖ **1156** ἐρέεινεν wE : ἀρ- LA ‖ **1163**
ἑτάροις ἐξαῦτις Ω : ἐξ. ἑτάροισ(ιν) SᵃᶜD ‖ **1166** ἡρώων ἐς ὅμιλον
AωEᵃʸᵖD : ἡρ. ἐς ἕκαστα (et ὅμιλον L²ᵐᵍ) L οἱ δ' ἔκλυον
ἕκαστα E ‖ **1168** μετέννεπε Ω : μετήνεπε E.

la jeune fille et leur montra la drogue prodigieuse* ;
1170 seul parmi ses compagnons, Idas restait à l'écart,
remâchant sa colère*. Les autres étaient pleins de joie ;
pour le moment, comme l'obscurité de la nuit les retenait, ils vaquaient en paix à leurs affaires* ; mais, dès
l'aube, ils envoyaient à Aiétès, pour demander la
semence, deux des leurs, d'abord Télamon, le héros
1175 chéri d'Arès, et, avec lui, Aithalidès, le fils illustre
d'Hermès*. Ceux-ci se mirent en route et leur voyage
ne fut pas inutile. A leur arrivée, le roi Aiétès leur remit,
en vue du combat, les dents redoutables du dragon
aonien[1] : dans Thèbes l'Ogygienne[2], Cadmos, quand il
1180 vint à la recherche d'Europé, tua ce monstre qui gardait
la source d'Arès (c'est là que le héros s'était établi,
conduit par la génisse que l'oracle d'Apollon lui avait
donnée pour guider sa route). La déesse Tritonide fit
cracher[3] leurs dents aux mâchoires du dragon et les
partagea par moitié entre Aiétès et le vainqueur
1185 lui-même. L'Agénoride Cadmos sema les siennes dans
les champs d'Aonie où il installa, peuple né de la terre,
ceux que la lance d'Arès avait épargnés dans sa moisson*. Les autres dents, Aiétès les fit alors porter au
navire, de grand cœur, car il ne pensait pas que Jason
1190 s'acquitterait de toutes les conditions de l'épreuve[4],
même s'il réussissait à atteler les bœufs au joug.

1. L'Aonie désigne la plaine de la Béotie centrale où est
bâtie Thèbes.
2. Ogygos est le premier roi de la population primitive de
la Béotie, les Ectènes, supplantés ensuite par les Aones, eux-
mêmes antérieurs à la venue de Cadmos : Paus., 9, 5, 1. Il a
donné son nom à l'une des sept portes de Thèbes et la ville se
nommait elle-même Ogygia : Esch., *Sept*, 321 ; *Perses*, 37 ;
Soph., *Oed. Col.*, 1770.
3. Le même verbe s'emploie pour le boxeur qui fait cracher
ses dents à un adversaire : σ 29 ; Ap. Rh., 2, 785. H. Fränkel,
Noten, 433, suppose qu'Athéna a frappé la mâchoire du dragon
à coups de pierre.
4. Πείρατ' ἀέθλου : cf. 2, 424. Comme en Ψ 350, πείρατα
désigne moins le « terme » de l'épreuve que les conditions fixées
pour son accomplissement. Voir aussi t. 3, p. 81, n. 5, et la *N. C.*
à 4, 1648.

δεῖξέ τε φάρμακον αἰνόν · ὁ δ' οἰόθεν οἷος ἑταίρων
1170 Ἴδας ἧστ' ἀπάνευθε δακὼν χόλον. Οἱ δὲ δὴ ἄλλοι
γηθόσυνοι, τῆμος μέν, ἐπεὶ κνέφας ἔργαθε νυκτός,
εὔκηλοι ἐμέλοντο περὶ σφίσιν · αὐτὰρ ἅμ' ἠοῖ
πέμπον ἐς Αἰήτην ἰέναι σπόρον αἰτήσοντας
ἄνδρε δύω, πρὸ μὲν αὐτὸν ἀρηΐφιλον Τελαμῶνα,
1175 σὺν δὲ καὶ Αἰθαλίδην, υἷα κλυτὸν Ἑρμείαο.
Βὰν δ' ἴμεν, οὐδ' ἁλίωσαν ὁδόν · πόρε δέ σφιν ἰοῦσι
κρείων Αἰήτης χαλεποὺς ἐς ἄεθλον ὀδόντας
Ἀονίοιο δράκοντος, ὃν Ὠγυγίῃ ἐνὶ Θήβῃ
Κάδμος, ὅτ' Εὐρώπην διζήμενος εἰσαφίκανε,
1180 πέφνεν Ἀρητιάδι κρήνῃ ἐπίουρον ἐόντα ·
ἔνθα καὶ ἐννάσθη πομπῇ βοὸς ἥν οἱ Ἀπόλλων
ὤπασε μαντοσύνῃσι προηγήτειραν ὁδοῖο.
Τοὺς δὲ θεὰ Τριτωνὶς ὑπὲκ γενύων ἐλάσασα
Αἰήτῃ πόρε δῶρον ὁμῶς αὐτῷ τε φονῆι.
1185 Καί ῥ' ὁ μὲν Ἀονίοισιν ἐνισπείρας πεδίοισι
Κάδμος Ἀγηνορίδης γαιηγενῆ εἴσατο λαόν,
Ἄρεος ἀμώοντος ὅσοι ὑπὸ δουρὶ λίποντο ·
τοὺς δὲ τότ' Αἰήτης ἔπορεν μετὰ νῆα φέρεσθαι
προφρονέως, ἐπεὶ οὔ μιν ὀίσσατο πείρατ' ἀέθλου
1190 ἐξανύσειν, εἰ καί περ ἐπὶ ζυγὰ βουσὶ βάλοιτο.

Test. **1173** (ἰέναι — αἰτήσοντας) *E G* s. ἵημι ‖ **1178** *E G*ᴬ s. Ἀονία ‖ **1186** s. (γηγενῆ — ἐλίποντο) schol. LJ Ap. Rh. 3, 1177-1187.

1169 ἑταίρων *wd* : ἑτάρ- *m* ‖ **1172** ἐμέλοντο D Σ¹¹ᵉᵐ (et ἐμέλλοντο ci. Σω) : μέλλοντο LAG Σ^Ω1ᵉᵐ μέλοντο E μίμνοντο S ‖ **1173** σπόρον Ω : πό- Test. ‖ **1177** ἐς Ω : ἐπ' E ‖ **1178** Ἀονίοιο [-ίου G] Ω ΣΩ^J Test. : Αἰνίαο E (ο post Αἰ add. E²ˢ¹) ‖ **1180** Ἀρητιάδι E : -άδῃ Ω ‖ **1183** ὑπὲκ Z : ὑπεγ- LA ὑπ' ἐκ *w*E ‖ ἐλάσασα Ω : ἐρύσ- Lloyd-Jones⁴ ‖ **1185** ἐνι- L*w*D : ἐνὶ AE ‖ **1186** γαιηγενῆ G : γεη- LAS γη- Test. ἐπὶ γη- E ‖ εἴσατο (εἴ- corr. Stephanus) λαόν Ω Test. (schol. J) : ἵδρυσεν ὄχλον fort. Test. (schol. L) ‖ **1187** ἀμώοντος Ω Test. (schol. L) : -ώοντος G -όωντος Test. (schol. J) ‖ **1190** ἐξανύσειν Ω : -ύειν D (cf. Λ 365, Υ 452 et schol. A ad loc.) ‖ ζυγὰ βουσὶ Ω : β. ζ. E.

Le Soleil* s'enfonçait au loin sous la terre obscure,
par-delà les dernières cimes des Éthiopiens occidentaux[1].
La Nuit attelait au joug ses chevaux[2] et les héros préparaient leurs couches à même le sol près des amarres.
1195 Mais, dès que les étoiles de l'Ourse, la brillante Héliké,
se furent penchées vers l'horizon et que, sous le ciel, un
calme absolu eut envahi l'éther*, Jason s'en alla dans la
solitude, comme un voleur furtif, avec les ingrédients
nécessaires. Il les avait tous préparés d'avance pendant
1200 le jour : Argos était venu lui apporter d'un troupeau la
brebis et le lait* ; le reste, il l'avait pris à bord même
du navire. Quand il eut découvert un endroit situé à
l'écart du passage des hommes, en plein air, dans des
prairies humides dégagées d'arbres[3], il commença par
baigner pieusement son tendre corps dans le fleuve
1205 divin[4] et s'enveloppa du manteau noir que lui avait
jadis donné la Lemnienne Hypsipylé, en souvenir de
leur douce union[5]. Alors, après avoir creusé dans le sol
une fosse d'une coudée, il fit un tas de bois fendu,
égorgea sur lui le mouton et en étendit le corps par-dessus
le bûcher selon le rite. Puis il allumait les bûches
1210 en y mettant le feu par-dessous et il versait sur elles des
libations mêlées, en invoquant Brimô Hécate pour
qu'elle l'assistât dans ses travaux[6]. Après cet appel, il

1. Les Éthiopiens vivent sur les bords de l'Océan, à
l'extrémité des terres habitées, les uns à l'Orient, les autres à
l'Occident : cf. α 22-24. M. Campbell (per litt.) invoque, en faveur
de la correction de Fränkel, Nonnos, Dion., 13, 347, tout en
observant que le texte transmis peut s'autoriser de 2, 164 s.
2. Sur le char de la Nuit, cf. Esch., Choéph., 660 s. ; fr.
103 Mette ; Eur., Ion, 1150 s. ; fr. 114 Nauck² ; Théocr., 2, 166 ; —
hydrie à figures rouges de Naples : Furtwängler-Reichhold,
Griech. Vasenm., 3, 33, fig. 14.
3. Jason prend la précaution rituelle de choisir un lieu
dépourvu d'arbres. Pour ὑπεύδιος, rapprocher ὑπαίθριος dans
Pind., Ol., 6, 62 ; Hérod., 4, 7 ; pour καθαρῆσιν, cf. Κ 199, Ψ 61,
et surtout Théocr., 26, 5 (avec la note de Gow) ; voir aussi
R. E. Glanville Downey, Class. Philol., 26, 1931, 94-97.
4. Cf. Empédocle, fr. 100, 11 Diels-Kranz εἰς ὕδατος βάπτῃσι
τέρεν δέμας. On retrouve τ. δ. en 4, 871.
5. Cf. 2, 30-32, et t. 1, p. 23.
6. Pour les v. 1195-1211, voir les N. C. à 3, 1029, 1033, 1034.

Ἥλιος μὲν ἄπωθεν ἐρεμνὴν δύετο γαῖαν
ἑσπερίων νεάτας ὑπὲρ ἄκριας Αἰθιοπήων ·
Νὺξ δ' ἵπποισιν ἔβαλλεν ἔπι ζυγά · τοὶ δὲ χαμεύνας
ἔντυον ἥρωες παρὰ πείσμασιν. Αὐτὰρ Ἰήσων,
1195 αὐτίκ' ἐπεί ῥ' Ἑλίκης εὐφεγγέος ἀστέρες Ἄρκτου
ἔκλιθεν, οὐρανόθεν δὲ πανεύκηλος γένετ' αἰθήρ,
βῆ ῥ' ἐς ἐρημαίην, κλωπήιος ἠύτε τις φώρ,
σὺν πᾶσιν χρήεσσι. Πρὸ γάρ τ' ἀλέγυνεν ἕκαστα
ἠμάτιος · θῆλυν μὲν ὄιν γάλα τ' ἔκτοθι ποίμνης
1200 Ἄργος ἰὼν ἤνεικε, τὰ δ' ἐξ αὐτῆς ἕλε νηός.
Ἀλλ' ὅτε δὴ ἴδε χῶρον ὅ τις πάτου ἔκτοθεν ἦεν
ἀνθρώπων, καθαρῆσιν ὑπεύδιος εἰαμενῆσιν,
ἔνθ' ἤτοι πάμπρωτα λοέσσατο μὲν ποταμοῖο
εὐαγέως θείοιο τέρεν δέμας, ἀμφὶ δὲ φᾶρος
1205 ἕσσατο κυάνεον, τὸ μέν οἱ πάρος ἐγγυάλιξε
Λημνιὰς Ὑψιπύλη, ἀδινῆς μνημήιον εὐνῆς.
Πήχυιον δ' ἄρ' ἔπειτα πέδῳ ἔνι βόθρον ὀρύξας,
νήησεν σχίζας, ἐπὶ δ' ἀρνειοῦ τάμε λαιμόν,
αὐτόν τ' εὖ καθύπερθε τανύσσατο · δαῖε δὲ φιτροὺς
1210 πῦρ ὑπένερθεν ἱείς, ἐπὶ δὲ μιγάδας χέε λοιβάς,
Βριμὼ κικλήσκων Ἑκάτην ἐπαρωγὸν ἀέθλων.
Καί ῥ' ὁ μὲν ἀγκαλέσας πάλιν ἔστιχεν · ἡ δ' ἀίουσα

Test. 1197 (<κλωπήιος> — φώρ) EG s. κλωπήιος ‖ 1207-1208
EG s. πήχυιον ‖ 1211-1226 Π²⁶.

1192 ἑσπερίων Fränkel (cf. α 23 s. et fort. *ΣΩᴶ) : -έριος Ω
Σᴸ ‖ νεάτας Ω ΣΩ : ναέτ- E ‖ 1193 ἔπι Bigot : ἐπὶ mSᵃᶜ ἐπι-
S²G ‖ 1195 εὐφεγγέος LAG : ἀφ- E εὐφεγγέες S ‖ 1196 πανεύκηλος Ω : παρεύ- E ‖ 1197 ἠύτε Ω : ὡς ὅτε et ὥστε Test. ‖ 1198
χρήεσσι Ω : χρείεσσι D ‖ 1199 ἔκτοθι m : ἔκποθι w ‖ 1200 ἤνεικε
Lw : ἔν- AE ‖ 1204 εὐαγέως LA : -έος w εὐρῆος E ‖ 1205 μέν
Ω : ῥά Hermann¹ ‖ 1208 νήησεν [νηῆς ἐν Test.] m Test. : -σε
wD ‖ σχίζας Ω : -ίσας Test. ‖ 1209 αὐτόν Ω : -τήν prop.
Fränkel, cl. 1199 (sed cf. 1032 s.) ‖ τ' Ω : δ' E ‖ 1210 ὑπένερθεν Ω : ὑπερθεν E ‖ 1211 ἐπαρωγὸν Ω : -ρηγόν' D ‖ 1212 καί
ῥ' ὁ om. Π²⁶.

revint sur ses pas. Elle l'entendit, la déesse redoutable,
et sortit du fond de sa retraite[1] pour recevoir les
offrandes de l'Aisonide. Elle était ceinte d'une couronne
1215 de terribles serpents entrelacés de rameaux de chêne* ;
ses torches fulguraient d'une immense lueur* ; autour
d'elle, ses chiens infernaux hurlaient avec des aboie-
ments aigus*. Toutes les prairies tremblaient sur son
passage et elles poussèrent une sainte clameur*, les
Nymphes du marais du fleuve qui menaient leur ronde
1220 autour de ce pré humide du Phase Amarantien*.
L'Aisonide fut saisi de crainte ; néanmoins il ne se
retourna point et ses pas l'emmenaient jusqu'à ce qu'il
eût rejoint ses compagnons[2]. Déjà, au-dessus du
Caucase neigeux, l'Aurore, fille du matin, s'était levée
et répandait sa clarté.

1225 A ce moment[3], Aiétès avait déjà mis autour de sa
poitrine sa cuirasse à plastron, dépouille qu'Arès lui avait
donnée après avoir tué de ses propres mains le Phlégréen
Mimas* ; il posa sur sa tête le casque d'or à quatre
bossettes, brillant comme la couronne de lumière qui
1230 nimbe le Soleil, aussitôt qu'il monte de l'Océan*. Puis
il prit en le brandissant son bouclier couvert de plusieurs
peaux ; il prit aussi sa pique redoutable, irrésistible ;
parmi les héros, nul n'en aurait soutenu le choc depuis
qu'ils avaient abandonné au loin Héraclès : lui seul
1235 aurait pu lui tenir tête au combat[4]. Près de lui, Phaéthon

---

1. Pour ὑπάτων, cf. t. 1, p. 186, n. 2.
2. Jason observe les prescriptions de Médée (3, 1038-1041).
3. Apollonios arrange le thème homérique de l'armement du
guerrier : v. 1225 s. ∽ Λ 19 (= Π 130, Τ 371) et Callim.,
fr. 293 Pf. στάδιον δ' ὑφέεστο χιτῶνα ; — v. 1226 s. ∽ Λ 20 ;
— v. 1228 ∽ Λ 41, Τ 380-383 ; — v. 1231 s. ∽ Λ 32,43 (et Η 219 s.
σάκος ... ἑπταβόειον, 238 νωμῆσαι βῶν) ; — v. 1232-1234 ∽
Τ 388 s. (et les remarques de H. Fränkel, *Noten*, 438, n. 198).
4. Cette constatation réaliste et peu héroïque contraste avec
les illusions que nourrissaient les habitants d'Iôlcos (1, 244 s.)
et que conservait Idas (3, 558-560). On sait qu'Héraclès a été
abandonné en Mysie (1, 1273 ss.). — Pour le tour adverbial ἂν δέ
(v. 1231), comparer 1, 494, et voir nos *Recherches sur les Posthom.*
(1959), 156 s.

κευθμῶν ἐξ ὑπάτων δεινὴ θεὸς ἀντεβόλησεν
ἱροῖς Αἰσονίδαο. Πέριξ δέ μιν ἐστεφάνωντο
1215 σμερδαλέοι δρυΐνοισι μετὰ πτόρθοισι δράκοντες·
στράπτε δ' ἀπειρέσιον δαΐδων σέλας· ἀμφὶ δὲ τήν γε
ὀξείη ὑλακῇ χθόνιοι κύνες ἐφθέγγοντο.
Πείσεα δ' ἔτρεμε πάντα κατὰ στίβον· αἱ δ' ὀλόλυξαν
Νύμφαι ἑλειονόμοι ποταμηίδες, αἳ περὶ κείνην
1220 Φάσιδος εἰαμενὴν Ἀμαραντίου εἰλίσσοντο.
Αἰσονίδην δ' ἤτοι μὲν ἕλεν δέος, ἀλλά μιν οὐδ' ὣς
ἐντροπαλιζόμενον πόδες ἔκφερον, ὄφρ' ἑτάροισι
μίκτο κιών. Ἤδη δὲ φόως νιφόεντος ὕπερθεν
Καυκάσου ἠριγενὴς Ἠὼς βάλεν ἀντέλλουσα.
1225 Καὶ τότ' ἄρ' Αἰήτης περὶ μὲν στήθεσσιν ἕεστο
θώρηκα στάδιον, τόν οἱ πόρεν ἐξεναρίξας
σφωιτέρης Φλεγραῖον Ἄρης ὑπὸ χερσὶ Μίμαντα·
χρυσείην δ' ἐπὶ κρατὶ κόρυν θέτο τετραφάληρον
λαμπομένην, οἷόν τε περίτροχον ἔπλετο φέγγος
1230 Ἠελίου, ὅτε πρῶτον ἀνέρχεται Ὠκεανοῖο.
Ἂν δὲ πολύρρινον νώμα σάκος, ἂν δὲ καὶ ἔγχος
δεινόν, ἀμαιμάκετον· τὸ μὲν οὔ κέ τις ἄλλος ὑπέστη
ἀνδρῶν ἡρώων, ὅτε κάλλιπον Ἡρακλῆα
τῆλε παρέξ, ὅ κεν οἶος ἐναντίβιον πτολέμιξε.
1235 Τῷ δὲ καὶ ὠκυπόδων ἵππων εὐπηγέα δίφρον

TEST. 1213 EGᴬ EMⱽ s. κευθμῶν; (κευθμῶν ἐξ ὑπάτων) EGᴮ
ibid. ‖ 1214-1215 (et 1221 ?) latine uertit Varro Atac. fr. 9 Morel
‖ 1231 EG s. εὔρρηνος; (ἂν δὲ et δὲ καὶ om.) EM ibid..

1213 ὑπά]των Π²⁶ Ω Σᴶ¹ᶜ ᵐ *Σᴸᴶᵍ¹ : (ἐκ) μυχάτων Samuelsson
‖ 1214 ἱροῖς Π²⁶ LᵖᶜS : ἱερ- Ω ‖ 1219 ποταμηίδες Sd (cf. Nic.
Al. 128) : -μήτιδες m -μητίδες G ‖ 1220 εἰλίσσ]οντο Π²⁶ : -σσονται
Ω ‖ 1221 οὐδ' Π²⁶ Ω : οἶδ' E²ᵐᵍ ‖ 1225 ἕεστο Ω : ...]σσεν Π²⁶
‖ 1231 πολύρρινον Ω Σᴶ TEST. : -ρρηνον E ‖ 1234 τῆλε m Gˢˡ :
πῆλάι (sic) S πῆλε G ‖ πτολέμιξε(ν) m : πτολέμιζε(ν) [πολ- S] w
πελέμιξεν D.

conduisit, pour qu'il y montât, son char bien construit,
aux chevaux rapides ; le roi y monta à son tour et prit
en mains les rênes. Il sortit de la ville, en le menant par
la large voie des chars, pour assister à l'épreuve[*] ; à
1240 leur suite, une foule immense s'élança. Tel, debout sur
son char, Poseidon se rend aux jeux de l'Isthme[1], ou
au Ténare[2], ou à la source de Lerne[3], ou au bois de
l'Hyantienne Onchestos[4] ; tel encore il gagne souvent
ensuite avec son attelage Calaurie[5], la Roche d'Haimo-
1245 nie[6] ou le Géraistos boisé[*] : tel aussi on voyait s'avancer
Aiétès, le roi des Colques.

Cependant, suivant les instructions de Médée, Jason,
après avoir humecté les drogues, en enduisit son bouclier, sa lance pesante et son épée. Autour de lui, ses
compagnons essayèrent toutes leurs forces sur les
1250 armes ; mais ils furent incapables de faire plier cette
lance, si peu que ce fût : déjà par elle-même impossible
à briser, elle avait encore durci en séchant dans leurs
mains vigoureuses[*]. Pris d'un violent accès de courroux
contre eux, Idas, fils d'Aphareus, en frappa le talon
avec sa grande épée, mais la pointe, comme le marteau
sur l'enclume, rebondit sous le coup[*]. Les héros pous-
1255 sèrent des cris de joie, pleins d'espoir dans l'issue du
combat. Ensuite Jason enduisit son propre corps : en lui
pénétra une force terrible, indicible, intrépide ; ses deux

---

1. Allusion aux Jeux Isthmiques célébrés à Corinthe.
2. Le cap Ténare est au sud du Péloponnèse. Son sanctuaire
de Poseidon avait une filiale à Sparte où avaient lieu les *Tainaria*.
3. A Lerne, en Argolide, le dieu possédait une source, près
de laquelle il s'était uni à Amymôné, et un sanctuaire appelé
le *Genesion* (Apollod., *Bibl.*, 2, 1, 4 ; Paus., 2, 38, 4).
4. Le bois sacré d'Onchestos en Béotie (B 506) recevait
des consécrations de chars selon un rituel très archaïque : *H. hom.
Ap.*, 230-238.
5. Le sanctuaire de Calaurie, en Argolide, avait été le
centre d'une importante amphictionie.
6. Poseidon Pétraios en Thessalie est en relation avec la
création du cheval et avec l'ouverture de la vallée du Tempé.
Son sanctuaire, où se donnaient des jeux hippiques, se trouvait
sur le cours du Pénée et non dans la ville de Pétra située plus au
nord : cf. J. Schmidt, dans *Real-Encykl.*, 19,1 (1937), *s.* Petraios
n° 3 ; E. Wüst, *ibid.*, 22,1 (1953), *s.* Poseidon, 513, 57-67.

ἔσχε πέλας Φαέθων ἐπιβήμεναι· ἂν δὲ καὶ αὐτὸς
βήσατο, ῥυτῆρας δὲ χεροῖν ἕλεν. Ἐκ δὲ πόληος
ἤλασεν εὐρεῖαν κατ' ἀμαξιτόν, ὥς κεν ἀέθλῳ
παρσταίη· σὺν δέ σφιν ἀπείριτος ἔσσυτο λαός.
1240 Οἷος δ' Ἴσθμιον εἶσι Ποσειδάων ἐς ἀγῶνα
ἅρμασιν ἐμβεβαώς, ἢ Ταίναρον, ἢ ὅ γε Λέρνης
ὕδωρ, ἠὲ καὶ ἄλσος Ὑαντίου Ὀγχηστοῖο,
καί τε Καλαύρειαν μετὰ δὴ θαμὰ νίσεται ἵπποις,
πέτρην θ' Αἱμονίην, ἢ δενδρήεντα Γεραιστόν·
1245 τοῖος ἄρ' Αἰήτης Κόλχων ἀγὸς ἦεν ἰδέσθαι.

    Τόφρα δὲ Μηδείης ὑποθημοσύνησιν Ἰήσων
φάρμακα μυδήνας ἠμὲν σάκος ἀμφεπάλυνεν
ἠδὲ δόρυ βριαρόν, περὶ δὲ ξίφος. Ἀμφὶ δ' ἑταῖροι
πείρησαν τευχέων βεβιημένοι, οὐδ' ἐδύναντο
1250 κεῖνο δόρυ γνάμψαι τυτθόν γέ περ, ἀλλὰ μάλ' αὔτως
ἀαγὲς κρατερῇσιν ἐνεσκλήκει παλάμῃσιν.
Αὐτὰρ ὁ τοῖς ἄμοτον κοτέων Ἀφαρήιος Ἴδας
κόψε παρ' οὐρίαχον μεγάλῳ ξίφει· ἆλτο δ' ἀκωκὴ
ῥαιστὴρ ἄκμονος ὥς τε παλιντυπές· οἱ δ' ὁμάδησαν
1255 γηθόσυνοι ἥρωες ἐπ' ἐλπωρῇσιν ἀέθλου.
Καὶ δ' αὐτὸς μετέπειτα παλύνετο· δῦ δέ μιν ἀλκὴ
σμερδαλέη ἄφατός τε καὶ ἄτρομος, αἱ δ' ἑκάτερθεν

Test. **1240-1242** *E G* s. Ταίναρος ; (Ὑαντίου Ὀγχηστοῖο) Steph.
Byz. s. Ἀβαντίς et respicit Eust. ad Dion. Per. 803 sub fine ‖
1243 (Καλαύρειαν) Crameri *An. gr. Oxon.* 2, 370, 24 ; 2, 233,
34 ; *Anecd. Par.* 3, 137 et 351 ‖ **1245-1260** Π²⁶ ‖ **1251** *EM*ᴰⱽ s.
ἀγή (ex Method.).

1237 ἕλεν Brunck : ἔχεν Ω ‖ **1238** s. ἤλασαν et παρσταῖεν
ci. Fränkel ‖ ἀέθλῳ S : -ων Ω ‖ **1242** καὶ *w* Test. : κατ' *m*
‖ **1243** δὴ θαμὰ Z : δῆθ' ἅμα Ω ‖ **1245** ἦεν Fränkel : ἦεν Ω ‖ **1248**
δὲ Ω : τὸ Π²⁶ ‖ **1249** βεβιημένοι Ω : βιειημέν[Π²⁶ ‖ οὐδ' ἐδ- E :
οὐδὲ δ- Ω ‖ **1250** γνάμ]ψαι Π²⁶ L²ˢ¹Aw : γνάψαι Lᵃᶜ γνάμψασθαι
E ‖ περ Ω : που E π[solum Π²⁶ ‖ μάλ' αὔτως [αὔ-] Ω : καλλύτως
Π²⁶ ‖ **1251** ἀαγὲς *m* Test. : εὐα- *w* ‖ **1254-1256** om. G.

bras frémissaient, tant ils débordaient de vigueur*. Tel
1260 un cheval de guerre, impatient de combattre, bondit,
hennit et piaffe ; puis, faisant le fier, les oreilles dressées,
lève bien haut la nuque* : tel l'Aisonide exultait de
sentir la force de ses membres ; souvent, il faisait des
sauts en l'air, de côté et d'autre, en brandissant de ses
mains son bouclier de bronze et sa pique de frêne.
1265 On aurait cru voir jaillir du ciel enténébré et luire le
zigzag pressé d'un éclair d'orage tombant des nuées qui
vont apporter bientôt la plus noire des averses*. Alors
les héros ne devaient plus longtemps encore différer les
épreuves : s'asseyant au plus vite l'un derrière l'autre à
1270 leurs bancs, ils se hâtaient de gagner la plaine d'Arès.
Elle se trouvait plus en amont*, en face de la ville,
seulement à la distance qui sépare la barrière de départ
de la borne qu'un char doit atteindre, quand, à la mort
d'un roi, ses proches offrent des prix pour les courses à
1275 pied et en char. Ils trouvèrent là Aiétès et aussi le
peuple des Colques, ceux-ci debout sur les rochers du
Caucase, lui, près de la rive même du fleuve, là où il
forme un coude*.

L'Aisonide, lorsque ses compagnons attachèrent les
amarres, marchait déjà au combat avec sa lance et son
1280 bouclier, après avoir sauté du navire ; il avait pris en
même temps son casque de bronze étincelant, empli
des dents aiguës, et son épée, pendue à l'épaule. Le
corps nu[1], il ressemblait à la fois à Arès et à Apollon,
le dieu au glaive d'or[2]. En inspectant la jachère, il

---

1. C'est la tenue du laboureur : cf. Hés., *Trav.*, 391 (cité
par Fränkel). En outre Jason, protégé par les drogues de Médée,
n'a besoin ni d'armure ni de casque (A. Platt, *Journ. Philol.*, 35,
1920, 81 s., suppose sans raison le contraire : le casque n'a d'autre
utilité que de servir de récipient). Le détail se retrouve chez
Pindare (*Pyth.*, 4, 232) et sur les monuments figurés (voir la note
ad loc. dans l'éd. Érasme).
2. Cf. B 478 s. ; Pind., *Pyth.*, 4, 87. Jason ressemble à Arès
à cause de son équipement ; mais, par son aspect physique, il est
comparable à Apollon : cf. 1, 307-310.

χεῖρες ἐπερρώσαντο περὶ σθένεϊ σφριγόωσαι.

Ὡς δ' ὅτ' ἀρήιος ἵππος, ἐελδόμενος πολέμοιο,

1260 σκαρθμῷ ἐπιχρεμέθων κρούει πέδον, αὐτὰρ ὕπερθε

κυδιόων ὀρθοῖσιν ἐπ' οὔασιν αὐχέν' ἀείρει ·

τοῖος ἄρ' Αἰσονίδης ἐπαγαίετο κάρτεϊ γυίων ·

πολλὰ δ' ἄρ' ἔνθα καὶ ἔνθα μετάρσιον ἴχνος ἔπαλλεν,

ἀσπίδα χαλκείην μελίην τ' ἐν χερσὶ τινάσσων.

1265 Φαίης κεν ζοφεροῖο κατ' αἰθέρος ἀίσσουσαν

χειμερίην στεροπὴν θαμινὸν μεταπαιφάσσεσθαι

ἐκ νεφέων, ἅ τ' ἔπειτα μελάντατον ὄμβρον ἄγονται.

Καὶ τότ' ἔπειτ' οὐ δηρὸν ἔτι σχήσεσθαι ἀέθλων

μέλλον · ἀτὰρ κληῖσιν ἐπισχερὼ ἱδρυθέντες

1270 ῥίμφα μάλ', ἐς πεδίον τὸ Ἀρήιον ἠπείγοντο.

Τόσσον δὲ προτέρω πέλεν ἄστεος ἀντιπέρηθεν

ὅσσον τ' ἐκ βαλβῖδος ἐπήβολος ἅρματι νύσσα

γίνεται, ὁππότ' ἄεθλα καταφθιμένοιο ἄνακτος

κηδεμόνες πεζοῖσι καὶ ἱππήεσσι τίθενται.

1275 Τέτμον δ' Αἰήτην τε καὶ ἄλλων ἔθνεα Κόλχων,

τοὺς μὲν Καυκασίοισιν ἐφεστάοτας σκοπέλοισι,

τὸν δ' αὐτοῦ παρὰ χεῖλος ἑλισσομένου ποταμοῖο.

Αἰσονίδης δ', ὅτε δὴ πρυμνήσια δῆσαν ἑταῖροι,

δή ῥα τότε ξὺν δουρὶ καὶ ἀσπίδι βαῖν' ἐς ἄεθλον,

1280 νηὸς ἀποπροθορών — ἄμυδις δ' ἕλε παμφανόωσαν

χαλκείην πήληκα θοῶν ἔμπλειον ὀδόντων

καὶ ξίφος ἀμφ' ὤμοις —, γυμνὸς δέμας, ἄλλα μὲν Ἄρει

εἴκελος, ἄλλα δέ που χρυσαόρῳ Ἀπόλλωνι.

Παπτήνας δ' ἀνὰ νειὸν ἴδε ζυγὰ χάλκεα ταύρων

1262 γυίων Ω : χειρῶν D ‖ **1264** ἐν Ω : ἐνὶ d cf. 2, 1055 ‖
1266 μεταπαιφάσσεσθαι Ω Σ^Jlem *Σ^Ag1 : -φάσσουσαν Σ^JYP *Σ^Lg1
‖ **1267** ἅ τ' Bigot : ὅτ' Ω ‖ **1270** ῥίμφα Ω : δῆθα E ‖ post μάλ'
distinximus, cl. 1, 387; 4, 504 ‖ **1276** ἐφεστάοτας Ω : -αῶ-
τας E ‖ **1277** ἑλισσομένου Herwerden : -όμενον Ω ‖ **1280** ἕλε
Ω : ἔχε Fränkel ‖ **1281** ἔμπλειον Ω : ἐμπλείην E ‖ **1283** χρυσαόρῳ L^4pcAw : -αόρι L^acV -άορι E.

1285 aperçut les jougs en bronze des taureaux et, à côté, la
charrue d'une seule pièce, faite de dur acier. Il s'en
approcha, planta tout près son énorme pique, droite
sur son talon, et déposa son casque en l'appuyant contre
elle. Puis il s'avança avec son seul bouclier, suivant à
la piste les traces innombrables des taureaux[1]. Eux,
1290 sortis de quelque invisible grotte souterraine où ils
avaient leurs solides étables enveloppées de tout côté
d'une fuligineuse fumée, surgirent, tous deux à la fois,
exhalant des flammes ardentes. Les héros prirent peur
à leur vue ; mais lui, bien campé sur ses jambes[2],
attendait leur choc, comme un écueil dans la mer
1295 celui des flots soulevés par des bourrasques sans fin[3].
Il mit son bouclier devant lui, face à eux. Tous deux en
beuglant y donnaient des coups avec leurs cornes
puissantes, mais leurs assauts ne purent le soulever, si
peu que ce fût[4]. Lorsque, dans les creusets percés des
1300 fondeurs, les soufflets de cuir tantôt grondent en acti-
vant la flamme dévorante et tantôt suspendent leur
haleine, le feu fait un ronflement terrible quand il jaillit

---

1. Traduction incertaine. Si μαστεύων implique que les traces
n'apparaissent pas au premier abord, celles-ci ne peuvent être
« innombrables » (νήριτα) et il faut donner à l'adjectif une
valeur vague (« grand », « puissant »). Mais ἴχνια laisse plutôt
entendre que Jason suit les traces visibles des taureaux (cf. les
autres emplois d'ἴχνια et d'ἰχνεύω) : on est en ce cas autorisé
à restituer à νήριτα son sens probablement étymologique. Sur
ce mot, cf. M. Leumann, *Hom. Wörter* (1950), 243-247.

2. Cf. M 458 ; Tyrtée, fr. 7, 31 Diehl[3].

3. Cf. O 618-621. La correction μίμνεν peut se prévaloir de
divers parallèles : cf. Ap. Rh., 3, 1323, 1392, et H. Fränkel,
Noten, 444. Le texte transmis est néanmoins admissible : cf.
après J. Vahlen, *Opusc. Acad.*, 2 (1908), 187-192, notre note dans
l'éd. Érasme et celle de A. Gow à Théocr., 5, 28 et 7, 76.

4. Jason est invulnérable aux coups et au feu (3, 1047-1049).
Son bouclier lui sert seulement à arrêter les taureaux : le héros
sera de toute façon atteint par les flammes : cf. 1304 s., 1313,
et la *N. C. ad loc.* Les bêtes donnent des coups de corne dans le
bouclier (μιν est neutre aux v. 1296 et 1298), mais sans réussir
à l'arracher en le faisant sauter en l'air : ἀνώχλισαν garde donc
son sens habituel et nous avons eu tort de l'entendre autrement
dans l'éd. Érasme.

1285 αὐτόγυόν τ᾽ ἐπὶ τοῖς στιβαροῦ ἀδάμαντος ἄροτρον.
Χρίμψε δ᾽ ἔπειτα κιών, παρὰ δ᾽ ὄβριμον ἔγχος ἔπηξεν
ὀρθὸν ἐπ᾽ οὐριάχῳ, κυνέην δ᾽ ἀποκάτθετ᾽ ἐρείσας.
Βῆ δ᾽ αὐτῇ προτέρωσε σὺν ἀσπίδι νήριτα ταύρων
ἴχνια μαστεύων. Οἱ δ᾽ ἔκποθεν ἀφράστοιο
1290 κευθμῶνος χθονίου, ἵνα τέ σφισιν ἔσκε βόαυλα
καρτερὰ λιγνυόεντι πέριξ εἰλυμένα καπνῷ,
ἄμφω ὁμοῦ προγένοντο πυρὸς σέλας ἀμπνείοντες.
Ἔδδεισαν δ᾽ ἥρωες ὅπως ἴδον· αὐτὰρ ὁ τούς γε,
εὖ διαβάς, ἐπιόντας, ἅ τε σπιλὰς εἰν ἁλὶ πέτρη
1295 μίμνει ἀπειρεσίῃσι δονεύμενα κύματ᾽ ἀέλλαις.
Πρόσθε δέ οἱ σάκος ἔσχεν ἐναντίον· οἱ δέ μιν ἄμφω
μυκηθμῷ κρατεροῖσιν ἐνέπληξαν κεράεσσιν,
οὐδ᾽ ἄρα μιν τυτθόν περ ἀνώχλισαν ἀντιόωντες.
Ὡς δ᾽ ὅτ᾽ ἐνὶ τρητοῖσιν ἐΰρρινοι χοάνοισι
1300 φῦσαι χαλκήων ὁτὲ μέν τ᾽ ἀναμορμύρουσι
πῦρ ὀλοὸν πιμπρᾶσαι, ὅτ᾽ αὖ λήγουσιν ἀϋτμῆς,
δεινὸς δ᾽ ἐξ αὐτοῦ πέλεται βρόμος, ὁππότ᾽ ἀΐξῃ

TEST. 1291-1302ᶜ Π²⁷ ‖ 1301 (πῦρ — πιμπρᾶσαι) EG s. πιμπρᾶσαι ; (πιμπρ. solum) EM ibid.

VAR. (?). Post 1302 trium versuum vestigia praebet Π²⁷ :

1302	]ππορα[ι]ξη
1302 a	]ιϛαϛ[ ]
1302 b	]ηϛ
1302 c	]⁻

Vide adn. (N. C. 3, 1305).

1285 τοῖς GE : τοῖσι LAS ‖ 1286 ὄβριμον LGE : ὄμβρ- AS ‖
1291 καρτερὰ Ω : -τερρῶ E ‖ λιγνυόεντι Ω : -ύεντι IᵃᶜE ‖
εἰλυμένα habuit Ω ‖ 1292 ἀμπνείοντες Π²⁷ Ω : -πνείωντες Gᵧᵖ
πνεόωντε S -πνείοντε Vian¹ ‖ 1294 ἁλὶ Ω :]δι Π²⁷ ‖ 1295 μίμνει Ω :
-νεν Merkel ‖ 1296 ἐναντίον Ω : ἀντίον E]ων Π²⁷ ‖ 1297 ἐνέπληξαν Ω :]ληφαν Π²⁷ ‖ 1298 ἀνώχλισαν Ω : ἐν- E ‖ 1299
ἐΰρρινοι Toup (cf. ἐΰρρηνοι OP²) : ἐύρρινοις Lᵃᶜ ἐυρρίνοις L²ᵖᶜ
AⱳE ‖ χοανοιειν Π²⁷ ‖ 1300 ὁτὲ ⱳE : ὅτε LA ‖ αναμωρμυρουσιν
Π²⁷ et ἀναμορμ- Ruhnken¹⁻² : ἀναμαρμαίρουσι(ν) Ω ΣΩᴶ ‖
1301 πιμπρᾶσαι [-άσαι] Ω TEST. : -πρῶσαι S ‖ 1302 αὐτοῦ
Ω : -τῶν E ‖ ἀΐξῃ Π²⁷ m : ἀΐξει ⱳ ‖ 1302 abc uide supra VAR.

du bas du fourneau* : de même, les deux taureaux, en
soufflant de leur mufle une flamme rapide, mugissaient
1305 et une ardeur brûlante enveloppait le héros en le
frappant comme d'un éclair* ; mais les drogues de la
jeune fille le protégeaient[1].

Il saisit d'abord par l'extrémité d'une corne le taureau
de droite[2] et, avec vigueur, de toutes ses forces, le
traînait jusqu'au joug de bronze ; là, il le fit tomber à
terre sur ses pattes de devant, en frappant brutalement
1310 du pied son pied de bronze. L'autre, pareillement, au
moment où il chargeait*, il le mit à genoux, d'un
seul coup[3]. Il jeta sur le sol, loin de lui, son large
bouclier ; bien campé sur les jambes, il maintenait de
part et d'autre les deux taureaux tombés sur leur train
antérieur, tandis qu'un tourbillon de flammes l'entou-
rait soudain*. Aiétès fut stupéfait de la force du héros.
1315 Cependant les Tyndarides, comme il avait été convenu
d'avance avec eux, s'étaient approchés et, prenant les
jougs à terre, les lui donnèrent pour qu'il les mît sur les
taureaux. Il les attacha solidement sur leur nuque ;
puis, levant entre eux le timon de bronze, il le fixa vite
au joug par son anneau*. Tandis que ses deux compa-
1320 gnons s'éloignaient des flammes vers le navire, Jason
reprit son bouclier et le mit derrière le dos ; il saisit son
casque pesant empli de dents aiguës et sa lance irrésistible avec laquelle, comme un laboureur de son aiguillon
pélasgique[4], il piqua les taureaux au milieu des flancs.

1. Les v. 1305-1325 contiennent de nombreuses réminiscences
de la *IVᵉ Pythique:* v. 1305 ∽ Pind., 233 ; v. 1307ᵇ-1308ᵃ
∽ Pind., 227 ; v. 1314 ∽ Pind., 237 s. ; v. 1317ᵃ ∽ Pind., 234 s. ;
v. 1317ᵇ-1318 ∽ Pind., 234 ; v. 1322-1324ᵃ ∽ Pind., 235 s.
2. C'est-à-dire le taureau qui est à sa droite.
3. V. 1306-1310 : outre Pindare, Apollonios imite le combat
de Thésée contre le taureau de Marathon (Callim., *Hécalé*, fr. 258 s.
Pf. ∽ 1306 s.). Il utilise aussi le vocabulaire de la lutte : v. 1309 ∽
Ψ 726 (cf. Quint. Sm., 4, 229) ; 1310 ∽ Ψ 719.
4. Cf. Callim., fr. 24, 6, et le commentaire de R. Pfeiffer.
Selon les Anciens, l'ἄκαινα serait une invention des Thessaliens
ou des Pélasges ; elle mesure dix pieds (env. 3 m) selon Callimaque :
le terme convient donc bien à la pique de Jason.

νειόθεν · ὣς ἄρα τώ γε θοὴν φλόγα φυσιόωντες
ἐκ στομάτων ὁμάδευν, τὸν δ' ἄμφεπε δήιον αἶθος
1305 βάλλον ἅ τε στεροπή · κούρης δέ ἑ φάρμακ' ἔρυτο.

     Καί ῥ' ὅ γε δεξιτεροῖο βοὸς κέρας ἄκρον ἐρύσσας
εἶλκεν ἐπικρατέως παντὶ σθένει, ὄφρα πελάσσῃ
ζεύγλῃ χαλκείῃ · τὸν δ' ἐν χθονὶ κάββαλεν ὀκλάξ,
ῥίμφα ποδὶ κρούσας πόδα χάλκεον · ὣς δὲ καὶ ἄλλον
1310 σφῆλε γνὺξ ἐπιόντα, μιῇ βεβολημένον ὁρμῇ.
Εὐρὺ δ' ἀποπροβαλὼν χαμάδις σάκος, ἔνθα καὶ ἔνθα,
τῇ καὶ τῇ βεβαώς, ἄμφω ἔχε πεπτηῶτας
γούνασιν ἐν προτέροισι, διὰ φλογὸς εἶθαρ ἐλυσθείς.
Θαύμασε δ' Αἰήτης σθένος ἀνέρος. Οἱ δ' ἄρα τείως
1315 Τυνδαρίδαι — δὴ γάρ σφι πάλαι προπεφραδμένον ἦεν —
ἀγχίμολον ζυγὰ οἱ πεδόθεν δόσαν ἀμφιβαλέσθαι.
Αὐτὰρ ὁ εὖ ἐνέδησε λόφοις · μεσσηγὺ δ' ἀείρας
χάλκεον ἱστοβοῆα, θοῇ συνάρασσε κορώνῃ
ζεύγληθεν. Καὶ τὼ μὲν ὑπὲκ πυρὸς ἂψ ἐπὶ νῆα
1320 χαζέσθην · ὁ δ' ἄρ' αὖτις ἑλὼν σάκος ἔνθετο νώτῳ
ἐξόπιθεν, καὶ γέντο θοῶν ἔμπλειον ὀδόντων
πήληκα βριαρὴν δόρυ τ' ἄσχετον, ᾧ ῥ' ὑπὸ μέσσας
ἐργατίνης ὥς τίς τε Πελασγίδι νύσσεν ἀκαίνῃ

Test. 1312 EG s. πεπτηῶτα ‖ 1323 EGᴮ EM s. ἄκαινα.

_____

     1303 φυσιόωντες Ω : -ντε S ‖ 1304 ὁμάδευν C et Hermann¹ : -δω
uel -δῳ LASᵃG -δων SᵃᶜE ‖ ἄμφεπε Merkel³ : ἀμφί τε Ω ‖
1305 βάλλον (Wellauer) Merkel : -λλεν Ω βάλλε θ' Ziegler
‖ 1306 βοὸς κέρας Ω : κ. β. E ‖ 1307 πελάσσῃ Ω : πέλασσεν E
‖ 1310 σφῆλε Ω ΣΩ : ἔσφαλε E ἔσφηλε D Σᴶ ‖ ἐπιόντα Lᵃ in
ras. AwE : ἐριπόντα LᵃᶜD ‖ 1311 s. post ἔνθα et βεβαώς dist.
S et Platt¹ ‖ 1312 βεβαώς Ω : μεμαῶς Test. ‖ 1313 διὰ Ω :
διὲκ Schneider² ‖ 1314 σθένος ἀνέρος Ω : ἀ. σθ. E ‖ 1315 post
1316 transp. G ‖ προ- om. E ‖ 1317 λόφοις E : -φους Ω (τοῖς
ἱμᾶσι subaudit ΣΩ ἱμᾶσι Σᴱᴶ(t) uel ἱμάντας Σˢ ut gl. uocis
λόφ(οις), perperam) ‖ 1319 ὑπὲκ Bigot : ὑπ' ἐκ E (cf. *ΣΩᴶᵖᵃʳ
ἀπὸ uel ὑπὸ) ὑπὲρ Ω ‖ 1320 ἔνθετο Ω : ἂν- Flor. ‖ 1323 ἐργατίνης Ω Σᴶ Test. : -νας E ‖ τε om. E.

1325 D'une main ferme, il dirigeait le mancheron bien soudé, forgé en acier[1].

D'abord les bêtes, dans leur fureur extrême[2], soufflaient sur lui avec violence leurs flammes ardentes[3] et leur haleine s'élevait en mugissant comme ces bourrasques d'ouragan que les marins craignent si fort qu'ils 1330 carguent leur large voile*. Mais bientôt, obéissant à la lance, ils allaient leur chemin. Derrière eux, la jachère rocailleuse se déchirait, fendue par la force des taureaux et la poigne du laboureur, tandis que, le long des sillons de la charrue, des mottes aussi grosses que la charge d'un homme se brisaient dans un terrible fracas*. Le 1335 héros suivait, son pied robuste appuyé sur le coutre* ; il lançait les dents, loin derrière lui, sur la glèbe à mesure qu'il la labourait, en se retournant souvent de peur d'être devancé par l'attaque des hommes nés de la terre, ces épis de mort. Et les taureaux poursuivaient leur tâche, toujours plus avant, en pesant sur le sol de leurs 1340 sabots de bronze[4]. A l'heure où il ne reste plus du jour finissant que le dernier tiers depuis l'aurore, où les travailleurs harassés souhaitent que vienne bien vite pour eux le doux moment de dételer les bœufs[5], alors l'infatigable laboureur avait achevé de labourer la jachère, bien qu'elle fût de quatre arpents[6], et il déta-

---

1. Voir la note à 3, 233 (p. 60, n. 3).

2. Voir la *N. C.* à 4, 555.

3. Cf. Z 182 ; Ap. Rh., 1, 1359. Ἐπιπνείω garde sa valeur habituelle : les taureaux retournent la tête pour *souffler* leur feu *sur* Jason.

4. Cf. 2, 662-667.

5. Comparer 1, 1172-1176. Sur la division tripartie du jour ou de la nuit habituelle depuis Homère, cf. W. Bühler, *Europa des Moschos* (1960), 49 s. ; M. Schmidt, *Die Erklärungen zum Weltbild Homers u. zur Kultur der Heroenzeit in den bT-Scholien zur Ilias* (1976), 198 s. ; sur l'emploi des temps, cf. Bühler, *op. cit.*, 210 s. — Pour ἄφαρ, cf. αἶψα dans un contexte analogue en 3, 819 s. ; καλέουσι implique que βουλυτός est plus ou moins personnifié : cf. G. Giangrande, *Sprachgebrauch ... des Ap. Rh.* (1973), 29 s., et comparer Ap. Rh., 3, 559 ; 4, 146, 843, 1703.

6. Cf. Callim., *Hymnes*, 3, 175 s. νειὸν τημοῦτος ... τετράγυον ... ἀροτῆρι.

οὐτάζων λαγόνας. Μάλα δ' ἔμπεδον εὖ ἀραρυῖαν
1325 τυκτὴν ἐξ ἀδάμαντος ἐπιθύνεσκεν ἐχέτλην.
  Οἱ δ' εἵως μὲν δὴ περιώσια θυμαίνεσκον,
λάβρον ἐπιπνείοντε πυρὸς σέλας · ὦρτο δ' ἀυτμὴ
ἠύτε βυκτάων ἀνέμων βρόμος, οὕς τε μάλιστα
δειδιότες μέγα λαῖφος ἁλίπλοοι ἐστείλαντο.
1330 Δηρὸν δ' οὐ μετέπειτα κελευόμενοι ὑπὸ δουρὶ
ἤισαν. Ὀκριόεσσα δ' ἐρείκετο νειὸς ὀπίσσω,
σχιζομένη ταύρων τε βίῃ κρατερῷ τ' ἀροτῆρι ·
δεινὸν δ' ἐσμαράγευν ἄμυδις κατὰ ὦλκας ἀρότρου
βώλακες ἀγνύμεναι ἀνδραχθέες. Εἵπετο δ' αὐτὸς
1335 λαῖον ἐπὶ στιβαρῷ πιέσας ποδί · τῆλε δ' ἑοῖο
βάλλεν ἀρηρομένην αἰεὶ κατὰ βῶλον ὀδόντας
ἐντροπαλιζόμενος, μή οἱ πάρος ἀντιάσειε
γηγενέων ἀνδρῶν ὀλοὸς στάχυς · οἱ δ' ἄρ' ἐπιπρὸ
χαλκείης χηλῆσιν ἐρειδόμενοι πονέοντο.
1340 Ἦμος δὲ τρίτατον λάχος ἤματος ἀνομένοιο
λείπεται ἐξ ἠοῦς, καλέουσι δὲ κεκμηῶτες
ἐργατίναι γλυκερόν σφιν ἄφαρ βουλυτὸν ἱκέσθαι,
τῆμος ἀρήροτο νειὸς ὑπ' ἀκαμάτῳ ἀροτῆρι,
τετράγυός περ ἐοῦσα · βοῶν δ' ἀπελύετ' ἄροτρα.

Τεστ. **1340-1342** (ἤματος ἀνέμοιο καλέουσι κτλ.) E G^B s. ἐργατῖναι.

1325 τυκτὴν Ω : τυτθὴν E ‖ ἐπιθύνεσκεν Ω : -θύεσκεν D ‖
1326 δ' εἵως μὲν δὴ Merkel : δήτοι [δ' ἤτοι A] εἵως [εἴ- G]
μὲν δὴ LAG δὴ τείως μὲν SE δὲ τέως μὲν δὴ Basil. δ' ἤτοι
τέως μὲν Fränkel³ ‖ **1327** ἐπιπνείοντε Ω : -ντες E ‖ **1328** βυκτάων Ω : ἀητάων A ‖ **1330** δηρὸν m : δηναιὸν w ‖ **1331** ὀκριόεσσα
w *ΣΩᴶg¹ : ὀκρυό- m Σᴬᴶᵉᵐ ‖ ἐρείκετο LS²GE Σᴶ *Σᴸ : ἐρύκ-
ASᵃᶜd ‖ νειὸς mS² : νηὸς w ‖ **1333-1343** om. D ‖ **1333** ἀρότρου Ω : -τρῳ Damsté ‖ **1335** λαῖον Wellauer : λαιὸν L (sic)
w λαῖον O βαθμὸν L²ᵞᴾAE λαιῷ (et mox στιβαρῶς) Samuelsson
‖ **1340** ἀνομένοιο Ω : ἀνέμοιο Τεστ. ‖ **1341** καλέουσι Ω Τεστ. :
χατέ- Naber ‖ **1344** δ' ZF : τ' Ω.

1345 chait les bœufs de la charrue. Il les effraya pour les mettre en fuite dans la plaine ; quant à lui, il regagna le navire, comme il voyait les sillons encore vides des guerriers nés de la terre, et ses compagnons, autour de lui, l'encourageaient de leurs paroles. Il puisa dans le cours du fleuve avec son casque l'eau dont il apaisa sa
1350 soif, plia ses genoux pour les assouplir et emplit son grand cœur de vaillance, aussi ardent qu'un sanglier qui aiguise ses défenses contre des chasseurs, en laissant couler à terre de sa gueule furieuse une écume abondante[1].

1355   Déjà, sur tout le champ, se levaient, tels des épis, les fils de la terre[2] : ce ne fut plus à la ronde qu'un hérissement de solides boucliers, de lances à deux pointes et de casques étincelants dans le domaine d'Arès le Tueur d'hommes ; une lueur fulgurante monta du sol vers l'Olympe à travers les airs*. Comme on voit, après une
1360 abondante chute de neige sur la terre, les vents dissiper soudain les nuées hivernales par une nuit obscure et tous les astres apparaître, dans leur multitude, scintillants à travers les ténèbres[3] ; de même brillaient ces guerriers à mesure qu'ils croissaient au-dessus du sol. Jason se rappela les instructions de Médée fertile en
1365 ruses[4]. Il saisit dans la plaine une grande pierre ronde, disque terrible d'Arès Ényalios : quatre hommes en pleine force n'auraient pu la soulever du sol, même d'un pouce[5] ; mais lui l'enleva sans peine et, de très

1. Pour le v. 1350[b], cf. X 312 μένεος δ' ἐμπλήσατο θυμόν (au sujet d'Achille) ; pour la comparaison, cf. P 281 σῦϊ εἴκελος, et surtout N 471-475 ; [Hés.], *Boucl.*, 386-391 ; pour ἀφρὸς ἀπὸ στόματος, cf. Callim., *Hymnes*, 5, 12 (cité par W. Bühler, *Europa des Moschos* [1960], 141 s.).
2. Cf. 3, 1054 ; 4, 271 (et la *N. C. ad loc.*).
3. Pour la comparaison, cf. Θ 555-559 ; M 278-286 ; T 357-361. Pour le v. 1362[a], cf. Hés., *Théog.*, 110 ἄστρα τε λαμπετόωντα. On se souviendra que la terre de la jachère est δνοφερή (v. 1055) comme les ténèbres de la nuit.
4. Cf. 3, 1057.
5. Cf. E 302-304 (= Υ 285-287) ; M 447-449. Ces passages, ainsi que Quint. Sm., 4, 446, justifient la correction de Fränkel ῥεῖα au v. 1368.

1345 Καὶ τοὺς μὲν πεδίον δὲ διεπτοίησε φέβεσθαι ·
αὐτὰρ ὁ ἂψ ἐπὶ νῆα πάλιν κίεν, ὄφρ' ἔτι κεινὰς
γηγενέων ἀνδρῶν ἴδεν αὔλακας · ἀμφὶ δ' ἑταῖροι
θάρσυνον μύθοισιν. Ὁ δ' ἐκ ποταμοῖο ῥοάων
αὐτῇ ἀφυσσάμενος κυνέῃ σβέσεν ὕδατι δίψαν ·
1350 γνάμψε δὲ γούνατ' ἐλαφρά, μέγαν δ' ἐμπλήσατο θυμὸν
ἀλκῆς μαιμώων, συῒ εἴκελος ὅς ῥά τ' ὀδόντας
θήγει θηρευτῆσιν ἐπ' ἀνδράσιν, ἀμφὶ δὲ πολλὸς
ἀφρὸς ἀπὸ στόματος χαμάδις ῥέε χωομένοιο.
    Οἱ δ' ἤδη κατὰ πᾶσαν ἀνασταχύεσκον ἄρουραν
1355 γηγενέες · φρῖξεν δὲ περὶ στιβαροῖς σακέεσσι
δούρασί τ' ἀμφιγύοις κορύθεσσί τε λαμπομένῃσιν
Ἄρηος τέμενος φθισιμβρότου · ἵκετο δ' αἴγλη
νειόθεν Οὔλυμπον δὲ δι' ἠέρος ἀστράπτουσα.
    Ὡς δ' ὁπότ', ἐς γαῖαν πολέος νιφετοῖο πεσόντος,
1360 αἶψ' ἀπὸ χειμερίας νεφέλας ἐκέδασσαν ἄελλαι
λυγαίῃ ὑπὸ νυκτί, τὰ δ' ἀθρόα πάντα φαάνθη
τείρεα λαμπετόωντα διὰ κνέφας · ὣς ἄρα τοί γε
λάμπον ἀναλδήσκοντες ὑπὲρ χθονός. Αὐτὰρ Ἰήσων
μνήσατο Μηδείης πολυκερδέος ἐννεσιάων.
1365 Λάζετο δ' ἐκ πεδίοιο μέγαν περιηγέα πέτρον,
δεινὸν Ἐνυαλίου σόλον Ἄρεος · οὔ κέ μιν ἄνδρες
αἰζηοὶ πίσυρες γαίης ἄπο τυτθὸν ἄειραν ·

Test. 1345 (διεπτοίησεν solum) EG EM s. πτωῶ ‖ 1358-1364
Π²⁸ ‖ 1363 (ἀναλδήσκοντες ὑπὸ [ἀπὸ EMᵛ] χθόνα [-νός EM]
EGᴮ EM s. ἀλδήσκω.

━━━━━━━

    1349 δίψαν Ω : -ψος E ‖ 1351 μαιμώων Lw : -μόων AE ‖
post hanc uocem dist. D, post ἀλκῆς G et edd. plerique ‖
1352 θηρευτῆσιν Ω : -τῆρσιν G ‖ 1355 φρῖξεν [φρύξ- Sᵃᶜ] w
Eᵃᶜ (?) D *Σˢᵍ¹ : φρίξαν LAE² in ras. Σᴶ *ΣΩ ‖ 1360 αἶψ'
Lᵃᶜ et West (cf. Solon. fr. 1, 18 Diehl³) : ἂψ Lᵃ in ras.
Aw ἄψ τ' E ‖ ἄελλαι Ω : ἀῆται LᵃᵞᴾEᵞᴾ ‖ 1361 πάντα φαάνθη Ω :
πάντ' ἐφ- Brunck ‖ 1363 ὑπὲρ χθονός Ω : ὑπὲκ χθ. Bigot ὑπὸ
χθόνα [-νός EM?] Test. ‖ 1367 ἄπο LAS : ἀπὸ GE ὑπὸ D.

loin, la jeta au milieu d'eux en prenant son élan ; puis
il se postait lui-même en cachette sous son bouclier,
1370 bravement*. Les Colques poussèrent de grands hurle-
ments, comme hurle la mer qui se brise en grondant
sur des rochers pointus ; mais muette fut la stupeur qui
saisit Aiétès quand il vit lancer l'énorme disque*. Et
les guerriers, tels des chiens rapides, se ruant autour de
la pierre, s'entre-tuaient en rugissant ; et ils tombaient
1375 sur la terre, leur mère, sous leurs propres lances, pareils
à des pins ou des chênes arrachés par des tornades de
vent*. Tel, du haut du ciel, un astre de feu bondit et
trace un sillon lumineux, prodige étonnant pour les
hommes, quand ils le voient traverser dans un éblouisse-
1380 ment l'air ténébreux* ; tel le fils d'Aison fondit alors sur
les fils de la terre, tenant son épée nue sortie du fourreau.
Il frappait, en les fauchant au hasard, ceux qui, encore
<à demi enfouis*> jusqu'au ventre et aux flancs, ne
se dressaient qu'à mi-corps dans l'air, ceux qui sortaient
de terre jusqu'aux genoux, ceux qui commençaient à se
1385 tenir debout et ceux qui, de leurs pieds, couraient déjà
au combat[1]. Quand une guerre s'élève entre peuples
voisins[2], le paysan, de peur que l'ennemi ne moissonne

---

1. Ὤμων a pour lui l'accord des manuscrits et de la tradition indirecte (mais Val. Fl., 1, 222 s. ; 7, 616-621, dépend plutôt
d'Ovide, *Mét.*, 3, 106-114). La rupture qu'il crée dans la gradation
marquée par les v. 1381-1385 pourrait être justifiée par μίγδην
(v. 1381). Nous adoptons néanmoins maintenant γούνων, malgré
la hardiesse de la correction. Aux arguments de H. Fränkel,
Noten, 451, nous ajoutons deux remarques. (1) Les premiers
guerriers semés ont dû germer les premiers ; ils sont aussi les
plus éloignés de Jason. Quand celui-ci lance sa pierre μάλα τηλόθεν
(v. 1368), ils sont déjà capables de se ruer sur elle (v. 1373 ἀμφιθορόντες). En revanche, quand Jason entre en action, il rencontre
d'abord les derniers-nés et ce n'est que progressivement qu'il
atteint ceux dont la croissance est plus avancée. (2) Quand les
artistes représentent des Géants au corps partiellement engagé
dans le sol, ceux-ci sont visibles à partir des genoux ou du milieu
des cuisses : cf. F. Vian, *Guerre des Géants* (1952), 186 ; id.,
Répertoire des Gigantomachies (1951), pl. X (n° 40, Brit. Mus. 1166),
XIII (n° 43), XLVII (n⁰ˢ 394 s.).

2. En face du terme rare ἀγχούροισιν, la variante de *m* ἀμφ'
οὔροισιν semble être une correction homérisante d'après M 421.

τόν ῥ᾽ ἀνὰ ῥεῖα λαβών, μάλα τηλόθεν ἔμβαλε μέσσοις
αἴξας · αὐτὸς δ᾽ ὑφ᾽ ἑὸν σάκος ἕζετο λάθρη
1370 θαρσαλέως. Κόλχοι δὲ μέγ᾽ ἴαχον, ὡς ὅτε πόντος
ἴαχεν ὀξείησιν ἐπιβρομέων σπιλάδεσσι ·
τὸν δ᾽ ἕλεν ἀμφασίη ῥιπῇ στιβαροῖο σόλοιο
Αἰήτην. Οἱ δ᾽ ὥς τε θοοὶ κύνες ἀμφιθορόντες
ἀλλήλους βρυχηδὸν ἐδήιον · οἱ δ᾽ ἐπὶ γαῖαν
1375 μητέρα πῖπτον ἑοῖς ὑπὸ δούρασιν, ἠύτε πεῦκαι
ἢ δρύες ἅς τ᾽ ἀνέμοιο κατάικες δονέουσιν.
Οἷος δ᾽ οὐρανόθεν πυρόεις ἀναπάλλεται ἀστὴρ
ὁλκὸν ὑπαυγάζων, τέρας ἀνδράσιν οἵ μιν ἴδωνται
μαρμαρυγῇ σκοτίοιο δι᾽ ἠέρος ἀίξαντα ·
1380 τοῖος ἄρ᾽ Αἴσονος υἱὸς ἐπέσσυτο γηγενέεσσι,
γυμνὸν δ᾽ ἐκ κολεοῖο φέρεν ξίφος. Οὗτα δὲ μίγδην
ἀμώων, πολέας μὲν ἔτ᾽ ἐς νηδὺν λαγόνας τε
⟨...⟩
ἡμίσεας δ᾽ ἀνέχοντας ἐς ἠέρα, τοὺς δὲ καὶ ἄχρις
γούνων τελλομένους, τοὺς δὲ νέον ἑστηῶτας,
1385 τοὺς δ᾽ ἤδη καὶ ποσσὶν ἐπειγομένους ἐς ἄρηα.
Ὡς δ᾽ ὁπότ᾽, ἀγχούροισιν ἐγειρομένου πολέμοιο,
δείσας γειομόρος μή οἱ προτάμωνται ἀρούρας,

Test. 1377 *EG* s. πυρόεις ; (πυρόεις — ἀστήρ) *EM* ibid.

1368 ῥεῖα Fränkel (cf. Quint. Sm. 4, 446) : χεῖρα Ω χειρὶ
Richards¹ ‖ 1370 θαρσαλέως Ω : -έος Fränkel ‖ 1372 σόλοιο
Ω : λίθοιο D ‖ 1373 οἱ δ᾽ ὥς τε Ω : ὡς δ᾽ ὅτε E ‖ 1374 οἱ δ᾽ Ω :
ἠδ᾽ Fränkel ‖ 1376 ἅς τ᾽ LᵖᶜASE : αἴ τ᾽ Lᵃᶜ ἕς τ᾽ G ‖ ἀνέμοιο
m : -μου *w* ‖ 1377 ἀναπάλλεται Ω Σᴸᴶ¹ᵉᵐ : ἀπολάμπεται Σᴸᴶʸᵖ
Test. ‖ 1378 ἴδωνται LASᵃG : ἴδονται SᵃᶜE ‖ 1381 οὗτα S :
οὔ- Ω ‖ 1382 ἔτ᾽ ἐς Lᵂ : ἕς τε AE ‖ post u. lac. stat. Fränkel
uide u. sq. ‖ 1383 δ᾽ Ω : del. Brunck ‖ 1384 γούνων Struve :
ὤμων Ω (cf. Val. Fl. 1, 223 ; 7, 619 ; Nonni *Dion.* 4, 430) ‖
τελλομένους L² in ras. AE Σᴶ *Σ Ω : στελλομένους LᵃᶜS -όμενα
G ‖ δὲ Ω : δ᾽ αὖ Z ‖ 1386 ἀγχούροισιν *w* *Σˢᵍ¹ : ἀμφ᾽ οὔρ- *m* ‖
1387 προτάμωνται SE : -αμῶνται LA -άμως᾽ G ‖ ἀρούρας Ω :
ἄρουραι Livreaᵃ.

son champ avant lui, prend en main sa faucille courbe
fraîchement aiguisée et se presse de couper les épis
1390 avant l'heure, sans attendre la saison où ils mûrissent
aux rayons du soleil : Jason mettait alors même hâte à
moissonner comme des épis les fils de la terre* et les
sillons s'emplissaient de leur sang comme les rigoles de
l'eau d'une fontaine. Ils tombaient, les uns en avant,
mordant à pleines dents l'âpre glèbe*, d'autres en
1395 arrière, d'autres sur la main* ou le flanc : à voir leur
stature, on eût dit des monstres marins*. Beaucoup
étaient frappés avant d'avoir arraché leurs pieds au sol
et seule la partie de leur corps parvenue à l'air libre
s'était affalée à terre sous le poids de leurs têtes flasques*.
C'est ainsi que des rejetons nouvellement plantés dans
1400 un verger, après une violente averse envoyée par Zeus,
s'inclinent sur la terre, brisés à la racine, eux qui avaient
coûté tant de peine aux paysans ; et il baisse maintenant
la tête, pénétré d'une mortelle douleur, le maître du
domaine qui les a cultivés[1] : de même alors le roi Aiétès
1405 sentit son cœur envahi de lourds chagrins. Il partait
pour s'en retourner à la ville, au milieu des Colques, en
méditant au moyen le plus prompt de s'opposer aux
héros. Le jour tomba : pour Jason, la tâche était
terminée[2].

---

1. Pour cette comparaison, cf. Θ 306 s. ; P 53-58 ; Hésiode,
fr. 204, 124-126 Merk.-West (ἀμύοντα χαμᾶζε ... ῥέεσκε δὲ
καρπὸς ἔραζε) ; Théocr., 7, 146 (καταβρίθοντες ἔραζε). L'image
prolonge celle de la moisson fauchée avant l'heure (v. 1386-1390) ;
mais elle s'applique maintenant à un verger ou à un vignoble.
2. Les v. 1405-1407 forment une antithèse saisissante avec le
tableau qui ouvre le dernier acte du chant III : v. 1223 s. ∽
1407 ; v. 1225-1245 ∽ 1405 s. ; on notera le parallélisme entre
les v. 1245 et 1405, particulièrement remarquable si l'on adopte
ἦεν dans le premier vers. Le procédé de la « composition circulaire »
prend valeur dramatique : Aiétès quitte la place avant même la
fin de l'épreuve.

ἅρπην εὐκαμπῆ νεοθηγέα χερσὶ μεμαρπὼς
ὠμὸν ἐπισπεύδων κείρει στάχυν, οὐδὲ βολῇσι
1390 μίμνει ἐς ὡραίην τερσήμεναι ἠελίοιο ·
ὣς τότε γηγενέων κεῖρεν στάχυν · αἵματι δ᾽ ὁλκοὶ
ἠύτε κρηναίαις ἀμάραι πλήθοντο ῥοῇσι.
Πῖπτον δ᾽, οἱ μὲν ὀδὰξ τετρηχότα βῶλον ὀδοῦσι
λαζόμενοι πρηνεῖς, οἱ δ᾽ ἔμπαλιν, οἱ δ᾽ ἐπ᾽ ἀγοστῷ
1395 καὶ πλευροῖς, κήτεσσι δομὴν ἀτάλαντοι ἰδέσθαι.
Πολλοὶ δ᾽, οὐτάμενοι πρὶν ὑπὸ χθονὸς ἴχνος ἀεῖραι,
ὅσσον ἄνω προύτυψαν ἐς ἠέρα, τόσσον ἔραζε
βριθόμενοι πλαδαροῖσι καρήασιν ἠρήρειντο.
Ἔρνεά που τοίως, Διὸς ἄσπετον ὀμβρήσαντος,
1400 φυταλιῇ νεόθρεπτα κατημύουσιν ἔραζε
κλασθέντα ῥίζηθεν, ἁλωήων πόνος ἀνδρῶν,
τὸν δὲ κατηφείη τε καὶ οὐλοὸν ἄλγος ἱκάνει
κλήρου σημαντῆρα φυτοτρόφον · ὣς τότ᾽ ἄνακτος
Αἰήταο βαρεῖαι ὑπὸ φρένας ἦλθον ἀνῖαι.
1405 Ἤιε δ᾽ ἐς πτολίεθρον ὑπότροπος ἄμμιγα Κόλχοις,
πορφύρων ᾗ κέ σφι θοώτερον ἀντιόῳτο.
Ἦμαρ ἔδυ, καὶ τῷ τετελεσμένος ἦεν ἄεθλος.

Test. 1398-1406 Π²⁸.

1390 μίμνει Ω ΣΩ : -μνη Σ^J ‖ ἐς Ω : ὡς Ε ‖ 1391 τότε Ω :
ὅγε Köchly² ‖ ὁλκοὶ AwE : ὡλκοὶ L ‖ 1392 κρηναίαις Fränkel :
-ναῖαι Ω -νάων JO ‖ 1393 τετρηχότα Ω : -ότε GD ‖ ὀδοῦσι Ω :
ἀρούρης Hermann¹ ‖ 1395 ἀτάλαντοι Ω : -τον Ε ‖ 1396 ὑπὸ
Ω : ἀπὸ RQC ὑπὲρ Fränkel ‖ 1397 προύτυψαν Ω Σ^J1em *Σ^LSg1
(cf. 1, 953) : προύκυ- Ι², Bigot Fränkel (cf. Nonni Dion. 4,
431, 433) ‖ 1399 τ]οίως Π²⁸ Ε : τοιῶς δὲ L τοι · ὡς δὲ Aw ‖
1400 φυταλιῇ Ω : -ίη S ‖ 1401 κλασθέντα Ω : κλινθ- Ε ‖ ἁλωή[ων
Π²⁸ Ω : ἁλ- L⁴Ε ‖ πόνος Ω : -ον S^ac ‖ 1402 κατη]φείη Π²⁸ Awd :
-φείη L -φίη Ε ‖ 1406 ᾗ Ε : ἢ LA εἴ wD.

NOTES COMPLÉMENTAIRES

Page 51.

16. Le texte des mss au v. 14 suppose une alternative entre la ruse et la persuasion ; mais il apparaît par la réponse d'Athéna qu'Héra envisage la ruse comme la seule issue possible. On préférera donc la variante donnée par Π¹⁹ qui supprime l'alternative. La correction d'ἄρ en ἄν n'est pas nécessaire : cf. ξ 122 s. (Campbell). Ἦτοι sert habituellement à introduire la corrélation μὲν — δὲ (ἀλλὰ) ; pour ἤτοι μέν, cf. 2, 147 ; 3, 523, 1221 ; 4, 508.

23. Cf. 1, 934 s. διάνδιχα ... πορφύροντα. Les deux déesses réfléchissent chacune de leur côté. H. Fränkel, *Noten*, 330, comprend « hésitant (entre deux partis) » d'après Ξ 16-22, π 73. L'interprétation ne serait possible que si Héra avait posé une alternative (mais voir ci-dessus la *N. C.* à 3,16) ; ἐπεδοίασα, qui pourrait être invoqué en faveur de ce sens, est précisé par πολέας.

26. Amour n'est plus le dieu primordial d'Hésiode (*Théog.*, 120), de Sappho (fr. 198 Lobel-Page = schol. Ap. Rh., 3, 26) et de plusieurs Présocratiques. Il est fils d'Aphrodite comme chez Ibycos (fr. 324 Page : A. et Héphaistos ; restitution conjecturale), Simonide (fr. 575 Page : A. et Arès) et peut-être Sappho (fr. 198 Lobel-Page, cité *supra*, d'après schol. Théocr., 13, 1-2 c : A. et Ouranos) ; cf. aussi Pind., *Encômia*, 3, 4 Puech μᾱτέρ' ἐρώτων ; Bacchyl., 8,73 Snell⁸. Chez Apollonios, il a Héphaistos pour père.

28. Alors qu'Homère emploie absolument la formule αἴ κε πίθηται, Apollonios la fait suivre d'un infinitif : cf. M. Campbell, *Class. Quart.*, 21, 1971, 403 ; nous avons rétabli la même construction en 2, 1128-1130. L'expression des v. 27 s. est répétée partiellement aux v. 86 (requête d'Héra à Aphrodite) et 143 (requête d'Aphrodite à Amour). Le poète rappelle ainsi discrètement et en gardant ses distances le procédé homérique de la répétition d'un message. Comparer 409-418 ∾ 495-500 ; 434 ∾ 509. En 1, 704-707, 713-716, au contraire, la répétition est presque littérale.

35. Athéna est inexperte en amour à la fois parce qu'elle est

vierge et parce qu'elle n'a pas de mère. — Sur θελκτήριον, cf.
G. Giangrande, *Sprachgebrauch ... des Ap. Rh.* (1973), 24 ; sur
χρειώ, cf. le commentaire d'E. Livrea à 4, 191 ; sur le sens
d'ἀντιάω, cf. H. Fränkel, *Noten*, 577, n. 263 ; et Livrea, à 4, 405.

38. Apollonios suit Homère. Héphaistos s'est bâti sa demeure
dans l'Olympe : cf. Σ 369-371 ; Aphrodite est fille de Zeus et de
Diôné et c'est à Zeus qu'Héphaistos a donné les cadeaux de
mariage traditionnels (θ 318).

40. Comme au palais d'Aiétès (3, 236 s.), les pièces de la
demeure d'Héphaistos donnent sur une cour entourée d'un
péristyle (αἴθουσα) ; cf. 1, 789, où le portique est appelé παστάς.

Page 52.

43. Pour l'expression, cf. θ 274 s., et surtout Σ 400 (où Zénodote
lisait δαίδαλα πάντα). Alors qu'Homère place la forge du dieu
dans l'Olympe (Σ 369-371), Apollonios la localise dans l'une des
îles Planctes : cf. 4, 761-764, et la *N. C. ad loc.*

44. Ἀνὰ θρόνον peut surprendre, mais semble garanti par la
métrique : cf. Campbell, *Rev. Phil.*, 47, 1973, 86 ; comparer
3, 685 ; [Orph.], *Arg.*, 958. — Sur le sens hom. de δινωτός, cf.
P. Chantraine-A. Dessenne, *Rev. Ét. Gr.*, 70, 1957, 301-307. Ici,
on peut comprendre « dont les pieds ont été faits au tour » (cf.
Γ 391) ; mais, le siège étant apparemment l'œuvre d'Héphaistos,
on croira plutôt qu'Apollonios a donné à l'adjectif le sens de
πεποικιλμένος (*sic* schol. D à Γ 391) : cf. 1, 788 κλισμῷ ἐνὶ
παμφανόωντι, et ε 86 σιγαλόεντι, auquel les Anciens donnaient
le même sens.

49. Cf. 1, 788-790 ; 4, 691 s., 719 s., 782. Apollonios se souvient
de la visite de Thétis chez Héphaistos et de sa réception par
Charis : 47 ∞ Σ 382 ; 48 ∞ Σ 388 ; 49 ∞ Σ 389 s. ; cf. aussi
ε 75-86.

50. Au v. 829, ἀνήψατο s'oppose à καταειμέναι (∞ v. 45
ἐπιειμένη). Ἀν(εδήσατο) signifie donc qu'Aphrodite *relève* ses
cheveux et non qu'elle les ramène en arrière, malgré D. A. Van
Krevelen, *Mnemos.*, sér. 4, 16, 1963, 186.

62. Le voyage dans l'Hadès est considéré comme une navigation ; c'est l'épreuve redoutable entre toutes : cf. 2, 642 s. ;
4, 1699. Ixion est particulièrement odieux à Héra puisqu'il a
tenté de lui faire violence. D'après la tradition ancienne, il fut
mis en croix après ce forfait sur une roue enflammée qui tournait
dans les airs : cf. Pind., *Pyth.*, 2, 21-48 ; Soph., *Phil.*, 677 s. ;
Eur., *Héraclès*, 1297 s. ; *Phén.*, 1183-1186. Apollonios est le
premier auteur qui situe explicitement son châtiment aux Enfers.

65. Héra précise les raisons de la haine qu'elle porte à Pélias :
cf. 1, 14, et la *N. C.* au v. 17. Le thème des dieux négligés dans un
sacrifice est fréquent : cf. Ι 534 ; Stésichore, fr. 223 Page ; Soph.,
Ajax, 175 s. ; Eur., *Hipp.*, 145-147. — Pour ἐγγελάσῃ, cf. Eur.,
Médée, 1362 ἣν σὺ μὴ 'γγελᾷς ; la crainte de la dérision tiendra

une place importante dans le comportement de Médée : cf. 3, 791-797 (et 656-664).

66. Cf. t. 1, p. 51, n. 1. Φίλατο a une valeur passive : cf. G. Kaibel, *Epigr. gr.*, 247,4 Μούσαις δ' οὐ μέγα φειλάμενος ; 269, 4 ; 580, 2 Μούσαις ἔξοχα φιλαμένῳ.

Page 53.

71. Cf. Hés., *Théog.*, 367 ποταμοὶ καναχηδὰ ῥέοντες ; Callim., *Hymnes*, 4, 45. La description de ce spectacle hivernal s'inspire de comparaisons homériques : K 7 ; M 278-283 (neige) ; — Δ 452 ss. ; E 87 ss. ; Λ 492 ss. ; Π 389 (fleuves en crue). Κατ' αὐτῶν (cf. Υ 470) transpose l'hom. κατ' ὄρεσφιν employé deux fois dans ces comparaisons (Δ 452 ; Λ 493).

73. L'épreuve de l'Anauros est sans doute antérieure à la traversée du torrent au cours de laquelle Jason perd sa sandale : cf. 1, 8-11, et la *N. C.* au v. 17 (t. 1, p. 239). Sur le thème des dieux qui prennent une forme humaine pour éprouver les mortels, cf. ρ 485-487 ; *H. hom. Dém.*, 105-230 ; Nic., fr. 116 Schneider (histoire de Makelô connue aussi de Pindare, Bacchylide et Callimaque, entre autres : cf. la note de Pfeiffer à Callim., fr. 75, 64-69) ; Ovide, *Mét.*, 8, 611-724 (Philémon et Baucis). Sur le thème du passeur qui survit dans la légende de saint Christophe, cf. J. Hubaux, *Mélanges O. Navarre* (1935), 249 ; I. Lévy, *Mélanges F. Cumont* (1936), 2, 834.

Page 54.

93. Ὑμείων ... ἐν ὄμμασιν a été souvent interprété « en votre présence » ; pour ce sens, cf., par ex., Callim., *Épigr.*, 14,2 ; Ap. Rh., 1, 814 ; 3, 1115 ; 4, 855. Mais l'ordre des mots invite à construire ὑμείων avec αἰδώς *(sic* Castiglioni[2] ; H. Fränkel, *Noten*, 334 ; M. Campbell, *per litt.)* ; les yeux sont en effet le siège des sentiments : cf. 3, 1068 et la note de M. M. Gillies au v. 93. Si l'on admet ce sens, on peut corriger ἐν en ἐπ' (Castiglioni, Campbell) et lire ἔσσετ' (Fränkel). Mais les parallèles n'imposent pas ces corrections : pour ἐν, cf. Callim., *Hymnes*, 6, 102 ἐν ὀφθαλμοῖσι κάθηται ; pour εἰμί, cf. Théocr., 18, 37 ἐπ' ὄμμασιν ἵμεροι ἐντί (Quint. Sm., 14, 39 s. οἱ αἰδὼς | ὄμμασι ... ἐφίζανε s'inspire de Κ 91). Les deux prépositions sont interchangeables : cf. Ed. Fraenkel, comm. à Esch., *Agam.*, 1428 (t. 3, p. 672) ; et l'existence d'un futur ἔσσομαι demeure hypothétique.

Page 55.

117. Ganymède, fils de Trôs ou de Laomédon, fut enlevé par les dieux (Υ 234) ou par Zeus (E 266 ; *H. hom. Aphr.*, 202-206) pour devenir l'échanson des Olympiens. La tradition selon laquelle Zeus s'était épris du jeune garçon n'est pas homérique ;

elle remonte peut-être à la *Petite Iliade* (cf. A. Severyns, *Cycle épique*, 342-347), puis devient courante : Théognis, 1345 ; Pind., *Ol.*, 1, 43-45 ; 10, 104 s. ; Soph., *Colchidiennes*, fr. 345 Pearson [= Radt], etc. Le v. 117 est l'unique allusion, fort discrète, qu'Apollonios fait à l'amour pédérastique. Ibycos avait chanté le rapt de Ganymède et, selon le scholiaste, notre scène s'en inspire soit aux v. 115-117 soit aux v. 158 ss. : voir la note à 3, 160 (p. 56, n. 5).

118. Ὁμήθεες : cf. 2, 917, et Callim., fr. 178, 5 Pfeiffer. — Cf. Ψ 88 ἀμφ' ἀστραγάλοισι χολωθείς ; Sappho, fr. 192 Lobel-Page χρυσαστράγαλοι φίαλαι ; sur les sens d'ἐψιάω, cf. G. Caggìa, *Riv. di Filol. e Istr. Class.*, 100, 1972, 23-28.

120. Cf. Alcman, fr. 58, 1 Page μάργος δ' Ἔρως οἷα <παῖς> παίσδει (passage illustré au moyen de l'iconographie par G. Hafner, *Mus. Helv.*, 8, 1951, 137-143). Μάργος signifie chez Apollonios « impudique », « lascif » : cf. 3, 797 ; 4, 375, 1019 ; μ. Ἔρως se retrouve chez Nonnos, *Dion.*, 10, 337 ; 33, 180 ; 48, 277. — On pourrait garder ἀγοστῷ si l'on corrigeait πάμπαν en κόλπον, comme le suggère Hemsterhuis (éd. de Lucien, t. 1 [1743], 211), d'après Philostr. le J., 8 πλήρη τῆς νίκης τὸν κόλπον ἀνασείων. Ἀγοστός est partout ailleurs au datif chez Apollonios comme chez Homère ; mais Brunck objecte avec raison que les deux adolescents doivent être nus.

122. Si le texte est correct, χροιῆς ἔρευθος peut avoir été formé d'après χροιῆς ἄνθος (Solon, 27, 6 ; Esch., *Prom.*, 23) ; cf. aussi Platon, *Banquet*, 196 a χρόας κάλλος, « beauté de son teint ».

123. Αὔτως : « en vain », plutôt que « comme il l'avait fait » ; cf. Philostr. le J., *Imag.*, 8 ὁ δὲ δυεῖν ἀστραγάλοιν ἔτι τὸν μὲν καὶ αὐτὸν ἀπολωλεκώς, τὸν δ' ἐφ' ὁμοίᾳ προπέμπων ἐλπίδι.

124. Sur le jeu des osselets, amusement favori des jeunes gens et jeunes filles, cf. l'étude très complète de R. Hampe, *Stele aus Pharsalos* (107. Winckelmannsprogr., Berlin, 1951). On pouvait lancer en l'air cinq osselets à la fois qu'on devait recevoir sur le dos de la main (πεντέλιθα) : cf. Pollux, 9, 126 ; Hampe, *o.c.*, 17, fig. 8 et 11 (Amour vêtu et assis s'exerçant à ce jeu). Dans le πλειστοβολίνδα, les osselets étaient lancés successivement et l'on observait sur quelle face ils retombaient ; le vainqueur gagnait l'osselet de son adversaire ; le meilleur coup se nommait « Aphrodite » : cf. Hampe, *o.c.*, 18 s., 21. C'est le jeu auquel se livrent Amour et Ganymède. Les osselets sont souvent mis en relation avec Aphrodite et Amour ; Anacréon, fr. 398 Page (= 111 Gentili) disait que les astragales d'Amour sont « les folies et les rixes » (texte commenté par Hampe, *l.c.*) ; cf. encore *Anth. Pal.*, 12, 46 (Asclépiade), 47 (Méléagre), et en général Hampe, *o.c.*, 20-22 ; A. Greifenhagen, *Griech. Eroten* (1957), 78. Polyclète avait sculpté un groupe fameux d'*Astragalizontes* dont on sait peu de choses : cf. Ch. Picard, *Man. sculpt. gr.*, 2, 1, 206 s. Apollonios semble s'inspirer d'un autre groupe, connu par les gemmes, qui figurait soit deux Amours ailés soit Amour et Ganymède (sans ailes) : le vainqueur, caractérisé par une bande-

lette, est debout, serrant dans sa main gauche ses osselets contre sa poitrine (cf. v. 119) ; son adversaire, accroupi, est en train de jouer (cf. v. 122-124) : voir B. Neutsch, dans R. Herbig, *Ganymed* (1949), 18 ss., et Hampe, *o.c.*, 28. Le souvenir de la scène décrite par Apollonios se retrouve chez Lucien, *Dial. Dieux*, 4, 3, et surtout chez Philostr. le J., *Imag.*, 8, qui paraphrase notre texte.

134. Selon Callim., *Hymnes*, 1, 47, Adrasteia est l'une des nourrices de Zeus comme les Nymphes Méliennes compagnes des Corybantes ; c'est elle qui a placé le jeune dieu dans un « van en or ». Les commentateurs (cf. Pfeiffer *ad loc.*) la considèrent comme une sœur des Courètes ou comme la fille de Mélisseus fils de Crès et la sœur de Kynosoura. Apollonios s'inspire sans doute de cette tradition crétoise comme en 1, 508 s. (sur la confusion entre l'Ida et le Dicté, cf. t. 1, p. 253, *N. C.* à 1, 511). Mais le scholiaste, s'autorisant de Démétrios de Scepsis, a raison de noter que l'Ida troyen revendiquait aussi l'honneur d'avoir abrité la naissance de Zeus ; Adrasteia y était également connue : cf. 1, 1116 (plaine Népéienne d'Adrasteia) et la *N. C.* (t. 1, p. 264). La déesse d'autre part préside au destin (cf. par ex. Platon, *Phèdre*, 248 c) et l'on peut penser que la balle offerte à Zeus symbolise l'univers : cf. K. Sittl, *Der Adler u. die Weltkugel als Attribut d. Zeus* (1884), 45 ss. ; A. B. Cook, *Zeus*, 1, 41-56. — Pour le v. 134, cf. 1, 195, et Callim., *Hymnes*, 3, 5, παῖς ἔτι κουρίζουσα.

Page 56.

140. La description a donné lieu à des interprétations diverses : cf. M. M. Gillies, *Class. Rev.*, 38, 1924, 50 s. ; H. Herter, *Jahresber. ü. die Fortschr. der klass. Alt.-wiss.*, 285, 1944/1955, 371. A quelques détails près, nous nous en tenons à celle que nous avons proposée précédemment (éd. Érasme, p. 40 s.), qui rejoint celle de de La Ville de Mirmont. (1) La balle n'est pas recouverte d'un placage d'or (Gillies) ; elle est constituée d'anneaux d'or forgés (τετεύχαται) : la comparaison avec les œuvres d'Héphaistos (v. 136) le confirme, car le dieu ne travaille que le métal. (2) La réussite technique réside dans le fait que les ῥαφαί (soudures ou coutures) sont parfaitement cachées ; Philostr. le J., 8, paraphrase : « La balle est en or ; mais sa ῥαφή est telle qu'on la suppose plus qu'on ne la voit parce qu'elle enroule sur elle-même des ἕλικες de smalt ». Cf. aussi *Anth. Pal.*, 14, 62 : « Je suis bourrée de crins ; mais les feuilles (= l'enveloppe en cuir ?) cachent mes crins et l'on ne voit nulle part le trou (qui a servi au bourrage) ». (3) Ἀψίς désigne étymologiquement ce qui sert à assembler ou à nouer : nœuds d'un filet (E 487), jante d'une roue (Hésiode, *Trav.*, 424). Les ἀψῖδες assurent donc la cohésion des κύκλα (le scholiaste glose συναφαί). On imaginerait volontiers deux « méridiens » enserrant l'ensemble des zones et se croisant aux deux pôles ; mais ἀμφὶ δ' ἑκάστῳ suggère plutôt qu'il s'agit de bagues

13

d'assemblage réunissant les zones entre elles ou encore d'un fil métallique qui les « coud » les unes aux autres. (4) Dès lors les ἕλικες ne sont pas à proprement parler des spirales, mais une décoration en méandres qui serpente sur les sutures ou les rivets : comparer celle qui orne le κισσύβιον de Théocrite (1, 31, et l'illustration donnée par Gow dans son commentaire, p. 8).

150. La présence de trois participes subordonnés par juxtaposition ne fait pas difficulté du point de vue de la grammaire. Les corrections proposées (ἀντόμενον Fränkel, ποτισχομένου Wifstrand) introduisent des rappels pléonastiques des v. 147 et 148. En fait Apollonios rapporte un dialogue en raccourci (cas analogue en 2, 1271-1283 : cf. *Rev. Ét. Anc.*, 75, 1973, 101 s.). Amour ne pense qu'à la balle qu'il veut tout de suite. Aphrodite, qui se méfie de lui, doit mettre en œuvre toute sa force de persuasion : douces prières (où la déesse rapportait peut-être les sollicitations dont elle avait été l'objet), caresses et cajoleries (κύσσε ποτισχομένη rappelle l'hom. κύσεν περιφύς en π 21, ω 320), sourires et, pour finir, serment (ce dernier préparé par ποτισχομένη : cf. H. Fränkel, *Deutsche Lit.-zeit.*, 1930, 873). Seule cette dernière partie du dialogue est au style direct.

Page 57.

162. La conjecture πόλον suppose un allongement métrique (autres exemples cités dans l'éd. Mooney, p. 424), mais paraît la plus vraisemblable : le ciel (πόλος) est supporté par des piliers (α 54). Aristote, *Météor.*, 1, 13, 350 *a* 18-53, énumère les hautes montagnes situées aux confins du monde : à l'est se trouvent le Caucase et le Parnasse (?, sans doute l'Himalaya), placés l'un à l'orient d'été, l'autre à l'orient d'hiver ; Apollonios songe peut-être à ces deux supports orientaux du ciel. Si l'on garde le texte des mss en donnant une valeur intransitive à ἀνέχουσι, les πόλοι désigneraient les deux pôles de l'univers (cf. [Aristote], *De mundo*, 2, 5 ; Arat., 21-26) ; mais ceux-ci ne sont pas des montagnes et ils n'ont pas de rapport avec le soleil levant.

163. Vers analogue en 4, 126. Ἐρεύθομαι qualifie la lumière de divers corps célestes dans certaines conditions (aurore, crépuscule, approche du vent, etc.) : cf. Arat., 797, 803, 834 ; Ap. Rh., 1, 778, et nos remarques t. 1, p. 84, n. 1.

166. Bien qu'Amour arrive par l'est en Colchide, c'est la terre entière qu'il découvre du haut de l'éther « à vol d'oiseau ». La curiosité ἀν' αἰθέρι, attestée par les trois familles de mss, mérite d'être gardée : cf. F. Vian, *Rev. Phil.*, 36, 1962, 37. L'emploi de l'adverbe πολλόν, « bien loin », avec un verbe de mouvement a des parallèles chez Homère et Apollonios (cf. 1, 316 ; 2, 552 ; 4, 31).

170. L'hiatus est attesté après le premier pied (3, 1317, 1346 ; 4, 127, 376) et légitimé par la présence de ἦ (cf. 2, 559). L'*hapax* ἠρέμας, donné seulement par L, paraît être une correction plutôt qu'une survivance.

171. Le discours de Jason correspond à celui d'Héra aux v. 11-16. Le héros propose d'user de *persuasion*, de diplomatie avant de recourir à l'*affrontement* ou à la *ruse* (noter l'opposition ἔντεσι-ἐπέεσσι aux v. 176, 179). Héra optait d'emblée pour la *ruse* parce qu'elle est convaincue que la *persuasion* sera inefficace (cf. la *N. C.* au v. 16).

175. Pour ἀπερύκων, cf. p. 64, n. 2. Les v. 171-175 rappellent 1, 336 s. (cf. t. 1, p. 65, n. 3), 664-666 ; cf. aussi 4, 1333-1336.

179. Cf. B 73 et F. Vian, *Rev. Phil.*, 36, 1962, 37. L'expression sera reprise au v. 185, de même que μετιόντας (v. 187) fait écho au v. 181.

181. Si Jason entend rechercher d'abord un accord amiable (φιλότητι), il ne se fait guère d'illusions sur Aiétès, comme le marque le futur ἀτίσσει après l'optatif κ' ἐθέλοι. Argos l'avait d'ailleurs dûment averti en 2, 1202 s.

185. Cf. ω 240, et M. Campbell, *Studi Ardizzoni* (1978), 124.

Page 58.

198. Augias, qui demeurera un personnage muet, désirait connaître Aiétès, fils du Soleil comme lui (1, 175). Télamon joue un rôle assez important au ch. III, peut-être en souvenir du pacte de réconciliation conclu avec Jason en 1, 1342 s. (cf. t. 1, p. 113, n. 5). Jason prend lui-même pour la circonstance le sceptre de héraut qui appartenait à Aithalidès (1, 54, 640-649) ; celui-ci retrouvera sa fonction en 3, 1175.

201. La plaine de Circé (cf. 2, 400) est connue de Timée, 566 F 84 Jacoby ; Pline, *Hist. nat.*, 6, 13 ; Val. Fl., 1, 5 ; Denys le Pér., 692 (et Eustathe, *ad loc.*) ; Avienus, 877 ; Priscien, 674. — Le terme de πρόμαλος est rare et la nature de cet arbre est incertaine : peut-être une espèce de saule (cf. A. Gow-D. Page, *Hell. Epigr.*, 2, 421, v. 2706) plutôt qu'un chêne sauvage *(Etym. Gen., s.v.)*. En tout cas, Apollonios se souvient d'Homère au v. 201 : les arbres qu'il nomme conviennent à un endroit humide (cf. Φ 350, et Ap. Rh., 4, 1427 s.) et à un champ funéraire (cf. χ 510). Les arbres sont plantés à la file (ἑξείης) : ils constituent une « allée des tombeaux ». — Sur le problème de texte posé par l'omission de τε dans la tradition indirecte, cf. M. Campbell, *Rev. Phil.*, 47, 1973, 87.

Page 59.

209. D'après les scholies, ce développement ethnographique est emprunté aux Νόμιμα βαρβαρικά de Nymphodoros, fr. 17 Müller *(Fragm. Hist. Graec.*, 2, 380) ; cf. Nicolas de Damas, fr. 124 Müller *(ibid.*, 3, 461) ; Sil. Ital., 13, 486 (coutume attribuée aux Scythes) ; Élien, *Var. Hist.*, 4, 1. Ces coutumes ont longtemps survécu dans le Caucase. Cf. M. Brosset, *Descr. géogr. de la Géorgie par le Tsarévitch Wakhoucht* (1842), 409 : les habitants de

l'Aphkhazeth (au N.-O. de la Colchide), « au lieu d'enterrer leurs morts, les revêtent de leurs habits et de leurs armes, les enferment dans des boîtes et les exposent sur les arbres. » Usages analogues chez les Ossètes : les hommes, identifiés au taureau, animal procréateur et solaire, sont enveloppés après leur mort dans des peaux de buffle et exposés sur des arbres ; les femmes, au contraire, sont ensevelies en raison de leurs affinités avec la Terre Mère : cf. M. Marconi, *Rend. Ist. Lomb.*, 76, 1942/43, 309-320, qui rapproche des traditions crétoises ainsi que des rites de l'Inde, de l'Iran et de l'Asie des steppes. Le même clivage se retrouve dans les repas funéraires en Géorgie : les hommes festoient sur les terrasses des maisons ; les femmes, à même le sol : cf. G. Charachidzé, *Système religieux de la Géorgie païenne* (1968), 398 s.

214. Apollonios se souvient de l'entrée d'Ulysse dans la ville des Phéaciens : v. 210-212 ∽ η 14-17, 40-42, 139-140 ; v. 213 s. ∽ η 143 (et η 46). Mais, dans le détail, il se sépare de son modèle : Ulysse admire le spectacle qui s'offre à lui (η 43-45), alors que la plaine de Circé donne lieu à une digression dont les héros sont absents ; la nuée homérique dérobe Ulysse aux regards, celle qu'envoie Héra recouvre la ville (c'est d'ailleurs ainsi que Zénodote interprétait le texte homérique, car il lisait σφισιν au lieu de ῥά οἱ en η 41). On a inutilement torturé ou corrigé les v. 210 s. : état de la question par M. Campbell, *Hermes*, 102, 1974, 42-44. E. Livrea *(per litt.)* observe justement que δι' ἄστεος n'est pas contredit par le v. 213 : seule la ville est recouverte d'une nuée parce que tous les Colques, malgré leur nombre, sont supposés y être rassemblés ; la plaine est déserte. — Pour l'expression, on peut rapprocher 2, 1083 s. et 4, 647 s. (∽ v. 210 s.) ; 2, 1204 s. (∽ v. 212).

217. Cf. η 81 ss. (Ulysse arrêté devant le palais d'Alkinoos) ; pour le v. 215, cf. η 83 ἱσταμένῳ (et ω 392 ἔσταν ... τεθηπότες). Sur ce passage, cf. l'étude séduisante, mais pas toujours convaincante de G. Roux, *Rev. Phil.*, 37, 1963, 84-87. A notre avis, les Argonautes ne s'arrêtent pas « sous le porche », mais sur l'esplanade (προμολαί), puisqu'ils ne franchiront le seuil que plus tard, comme Ulysse (v. 219 ; cf. η 83, 135) : sur le sens de προμολαί, cf. *Rev. Phil.*, 43, 1969, 138 s. ; *Rev. Ét. Anc.*, 72, 1970, 83, n. 3 (ajouter aux références Aristoph., *Gren.*, 1333). Les héros voient donc l'enceinte extérieure, ἕρκεα (et non « la cour »), la grand-porte (πύλαι) par laquelle ils vont passer, puis une colonnade. Celle-ci pourrait appartenir aux πύλαι, conçues à la façon de propylées (cf. éd. Érasme, *ad loc.*). G. Roux pense, après A. Platt, qu'il s'agit plutôt du péristyle intérieur que les Argonautes entrevoient par la porte, de même qu'Ulysse découvre avant d'entrer l'intérieur du palais. Le parallèle homérique est favorable à cette interprétation. Mais une objection demeure : les v. 235-237 semblent supposer un seul portique (αἴθουσα) au fond de la cour, ce qui exclurait l'hypothèse d'un péristyle.

218. Cf. η 86 s. χάλκεοι ... τοῖχοι, θριγκὸς κυάνοιο. Sur le sens de θριγκός (pour cette orthographe, cf. Diosc., 4, 85), cf. J. Jannoray, *Bull. Corr. Hell.*, 64-65, 1940/41, 38 s. ; 68-69, 1944/45, 75 s., 89 (n. 2) ; J. Bousquet, *Trésor de Cyrène* (Fouilles de Delphes, II), 55 (et n. 2). Ἐπὶ ... ἀρήρει suggère que les γλυφίδες, « ciselures », sont des chapiteaux (scholies) plutôt que des reliefs (Wifstrand) ou des triglyphes (Seaton, Wilamowitz). Il peut s'agir de chapiteaux corinthiens sculptés soit entièrement en métal soit rehaussés d'ornements métalliques : cf. G. Roux, *l. c.*, 86 s.

219. Cf. η 135. Εὔκηλοι : « tranquillement », « sans être arrêtés (par un gardien) » (cf. 1, 568), plutôt que « recouvrant leur sang-froid » (G. Roux).

221. Apollonios se souvient maintenant du domaine de Calypsô avec sa vigne formant tonnelle et ses quatre fontaines (ε 68-73) ; cf. aussi les deux fontaines du Scamandre qui donnent l'une de l'eau chaude et fumante, l'autre une eau glacée même en été (X 148-152). Pour le v. 220, cf. Théocr., 7, 9 χλωροῖσιν πετάλοισι κατηρεφέες et ci-dessous le v. 928.

Page 60.

234. Τίνων χάριν vise les trois dons d'Héphaistos. — Hélios sur son char assiste parfois ou participe au combat contre les Géants. Cf. F. Vian, *Guerre des Géants*, 144, 192 (n. 9) ; pour l'époque hellénistique, cf. id., *Répert. des Gig.*, nᵒˢ 36, 38, 40, 44. Héphaistos prend part aussi à la Gigantomachie ; il se trouve près du char d'Hélios sur les métopes du Parthénon ; mais la mésaventure qu'Apollonios lui attribue n'est pas attestée ailleurs.

235. Apollonios donne à l'hom. μέσσαυλος (« cour intérieure d'une bergerie ») le sens de l'attique μέταυλος (μέσσαυλος), « porte arrière de la cour ». C'est ici la porte d'accès au *megaron*, faite en métal forgé (ἐλήλατο) par opposition aux δικλίδες qui sont en bois (εὐπηγεῖς).

237. L'αἴθουσα est ornée de sculptures ou de peintures ; le scholiaste glose στοὰ ποικίλη. Cf. en outre les *N. C.* aux v. 40 et 217.

239. Des édifices réels présentent parfois les mêmes ailes dissymétriques : cf. par ex., le palais de Larissa au ivᵉ s. (A. Lawrence, *Greek Archit.*, 245, fig. 138) et, en général, R. Martin *L'urbanisme dans la Grèce ant.* (1956), 227.

241. Aux v. 239 et 241, ἄλλον est préférable, car Apollonios construit régulièrement ναίω et ναιετάω avec l'accusatif (communication de M. Campbell et de F. Piñero).

246. Selon Hésiode (*Théog.*, 352, 958), l'Océanide Idyia était l'épouse d'Aiétès et la mère de Médée ; cf. aussi Soph., *Femmes Scythes*, fr. 546 Pearson [= Radt]; Lycophron, 1024. Selon Denys de Milet (32 F 1 *b* Jacoby), Circé et Médée étaient deux filles d'Aiétès et d'Hécate. — Apsyrtos passe habituellement pour

plus jeune que Médée ; sa mère se nomme **Eurylyté** dans les *Naupactica* (fr. 4 et 7 Kinkel) ; selon Sophocle, c'est une Néréide *(l. c.)* appelée **Néaira** (fr. 344 P. [= R.]). Il porte souvent un second nom : celui de Phaéthon (3, 245, 1236) se retrouvait dans les *Scythica* de Timonax (842 F 3 Jacoby). Les analogies sont évidentes entre ce Phaéthon qui est l'aurige d'Aiétès (v. 1235 s.) et le fils homonyme d'Hélios qui périt en conduisant le char de son père.

248. Τοὺς δέ désigne sans doute les θάλαμοι situés au fond de la cour sous le portique de part et d'autre du *megaron* (cf. 236). Toutes ces salles sont précédées d'un vestibule (πρόδομος) : pour le *megaron*, cf. 278, 280, 285 ; pour l'appartement de Médée, cf. 645, 647 s., 838 s.

Page 61.

264. Texte mal établi : cf. en dernier lieu M. W. Haslam, *Illinois Class. Stud.*, 3, 1978, 58 s. Le papyrus suggère ἔνεσθε ; mais πόθον ἔ. est insolite et les parallèles allégués par A. Zumbo (*Helikon*, 15/16, 1975/76, 476-478) sont purement formels ; ἔλεσθε serait meilleur (cf. 2, 858 ; 3, 527 *codd.*, 692 ; 4, 841 ; Quint. Sm., 6, 633 ; 9, 67). Un étrange ἔεσθε (G. Giangrande, *Sprachgebrauch... des Ap. Rh.*, 1973, 21 s.) n'a aucune vraisemblance. Ἔθεσθε, conjecturé à partir du texte des mss, est de loin préférable du point de vue de la paléographie (– HICINΕΘΕϹΘΕ > –HICINΕϹϹΘΕ) et du sens (cf. Liddell-Scott-Jones, *s.v.* A II 6). — Ἄτης | λευγαλέης, discuté par A. Platt, *Journ. Phil.*, 33, 1914, 29, et Haslam, *l. c.*, 58, n. 28, est garanti par 1, 1256 ; 2, 438.

Page 62.

274. La « scène typique » du repas d'hospitalité (cf. W. Arend, *Typ. Scenen bei Homer*, 1933, 68-76) s'achèvera après l'intervention d'Amour aux v. 299-303. Elle est présentée très brièvement sans que soient mentionnés les ordres d'Aiétès. On peut rapprocher ξ 418-426 (abattage d'un porc et taille des bûches) et Ξ 6 (préparation du bain). — Pour le v. 273, cf. Callim., fr. 43, 48 Pf. ζείον]τα λοετ[ρά.

276. Τετρηχώς, parfait de ταράσσω, a été influencé pour le sens par τρηχύς : voir le commentaire d'E. Livrea à 4, 447 (où τετρήχασι se dit des souffrances causées par Amour) ; cf. 1, 613 τρηχὺν ἔρον ; [Opp.], *Cyn.*, 2, 187 τρηχὺς ... ἔρως.

277. Cf. Callim., fr. 301 Pf. βουσόον ὅν τε μύωπα βοῶν καλέουσιν ἀμορβοί (et Esch., *Suppl.*, 307 s.). La comparaison d'Amour avec un taon se retrouve dans les *Anacreont.*, 31, 28 Bergk ; cf. aussi Simonide, fr. 541, 10 Page με]γασθενὴς οἶστρος Ἀφροδίτ[ας ; Théocr., *Syrinx*, 14 ; *Anth. Pal.*, 7, 51, 2. — Pour τέλλεται, cf. Théognis, 1275 ὡραῖος καὶ Ἔρως ἐπιτέλλεται.

279. Amour archer apparaît chez Eur., *Hipp.*, 530 ss. ; cf.
F. Lasserre, *Figure d'Éros* (1946), 88-92, 155 ss. — Le montant
de la porte intervient souvent dans la littérature érotique :
cf. Callim., *Épigr.*, 42, 6 Pf. ; Théocr., 2, 59 ; 23, 18. Amour
s'arrête dans le vestibule (sur le πρόδομος, cf. la *N. C.* à 3, 248),
au pied du montant, pour bander son arc à l'abri des regards
(bien qu'il soit invisible !). Ce scénario s'inspire de Δ 113-115.
Tout le passage rappelle d'ailleurs l'épisode de Pandaros : v. 278
∾ Δ 112 τανυσσάμενος ; v. 279 ∾ Δ 116 s. ἐκ δ' ἕλετ' ἰὸν |
ἀβλῆτα..., μελαινέων ἕρμ' ὀδυνάων (et Ο 451) ; v. 282 ∾ Δ 118
ἐπὶ νευρῇ κατεκόσμεε ... ὀιστόν, 122 γλυφίδας ; v. 283 ∾ Δ
122 s. ; cf. aussi Ap. Rh., 2, 1036, 1043 s. Le tableau peint par
Apollonios évoque une fresque de Pompéi où l'on voit Hélène
recevoir Pâris dans son palais, cependant qu'un Amour ailé
se tient sur le seuil : P. Herrmann, *Denkm. d. Malerei*, 1 (1906),
pl. 71.

281. Il est inexact de traduire ici δενδίλλων par περιβλέπων,
comme on le fait d'ordinaire à la suite des scholies d'Homère
et d'Apollonios : Amour est invisible ; il n'a donc rien à craindre
et il sait sûrement où il va et qui il veut atteindre.

282. Apollonios se souvient d'Archil., fr. 245 Lasserre : τοῖος
γὰρ φιλότητος ἔρως ὑπὸ καρδίην ἐλυσθείς (cf. 281, 296 s.)
| πολλὴν κατ' ἀχλὺν ὀμμάτων ἔχευεν (cf. 725 s., 962 s. ; 4, 1525)
| κλέψας ἐκ στηθέων ἁπαλὰς φρένας (cf. 289, 962, et peut-être
297).

Page 63.

295. Pour la pauvre fileuse, cf. Μ 433-435 ; Aristoph., *Gren.*,
1346-1350 ; *Anth. Pal.*, 7, 726 (Léon. Tar.) ; Ap. Rh., 4, 1062-
1065 ; pour le feu sous la cendre, cf. ε 488-490 ; pour ἀθέσφατον
ἐξ ὀλίγοιο, cf. Δ 442 s. ; Théocr., 22, 112 ; Quint. Sm., 10,59. —
Le texte des mss ne nécessite aucune correction. La fileuse,
contrairement à celle de Léonidas, ne travaille pas toute la nuit.
Elle s'éveille très tôt, avant le jour (νύκτωρ : cf. Aristoph.,
Gren., 1350 κνεφαῖος ; Lysias, 1, 14) ; et, pour pouvoir s'éclairer,
elle *ranime* le feu, comme les pauvres gens de l'*Hécalé* (fr. 260,
65, 68 s. Pf., à rectifier d'après H. Lloyd-Jones-J. Rea, *Harvard
Stud. in Class. Philol.*, 72, 1968, 145). L'éveil de l'amour est
symbolisé par le double éveil de la fileuse et de la flamme, souligné
par une répétition intentionnelle (la correction ἐξομένη affaiblit
beaucoup le texte) : cf. H.-P. Drögemüller, *Gymnasium*, 72,
1965, 471. La valeur temporelle d'ἄγχι ne fait pas non plus
difficulté ; elle était admise par les Anciens en τ 301 (dans le sens
de *mox* ; mais ἄγχιστα se rapporte à un passé proche chez Hérod.,
2, 143 ; Antiphon, 2, 1, 6) ; comparer Callim., fr. 260, 64 ἄγχαυρος,
dans un contexte analogue. Apollonios marque souvent le temps
avec des adverbes de lieu : ἀγχίμολον (cf. la *N. C.* à 4, 1003),
αὐτόθι et καταυτόθι (cf. la *N. C.* à 3, 889), αὐτοσχεδόν (cf. t. 1,
p. 78, n. 1), ἐγγύθεν (cf. t. 3, p. 131, n. 2), ἐπισχεδόν (2, 490 ;

3, 947 ; 4, 1110 ; et peut-être 2, 426), παρᾶσσον (3, 969, et *passim* : cf. M. Campbell, *Studi Ardizzoni*, 1978, 123), παρασχεδόν (cf. t. 1, p. 279, *N.C.* à 2, 859), σχεδόθεν (4, 662, 1081), σχεδόν (4, 1591 ; cf. Callim., *Hymnes*, 3, 195) ; voir aussi la *N. C.* sur αὐτάγρετος en 4, 235.

313. L'*Odyssée* localise l'île d'Aiaié à l'extrémité orientale du monde (cf. μ 3-4, et Hés., *Théog.*, 956 s.). La *Théogonie* d'Hésiode, dans un passage récent, situe Circé en Occident : elle y enfante Agrios et Latinos qui, habitant « au fond des îles sacrées », régneront sur les Tyrrhéniens (v. 1011-1016) : cette interpolation « occidentale » date des environs de 500 av. J.-C. ; cf. M. L. West, comm. au v. 1016. Par la suite, la demeure de Circé cessa d'être une île et fut placée au *Monte Circeo*, cap du Latium : cf. [Skylax], 8 ; Aristote, *Vent.*, 973 b ; Théophr., *Hist. Plant.*, 5, 8, 3 ; [Aristote], *Mir. Ausc.*, 78, 835 b 33 ; [Scymn.], 224 s. ; Strabon, 5, 3, 6 (232) ; Varron, *ap.* Serv., à Virg., *Én.*, 3, 386 ; Pline, *Hist. Nat.*, 2, 201 ; 3, 57 ; Solin, 2, 22. Apollonios, pour sa part, combine géographie réelle et géographie « mythique ». Circé voyage sur le char du Soleil, ce qui suggère qu'elle habite aux confins occidentaux du monde ; néanmoins sa résidence est clairement fixée sur « la côte de la terre tyrrhénienne » (cf. encore 4, 660, 850), donc au *Monte Circeo*, promontoire qu'on peut considérer comme une île (3, 1074, 1093) en raison de sa topographie, comme le confirme Strabon, *l. c.* Le voyage de Circé sur le char d'Hélios remonterait aux *Catalogues* hésiodiques selon le scholiaste (cf. *fr. spurium* 390 Merk.-West) ; mais cette indication est généralement considérée comme erronée : cf. J. Schwartz, *Ps.-Hesiodeia*, 156. Apollonios n'explique pas l'exil de Circé : il serait dû à un conflit entre Circé et sa mère Hécate dans la version que donne Diod. Sic., 4, 45.

Page 64.

323. Cf. 2, 1093-1120. La correction ἐπί (v. 321), suggérée par ε 371 ; μ 424 s., 444 (d'où Ach. Tat., 3, 5, 1, cité par E. Livrea, *Gnomon*, 47, 1975, 655), n'est pas nécessaire : les naufragés s'agrippent à la poutre *sous* ou *contre* laquelle ils se blottissent, leur tête seule émergeant : comparer l'attitude d'Ulysse impliquée par η 252, le tour ὑπὸ τεύχεσι πεπτηῶτες (ξ 474) et certains emplois d'ὑπό (par ex., Eur., *Hél.*, 1203 ; Ap. Rh., 3, 278 ; 4, 1263). Le pluriel δούρασι, en revanche, ne se justifie pas, à moins qu'Apollonios n'ait voulu reproduire certaines contradictions homériques (η 252 en face de μ 422-444). Malgré G. Giangrande, *Sprachgebrauch... des Ap. Rh.*, 20-23, l'épave n'est pas constituée par un assemblage de planches : cf. 2, 1111 s., et les emplois du singulier et du pluriel en ε 370 s. ; μ 441, 443. Le sauvetage des quatre jeunes gens grâce à *une seule* poutre manifeste plus clairement l'intervention des dieux qu'Argos veut mettre en évidence : cf. H. Fränkel, *Noten*, 345 (*ad* v. 323-346).

339. Pour les v. 333-339, cf. 2, 1192-1195, et la *N.C.* au v. 1195 (t. 1, p. 283). Argos développe et complète les propos de Jason

au lieu de les résumer. Selon la *IVe Pythique*, Pélias a détrôné et spolié Aison ; c'est après avoir revendiqué son patrimoine que Jason part à la conquête de la toison. Ce thème pindarique demeure embryonnaire chez Apollonios : seuls les v. 333-335 y font une allusion explicite ; en 1, 902 s., Jason n'a pas d'autre ambition que de retrouver sa patrie « avec le consentement de Pélias » (cf. t. 1, p. 260, *N.C.* à 1, 903). Néanmoins, Aison et Alkimédé paraissent avoir été détrônés d'après 1, 284 et 411 (cf. t. 1, p. 251, *N.C.* à 1, 412) et les prophéties d'Apollon en 1, 5-7, supposent aussi une usurpation.

Page 65.

342. Sur le sens d'αἰνός, cf. H. Fränkel, *Noten*, 346, 611, et E. Livrea, comm. à 4, 1619.

346. La correction ἐρετμά est séduisante : cf. E. Livrea, *Gnomon*, 47, 1975, 653 s. Mais le datif semble confirmé par ν 22 σπερχοίατ' ἐρετμοῖς, et Apollonios emploie ailleurs le double datif instrumental (cf. 1, 542 s. ; 3, 462, 1297 ; O. Linsenbarth, *De Ap. Rh. casuum syntaxi*, 1887, 71) ; on peut comprendre : « se déchaîner avec leurs bras sur... » ; cf. 2, 588, et Quint. Sm., 1, 537. Cf. M. Campbell, *Studi Ardizzoni*, 1978, 120 s., qui allègue Soph., *Aj.* 229 s. — Sur le sens de νωλεμέως, cf. t. 1, p. 274, *N.C.* à 2, 554.

353. Cf. 3, 394 s. Il n'a pas été question plus haut de ces offres de service qui évoquent à la fois la pratique du mercenariat et certaines traditions légendaires (par ex. Z 184-190 ; Ap. Rh., 2, 786 ss.). Hérod., 4, 110-117, situe les Sauromates (ou Sarmates) à l'est du Tanaïs (Don). Les Colques étaient en rapport avec eux : selon Diod. Sic., 4, 45, Circé avait épousé, puis empoisonné le roi des Sarmates ; selon Val. Fl., 6, 162, Colques et Argonautes combattent contre les Scythes au nombre desquels se trouvent les Sarmates.

Page 66.

376. Expression obscure, sans doute à dessein. Le vers 375 fait écho au v. 356 (cf. aussi 365) : il vise en apparence le plan concerté des Argonautes ; mais, en réalité, Aiétès dénonce la collusion existant entre eux et les Phrixides. Sur ces deux vers et le problème de texte qu'ils posent, voir la Notice, p. 26-28.

381. Les propositions finale (ὥς κεν) et causale (οἷα = ὅτι τοῖα) sont coordonnées par δέ et justifient les deux châtiments annoncés au v. 378 : Aiétès menace de trancher les mains des Argonautes pour se prémunir contre leurs attaques et de leur couper la langue parce qu'ils ont menti. Cf. A. Wifstrand, *Krit. u. exeg. Bem.* (Bull. Soc. Roy. Lettres Lund, 1928/29), 92 s.

Page 68.

412. Ταμών n'a pas une valeur temporelle : Jason sèmera pendant le labour. — Pour τέλσον; cf. N 707 (où l'on a conjecturé τέμει δ' ἐπὶ τέλσον) ; Σ 544, 547, et V. Pisani, *Athenaeum*, N.S., 18, 1940, 3-10.

415. Les datifs ἀκτῇ et ἀνδράσι font difficulté. Si le premier peut être éliminé (ἀκτήν E, -τῆς West), H. Fränkel doit admettre une lacune pour rendre compte du second. Nous gardons le texte de l'archétype, compte tenu de la liberté avec laquelle Apollonios emploie le datif : cf. 3, 101, 122 (?), 346, 386, 462. Les deux datifs marquent la destination (« pour produire le blé /des hommes ») qui est rendue dans les vers parallèles 498 s. par le tour σπόρον ὅς ῥ' ἀνίησι ; le second dépend aussi de μεταλδήσκοντας et, à cause d'ἀκτῇ, il s'est substitué au tour attendu εἰς +acc. Pour ce type de datif, cf. Ap. Rh., 4, 247 (si on garde θυηλῇ) ; Théocr., 28, 10 (et le comm. de Gow) ; Nonnos, 5, 318 (« ses joues s'allongeaient *pour devenir* des mâchoires »). — Dans l'expression, Apollonios se souvient de N 322 Δημήτερος ἀκτήν, et de Théocr., 25, 25 s. σπόρον ἐν νειοῖσιν | ... βάλλοντες.

418. Τοῖα attribut équivaut à un adverbe : cf. δ 485 ταῦτα μὲν οὕτω δὴ τελέω.

423. Cf. *Hymne hom. Dém.*, 282 ; Esch., *Perses*, 206 ἄφθογγος ἐστάθην ; Callim., *Hymnes*, 5, 83 s. ἐστάθη ὧδ' ἄφθογγος, ... φωνὰν ἔσχεν ἀμαχανία (sur ce passage, voir G. Giangrande, *Class. Quart.*, 12, 1962, 212 ; A. Ardizzoni, *Giorn. Ital. Filol.*, 22, 1970, 2, 44).

431. Cf. Ζ 458 κρατερὴ δ' ἐπικείσετ' ἀνάγκη ; Aratos, 126 κακὸν δ' ἐπικείσεται ἄλγος ; Euphorion, fr. 38 C 67 De Cuenca πολὺς δ' ἐπικείσε[ται οἶκτος (signalé par E. Livrea). La correction ἐπίκειται a ses défenseurs : H. Fränkel, *Noten*, 353 ; M. Campbell, *Rev. Phil.*, 47, 1973, 89. Le sens serait alors : « Il n'est aucun mal plus terrible qui puisse s'abattre sur l'homme que la funeste nécessité ; c'est elle aussi (= déjà) qui m'a contraint à venir ici sur l'ordre du roi. » Nous comprenons autrement. Pour Jason, la mort est un mal moindre que l'exil imposé par Pélias ; mieux vaut pour lui mourir que renoncer définitivement à sa patrie faute de pouvoir rapporter la toison : cf. 1, 902 s. ; 3, 386-390, et, sur le thème de l'exil où Apollonios exprime peut-être sa propre nostalgie, 2, 541-546. Si cette interprétation est exacte, le futur ἐπικείσεται est justifié.

Page 69.

446. Les v. 443-445 rappellent la rencontre d'Ulysse et de Nausicaa : cf. ζ 237 κάλλεϊ καὶ χάρισι στίλβων · θηεῖτο δὲ κούρη ; pour le v. 445, cf. α 334 ἄντα παρειάων σχομένη λιπαρὰ κρήδεμνα (et Χ 406 λιπαρὴν ... καλύπτρην). Pour σμύχουσα, cf. Théocr., 3, 17 ; 8, 90 ; Moschos, fr. 2,4 Legrand.

Page 70.

458. Apollonios distingue soigneusement les impressions visuelles (v. 453) et auditives (v. 457ᵇ). Οἵά τ᾽ ἔει(πε) (v. 455) doit être traduit en conséquence : il ne fait pas double emploi avec le v. 458.

462. Cf. Γ 142 τέρεν κατὰ δάκρυ χέουσα. Sur la valeur des deux datifs, cf. F. Vian, éd. Érasme, *ad loc.* ; G. Giangrande, *Sprachgebrauch... des Ap. Rh.*, 23, n. 1 ; et déjà la paraphrase du scholiaste. La conjecture κηδοσύνῃ τε (Schneider, Fränkel) est inutile et peu plausible, car Apollonios n'emploie que le pluriel de κηδοσύνη.

463. Le sens de λιγύς est souvent malaisé à déterminer : cf. M. Kaimio, *Characterization of Sound* (1977), 42-47. Ici Médée doit éviter d'attirer l'attention (cf. ἦκα, ἀνενείκατο) et il convient sans doute de traduire λιγέως par « doucement » : cf. 4, 837 et la *N. C.*

Page 71.

483. H. Fränkel, *Noten*, 356, observe que plusieurs expressions sont reprises de la délibération dans l'Olympe : v. 476 (et 482) ∾ 3, 16 ; v. 479 ∾ 3, 14 (et 26, 91, 105) ; v. 480 s. ∾ 3, 15 (et K 38 s.). On note aussi des rapprochements avec la première délibération des Argonautes : v. 482 ∾ 3, 179 (et 3, 68) ; v. 483 ∾ 3, 173 s. (et 192). Le plan d'Argos rejoint celui d'Héra. Jason accepte la suggestion de son compagnon comme il l'avait promis (3, 174 s.), bien qu'il n'ait pas confiance en elle. — Pour le v. 483, cf. Callim., *Hymnes*, 4, 171 ξυνός τις ἐλεύσεται ἄμμιν ἄεθλος ; Simonide, fr. 520, 4 Page ἐπικρέμαται θάνατος (et Ap. Rh., 2, 173, 222, 578).

494. On traduit souvent ici τέκμωρ par « fin » : cf. A. Wifstrand, *Krit. u. exeg. Bemerk. zu Ap. Rh.*, 1929, 93 s. ; F. Vian, éd. Érasme, *ad loc.* ; H. Fränkel, *Noten*, 357. Le terme signifie plutôt « moyen d'aboutir, de réaliser qqch. » : cf. 2, 412 (où τ. est coordonné à πείρατα, « instructions » ; cf. Fränkel, *Noten*, 72 s.) ; 4, 1335. Il équivaut à ἄνυσις, coordonné à πείρατα en 1, 413 ; 2, 310 (cf. aussi 1, 981 ; 4, 578) ; même sens en Π 472. Τέκμωρ est attribut d' ἕκαστα : « les détails *ne serviraient à rien* ».

496. Cf. 3, 409 s. La révision des mss fait apparaître que le pluriel φυσιόωντας est la leçon de l'archétype, de même qu'en 410 et en 1303. Le duel paraît donc être non une *lectio difficilior*, mais une correction de grammairien, contrairement à ce que nous avons écrit, *Rev. Phil.*, 36, 1962, 44 s. ; la même remarque vaut pour 1, 752 (où le pluriel a été rétabli dans le second tirage de l'éd. Budé) et pour 3, 360. Le choix est plus difficile en 2, 87, où le duel est la leçon de LA.

497. Ἐπί, « préposé à » (cf. par ex. υ 209 ; Théocr., 25, 151), est déplacé et il est difficile d'éviter la correction ὑπό (cf. 3, 1343). Ἐπὶ τέλσον (cf. 3, 412) serait acceptable du point de vue paléo-

graphique ; mais il supprime le lien nécessaire avec les deux vers précédents.

Page 72.

503. Cf. I 30 δὴν δ' ἄνεῳ ἦσαν... · ὀψὲ δὲ δὴ μετέειπε ... Διομήδης ; Ω 633 ἐς ἀλλήλους ὁρόωντες (et Ap. Rh., 3, 100 s.).

505. Cf. 2, 1216-1218. Dans les deux passages, c'est Pélée qui tire ses compagnons de leur prostration en lançant un défi aussi héroïque que téméraire.

507. Cf. Opp., *Hal.*, 5, 94 οὔτ' ἠνορέης οὔτ' εἴδεος ἔπλετ' ὄνειαρ | τόσσον ὅσον πραπίδων. En faveur de la correction ἐνί, Fränkel invoque 2, 334, et quelques tournures analogues : O 541 ; Ap. Rh., 3, 549 (et 2, 424 ?). Cf. aussi Hés., *Trav.*, 41 ὅσον ἐν μαλάχῃ ... ὄνειαρ ; Quint. Sm., 11, 181 s. ἐν ποσὶν ἔπλετο νόστου | ἐλπωρή.

510. Cf. Stésichore, S 14, 6 Page. Le sens attendu de πεφυλαγμένος est « en étant sur ses gardes » (2, 348 ; 3, 1142 ; cf. l'*hapax* hom. en Ψ' 343) ou « se gardant de » (3, 449 ; 4, 332) ; mais un appel à la prudence est déplacé dans la bouche de Pélée. Le scholiaste a raison de paraphraser φυλάττων τὴν ὑπόσχεσιν παρασκευάζου : cf. par ex. Γ 280 φυλάσσετε δ' ὅρκια πιστά.

520. Par leur mouvement, les v. 515-520 rappellent H 161-169 ; cf. aussi le catalogue des pilotes en 2, 849-897. Une mention spéciale est réservée au fils d'Oineus, Méléagre : comparer 1, 195-198. — Pour les v. 519 s., cf. Callim., *Hymnes*, 2, 36 s. ; la métaphore du duvet en fleur est fréquente : cf. les textes cités par Pfeiffer à Callim., fr. 274, et le Liddell-Scott-Jones, s. ἐπανθέω.

527. Cette mise en garde contre une excessive témérité rappelle les conseils de Phinée en 2, 325-327. — La leçon des mss ἐλέσθαι pourrait s'autoriser d'Opp., *Hal.*, 2, 633 ; 4, 163 μοῖραν (πότμον) ἕλοντο ; [Opp.], *Cyn.*, 2, 579 οἶτον ἑλόντες. E. Livrea la préfère en alléguant Hés., *Trav.*, 287.

Page 73.

530. Cf. Philitas, fr. 21 Powell νήχυτον ὕδωρ, et les textes cités par Pfeiffer à Callim., fr. 236,3, et par Livrea à Ap. Rh., 4, 1367.

533. Sur les pouvoirs du magicien, cf. Hippocr., *De morbo sacro*, 1, 591 Kühn ; Virg., *Én.*, 4, 489 ; Ovide, *Mét.*, 7, 199-209 ; Apulée, *Mét.*, 1, 3 ; 3, 16 ; [Quintilien], *Decl.*, 10, 15, p. 201, 23 Lehnert. — Comparer le v. 533 à 1, 500.

539. Plusieurs expressions se retrouvent dans le premier discours d'Argos (v. 472-483) : 477 κούρην δή τινα ∞ 528 ; 478 ∞ 529 s. ; 479 πεπίθοιμεν ∞ 536 ; 482 ∞ 537-539. Néanmoins les deux discours sont très différents : Argos, qui parle maintenant en public, tait ses appréhensions (cf. 475 s., 480-483), il s'étend sur les pouvoirs de Médée et conclut sur une formule de bon augure (σὺν δαίμονι) qu'il croit peut-être de pure convention, mais que l'événement va aussitôt confirmer.

543. Cf. X 139 ss. κίρκος ... μετὰ τρήρωνα πέλειαν. Dans les présages homériques, c'est l'oiseau de proie qui est l'envoyé des dieux et apporte un signe favorable en triomphant de ses victimes : Θ 245-250 (aigle et faon) ; o 525-528 (faucon et colombe); τ 538-553 (aigle et oies). Apollonios inverse la situation et s'oppose ainsi à la conception homérique de l'épopée : le faucon symbolise Aiétès et le signe favorable est donné par la colombe, oiseau d'Aphrodite (cf. Apollodore d'Athènes, Περὶ θεῶν, 244 F 114 Jacoby ; B. Gentili, *Quad. Urb.*, 22, 1976, 59 ss.). Malgré H. Fränkel, *Noten*, 359, le texte du v. 543 n'est pas suspect : cf. M. Campbell, *Class. Quart.*, 21, 1971, 417 ; la colombe s'abat *du haut du ciel* (ὑψόθεν) ce qui explique que le faucon *s'empale* sur l'aplustre en fondant verticalement sur sa victime. Sur le sens de περικάππεσε, cf. 2, 831 ; Triphiod., 576; et la *N. C.* à 3, 707. — L'avenir ne confirmera pas en tout point le présage, puisque Aiétès gardera son trône ; mais il ne faut peut-être pas chercher une correspondance trop précise avec la réalité ; en outre, selon certaines versions, Aiétès perdait le trône ou la vie en perdant la toison : cf. 3, 597-600 et la *N. C.* au v. 600.

546. Expression empruntée à l'une des scènes homériques de présages citées dans la note précédente : τ 555 s. οὔ πως ἔστιν ὑποκρίνασθαι ὄνειρον | ἄλλη ἀποκλίναντ(α).

Page 74.

557. Idas, caricature du héros épique, s'était déjà opposé à l'autre devin des Argonautes en 1, 462-494 ; il manifestera à nouveau sa mauvaise humeur en 3, 1169 s., 1252-1255. Ses invectives rappellent celles d'Héraclès en 1, 865-874 ; mais, au contraire de celles-ci, elles sont hors de propos et ne réussissent qu'à faire l'unanimité contre lui.

558. Cf. Β 235 = Η 96 ὦ πέπονες ... Ἀχαιΐδες, οὐκέτ' Ἀχαιοί ; les sarcasmes d'Héraclès s'inspiraient aussi de l'épisode de Thersite : cf. t. 1, p. 91, n. 2. — Ἦ ῥα n'est pas interrogatif : cf. H. Fränkel, *Noten*, 360 s. ; F. Vian, *Rev. Ét. Anc.*, 75, 1973, 90.

561. On peut garder ἐρητύεσθε malgré Fränkel, *l. c.* (1) L'hiatus après -σθε au cinquième pied est garanti par l'imitation de Quint. Sm., 4, 297 ; il est bien attesté à la césure chez Homère (Σ 287 ; η 222 ; κ 425) et chez Quintus de Smyrne (cf. nos *Recherches sur les Posthom.*, 215, 217 s.). (2) Le passage brutal de la troisième à la seconde personne n'est pas sans exemple (cf. δ 685 s. ; Soph., *Trach.*, 227 ; *Oed. Col.*, 1352 ss.) ; le style heurté de ces invectives peut le justifier : rapprocher l'accord *ad sensum* γυναιξίν..., οἵ... et la double construction de μέλοιτο. Mais la ponctuation traditionnelle n'est pas satisfaisante : οὐκέτ' – σθένος se rattache à la suite, comme l'indique la corrélation οὐκέτι ... δέ et il faut sous-entendre ἐς dans le premier membre. Si notre interprétation est exacte, le discours d'Idas se compose de trois distiques.

570. Le v. 570 (cf. aussi 3, 1194, 1269-1278) interdit de traduire χέρσῳ ἐπέκελσαν au v. 575 par « échouer sur la terre ». (Ἐπι)-

κέλλω n'a jamais ce sens chez Apollonios : quand les Argonautes débarquent, leur navire reste à flot, attaché par ses amarres ; pour 1, 1362, cf. 2, 160, 166 ; pour 2, 352 et 751, cf. 2, 899-901 ; pour 2, 382, 1050, 1090, cf. 2, 1080 s. (χρίμψαντες) et 1229 ; pour 2, 971, cf. 2, 993 s. (la traduction de προέηκαν en 1, 589, a été rectifiée au second tirage).

571. Jason fait d'abord sienne la suggestion d'Argos qui vient d'être approuvée par tous à l'exception d'Idas. Puis, pour répondre à l'accusation de lâcheté formulée par celui-ci, il rectifie sur un point le plan initial (cf. 525 s.) en invitant les Argonautes à mouiller le navire bien en vue. L'incartade d'Idas a donc fait progresser l'action.

578. L'assemblée des Colques fait suite à l'ambassade ; elle a lieu pendant le monologue de Médée (v. 451-471), au moment où Argos revient à la ville après la délibération des Argonautes (cf. v. 472-575, 606-615). Apollonios distingue soigneusement l'assemblée où sont traitées les affaires de « défense nationale » (cf. encore 4, 214) et le conseil restreint des nobles réservé aux affaires privées (cf. 4, 6-10). Celui-ci se tient au palais ; l'autre, sur quelque grand-place. Pour l'expression du v. 577, cf. Λ 807 s. ; ζ 266 s. ; θ 5.

Page 75.

582. Cf. Callim., fr. 7, 33 αὔταν[δρον, dans un passage où Aiétès exhale sa colère contre les Argonautes après la fuite de Médée. — Le plan d'Aiétès a été bien expliqué par H. Fränkel, *Noten*, 361 s. : les Colques, chargés de cerner l'ennemi (v. 607 s.), couperont les taillis sur la hauteur qui domine le mouillage d'Argô ; ils mettront le feu à ces broussailles et les lanceront sur le navire et ses occupants ; le plan recevra un début d'exécution en 4, 223. Interprétation différente chez A. Wifstrand, *Krit. u. exeg. Bem.* (Bull. Soc. Roy. Lettres Lund, 1928/29), 94.

588. Litt. « pour que Phrixos adressât ses prières à un (hôte) bienveillant » ; pour προσκηδής, voir la *N. C.* à 4, 717. — Aiétès rétablit la vérité qu'Argos avait travestie en 2, 1147-1149 (cf. 3, 190-193) : voir t. 1, p. 172 et 283 (*N. C.* à 2, 1147). Cette mise au point est destinée au lecteur (cf. H. Fränkel, *Noten*, 362) ; mais elle est aussi une nécessaire justification : malgré sa xéno-phobie, Aiétès redoute Zeus Xénios (cf. 3, 377) et c'est sans doute la raison pour laquelle il a renoncé à massacrer séance tenante les envoyés des Argonautes (cf. 3, 396-400).

593. Aiétès adresse trois griefs aux Argonautes : ils veulent enlever la toison (v. 591), tenter de le détrôner (v. 592 ; cf. v. 376, et la Notice, p. 26-28), et se conduisent en pirates (v. 592 s.). Ce dernier argument est purement démagogique, mais de nature à impressionner les Colques ; Médée y fera allusion quand elle voudra donner le change à ses servantes (v. 891-895).

600. L'oracle d'Hélios remonte à Hérodoros (31 F 9 Jacoby) et peut-être aux *Colchidiennes* de Sophocle : cf. A. Pearson,

Soph. fragm., 2 (1917), 15 (l'hypothèse n'est pas mentionnée dans l'éd. S. Radt). Il prédisait à Aiétès qu'il serait victime d'un descendant d'Aiolos ou de l'un de ses propres descendants ou encore qu'il perdrait le trône si on lui ravissait la toison : cf. Diod. Sic., 4, 47 ; Hygin, *Fables*, 3, 3 ; 22, 1-2 ; schol. Ap. Rh., 3, 594-598 *a*, 605 ; schol. Stace, *Théb.*, 2, 281 ; C. Robert, *Griech. Heldensage* (1921), 766, n. 1. Voir la Notice, p. 10, n. 1. — Le thème tragique de l'oracle inutile se retrouve chez Apollonios à maintes reprises : légendes de Pélias, de Kyzicos, d'Idmon et de Mopsos.

Page 76.

611. Les v. 606-611 forment transition. Ils commencent par résumer et compléter la teneur du discours d'Aiétès par-delà la parenthèse des v. 594-605. Puis ils introduisent les scènes féminines qui occuperont la fin de la journée : le v. 609 fait suite aux v. 572 s. (départ et arrivée d'Argos) ; mais, grâce à πρόσθεν (v. 612), le poète revient aussitôt en arrière pour reparler des méditations solitaires de Chalkiopé (611-615 ∾ 449-450) et de Médée (616-664 ∾ 451-471). Cf. la Notice, p. 5. Pour le v. 610, cf. 3, 548 μήτι παντοίῃ.

623. Les v. 619-623 ne concernent pas encore l'accomplissement de l'épreuve. Médée commence par revoir la scène à laquelle elle a assisté : elle interprète les raisons pour lesquelles Jason a promis d'accomplir la tâche imposée (v. 619 s. : ὑφεστάμεναι fait écho à 3, 501 ὑποέστην) ; puis, selon une démarche régressive, celles qui l'ont conduit à entreprendre le voyage (v. 622 s. : ὄφρα δὲ... s'oppose à τοῖο ἕκητι). Elle s'imagine ainsi être dès le début l'unique objet de la quête de Jason.

625. Comme le note E. Livrea, ὑποσχεσίη signifie pour Médée « promesse de mariage ». Bien que la querelle ne concerne qu'Aiétès (v. 628), Médée associe sa mère à son père (cf. aussi v. 630-632), car le drame consiste, pour elle, dans une rupture avec sa famille. Son comportement sera différent au moment de sa fuite (4, 27-33).

627. Cf. 4, 345, et Aratos, 712 ἀμφήριστα πέλοιτο.

629. La paraphrase souligne le caractère juridique du débat. Les deux parties ne parviennent pas à trancher leur querelle : pour ἀμφήριστος, cf. Ψ 382, et son équivalent ἄκριτος (Ξ 205 ; [Hés.], *Boucl.*, 311) ; ils s'en remettent alors à l'arbitrage de Médée en lui demandant de trancher à son gré (v. 629 ∾ 2, 950). Il est significatif que l'objet du litige ne soit pas précisé : il s'agit évidemment de la toison (cf. v. 625) ; mais, pour Médée, celle-ci n'est qu'un prétexte. Le véritable choix est celui qu'elle doit faire entre ses parents et Jason.

631. Cf. B 420 πόνον ... ἀμέγαρτον ; Ap. Rh., 4, 749, et la note d'E. Livrea *ad loc.*

Page 77.

632. Cf. Esch., *Choéph.*, 535 ; et W.-H. Friedrich, *Philol.*, 97, 1948, 288-291.

648. C'est l'antichambre où dorment les servantes de Médée (cf. v. 839) : cf. la *N. C.* à 3, 248. Le seuil (v. 647) fait communiquer le θάλαμος et le πρόδομος (cf. 3, 278-280), ce qui condamne la conjecture ἀμεῖψαι.

651. La variante κηδόσυνοι attestée en E est du même type que λεπτόμιτον en 2, 31 : il s'agit dans les deux cas de conjectures dues à un savant versé dans les *hapax* d'Euripide (cf. *Or.*, 1017 ; *Andr.*, 831). Si elle prouve l'érudition de son auteur, elle jette quelque suspicion sur le texte donné par ce manuscrit (cf. par ex. 3, 190, 192).

656. A. Ardizzoni, *Giorn. Ital. Filol.*, 28, 1976, 233-240, discute en détail les interprétations qui ont été proposées de cette comparaison. Il montre avec raison (p. 236) que ταρπήμεναι ... δήνεσιν n'a pas de signification érotique. En effet δήνεα a la valeur affective de « sentiments » (Δ 361 ; Hésiode, *Théog.*, 236), de même que μήδεα (λ 202), qui est attesté comme variante dans les deux passages précédents ; l'idée exprimée est celle qu'on trouve en ζ 181-185, où l'on notera ὁμοφρονέοντε νοήμασι (pour la forme, Apollonios imite ο 399 κήδεσιν ἀλλήλων τερπώμεθα). En revanche, on ne peut suivre ce savant quand il refuse de voir dans la jeune femme une « veuve vierge », sans tenir compte de πάρος. On sait que l'*engyesis* (v. 657) peut précéder de beaucoup le mariage : cf. H. Erbse, *Gnomon*, 35, 1963, 26, n. 4 ; C. Vatin, *Recherches sur le mariage* (1970), 4-6, 145-163 ; E. Livrea compare justement la vierge promise à un fiancé lointain en 1, 778 ss. (1, 780 ∽ 3, 657). C'est à cause de cette situation que la veuve redoute les railleries des servantes, sort que connaissent encore, selon E. Livrea, les « vedove bianche » en Italie Méridionale et en Sicile. Médée s'imagine être dans le même cas : elle a été promise — en songe ! — à Jason (3, 625, 630 ss.), qu'elle considère comme déjà mort (3, 460 s., 466). La crainte des railleries féminines la hantera aux v. 791-797.

Page 78.

663. H. Fränkel transpose les v. 658 s. après le v. 662 ; approuvé par A. Ardizzoni (*loc. cit.*, 239, n. 13), il a été critiqué par H. Erbse *(loc. cit.)* et par A. Hurst, *Mus. Helv.*, 23, 1966, 106-110. Après avoir accepté la transposition dans l'éd. Érasme, nous y renonçons, bien qu'il soit tentant de rapprocher les v. 658 s. du v. 663. La comparaison comporte en effet deux périodes équilibrées de quatre vers. La première expose la situation « objective » (juridique) de la jeune femme et replace l'épisode dans le temps grâce à οὐδέ ... πω (la jeune femme s'enferme dans sa chambre, alors que la lamentation funèbre, menée par les esclaves, a déjà commencé). La seconde apporte un commentaire psychologique en reprenant les termes précédents : l'époux mort (660-661[a] ∽ 656 s.), la douleur de son épouse et la réclusion qu'elle s'impose (661[b]-662 ∽ (658), 659[b]), les raisons de sa

conduite (663 ∽ 658-659ᵃ). La comparaison fait intervenir les deux sentiments qui se partageaient naguère l'âme de Médée : l'αἰδώς (649, 652, 653 ; cf. 659ᵃ) et l'ἵμερος (653 ; cf. 661 ; noter en outre 652 ἔνδοθεν ∽ 661 ἔνδοθι) ; mais ceux-ci ne se combattent plus : la jeune veuve refrène les manifestations de son amour par pudeur et Médée, qui a provisoirement cédé à l'αἰδώς, pleure dans sa solitude sur son amour brisé.

Page 79.

684. L'image du vol de la parole ou de la pensée est fréquente : outre les hom. ἔπεα πτερόεντα et ἄπτερος μῦθος (sur ces expressions, cf. P. Chantraine, *Dict. Étym.*, s. πτερόν), cf. Esch., *Suppl.*, 656 s. ἐκ στομάτων ποτά|σθω ... εὐχά ; *Choéph.*, 388 τί γὰρ κεύ|θω φρενὸς οἷον ἔμπας ποτᾶται (« pourquoi cacher ma pensée, quand d'elle-même elle vole hors de moi ? ») ; Soph., *Oed. Roi*, 487 πέτομαι δ' ἐλπίσιν. L'image se retrouve en 3, 447 νόος ... πεπότητο, 1151 ψυχὴ ... π. (cf. λ 222, avec un sens différent). Elle suggère chez Apollonios l'idée d'un vol inconstant, qui ne parvient pas à atteindre son but. Le même plus-que-parfait sert à exprimer la paralysie provoquée par la stupéfaction : Ménophilos de Damas, *ap.* Stobée, 65, 7, 7 ὑπ' ἀμφασίη δ' ἀλεγεινῇ | θυμὸς ἄδην πεπότητο.

685. Cf. X 451 s. ἐν δέ μοι αὐτῇ | στήθεσι πάλλεται ἦτορ ἀνὰ στόμα (Fränkel). L'expression reprend sous une forme différente l'idée d'ἀνέτελλε (v. 683).

692. On retrouve un souvenir de ces vœux apotropaïques dans [Moschos], *Mégara*, 122-125 ; cf. Th. Breitenstein, *Rech. sur le poème Mégara*, 1966, 68 s.

694. Variation sur l'expression employée en 3, 642-644.

697. Cf. 3, 18.

699. Sur le serment par la Terre et le Ciel, cf. Ο 36. Ces deux divinités sont les principales du panthéon des Colques : voir la *N. C.* à 3, 209.

700. Chalkiopé demande donc à Médée d'être à la fois une confidente et une complice. — La succession de quatre spondées confère à ce vers une gravité particulière.

704. Chalkiopé menace de se tuer après la mort de ses fils ; sur le suicide par vengeance, cf. t. 1, p. 263 (*N. C.* à 1, 1069).

Page 80.

707. Comparer Ω 507-512. Le texte a donné lieu à des discussions peu justifiées : cf. H. Fränkel, *Noten*, 369 ; M. Campbell, *Class. Quart.*, 19, 1969, 279. (1) Σύν, « ensemble » que confirme ἄμφω, implique le pluriel -κάββαλον (*sic*, Fränkel) ; il ne peut s'employer pour dire d'un seul et même personnage qu'il fait une chose « en même temps » (*simul*) qu'un autre (*sic*, Campbell). (2) Par une extension de sens bien attestée, περικατα- signifie

14

« en laissant tomber *dans, sur, près de* » : cf. Nic., *Thér.*, 809 ; Quint. Sm., 1, 819 ; 3, 281 ; 5, 323, 469 ; 9, 168 ; 13, 450 (et 5, 490, 502, 529, où la traduction « autour » est également possible) ; Nonnos, 37, 582. (3) Κόλπος, ambigu comme notre terme de « sein », désigne plus souvent la poitrine que le giron (cf. par ex., Ap. Rh., 3, 155, 804 ; 4, 24, 1144). (4) Bref, Médée, assise ou étendue sur son lit (v. 655, 672), et Chalkiopé, prostrée aux genoux de sa sœur (v. 706), ont toutes deux laissé retomber leur tête sur leur propre poitrine, attitude naturelle et aisée à imaginer. Ici encore, c'est *m* qui a conservé la bonne leçon ; *w* E l'ont banalisée faute de la comprendre. On notera au passage que κάρη vaut un pluriel comme en 4, 1294.

709. Λεπταλέος, « grêle », d'où « faible », « étouffé ». Pour la voix, cf. Σ 571 ; Callim., *Hymnes*, 3, 243.

Page 81.

739. Le passage soulève deux problèmes. (1) Le v. 739 n'est attesté que par les scholies et pourrait être soit une variante appartenant par exemple à la *proecdosis* soit une interpolation. Ces hypothèses sont à écarter : *(a)* le vers est nécessaire, car Médée doit préciser qu'elle veut remettre directement les drogues à Jason ; son authenticité est garantie « par la fine note d'hostilité simulée contre Jason » (Livrea) ; *(b)* la variante εἴσομαι, qui suppose le v. 739, a survécu en *m* ; *(c)* la chute du v. 739 s'explique bien parce qu'il commence par une forme graphiquement voisine d'εἴσομαι (déjà déformée peut-être en οἴσομαι). L'accident a dû se produire très tôt dans l'histoire du texte. (2) Au v. 740, la brusquerie de la séparation et l'absence d'une formule de fin de discours ont fait supposer une lacune (Fränkel, édition et *Noten*, 373 s. ; nous-même, dans l'éd. Érasme) ou une corruption de texte (H. Erbse, *Gnomon*, 35, 1963, 25). A tort : cf. A. Hurst, *Mus. Helv.*, 23, 1966, 110-113 ; F. Vian, *Rev. Ét. Anc.*, 75, 1973, 91 (ajouter Ap. Rh., 3, 1146). La concision est un trait caractéristique d'Apollonios et, dans notre passage, ὡς ἦ γ' ... κίε s'enchaîne logiquement à ἀλλ' ἴθι (v. 736). Le raccourci est justifié psychologiquement : Chalkiopé court annoncer la bonne nouvelle à ses fils dès qu'elle a obtenu la promesse de Médée (Livrea) ; d'autre part, il rend encore plus dramatique le revirement de Médée reprise par le doute aussitôt après un engagement donné sans réticence et dans l'allégresse (v. 724).

741. Nous renonçons à garder le pléonasme τὴν δέ μιν : cf. les arguments de H. Fränkel, *Gnomon*, 35, 1963, 161 ; *Noten*, 375 s. ; que ne réfutent ni E. Livrea, *Maia*, 23, 1971, 150 ; ni G. Giangrande, *Sprachgebrauch... des Ap. Rh.*, 24 s. Pour le sens, la meilleure conjecture est celle de Platt : γε μέν sert à marquer une opposition forte.

744. Homère oppose déjà au calme nocturne l'agitation intérieure d'un héros que le sommeil ne parvient pas à apaiser : cf. Κ 3-4 et ο 6-8, dont Apollonios se souvient aux v. 751 s.

Ce thème a été repris et élargi par les Lyriques (Alcman, fr. 89 Page ; *adesp.* [Sappho?], fr. 976 Page) ; il se retrouve chez Théocr., 2, 35, 38-41 ; puis, sur le modèle d'Apollonios, chez Virg., *Én.*, 4, 522-532 ; autres parallèles chez K. Kost, *Musaios* (1971), 436 s. ; et dans notre éd. de Nonnos, *Dion.* (C.U.F.), t. 1, p. 75, n. 2. L'originalité d'Apollonios est de décrire, grâce au jeu des temps, l'« assoupissement progressif » apporté par la nuit : cf. l'excellente analyse de J. Carrière, *Euphrosyne*, 2, 1959, 51-53. Le tableau a été suggéré *a contrario* par celui de l'éveil progressif de la ville au matin qu'on lit dans l'*Hécalé* de Callimaque, fr. 260, 63-69 Pf. ; on remarquera en particulier les formules καί πού τις, καί τινα et l'expression ὕπνος λάβε (cf. v. 751).

746. Héliké ou la Grande Ourse aide les marins à fixer leur direction (cf. Aratos, 37 s.) ; Orion, constellation australe, leur permet de déterminer l'heure (cf. *ibid.*, 322-325, 730 s.). Les deux constellations sont souvent associées : Σ 487 s. (= ε 274 s.) ; Eur., *Ion*, 1153 ; Théocr., 24, 11 s. (et la note de Gow) ; *Anacreont.*, 33 (31), 1-3 Rose.

Page 82.

760. Sur cette comparaison, cf. l'étude de H. Fränkel, *Noten*, 376-380. Apollonios a servi de modèle à Virg., *Én.*, 8, 18-25 (d'où Sil. Ital., 7, 141-145) et à Aristénète, 2, 5. L'image se retrouve chez Épictète, 3, 3, 20-22 ; Dion de Pruse, 21, 23 s. (2, p. 338 Budé). Selon Fränkel, Apollonios a pu l'emprunter à un philosophe stoïcien ; on notera aussi un rapport, au moins formel, avec η 82-85. La comparaison évoque les battements désordonnés du cœur de Médée qui bondit furieusement (ἔθυιεν, glosé par ἐκινεῖτο : cf. Α 342) dans sa folle agitation (ἐλελίζετο ∽ τινάσσεται ; cf. 4, 351). Malgré Fränkel, elle n'est pas en rapport avec les projets contradictoires que Médée formera plus loin ; elle explique l'insomnie de Médée (v. 751, 752 ἔγειρε) et se rattache étroitement aux vers précédents dont on ne peut la disjoindre. Rapprocher Κ 1 ss., que le poète a en mémoire (voir la *N.C.* à 3, 744) : la comparaison avec les éclairs (Κ 5-10) illustre l'état psycho-physiologique d'Agamemnon, alors que ses plans, annoncés par ὁρμαίνοντα (Κ 4), ne seront explicités qu'au v. 17. Les deux passages comportent des analogies : la fulguration du rayon de soleil est semblable à celle de la foudre ; cf. en outre ὡς πυκίν' (∽ v. 755) ἐν στήθεσσιν (∽ v. 755, 760) ἀνεστενάχιζ' Ἀγαμέμνων | νειόθεν ἐκ κραδίης (∽ v. 755, 760), τρομέοντο (∽ v. 760 ἐλελίζετο) δέ οἱ φρένες ἔνδον (∽ v. 755).

763. Ἵνες (cf. encore 2, 826) désignent les nerfs menant à la base de l'occiput (ἰνίον). Sur ἰνίον, cf. la note d'A. S. Gow, à Théocr., 25, 264. Apollonios se réfère à la théorie des médecins Hérophile et Érasistrate qui voyaient dans les nerfs les véhicules des perceptions des sens et peut-être des émotions : cf. F. Solmsen, *Mus. Helv.*, 18, 1961, 195-197.

Page 83.

774. Artémis est la déesse qui apporte la mort subite aux femmes : Z 205, 428 ; T 59 ; λ 172, 199 ; σ 202-204 ; υ 61 s. ; [Moschos], *Mégara*, 29-31.

777. H. Fränkel, *Noten*, 380-388, se fonde sur une variante conservée par les scholies de L pour conjecturer au v. 775 νῆα κομίσσαι. Cette leçon aurait été éliminée par la *lectio facilior* γαῖαν ἱκέσθαι : comparer υ 337, où δῶμα κομίζῃ a été banalisé en δώμαθ' ἵκηται, et Ap. Rh., 3, 339, où D substitue par mégarde γαῖαν à κῶας. L'hypothèse proposée élimine deux invraisemblances apparentes : Médée ne peut raisonnablement croire que les fils de Phrixos ont eu le temps d'aller en Grèce et d'en revenir ; elle peut encore moins supposer qu'ils ont tramé un complot avec les Argonautes contre son père, comme celui-ci les en a accusés (v. 369 s., 375). Mais la logique de cette démonstration se heurte à une objection : δεῦρο — κεῖθεν fait indiscutablement référence à ἀφ' Ἑλλάδος — δεῦρο (v. 375). Κεῖθεν ne peut désigner qu'un point de départ *significatif* dans le contexte — ici l'Hellade — : comparer 1, 867, 1357 ; 2, 914 ; 4, 1022 (et, pour κεῖσε, 1, 305, 416, 442 ; 2, 1223) ; il serait dépourvu de sens s'il visait l'escale fortuite à l'île d'Arès. On gardera donc le texte des mss. Médée, au moment où elle tente de résister à sa passion, reporte son ressentiment sur ses neveux et adopte sans réflexion la version des faits imaginée par Aiétès. En outre, sans croire comme lui à l'existence d'un complot dont elle ne parlera jamais, elle sent confusément que le retour des Phrixides, loin d'être le fait d'une divinité bienveillante (cf. 3, 323), est la première manifestation d'une Érinys vengeresse venue châtier Aiétès — et elle-même par contrecoup — pour la conduite du roi vis-à-vis de Phrixos et de sa lignée. Κομίσσαι n'est sans doute que le vestige d'une variante introduite par un lecteur soucieux d'accorder le passage à la narration du poète : comparer les corrections introduites pour la même raison par la recension « crétoise » aux v. 375 s. En faveur du texte transmis, on peut alléguer encore le parallèle formel offert par I 403.

786. Cf. 3, 640 : αἰδώς correspond à παρθενίη, ἀγλαίη à δῶμα τοκήων. Ἀγλαίη ne signifie pas le « bonheur » (*sic*, Fränkel, *Noten*, 389), mais le « renom », les « splendeurs » qui entourent une princesse de haut rang. Cf. notre note dans l'éd. Érasme et E. Livrea à 4, 1041.

787. Cf. Callim., *Hymnes*, 2, 112 ὁ δὲ Μῶμος, ἵν' ὁ Φθόνος, ἔνθα νέοιτο, qui se souvient lui-même des *Cypria*, fr. 23 Allen ἵνα δέος, ἔνθα καὶ αἰδώς. Sur le problème soulevé par cette imitation, cf. t. 1, p. XIV.

Page 84.

797[1]. La Médée d'Apollonios est sensible aux sarcasmes de l'opinion publique comme celle d'Euripide : cf. *Médée*, 383, 404 s., 1049 s. On a déjà rencontré ce thème : voir la *N. C.* à 3, 65.

797². Sur le sens de cette question, cf. H. Fränkel, *Noten*, 389 s.

804. Rapide évocation d'un thème iconographique : jeune fille tenant un coffret sur ses genoux, la tête penchée et rêveuse. Voir par ex. une péliké apulienne de Varsovie : *CVA*, Varsovie, Mus. Nat., fasc. 4, pl. 39, 4.

806. Cf. χ 447 αἶν' ὀλοφυρόμεναι ; X 280 τὸν ἐμὸν μόρον.

807. Cf. β 329 θυμοφθόρα φάρμακ(α). — Τόφρα équivaut à ὄφρα : cf. Antimaque, fr. 3,2 Wyss, et la note de Livrea à 4, 1487.

816. C'est d'abord une réaction irraisonnée, instinctive, qui arrête Médée au bord du suicide (v. 809-810). Sans penser à Jason, elle demeure un certain temps plongée dans un état onirique où défilent devant ses yeux (ἰνδάλλονται) les joies les plus humbles de la vie. Ce n'est que peu à peu que l'intellect (νόῳ) reprend ses droits. Sur ce passage, cf. J. Carrière, *Euphrosyne*, 2, 1959, 56-58.

Page 85.

824. L'apparition de l'aurore a une valeur symbolique : Médée a été sauvée en pensant à cette lumière du soleil que les mourants ont coutume de saluer ; elle aspire maintenant à la retrouver pour renouer avec la vie et l'amour. Elle se retrouve en harmonie avec le rythme de la nature, alors que, la veille, elle n'avait pu s'abandonner à l'apaisement de la nuit. Le dernier vers (v. 825) « résume » le tableau de l'aurore fait par Callimaque dans l'*Hécalé* (fr. 260, 63-69 Pf.), dont Apollonios se souviendra encore en 4, 1170-1174.

827. Les v. 825-827 se rattachent au v. 741 et résument les événements qui ont suivi le retour de Chalkiopé dans ses appartements. Les derniers mots ne rappellent pas d'une façon oiseuse qu'Argos a quitté auparavant le navire (v. 572 s.) ; ils signifient qu'il *prend les devants* et que ses frères ne le rejoindront que le lendemain (voir la *N. C.* à 3, 915). Pour l'expression κίεν προπάροιθε, cf. O 260 (et ρ 277, 282).

835. Aux v. 829-835, Apollonios s'inspire librement de la toilette d'Héra en Ξ 170-186. Cf. en outre Hés., *Trav.*, 753 χρόα φαιδρύνεσθαι (d'où Callim., *Hymnes*, 1, 32 ; [Moschos], *Mégara*, 2, 31) ; σ 294 (περόναι) κληῖσιν ἐυγνάμπτοις ἀραρυῖαι ; ε 230-232 (toilette de Calypsô).

Page 86.

857. Le *Prométheion*, ainsi que la légende de Prométhée, était mentionné dans les *Colchidiennes* de Sophocle : cf. les notes au fr. 340 des éd. Pearson et Radt, ainsi que les p. 316 s. de l'éd. Radt (1977) ; on le retrouve chez [Cléanthe], fr. 594 Arnim ; Prop., 1, 12, 10 ; Sén., *Médée*, 708 ; Val. Fl., 7, 355-365 ; Ausone, 345, 10 s. La plante décrite par Apollonios a des analogies avec le *moly* homérique dont la racine est noire et la fleur blanche

comme lait (χ 302-306) et qu'une tradition récente fait naître du sang du Géant Picoloos tué par Hélios (Alexandre de Paphos, *ap.* Eust., à χ 306 [1658, 48 ss.] = Ptol. Chennos, 4, 18, p. 30 Chatzis). Autres plantes nées du sang d'un héros : cf. M. M. Gillies, note au v. 845 ; S. Eitrem, *Symb. Osl.*, 21, 1941, 56, n. 2. — Diverses identifications ont été proposées pour le *Prométheion* : (1) la mandragore, associée à Circé (Dioscoride, 4, 75), qui a une racine double, rouge et charnue (Pline, *Hist. Nat.*, 25, 147 s.) : cf. Chr. Lacombrade, *Pallas*, 10, 1961, 19-30 ; (2) l'aconit : Ausone, *loc. cit.* ; il pourrait s'agir en ce cas, selon J. André, du *Doronicum Caucasicum* M. B. à fleurs jaunes, qui est une variété d'aconit ; (3) le colchique qui a une tige d'une coudée (καυλὸν σπιθαμαῖον) et une fleur semblable à celle du safran (ὅμοιον κρόκου ἄνθει) : Dioscoride, 4, 83, 1 ; cf. J. André, *Rev. Phil.*, 32, 1958, 232 s. La plante semble en tout cas être considérée comme une plante bulbeuse, ce que les naturalistes indiquent par les adjectifs σαρκώδης et σαρκόρριζος : cf. Théophr., *De plantis*, 6, 6, 8-10 ; R. Strömberg, *Theophrastea* (1937), 83, 86. Ces plantes ont généralement une seule hampe portant l'efflorescence (μονόκαυλα) : cf. Strömberg, 95-97 ; mais certaines variétés ont deux tiges florales : cf. Théophr., *loc. cit.*, 6, 6, 8 δικαυλεῖ, à propos du lis, κρίνον) ; Strömberg, 113 s. ; c'est peut-être ce que veut dire Apollonios au v. 856. — Pour νεότμητος, cf. Callim., fr. 110, 51 Pf. ; Théocr., 7, 134.

858. Cf. Ion de Chios, fr. 40 Nauck² ; *Anth. Pal.*, 6, 109, 5 δρυὸς ἰκμάδα (Antipatros de Sidon) ; L. Lacroix, *Latomus*, 28, 1957, 316 s. Ce suc noir est extrait soit des noix de galle soit des cupules, utilisées en teinture et en tannerie, du *vélani* (*Quercus aegilops* L.) qui pousse en Grèce et en Asie Mineure. Nous remercions J. André des nombreux renseignements qu'il nous a donnés pour tout ce passage.

859. Selon le scholiaste, c'est l'Océan qui fournit les plus gros coquillages ; or la Caspienne, voisine de la Colchide, passait pour être un golfe de l'Océan.

860. Médée a dû se laver dans sept eaux différentes (cf. schol. ; Ménandre, *Phasma*, 55 s., et surtout Ovide, *Mét.*, 13, 953) ou sept fois dans une eau courante (cf. H. Fränkel, *Noten*, 395 ; D. A. van Krevelen, *Mnemosyne*, 24, 1971, 416, qui citent Ovide, *Mét.*, 7, 189 s. ; Apulée, *Mét.*, 11, 1 *septiesque summerso fluctibus capite*). Si l'on préfère cette seconde interprétation, il faut admettre que ἑπτά équivaut à ἑπτάκις (cf., en sens inverse, 2, 974). — Sur la purification par l'eau dans les cérémonies magiques, cf. A.-M. Tupet, *Magie dans la poésie latine*, 1 (1976), 19-29.

Page 87.

862. Brimô est une épiclèse d'Hécate (cf. 3, 1211) attestée à Phères en Thessalie : cf. Lycophron, 1176 et schol. ; P. Philippson *Thess. Myth.*, 1944, 65-106. Comme Daeira, ce nom est porté

aussi par Perséphone : cf. [Orph.], *Arg.*, 17, 429 ; *Orphica*, fr. 31, 5 Kern. Les Orphiques considèrent qu'Hécate et Perséphone sont une seule et même déesse, fille de Zeus et de Déméter : Callim., fr. 466 Pf. ; *Orphica*, fr. 41 Kern. Bien qu'Apollonios garde la généalogie hésiodique d'Hécate (voir p. 70, n. 1), il semble admettre ce syncrétisme, puisque Brimô est qualifiée d'ἐνέροισιν ἄνασσαν (pour l'expression, cf. O 188). Le style des v. 861 s. est caractéristique des hymnes et plusieurs qualificatifs se retrouvent dans les hymnes à Hécate : pour κουροτρόφον, cf. Hés., *Théog.*, 450 ; *Hymnes orph.*, 1, 8 ; pour νυκτιπόλον, cf. K. Preisendanz, *Pap. Gr. Mag.*, 2 (1931), VII, 692 ss. Βριμώ ... νυκτοδρόμα ; *Hymne à Hécate*, 2 νυκτερόφοιτε (Heitsch, *Griech· Dichterfragm.*, 1², p. 171) ; pour χθονίην, cf. *ibid.*, 1 ; *Hymnes orph.*, 1, 2 ; *Orphica*, fr. 42 Kern ; et les textes réunis par E. Livrea à 4, 147. Les deux dernières épithètes se retrouvent en 4, 148, 829, 1020.

863. Sur le rituel à observer pour la cueillette des simples, cf. A. Delatte, *Herbarius*, 27, 57. — Sur la formule λυγαίῃ ἐνὶ νυκτί, attestée cinq fois chez Apollonios avec des variantes, cf. E. Livrea, à 4, 458.

866. Une sympathie magique unit la plante à Prométhée, fils du Titan Japet : cf. Delatte, *o. c.*, 147 s. ; Chr. Lacombrade, *Pallas*, 10, 1961, 26-30 ; H. Fränkel, *Noten*, 396. — Ῥίζης τεμνομένης, expression consacrée pour la cueillette des simples, rappelle le titre des Ῥιζοτόμοι de Sophocle, pièce qu'Apollonios a dû utiliser, ainsi que les *Colchidiennes*.

869. Apollonios s'inspire à nouveau du départ de Nausicaa : v. 869 ∽ ζ 78 ; v. 871-874 ∽ ζ 81-84, 318 (τρώχων) ; v. 876-884 ∽ ζ 102, 105 s., 123 s. Autres réminiscences : v. 871 ∽ N 25 s. ἱμάσθλην | ... εὔτυκτον ; v. 873 (πείρινθος) ∽ Ω 190 ; v. 874 s. ∽ *H. hom. Dém.*, 176 s. ; v. 875 ∽ Aratos, 614 ἐπιγουνίδος ἄχρις, et peut-être Callim., fr. 383,15 λεπταλέους ; v. 880 ∽ α 25 ἀντιόων ... ἑκατόμβης ; v. 884 ∽ π 163 κνυζηθμῷ. — La comparaison, suggérée par l'*Odyssée*, est rehaussée de souvenirs callimachéens : v. 876 ∽ Callim., fr. 37, 1 οἵη τε Τρίτωνος ἐφ' ὕδασιν Ἀσβύσταο (qui garantit ἐφ', employé de nouveau d'après le même modèle en 4, 1311 ; cf. aussi 1, 36, 537 ; 2, 656) ; fr. 75, 25 (Parthénios) ; — v. 877 ∽ Callim., fr. 202, 1 (Amnisos) ; — v. 878 s. ∽ Callim., *Hymnes*, 3, 110-112 (Ἄρτεμι Παρθενίη, χρύσεον ... δίφρον, κεμάδεσσι) ; — v. 881 ∽ *ibid.*, 45 ἀμορβούς (terme emprunté à Antimaque, fr. 28 Wyss) ; — v. 881 s. ∽ *ibid.*, 15 Ἀμνισίδας ... Νύμφας (et 162). Le développement s'achève, aux v. 881-884, par des références à l'*H. hom. Aphr.*, 68 πολυπίδακα ... θηρῶν (à la même place dans le vers), 70 σαίνοντες, 97-99 (Nymphes régnant sur ἄλσεα, ὄρος et πηγάς ; classification analogue : Υ 8 s. ; ζ 123 s. ; Ap. Rh., 1, 1226-1229 ; 4, 1149-1151). On notera que, si la Πότνια θηρῶν de l'*Hymne hom. à Aphrodite* ne suscite que le désir amoureux, l'Artémis d'Apollonios, plus proche d'Hécate, fait trembler les bêtes sauvages, de même que le peuple d'Aia évite le regard de Médée (v. 885 s.).

876. Si l'on garde ἐφ' (voir la *N. C.* précédente), le complément
ne dépend sans doute pas de λοεσσαμένη : Apollonios aime,
comme Callimaque, ces effets de dissymétrie. On notera d'ailleurs
que la mention du Parthénios demeure isolée : il n'est plus question
par la suite que de l'Amnisos (v. 877, 882). Sur le Parthénios,
cf. 2, 936-939, et la *N. C.* à 2, 945.

884. L'Amnisos est un fleuve et une ville de Crète proches
de Cnossos ; Eilithyie, identifiée ensuite à Artémis, y recevait
un culte dans une grotte dès les temps mycéniens : cf. τ 188,
et M. Ventris-J. Chadwick, *Documents in Myc. Greek*, 1956, 310,
n° 206.

Page 88.

886. Ce n'est pas par pure déférence que les sujets de Médée
évitent son regard (cf. v. 884) ; les descendants du Soleil sont
caractérisés par l'éclat redoutable et éventuellement funeste
de leurs yeux : cf. 4, 683 s., 727-729, 1669 s. (et comparer 2, 681-
683) ; Philostr. le J., *Imag.*, 8, 1. Apollonios n'a garde d'oublier
que Médée est une puissante magicienne ; *contra*, H. Fränkel,
Noten, 397.

889. Αὐτόθι est oiseux si on ne lui donne pas le sens temporel
de « séance tenante »: cf. la *N. C.* à 3, 295. M. Campbell *(per litt.)*
admet la même valeur pour καταυτόθι en 2,16 ; 4, 916, 1409, et
note que, dans ces deux derniers cas, l'adverbe est renforcé par
αἶψα comme ici par ἱεμένη. On peut hésiter pour 2, 16, et surtout
pour 4, 1406, où κ. local (et nettement détaché d'αἶψα) apporte
une précision utile.

893. M. Campbell *(per litt.)* défend avec raison le texte
transmis : ἐνόησα avec une valeur volitive est garanti par λ 62 ;
l'hiatus après le premier temps fort s'autorise de Ο 46 (cf. aussi
Ap. Rh., 3, 718). Μετά+dat. ne marque pas le mouvement ;
il est éclairé par στρωφῶσιν : Médée se reproche de s'aventurer
au milieu des étrangers qui vont et viennent à travers le pays.

Page 89.

911. Les mensonges de Médée manquent parfois de clarté,
mais non de cohérence. Aux v. 891-895, elle ne s'accuse pas
d'imprudence, car, en ce cas, il eût convenu de rentrer au plus
vite ; l'unique faute qu'elle se reproche est l'imprévoyance : elle
aurait dû penser que le temple était déserté et n'avait donc pas
besoin d'officiantes. En d'autres termes, Médée s'excuse seulement
d'avoir dérangé sans raison ses compagnes. Elle n'en est que
plus à l'aise pour leur offrir ensuite des compensations : une
partie de jeu et l'espoir de rapporter des cadeaux. On peut être
surpris, il est vrai, qu'il ne soit plus question des présents annoncés :
les servantes ont dû en éprouver une déception et même concevoir
des soupçons. Mais, lors du retour tardif (v. 1137 ss.), elles
devineront le trouble de leur maîtresse : habituées à l'obéissance

et dévouées à la princesse, elles se garderont de lui poser des questions ou de faire des révélations compromettantes.

915. Les frères d'Argos ont été laissés la veille au palais pour surveiller le comportement de Médée (v. 825 s.) ; ils viennent maintenant apporter les informations attendues et resteront désormais auprès des Argonautes.

918. Pour l'anaphore et la construction d'ἐσθλός, cf. Hés., *Théog.*, 435, 439, 444. — Sur Mopsos, cf. t. 1, p. 242 (*N. C.* à 1, 66).

923. Cette transfiguration de Jason rappelle celles d'Agamemnon (B 477-483) et d'Ulysse (ζ 229 s., 237 ; π 172-176). Autres souvenirs homériques : v. 919 s. ∞ E 636 s. ; — v. 923 ∞ λ 143 (déjà imité en 1, 876) ; — v. 925 ∞ ζ 237 et Υ 46 (cf. 3, 444).

928. Pour le tour ἔστι δέ τις, cf. 1, 936 ; 2, 360 ; 3, 1085 ; 4, 282, 982, d'après B 811, *al.* Il n'y a pas lieu de corriger le temps : comme le note M. Campbell *(per litt.)*, Apollonios aime donner des détails précis — ou apparemment précis — sur la Colchide (cf., par ex., 3, 473, 577, 1271 s.) ; le présent contribue à ce réalisme en suggérant que l'arbre existe encore. On traduira donc ici στίβος par « chemin », comme en 4, 47. H. Fränkel (*Noten*, 404), qui adopte ἦεν, donne à κατὰ στίβον son sens habituel (« sur leurs pas », « pendant qu'ils cheminaient » : cf., par ex., 1, 1253 ; 3, 1218) ; mais cette interprétation rend la phrase maladroite : « Da wo sie gingen, stand eine Pappel ». — Le v. 928 rappelle Théocr., 7, 8-9 et la *Petite Iliade*, fr. VI Allen (cf. déjà 3, 220).

933. Transposition sans intention polémique de Callim., *Hymnes*, 2, 105 οὐκ ἄγαμαι τὸν ἀοιδόν, ὃς οὐδ' ὅσα πόντος ἀείδει ; cf. t. 1, p. xiv. La scène de la corneille fait écho à un épisode célèbre de l'*Hécalé* (fr. 260, 17-62 Pf.). Elle ne comporte qu'une référence précise au texte callimachéen (v. 937 ∞ fr. 260,50 ἐπιπνείουσι κορώνην ; mais cf. aussi Théocr., 12, 10 πνεύσειαν ... Ἔρωτες). En revanche, on en relève plusieurs dans le reste de l'œuvre : v. 23 οἰωνούς, ὡς δῆθεν ∞ Ap. Rh., 2, 384 ; v. 27 ∞ Ap. Rh., 1, 177 (cf. t. 1, p. 58, n. 3) ; v. 41 ∞ Ap. Rh., 4, 585, 740, 1083 (d'après Hés., *Théog.*, 615) ; v. 46 ∞ Ap. Rh., 3, 851 (cf. *ad loc.*) ; v. 51 ∞ Ap. Rh., 1, 669 ῥικνοῖσιν ; v. 62 ∞ Ap. Rh., 3, 751 (cf. *ad loc.*). Nonnos, *Dion.*, 3, 97-123, imitera à son tour Callimaque et Apollonios : cf. éd. P. Chuvin, C.U.F., t. 2, p. 6-7.

Page 90.

953. Cf. 1, 1263. Le singulier κέλευθον est meilleur : Médée ne regarde que dans la direction d'où viendra Jason. Lorsque κέλευθος a son sens propre de « chemin », le pluriel n'est jamais employé pour le singulier ; l'usage est différent quand le terme signifie « expédition » : cf. 1, 246, 337, 352 ; 4, 732. — Pour le v. 953ᵇ, cf. Aratos, 738 παρακλίνουσα μέτωπα (J. Martin).

954. Le génitif de lieu στηθέων manque de véritable parallèle ; mais on ne peut l'interpréter comme un génitif-ablatif qu'en détruisant la gradation voulue avec le v. 962.

Page 91.

959. L'orthographe de ΔΗΤΟΙ fait difficulté. Ἤτοι a pour fonction habituelle d'annoncer les corrélatifs μέν ... δέ ... ; il paraît normal d'écrire δ' ἤτοι en 2, 132 (*sic* E) ; 3, 854 (*sic* E), 958 (δή τοι Ω), 1221 (*sic* Ω) ; 4, 285 (δή τοι Ω), 331 (*sic* Ω ; δ' *om.* E : cf. 3, 59, 239). Dans ce tour, le premier terme doit être interprété selon les cas comme δέ ou comme δή (cf. P. Chantraine, *Gramm. hom.*, 1, 84 s.). En revanche, malgré G. Hermann, *Homeri Hymni* (1806), 104-106, δή τοι paraît devoir être conservé en 2, 841 ; 4, 279, 801 : cf. 1, 727 δὴ γάρ τοι.

961. Cf. Alcman, *Parth.*, 1, 62 s. ἅτε Σήριον | ἄστρον. Apollonios se souvient de X 26-31, où Homère note l'éclat et les vertus funestes de Seirios. Voir aussi E 5 s. ; Λ 62 s. et la *N. C.* à 2, 519 (t. 1, p. 272).

Page 92.

986. Cf. *H. hom. Aphr.*, 131 ἀλλά σε πρὸς Ζηνὸς γουνάζομαι ἠδὲ τοκήων. La mention des parents peut paraître déplacée ici : cf. H. Fränkel, *Noten*, 410. Mais elle est à la fois traditionnelle et délibérée : Jason veut faire espérer à Médée qu'il lui sera possible d'éviter une rupture avec sa famille : cf. la *N. C.* à 3, 1006. — Sur Zeus patron des hôtes (ou des étrangers) et des suppliants, cf. 2, 1131-1133 (et t. 1, p. 231, n. 1).

Page 93.

1004. A. Oguse *(per litt.)* observe qu'une expression du type μέσῳ αἰθέρι désigne habituellement le méridien et non le zénith : cf. Θ 68 ; Π 777 ; δ 400 ; Hés., *Trav.*, 609 ; Soph., *Ant.*, 415. Elle a apparemment ici un sens plus vague (« en plein ciel ») comme dans Eur., fr. 124, 2 Nauck². Πάννυχος doit également être entendu au sens large, puisque la Couronne boréale n'est pas une constellation circumpolaire : elle se couche au lever du Cancer et commence à se lever avec les Pinces (Aratos, 572, 626) ; J. Martin ne pense pas qu'on puisse donner à l'adjectif le sens inhabituel de « toutes les nuits » (De La Ville de Mirmont, suivi par A. Oguse). — Εἰδώλοισιν est un emprunt à Aratos, 64, 383.

1006. Il sera fait encore allusion à Ariadne en 3, 1074-1076, 1097-1101, 1105-1108 ; 4, 431-434. Ce précédent est bien de nature à toucher Médée, puisque Pasiphaé est fille du Soleil comme Aiétès (cf. 3, 1076). Jason arrange la légende pour les besoins de sa cause : il assure que la jeune fille est partie avec l'aveu de son père et il passe sous silence son abandon grâce à une expression habilement ambiguë (v. 1002). Cet arrangement n'a pas été inventé par Apollonios. Minos paraît avoir consenti au mariage de sa fille avec Thésée selon une tradition qui remonte peut-être à Euripide ou à Ion de Chios et qu'on retrouve plus

tard dans l'iconographie. En tout cas, la légende d'Ariadne était populaire au temps d'Apollonios : cf. Callim., fr. 67, 13 s. ; 110, 59 s. (où apparaît comme dans notre passage la forme Μινωίς) ; 601 (?) Pf. ; *Hymnes*, 4, 307-315 ; Théocr., 2, 45 s. ; Théolytos de Méthymne, fr. 1 Powell (p. 9) ; Aratos, 71-73. A Alexandrie, l'un des dèmes de la tribu dionysiaque se nommait Ἀριαδνίς et l'héroïne y était qualifiée de παῖς πατροφίλη (Satyros, fr. 21, *ap.* Müller, *Fragm. Hist. Graec.*, 3, 164 s.). Le catastérisme de sa couronne est mentionné par Callim., *Chevelure de Bérénice*, fr. 110, 59 s., et Aratos, *l. c.* ; il remonte peut-être à Phérécyde, 3 F 148 Jacoby, voire à [Épiménide], 3 B 25 Diels-Kranz. Sur l'ensemble de ces questions, cf. H. Herter, *Rhein. Mus.*, 91, 1942, 228-237.

Page 94.

1029. Aux v. 1029-1051, Apollonios reprend certaines indications données à propos de la cueillette du *Prométheion* : 1029 ∞ 863ᵃ (et Théocr., 24, 92) ; 1030 ∞ 860 ; 1031 ∞ 863ᵇ ; 1035 ∞ 478, 847, 861 s. ; 1042-1051 ∞ 846-850. Le poète s'inspire surtout de la *Nekyia* homérique : 1032ᵃ ∞ κ 517, λ 25 ; 1032ᵇ-1033ᵃ ∞ κ 527, λ 35ᵇ-36ᵃ ; 1033ᵇ ∞ κ 531-533ᵃ, λ 44-46ᵃ (et A 461) ; 1035, 1037 (prières) ∞ κ 533ᵇ-534, λ 46ᵇ-47 ; 1036 ∞ κ 518-520, λ 26-28 ; 1038-1041 ∞ κ 528ᵇ-529ᵃ. La narration ultérieure se conformera aux prescriptions de Médée, mais apportera des compléments : 1194-1198ᵃ ∞ 1029, 1031ᵃ ; 1199-1200 ∞ 1032ᵇ-1033ᵃ, 1036 (mention nouvelle du lait) ; 1201 s. ∞ 1031ᵃ (précisions sur le choix du lieu) ; 1203-1204ᵃ ∞ 1030 ; 1204ᵇ-1206 ∞ 1031ᵇ (précisions nouvelles) ; 1207 ∞ 1032ᵃ (dimensions de la fosse) ; 1208-1210ᵃ ∞ 1032ᵇ-1034 ; 1210ᵇ ∞ 1036 ; 1211 ∞ 1035 ; 1212-1223ᵃ ∞ 1038-1041.

1033. Ἀρνειός désigne proprement le bélier (âgé de trois ans selon Hésychius). Par suite d'une curieuse lecture de κ 527, Apollonios l'entend au sens d'ovin (mâle ou femelle) et le qualifie de θῆλυς tout en lui conservant le genre masculin (v. 1209) ; de la même manière, Aristote, *Hist. an.*, 6, 577ᵇ 22, désigne la mule sous le nom de ὁ θῆλυς ὀρεύς. — Ὠμοθετέω signifie littéralement « poser les victimes crues » ; chez Homère (A 461, *al.*), il se dit pour des quartiers préalablement dépecés ; Apollonios prend le contre-pied en spécifiant ἀδαίετον.

1034. En règle générale, l'égorgement des victimes et les libations ont lieu au-dessus de la fosse : λ 35 s. ; Ovide, *Mét.*, 7, 243-245 ; Paus., 2, 12, 1 ; 5, 13, 2 ; 9, 39, 6 ; [Orph.], *Arg.*, 964 ; cf. Ziehen dans *Real-Encykl.* III A, 2 (1929), s. Σφάγια, 1671. Mais l'emplacement du bûcher peut varier. Si la *Nekyia* homérique ne donne aucune précision, le bûcher se trouve dans la fosse selon l'*H. hom. Herm.*, 112 ; Sén., *Oed.*, 550-568 (où toutes les opérations concernent la fosse) ; il en est indépendant, au contraire, dans Lucien, *Charon*, 22 ; Héliod., 6, 14, 3. D'après [Orph.], *Arg.*, 954, il se trouve *devant* la fosse ; mais l'indication

est contredite par le v. 970 et il faut corriger avec Schneider ἔμπροσθε en ἔντοσθε. Chez Apollonios, à s'en tenir au texte transmis, la nature et la succession des opérations sont les suivantes : *a)* creusement de la fosse (1032, 1207) ; *b)* érection du bûcher *sur* la fosse (1034, 1208) ; *c)* égorgement de la victime *sur* le bûcher (1208 ἐπὶ δέ), de telle sorte que son sang coule *dans* la fosse (1032 τῷ δ' ἐνί ; cf. λ 35 s. ἀπεδειροτόμησα | ἐς βόθρον) ; *d)* déposition de la victime *sur* le bûcher (1209) ; *e)* mise à feu du bûcher (1209 s.) et crémation de la victime (1033) ; *f)* libations *sur* le bûcher (1210 s. ἐπὶ δέ ; cf. 1035 s.). Ce scénario est cohérent. La fosse a de petites dimensions : elle mesure une coudée, soit environ 44 cm de diamètre (cf. 1032, 1207 ; l'indication concerne la largeur et non la profondeur d'après κ 517 = λ 25) ; la combustion se serait mal effectuée si le bois avait été placé en contrebas, dans la fosse. Néanmoins cette hypothèse ne peut être exclue en raison du parallèle fourni par l'*Hymne à Hermès* : en ce cas, ἐπί (v. 1034) signifierait « sur le fond de » ou pourrait être corrigé en ἐνί (*sic* D et, avec hésitation, Fränkel). M. Campbell, *Class. Quart.*, 19, 1969, 280-282, croit au contraire que le bûcher est près de la fosse (cf. déjà M. Oswald, *Prep. in Ap. Rh.*, 1904, 177) et il corrige en conséquence ἐνί en ἐπί au v. 1032. Cette interprétation ne nous paraît pas acceptable, car toutes les opérations auraient lieu au-dehors de la fosse qui serait dès lors sans utilité. Elle est infirmée en outre par αὐτῷ (v. 1034) qui souligne que le bûcher est dressé sur l'orifice du *bothros* lui-même (ἐπὶ βόθρῳ) ou, si l'on préfère, à l'intérieur de celui-ci (ἐνὶ βόθρῳ).

Page 96.

1089. Les *Catalogues* hésiodiques attestent la généalogie qui rattache Aiolos, l'ancêtre des Éolides, à Prométhée par l'intermédiaire de Deucalion et d'Hellen : fr. 2-4, 9-10 Merk.-West. D'après Hellanicos, 4 F 6 *ab* Jacoby, Deucalion régna en Thessalie et y éleva l'autel des Douze Dieux ; cf. déjà Hés., fr. 6 Merk.-West et Hécatée de Milet, 1 F 14 Jac. Malgré les affirmations de Jason, Deucalion n'est pas le premier souverain humain : Argos lui apprendra plus tard que les Arcadiens et surtout les Égyptiens lui sont antérieurs : cf. 4, 261-271. — V. 1086 ∞ o 406 εὔβοτος εὔμηλος (et λ 257 πολύρρηνος) ; — v. 1087 ∞ Hés., *Théog.*, 528 ; *Trav.*, 54 Ἰαπετιονίδης ; — v. 1088 s. ∞ ζ 9-10 (et Σ 490). — Sur le sens d'εὔβοτος, cf. P. Chantraine, *Dict. Étym.*, s. βόσκω.

Page 97.

1095. Pour situer Iôlcos, Jason prend le soin de citer des noms connus de Médée : Prométhée, Cadmos (qui a tué le dragon dont Aiétès a reçu une partie des dents) et Orchomène. — Sur Minyas,

cf. t. 1, p. 10-12. Pour ὁμούριον, cf. 2, 379 et Callim., fr. 552 Pf. dans un contexte analogue.

1099. Ariadne a été déjà nommée aux v. 998 et 1003, et Médée a glosé elle-même son nom au v. 1075 (ἀριγνώτη). On voit mal ce que les v. 1098 s. apportent de nouveau. Le texte serait plus clair si le poète introduisait ici une nouvelle appellation, par ex. celle d'Ἀριδήλην, la « Brillante », que la fille de Minos portait en Crète selon Hésychius : en ce cas, ἀγλαόν prendrait tout son sens.

1101. Voir la *N. C.* à 3, 1006. Dans ce passage, Apollonios fait indirectement allusion à la version de Timônax selon laquelle Aiétès avait donné la main de sa fille à Jason : cf. fr. 2 Müller (*Fragm. Hist. Graec.*, 4, 522). — Αἴθε γάρ n'est pas attesté avant Callimaque : cf. fr. 260, 48, et la note de Pfeiffer.

1108. Médée demeure dans sa réponse sur le terrain juridique où Jason s'était placé (ξυναρέσσατο, ἄρθμιος). Συνημοσύναι désigne un pacte, un accord réciproque (voir t. 3, p. 122, n. 2). Φιλοξενίη n'a pas davantage une valeur sentimentale : « amitié (au sens courant du mot) ou amour pour un étranger » (cf. H. Fränkel, *Noten*, 422) ; le terme, en rapport avec l'hospitalité, implique l'établissement d'un lien entre hôtes concrétisé par un mariage. — Si la xénophobie d'Aiétès est patente (cf. 2, 1202 s. ; 3, 584-593), on peut se demander pourquoi Médée ajoute οὐδ' Ἀριάδνη | ἰσοῦμαι. Ce n'est sûrement pas par une feinte modestie ; elle veut plutôt dire qu'elle n'est pas disposée à quitter sa patrie pour suivre un étranger, contre la volonté de ses parents. Même après les engagements explicites de Jason (v. 1120-1130), elle ne s'y résoudra pas encore et c'est le poète qui devra prendre la parole pour annoncer la fin prochaine de cette ultime résistance : voir la Notice, p. 46 et 47, n. 4.

1116. Cf. θ 409 ἀναρπάξασαι ἄελλαι. Les expressions de ce type désignent en général la mort d'une façon figurée : cf. α 241 (= ξ 371), δ 727, υ 77 ; Médée viendra donc tourmenter Jason comme un revenant (comparer 3, 703 s.). Ses paroles annoncent ses futures imprécations (4, 355-390, 1031-1052).

Page 98.

1127. Comparer 3, 391 s., 1005 s. Apollonios se souvient de Ζ 239 s. παῖδάς τε κασιγνήτους τε ἔτας τε | καὶ πόσιας. Comme chez Homère, les ἔται sont les compagnons plutôt que les parents : cf. P. Chantraine, *Dict. Étym.*, *s.v.* Le même sens est à préférer en 1, 305 : Jason est accompagné par ses concitoyens (cf. 1, 310 δῆμος) et par ses serviteurs qui portent ses armes (1, 266 s.) ; mais il n'est pas question de ses parents. — Il paraît préférable de construire ἄδην avec κακότητος (cf. ε 290) et de le considérer comme un adjectif invariable.

1134. Ὥς ... τόδε n'est pas plus pléonastique que οἷον τόδε (δ 242) ou τάδε γ' ὧδε (Ζ 349) ; cf. aussi Ap. Rh., 1, 445 s.

Τότε, conjecturé par M. L. West, n'est pas satisfaisant : le dessein d'Héra est arrêté depuis longtemps et une précision temporelle n'est pas ici à sa place.

1136. Thème analogue en 3, 64 puis en 4, 241-243. Il a son origine dans Phérécyde, 3 F 105 Jacoby. H. Fränkel, *Noten*, 424, observe que c'est la première fois que Médée est explicitement nommée, à côté de Jason, comme l'instrument de la vengeance d'Héra.

Page 99.

1145. Pour ἀποβλώσκω et ἀβολέω, cf. Callim., fr. 24, 5 ; 384, 5 ; 619 Pf.

1151. Cf. λ 222 ; 2, 587, et la *N. C.* à 3, 684. Sur μεταχρόνιος, cf. t. 1, p. 190, n. 5, et le commentaire d'E. Livrea à 4, 952.

1154. V. 1152 ∞ 3, 869 (le parallèle garantit la leçon θοῆς) ; v. 1153 s. ∞ 3, 871 s. Comparer le retour de Nausicaa : ζ 253, 316 s. ; η 3-7. — Pour δαιδαλέην, cf. Θ 43 ; N 25 ἱμάσθλην χρυσείην εὔτυκτον.

1160. Tableau plastique rappelant les « pleureuses assises » de la sculpture funéraire. Comparer la scène où Médée et Chalkiopé pleurent serrées l'une contre l'autre (3, 705-709) sur le lit de Médée (3, 655, 672).

Page 100.

1169. Sur le sens d'αἰνός, cf. H. Fränkel, *Noten*, 611.

1170. Cf. κ 379 θυμὸν ἔδων ; Aristoph., *Nuées*, 1360 θ. δακών. Le vers fait allusion à l'épisode des v. 556-566. — Pour οἰόθεν οἶος, cf. M. Campbell, *Class. Quart.*, 21, 1971, 412, n. 1.

1172. Le scholiaste reproche au poète un solécisme ; mais Apollonios construit μέλομαι soit avec le génitif soit avec une préposition (cf. 2, 376 ; 4, 491) ; comparer *Anth. Pal.*, 6, 221, 5 (Léon. Tar.). L'absence de coordination entre γηθόσυνοι et εὔκηλοι n'est pas davantage sujette à caution, malgré H. Fränkel, *Noten*, 433, puisque le premier porte sur toute la phrase et l'autre seulement sur le membre introduit par μέν.

1175. Sur Aithalidès, cf. t. 1, p. 80, n. 3. Télamon, qui a déjà accompagné Jason lors de la première ambassade (3, 196), est chargé par lui d'une nouvelle mission de confiance ; il s'acquitte ainsi de la dette qu'il a contractée à la fin du chant I : cf. t. 1, p. 113, n. 5.

1187. Sur la légende de la fondation de Thèbes, cf. F. Vian, *Origines de Thèbes* (1963), 21-31. L'épisode des Spartes thébains remonte pour nous à Stésichore (fr. 195 Page). Il a été mis en relation avec la variante colque par Phérécyde (3 F 22 Jac.). Apollonios suit le logographe tout en simplifiant son récit : il fausse légèrement la chronologie aux v. 1179-1182 qui donnent l'impression que Cadmos continue à chercher Europé après avoir

quitté Delphes ; il omet Arès à l'occasion de la remise des dents
à Cadmos ainsi que le jet de pierre qui sera à l'origine du massacre
des Spartes. — Sur Arès « semeur » et moissonneur », cf. E. Livrea,
Zeitschr. f. Pap. u. Epigr., 25, 1977, 127, n. 17.

Page 101.

1191. Le schéma de la scène présente des analogies avec celui
de l'escale en Mysie : v. 1191-1193ª ∿ 1, 1172-1178 ; v. 1193ᵇ-
1194ª ∿ 1, 1182 s. ; v. 1194ᵇ ∿ 1, 1187 ; v. 1197 ∿ 1, 1188 ;
v. 1212 ∿ 1, 1206 ; v. 1223 s. ∿ 1, 1273 s. Cf. A. Köhnken,
Apoll. Rh. u. Theokrit (1965), 18-22. — Au cours de cet épisode,
Jason se conforme à des prescriptions connues des papyrus
magiques : cf. K. Preisendanz, *Pap. Gr. Mag.*, 2 (1931), VII,
321 ss. (formule à prononcer) « ἠρεμείτω γαῖα, καὶ ἀὴρ
ἠρεμείτω, καὶ θάλασσα ἠρεμείτω · ἠρεμείτω<σαν> καὶ οἱ
ἄνεμοι κτλ. » (cf. *Hymnes orph.*, 1, 4, Hécate φιλέρημος) ; VII,
436 ὀψὲ ἢ μέσης νυκτός ; XIα 4-5 ἐλθὼν δὲ ἐπὶ τὸν τόπον παρὰ
ποταμὸν ... νυκτὸς μέσης (cf. μεσανυκτία dans un formulaire
magique de Munich : A. Carlini, *Papiri lett. greci*, 1978, 250 s.,
avec divers parallèles). Cf. aussi Lucien, *Ménippe*, 9-10.

1196. Les v. 1191-1196 rappellent par leur mouvement les
v. 744-751. Pour l'expression, cf. Aratos, 51 Ἑλίκης ... Ἄρκτου
(= Ap. Rh., 2, 360), 518 εὐφεγγέος Ὠρίωνος ; Π 300 οὐρανόθεν ...
αἰθήρ. — La Grande Ourse ne se couche pas ; mais le moment
où elle s'approche de l'horizon peut marquer le milieu de la nuit,
du moins à certaines époques de l'année qu'Apollonios ne précise
pas. Théocr., 24, 11, est aussi énigmatique (cf. le commentaire
de Gow), bien que le poète donne une indication complémentaire
relative à Orion.

1200. Cf. 3, 1032 s., 1036. Argos, habitant du pays, s'est
chargé de procurer la brebis et le lait destiné aux libations.

Page 102.

1215. Cf. Soph., *Rhizotomoi*, fr. 535 Pearson et Radt (Ἑκάτη)
στεφανωσαμένη δρυΐ καὶ πλεκτοῖς [-ταῖς Radt] | ὠμῶν σπείραισι
δρακόντων et le commentaire de Pearson *ad loc.* Le chêne n'est
mis en rapport avec Hécate que chez Sophocle et Apollonios ;
mais Ovide, *Héroïdes*, 12, 67, mentionne l'*ilex* dans le bois sacré
de la triple Diane (= Hécate) en Colchide. — Sur Hécate et les
serpents, cf. aussi Artémid., *Oneirocrit.*, 2, 13 ; E. Petersen,
Arch.-Epigr. Mitt. a. Oesterr., 5, 1881, 70 ; Th. Kraus, *Hekate*,
1960, 87, n. 429.

1216. L'épiphanie d'Hécate s'inspire de celle d'Apollon dans
l'*Hymne homérique à Apollon* : v. 1216 ∿ *H. hom.*, 442, 445ª ;
v. 1218ᵇ ∿ *H. hom.*, 445ᵇ ; v. 1221 ∿ *H. hom.*, 447. Cf. aussi
N 18 s. ; *H. hom. Dém.*, 25 (∿ v. 1212 s.), 52 (∿ 1216) ; Ap. Rh.,
2, 679 s. (épiphanie d'Apollon).

1217. Cf. Théocr., 2, 12 s. Sur Hécate armée de torches et accompagnée de chiens, cf. Roscher, *Myth. Lex.*, s. Hekate ; Th. Kraus, *op. cit.*, 191 (voir l'index à Fackel, Hund) ; Heckenbach dans *Real-Encykl.*, s. Hekate, 2776, 37 ss. ; 2777, 42 ss.

1218. Comme dans l'*H. hom. Ap.*, 445, ὀλόλυξαν a une valeur ambiguë : l'*ololygé* est un cri rituel propre aux femmes où se mêlent vénération et effroi religieux. L. Deubner, *Ololyge* (Abhandl. d. Preuss. Akad., 1941), 5, ne retient que la seconde nuance.

1220. L'expression ἐλειονόμοι ποταμηίδες (sur ἐλ., cf. 2, 821) comporte sans doute un *hendiadyn*. — La danse est l'occupation habituelle des Nymphes (cf. 1, 1222-1225) ; avec M. Campbell, *Class. Quart.*, 21, 1971, 404, n. 3, on traduira donc εἰλίσσεσθαι par « danser » plutôt que par « hanter » ; dès lors, l'imparfait εἰλίσσοντο attesté par un papyrus paraît préférable ; opinion différente : A. Zumbo, *Helikon*, 15/16, 1975/76, 478-480. — Sur les monts Amarantes, cf. t. 1, p. 196, n. 1.

1227. Philostr. le J., *Imag.*, 11,4, fait allusion à cette cuirasse. Mimas est l'adversaire habituel d'Arès dans le combat que les Géants livrèrent contre les dieux dans la plaine mythique de Phlégra, identifiée ensuite à Pallène : cf. F. Vian, *Guerre des Géants*, 1952, 189-191, 205 s. Bien que le Géant anguipède fasse son apparition au ive siècle, Mimas est conçu à la façon d'un hoplite comme les Géants de l'art archaïque et classique.

1230. Certaines Gigantomachies représentent Hélios se levant à l'orient pendant la bataille et prenant parfois part lui-même au combat : cf. Ap. Rh., 3, 233 s. et la *N. C.* Le dieu porte un nimbe radié ou un casque couronné d'un nimbe (περίτροχον) : voir par ex. la métope appartenant à la Gigantomachie d'Ilion Novum (F. Goethert-H. Schleif, *Athena-tempel von Ilion*, 1962, pl. 34-40), ainsi que les remarques de H. Fränkel, *Noten*, 437.

Page 103.

1239. La conjecture de J. Samuelsson (*Ad Ap. Rh. adversaria*, 1902, 33) προσταίη permettrait de garder ἀέθλων ; mais elle introduit une inexactitude : Aiétès ne *préside* pas à l'épreuve ; il se contente d'y assister, à distance.

1244. Le cap Géraistos, au sud de l'Eubée, était consacré à Poseidon (γ 177 ss.) qui y possédait un temple.

1251. Cf. 3, 848. La pique ne peut être ni brisée (ἀαγές) ni pliée (ἐνεσκλήκει), comme le prouvent respectivement les échecs d'Idas (κόψε) et des autres Argonautes (γνάμψαι). On retrouve la même antithèse en 1, 63.

1254. Παλιντυπές régit ἄκμονος (*sic* Fränkel), mais porte aussi sur ἆλτο. Il paraît donc préférable de supprimer toute ponctuation dans la phrase.

Page 104.

1258. V. 1247 s. ∾ 3, 1042, 1046 s. ; v. 1256-1258 ∾ 3, 1042-1045. Médée avait énuméré les deux opérations dans l'ordre inverse ; mais Jason met d'abord la drogue à l'épreuve sur ses armes avant d'en enduire son corps. Pour Apollonios, παλύνω (v. 1247, 1256) est synonyme de παλάσσω (3, 1046). Ἐπιρρώεσθαι, « se mouvoir avec vigueur » prépare la comparaison qui suit. Grâce à la drogue de Médée, Jason est empli du μένος, du *furor* qui caractérise le guerrier. Comparer G. Dumézil, *Horace et les Curiaces*, 1942, *passim*.

1261. Cf. Ζ 506-511 (= Ο 263-268) ; Esch., *Sept*, 393 s. ; Soph., *Él.*, 25-27 ; Ap. Rh., 4, 1604-1608 ; Ennius, *Ann.*, v. 514-517 Vahlen³ (signalé par Drögemüller) ; Virg., *Géorg.*, 3, 83-88 ; *Én.*, 11, 492-497. Autres références dans l'éd. de Nonnos, *Dion.* (C.U.F.), t. 1, p. 154 (*N. C.* à 1, 310-318). Cf. M. v. Albrecht, *Hermes*, 97, 1969, 333-345.

1267. Les bonds de Jason et la fulguration de ses armes sont symbolisés par l'éclair comme ils le seront par un astre de feu aux v. 1377-1379 : cf. M. Campbell, *Studi It. Fil. Class.*, 46, 1974, 148-150. Les nuages chargés de pluie présagent sans doute la levée des innombrables fils de la terre (cf. 3, 1354-1357) ; M. Campbell préfère y voir une allusion à la pluie d'orage qui symbolisera leur défaite (3, 1399 ὀμβρήσαντος).

1271. Προτέρω, « en amont », par rapport, non à la ville, mais au précédent lieu de mouillage (3, 569-575). Les Argonautes avaient abordé sur la rive nord du côté d'Aia ; ils doivent donc traverser le fleuve, mais n'ont à le remonter que sur une faible distance, environ 300 m : τόσσον ... ὅσσον τ(ε) a souvent une valeur restrictive.

1277. Les lieux dessinent un théâtre naturel. Les Colques s'étagent sur les premiers contreforts du Caucase ; Aiétès se tient à la place d'honneur dans cette *cavea*, au bas et au centre. La plaine d'Arès, située au sud, de l'autre côté du fleuve, constitue l'orchestre. Cf. H. Fränkel, *Noten*, 440 s. La leçon des mss ἑλισσόμενον, rapportée à τόν, a été souvent défendue (Gillies, Ardizzoni, Pompella [article sous presse]) : elle implique qu'Aiétès, dans son impatience, va et vient le long du fleuve ; mais l'ambiguïté de la forme, placée après χεῖλος, est difficilement tolérable.

Page 106.

1303. Cf. Σ 470-472 ; Hés., *Théog.*, 863. Le creuset (χόανος) est percé pour l'écoulement du métal fondu ; le feu y est activé continuellement par deux soufflets de cuir en forme d'outres, reliés à la base du foyer (νειόθεν) par des tuyères ; selon un mouvement alternatif, l'un des soufflets se gonfle pendant que l'autre se vide. — Βρόμος peut désigner aussi bien le crépitement du feu (cf. Ξ 396 ; Ap. Rh., 4, 787 ; et la schol. AD à Ξ 396, βρόμος δὲ

κυρίως ὁ τοῦ πυρὸς ἦχος) que tout autre bruit (cf. par ex. Ap. Rh., 2, 597 ; 3, 1328). Dans ces conditions, le choix entre αὐτῶν (= φυσάων) et αὐτοῦ (= πυρός) est difficile. Ἐκ στομάτων (v. 1304), dans la seconde partie de la comparaison, paraît confirmer la variante de E ; mais αὐτοῦ, leçon de l'archétype, donne une phrase plus claire en exprimant le sujet d'ἀίξῃ. En outre, ἐξ αὐτῶν ... βρόμος fait pléonasme avec le v. 1300, si l'on adopte la leçon ἀναμορμύρουσι ; au contraire, si l'accent est mis sur le feu, le v. 1302 sert à annoncer les v. 1304ᵇ-1305ᵃ.

1305. D'après Π²⁷, il semble que certaines éditions anciennes comportaient des variantes après le v. 1302 ; mais les bribes conservées sur le papyrus sont malaisées à interpréter : cf. F. Piñero, *Studia Papyr.*, 14, 1975, 113 s. ; M. W. Haslam, *Illinois Class. Stud.*, 3, 1978, 62 s. En tout cas, le texte transmis pour les v. 1304-1305ᵃ est incertain, sinon corrompu. Δὲ ... τε (v. 1304), défendu par A. Ardizzoni, est sans parallèle véritable chez Homère ou chez Apollonios : sur K 466 et I 519, cf. C. J. Ruijgh, *Autour de τε épique* (1971), §§ 680 et 688 ; le pléonasme τὸν δ' ἀμφί ἑ risqué par G. Hermann est encore moins acceptable. La conjecture ἄμφεπε reste la plus séduisante pour le sens et pour la paléographie ; mais elle contraint à corriger aussi βάλλεν. Si l'on s'y résout, on préférera βάλλον (part. prés.) à βάλλε θ' : la mélecture ἀμφί τε a pu entraîner la correction d'un βάλλον équivoque (part. prés. ou imparf.) en βάλλεν, alors qu'on n'avait aucune raison de corriger un βάλλεθ' *(sic)* qu'on pouvait interpréter comme un moyen.

1310. Le choix entre ἐπιόντα et ἐριπόντα est difficile : le premier peut être une réminiscence du v. 1294 ; γνὺξ ἐριπεῖν, constant chez Homère et Apollonios, peut de son côté être *lectio facilior*. Malgré l'autorité de L *ante rasuram* (voir ci-dessus p. x s.), nous revenons, comme le suggère M. Campbell *(per litt.)*, à ἐπιόντα qui évite un pléonasme et apporte une précision utile : Jason, immobilisé par le premier taureau, ne peut maîtriser le second que parce que celui-ci le charge. Le tour elliptique σφῆλε γνύξ a son parallèle au v. 1308.

1313. Malgré A. Ardizzoni, que nous avons suivi dans l'éd. Érasme, ἐλυσθείς garde sa valeur habituelle : cf. l'étude d'E. Livrea à 4, 35. Dans la première phase de la lutte, Jason, en partie couvert par son bouclier, a eu affaire séparément aux deux taureaux. Maintenant il est nu devant eux ; aussi est-il *soudain* (εἶθαρ) enveloppé de flammes (pour διὰ φλογός, cf. I 468 = Ψ 33 ; Ap. Rh., 4, 874). L'expression ne fait pas double emploi avec celle des v. 1304ᵇ-1305ᵃ.

1319. Cf. Ω 265-280, et l'appendice de W. Leaf, *Iliad²*, 2, 623-630. Chez Homère, la κορώνη se nomme κρίκος (mais cf. la variante θοῆς ... κορώνης en φ 46, pour désigner le corbeau d'une porte). Les chevaux ne sont attelés qu'une fois le joug fixé au timon ; Jason, au contraire, commence par assujettir les taureaux au joug, parce qu'il s'agit d'animaux sauvages.

Page 107.

1329. Λαῖφος ... ἐστείλαντο : cf. Callim., *Hymnes*, 4, 319 s. ;
ἁλίπλοοι : cf. *ibid.*, 15 et 52.

1334. On ne peut suspecter βώλακες : cf. Pind., *Pyth.*, 4, 37,
228, et, ci-dessous, 3, 1336. Les mottes sont énormes parce que
la terre renferme de grosses pierres que la charrue soulève et brise
sur son passage : cf. 3, 1331 ὀκριόεσσα et l'hom. ἀνδραχθέσι
χερμαδίοισι (χ 121) ; voir à ce sujet les remarques de H. Fränkel,
Noten, 447 ; et de G. Giangrande, *Sprachgebrauch ... des Ap. Rh.*
(1973), 29.

1335. Sur λαῖον, cf. P. Chantraine, *Dict. Étym.*, *s.v.* ; βαθμόν,
donné comme variante par la plupart des manuscrits, est peut-être
une glose (« marche », d'où « partie de la charrue où l'on pose
le pied »). Sur le geste évoqué ici, cf. la coupe du Louvre reproduite
dans P. Cloché, *Classes, métiers, trafic*, 12 s., pl. 8, 1 ; et Virg.,
Géorg., 1, 45 ; Ovide, *Tristes*, 3, 10, 68.

Page 108.

1358. Souvenir de Soph., *Colchidiennes*, fr. 341 Pearson
[= Radt], complété par plusieurs réminiscences homériques : v.
1355 s. ∞ H 62 ; N 339 (et Γ 335 *al.* σάκος ... στιβαρόν ; N 147
al. ἔγχεσιν ἀμφιγύοισιν ; N 341 *al.* κορύθων ἀπὸ λαμπομενάων) ;
— v. 1357 φθισιμβρότου ∞ N 339 ; — v. 1357[b]-1358 ∞ B 458.

Page 109.

1370. L'adverbe θαρσαλέως crée un effet de surprise : pour
Jason, l'audace consiste à se cacher et à ne pas bouger, du moins
pendant quelques instants.

1373. V. 1370-1373[a] : cf. Pind., *Pyth.*, 4, 237 s., et la Notice,
p. 8. Pour l'expression, Apollonios se souvient de B 394-397
(comparaison), et de Ψ 847 (lancer du disque).

1376. Cf. 3, 1057-1059. Sur la répétition emphatique οἱ δ'...,
οἱ δ'..., cf. F. Vian, *Rev. Ét. Anc.*, 75, 1973, 85. La comparaison
des v. 1375 s. s'inspire de P 53-58, où δονέουσι a un sens plus
faible ; ici, comme dans Théocr., 24, 90, il équivaut à συστρέφω
(*sic Etym. Magn.*, 282, 15) ; κατᾶιξ, emprunt à Callimaque
(*Hymnes*, 3, 114 ; fr. 238, 29 Pf.), est également glosé dans notre
passage par συστροφαί ; l'image prolonge ἀμφιθορόντες.

1379. Cf. Δ 75-79. Ἀνα- (v. 1377) a gêné, puisque l'étoile
filante tombe du ciel : cf. Δ 74, 79 ; Τ 351 οὐρανοῦ ἐκ κατέπαλτο.
Aussi a-t-on conjecturé dès l'antiquité ἀπολάμπεται en supposant
que l'astre était la planète Mars appelée Πυρόεις (cf. les scholies).
En fait, le préverbe se justifie parce qu'il établit une relation
entre l'astre et Jason qui bondissent tous deux : cf. H.-P. Drögemüller, *Die Gleichnisse im hellenistischen Epos* (1956), 99, n. 7 ;
comparer Ap. Rh., 3, 957 ; 4, 464 (cités par E. Livrea, *per litt.*) ;
Nonnos, *Dion.*, 10,14 ; 40,6.

1382. Sur cette lacune, cf. les arguments donnés par H. Fränkel dans *Noten*, 450. Ajoutons qu'il est peu satisfaisant qu'ἀνέχοντας soit construit avec deux compléments de nature différente introduits l'un et l'autre par ἐς.

Page 110.

1391. Pour ὡς τότε, cf. 3, 1403 ; 4, 143, 170, 1288, 1455 ; le sujet est sous-entendu comme en 2, 1088 (M. Campbell, *per litt.*). Autres exemples de cette ellipse : Triphiod., 227 ; Nonnos, *Dion.*, 3, 394 ; 4, 307.

1393. Τετρηχότα est ambigu, peut-être à dessein : il équivaut à la fois à τρηχεῖαν, « rude », « pierreuse » (cf. 3, 411, 1053, 1331, 1333 s. et la *N. C.*) et à τεταραγμένην, « bouleversée (par la charrue) ». Voir les *N. C.* à 3, 276 et 1395. — Ὀδάξ ... ὀδοῦσι : pléonasmes analogues en 2, 106 (= 4, 1446) et en 4, 18 s. (voir la note d'E. Livrea *ad loc.*) : cf. R. Kühner-B. Gerth, *Griech. Gramm.*, 2⁴, 584 s., § 601,5.

1394. Sur ἀγοστῷ, voir la note d'E. Livrea à 4, 1734. Malgré les scholies que nous avons suivies en 1963, le sens de « coude » ne s'impose pas, bien que la représentation du vaincu affalé sur le coude ou sur son bouclier soit fréquente : le Géant foudroyé, au centre du cratère de Léningrad S. 523, prend appui sur la main (F. Vian, *Répert. des Gig.*, pl. XLVII, n° 394).

1395. Comparaison inattendue, qui introduit une allusion isolée à l'énormité des fils de la terre. Peut-être faut-il mettre en relation κήτεσσι avec τετρηχότα βῶλον qui suggère l'idée d'une mer houleuse (cf. 1, 1167, et Pind., *Ol.*, 2, 69 οὐ χθόνα ταράσσοντες ... οὐδὲ πόντιον ὕδωρ). Les « gros poissons » seraient alors des thons massacrés dans une *matanza* : comparer κ 124 ; Ap. Rh., 1, 991.

1398. Pour ὑπό et προύτυψαν, cf. M. Campbell, *Class. Quart.*, 21, 1971, 414 (et n. 2). Πλαδαρός (cf. Nonnos, *Dion.*, 4, 364) appartient surtout au vocabulaire médical : les têtes sont qualifiées de la sorte, non parce que la mort les fait pendre inertes, mais parce qu'elles sont encore molles comme celles des nouveau-nés ; le terme prépare la comparaison suivante (νεόθρεπτα).

TABLE DES MATIÈRES

ACHEVÉ D'IMPRIMER
LE 30 SEPTEMBRE 1980
SUR LES PRESSES
DE
L'IMPRIMERIE A. BONTEMPS
LIMOGES (FRANCE)

————————

DÉPÔT LÉGAL : 3e TRIMESTRE 1980
IMPR. N. 6050 ÉDIT. N. 2190

Library of Congress Cataloging in Publication Data

Jansen, Marius B
    Japan and its world.

    (The Brown and Haley lectures; 1975)
    Bibliography: p.
    Includes index.
    1. Japan—Addresses, essays, lectures.   I.   Title.
II.   Series: Brown & Haley lectures; 1975.
DS806.J16   952   80-7532
ISBN 0-691-05310-3